Marx · Philosophische und ökonomische Schriften

Karl Marx

Philosophische und ökonomische Schriften

Herausgegeben von
Johannes Rohbeck und
Peggy H. Breitenstein

Reclam

6., bibliographisch ergänzte Auflage

RECLAMS UNIVERSAL-BIBLIOTHEK Nr. 18554
2008, 2024 Philipp Reclam jun. Verlag GmbH,
Siemensstraße 32, 71254 Ditzingen
Druck und Bindung: Esser printSoltuions GmbH,
Untere Sonnenstraße 5, 84030 Ergolding
Printed in Germany 2024

ISBN 978-3-15-018554-4
www.reclam.de

Inhalt

KARL MARX / FRIEDRICH ENGELS
aus: Manifest der Kommunistischen Partei (1848)

KARL MARX
aus: Grundrisse der Kritik der politischen Oekonomie (1857/58)

KARL MARX
aus: Zur Kritik der politischen Oekonomie (1859)

KARL MARX
aus: Das Kapital. Kritik der politischen Oekonomie
Erster Band / Buch 1: Der Produktionsproceß des Kapitals (1867/1890)

Anhang

KARL MARX

Zur Kritik der Hegel'schen Rechts-Philosophie

Einleitung

Für Deutschland ist die *Kritik der Religion* im Wesentlichen beendigt und die Kritik der Religion ist die Voraussetzung aller Kritik.

Die *profane* Existenz des Irrthums ist compromittirt, nachdem seine *himmlische oratio pro aris et focis* widerlegt ist. Der Mensch, der in der phantastischen Wirklichkeit des Himmels, wo er einen Uebermenschen suchte, nur den *Wiederschein* seiner selbst gefunden hat, wird nicht mehr geneigt sein, nur den *Schein* seiner selbst, nur den Unmenschen zu finden, wo er seine wahre Wirklichkeit sucht und suchen muß.

Das Fundament der irreligiösen Kritik ist: Der *Mensch macht die Religion*, die Religion macht nicht den Menschen. Und zwar ist die Religion das Selbstbewußtsein und das Selbstgefühl des Menschen, der sich selbst entweder noch nicht erworben, oder schon wieder verloren hat. Aber *der Mensch*, das ist kein abstraktes, außer der Welt hockendes Wesen. Der Mensch, das ist *die Welt des Menschen*, Staat, Societät. Dieser Staat, diese Societät produziren die Religion, ein *verkehrtes Weltbewußtsein*, weil sie eine *verkehrte Welt* sind. Die Religion ist die allgemeine Theorie dieser Welt, ihr encyklopädisches Compendium, ihre Logik in populärer Form, ihr spiritualistischer Point-d'honneur, ihr Enthusiasmus, ihre moralische Sanktion, ihre feierliche Ergänzung, ihr allgemeiner Trost- und Rechtfertigungsgrund. Sie ist die *phantastische Verwirkli-*

chung des menschlichen Wesens, weil das *menschliche Wesen* keine wahre Wirklichkeit besitzt. Der Kampf gegen die Religion ist also mittelbar der Kampf gegen *jene Welt*, deren geistiges *Aroma* die Religion ist.

Das *religiöse* Elend ist in einem der *Ausdruck* des wirklichen Elendes und in einem die *Protestation* gegen das wirkliche Elend. Die Religion ist der Seufzer der bedrängten Kreatur, das Gemüth einer herzlosen Welt, wie sie der Geist geistloser Zustände ist. Sie ist das *Opium* des Volks.

Die Aufhebung der Religion als des *illusorischen* Glücks des Volkes ist die Forderung seines *wirklichen* Glücks. Die Forderung, die Illusionen über seinen Zustand aufzugeben, ist die *Forderung, einen Zustand aufzugeben, der der Illusionen bedarf*. Die Kritik der Religion ist also im *Keim* die *Kritik des Jammerthales*, dessen *Heiligenschein* die Religion ist.

Die Kritik hat die imaginairen Blumen an der Kette zerpflückt, nicht damit der Mensch die phantasielose, trostlose Kette trage, sondern damit er die Kette abwerfe und die lebendige Blume breche. Die Kritik der Religion enttäuscht den Menschen, damit er denke, handle, seine Wirklichkeit gestalte, wie ein enttäuschter, zu Verstand gekommener Mensch, damit er sich um sich selbst und damit um seine wirkliche Sonne bewege. Die Religion ist nur die illusorische Sonne, die sich um den Menschen bewegt, so lange er sich nicht um sich selbst bewegt.

Es ist also die *Aufgabe der Geschichte*, nachdem das *Jenseits der Wahrheit* verschwunden ist, die *Wahrheit des Diesseits* zu etabliren. Es ist zunächst die *Aufgabe der Philosophie*, die im Dienste der Geschichte steht, nachdem die *Heiligengestalt* der menschlichen Selbstentfremdung entlarvt ist, die Selbstentfremdung in ihren *unheiligen Gestalten* zu entlarven. Die Kritik des Himmels verwandelt sich damit in die Kritik der Erde, die *Kritik der Religion* in die *Kritik des Rechts*, die *Kritik der Theologie* in die *Kritik der Politik*.

Die nachfolgende Ausführung – ein Beitrag zu dieser Arbeit – schließt sich zunächst nicht an das Original, sondern an eine Copie, an die deutsche Staats- und Rechts-*Philosophie* an, aus keinem andern Grunde, als weil sie sich an *Deutschland* anschließt.

Wollte man an den deutschen *status quo* selbst anknüpfen, wenn auch in einzig angemessener Weise, d. h. negativ, immer bliebe das Resultat ein *Anachronismus*. Selbst die Verneinung unserer politischen Gegenwart findet sich schon als bestaubte Thatsache in der historischen Rumpelkammer der modernen Völker. Wenn ich die gepuderten Zöpfe verneine, habe ich immer noch die ungepuderten Zöpfe. Wenn ich die deutschen Zustände von 1843 verneine, stehe ich, nach französischer Zeitrechnung, kaum im Jahre 1789, noch weniger im Brennpunkt der Gegenwart.

Ja, die deutsche Geschichte schmeichelt sich einer Bewegung, welche ihr kein Volk am historischen Himmel weder vorgemacht hat, noch nachmachen wird. Wir haben nämlich die Restaurationen der modernen Völker getheilt, ohne ihre Revolutionen zu theilen. Wir wurden restaurirt, erstens, weil andere Völker eine Revolution wagten, und zweitens, weil andere Völker eine Contrerevolution litten, das einemal, weil unsere Herren Furcht hatten und das anderemal, weil unsere Herren keine Furcht hatten. Wir, unsere Hirten an der Spitze, befanden uns immer nur einmal in der Gesellschaft der Freiheit, am *Tag ihrer Beerdigung*.

Eine Schule, welche die Niederträchtigkeit von heute durch die Niederträchtigkeit von gestern legitimirt, eine Schule, die jeden Schrei des Leibeigenen gegen die Knute für rebellisch erklärt, sobald die Knute eine bejahrte, eine angestammte, eine historische Knute ist, eine Schule, der die Geschichte, wie der Gott Israels seinem Diener Moses, nur ihr *a posteriori* zeigt, die *historische Rechtsschule*, sie hätte daher die deutsche Geschichte erfunden, wäre sie nicht eine Erfindung der deutschen Geschichte. Shylock, aber Shylock der Bediente, schwört sie für jedes Pfund

Fleisch, welches aus dem Volksherzen geschnitten wird, auf ihren Schein, auf ihren historischen Schein, auf ihren christlich-germanischen Schein.

Gutmüthige Enthusiasten dagegen, Deutschthümler von Blut und Freisinnige von Reflexion, suchen unsere Geschichte der Freiheit jenseits unserer Geschichte in den teutonischen Urwäldern. Wodurch unterscheidet sich aber unsere Freiheitsgeschichte von der Freiheitsgeschichte des Ebers, wenn sie nur in den Wäldern zu finden ist? Zudem ist es bekannt: Wie man hineinschreit in den Wald, schallt es heraus aus dem Wald. Also Friede den teutonischen Urwäldern!

Krieg den deutschen Zuständen! Allerdings! Sie stehn *unter dem Niveau der Geschichte*, sie sind *unter aller Kritik*, aber sie bleiben ein Gegenstand der Kritik, wie der Verbrecher, der unter dem Niveau der Humanität steht, ein Gegenstand des *Scharfrichters* bleibt. Mit ihnen im Kampf ist die Kritik keine Leidenschaft des Kopfs, sie ist der Kopf der Leidenschaft. Sie ist kein anatomisches Messer, sie ist eine Waffe. Ihr Gegenstand ist ihr *Feind*, den sie nicht widerlegen, sondern *vernichten* will. Denn der Geist jener Zustände ist widerlegt. An und für sich sind sie keine *denkwürdigen* Objekte, sondern ebenso verächtliche, als verachtete *Existenzen*. Die Kritik für sich bedarf nicht der Selbstverständigung mit diesem Gegenstand, denn sie ist mit ihm im Reinen. Sie gibt sich nicht mehr als *Selbstzweck*, sondern nur noch als *Mittel*. Ihr wesentlicher Pathos ist die *Indignation*, ihre wesentliche Arbeit die *Denuntiation*.

Es gilt die Schilderung eines wechselseitigen dumpfen Drucks aller socialen Sphären auf einander, einer allgemeinen thatlosen Verstimmung, einer sich eben so sehr anerkennenden als verkennenden Beschränktheit, eingefaßt in den Rahmen eines Regierungssystems, welches von der Conservation aller Erbärmlichkeiten lebend, selbst nichts ist als die *Erbärmlichkeit an der Regierung*.

Welch ein Schauspiel! Die ins unendliche fortgehende Theilung der Gesellschaft in die mannigfaltigsten Raçen, welche mit kleinen Antipathien, schlechten Gewissen und brutaler Mittelmäßigkeit sich gegenüberstehn, welche eben um ihrer wechselseitigen zweideutigen und argwöhnischen Stellung willen alle ohne Unterschied, wenn auch mit verschiedenen Formalitäten als *koncessionirte Existenzen* von ihren *Herren* behandelt werden. Und selbst dies, daß sie *beherrscht*, *regiert*, *besessen* sind, müssen sie als eine *Concession des Himmels* anerkennen und bekennen! Andrerseits jene Herrscher selbst, deren Größe in umgekehrtem Verhältnisse zu ihrer Zahl steht!

Die Kritik, die sich mit diesem Inhalt befaßt, ist die Kritik im *Handgemenge* und im Handgemenge handelt es sich nicht darum, ob der Gegner ein edler, ebenbürtiger, ein *interessanter* Gegner ist, es handelt sich darum, ihn zu *treffen*. Es handelt sich darum, den Deutschen keinen Augenblick der Selbsttäuschung und Resignation zu gönnen. Man muß den wirklichen Druck noch drückender machen, indem man ihm das Bewußtsein des Drucks hinzufügt, die Schmach noch schmachvoller, indem man sie publicirt. Man muß jede Sphäre der deutschen Gesellschaft als die *partie honteuse* der deutschen Gesellschaft schildern, man muß diese versteinerten Verhältnisse dadurch zum Tanzen zwingen, daß man ihnen ihre eigne Melodie vorsingt! Man muß das Volk vor sich selbst *erschrecken* lehren, um ihm *Courage* zu machen. Man erfüllt damit ein unabweisbares Bedürfniß des deutschen Volks und die Bedürfnisse der Völker sind in eigener Person die letzten Gründe ihrer Befriedigung.

Und selbst für die *modernen* Völker kann dieser Kampf gegen den bornirten Inhalt des deutschen *status quo* nicht ohne Interesse sein, denn der deutsche *status quo* ist die *offenherzige Vollendung des ancien régime* und das *ancien régime* ist der *versteckte Mangel des modernen Staates.* Der Kampf gegen die deutsche politische Gegenwart ist der Kampf gegen die Vergangenheit der modernen Völker, und von den Reminiscenzen dieser Vergangenheit werden sie noch immer belästigt. Es ist lehrreich für sie, das *ancien régime*, das bei ihnen seine *Tragödie* erlebte, als deutschen Revenant seine *Komödie* spielen zu sehen. *Tragisch* war seine Geschichte so lange es die präexistirende Gewalt der Welt, die Freiheit dagegen ein persönlicher Einfall war, mit einem Wort, so lange es selbst an seine Berechtigung glaubte und glauben mußte. So lange das *ancien régime* als vorhandene Weltordnung mit einer erst werdenden Welt kämpfte, stand auf seiner Seite ein weltgeschichtlicher Irrthum, aber kein persönlicher. Sein Untergang war daher tragisch.

Das jetzige deutsche Regime dagegen, ein Anachronismus, ein flagranter Widerspruch gegen allgemein anerkannte Axiome, die zur Weltschau ausgestellte Nichtigkeit des *ancien régime*, bildet sich nur noch ein, an sich selbst zu glauben und verlangt von der Welt dieselbe Einbildung. Wenn es an sein eignes *Wesen* glaubte, würde es dasselbe unter dem *Schein* eines fremden Wesens zu verstecken und seine Rettung in der Heuchelei und dem Sophisma suchen? Das moderne *ancien régime* ist nur mehr der *Komödiant* einer Weltordnung, deren *wirkliche Helden* gestorben sind. Die Geschichte ist gründlich und macht viele Phasen durch, wenn sie eine alte Gestalt zu Grabe trägt. Die letzte Phase einer weltgeschichtlichen Gestalt ist ihre *Komödie*. Die Götter Griechenlands, die schon einmal tragisch zu Tode verwundet waren im gefesselten Prometheus des Aeschylus mußten noch einmal komisch sterben in den Gesprächen Lucians. Warum dieser Gang der Geschichte! Damit die Menschheit *heiter* von ihrer Vergangenheit scheide. Diese *heitere* geschichtliche Bestimmung vindiciren wir den politischen Mächten Deutschlands.

Sobald indeß die *moderne* politisch-sociale Wirklichkeit selbst der Kritik unterworfen wird, sobald also die Kritik zu wahrhaft menschlichen Problemen sich erhebt, befindet sie sich außerhalb des deutschen *status quo* oder sie würde ihren Gegenstand *unter* ihrem Gegenstand greifen. Ein Beispiel! Das Verhältniß der Industrie, überhaupt der Welt des Reichthums zu der politischen Welt ist ein Hauptproblem der modernen Zeit. Unter welcher Form fängt dies Problem an, die Deutschen zu beschäftigen? Unter der Form der *Schutzzölle*, des *Prohibitivsystems*, der *Nationalökonomie.* Die Deutschthümelei ist aus dem Menschen in die Materie gefahren und so sahen sich eines Morgens unsere Baumwollritter und Eisenhelden in Patrioten verwandelt. Man beginnt also in Deutschland die Souverainetät des Monopols nach Innen anzuerkennen, dadurch daß man ihm die *Souveränetät nach Außen* verleiht. Man beginnt also jetzt in Deutschland anzufangen, womit man in Frankreich und England zu enden beginnt. Der alte faule Zustand, gegen den diese Länder theoretisch im Aufruhr sind, und den sie nur noch ertragen, wie man die Ketten erträgt, wird in Deutschland als die aufgehende Morgenröthe einer schönen Zukunft begrüßt, die kaum noch wagt, aus der *listigen* Theorie in die schonungsloseste Praxis überzugehn. Während das Problem in Frankreich und England lautet: *Politische Oekonomie* oder *Herrschaft der Societät über den Reichthum*, lautet es in Deutschland: *National-Oekonomie*, oder *Herrschaft des Privateigenthums über die Nationalität.* Es gilt also in Frankreich und England das Monopol, das bis zu seinen letzten Consequenzen fortgegangen ist, aufzuheben; es gilt in Deutschland bis zu den letzten Consequenzen des Monopols fortzugehen. Dort handelt es sich um die Lösung und hier handelt es sich erst um die Collision. Ein zureichendes Beispiel von der *deutschen* Form der modernen Probleme, ein Beispiel, wie unsere Geschichte, gleich einem ungeschickten Rekruten, bisher nur die Aufgabe hatte, abgedroschene Geschichten nachzuexerciren.

Ginge also die *gesammte* deutsche Entwicklung nicht

über die *politische* deutsche Entwicklung hinaus, ein Deutscher könnte sich höchstens an den Problemen der Gegenwart betheiligen, wie sich ein *Russe* daran betheiligen kann. Allein wenn das einzelne Individuum nicht gebunden ist durch die Schranken der Nation, ist die gesammte Nation noch weniger befreit durch die Befreiung eines Individuums. Die Scythen haben keinen Schritt zur griechischen Kultur vorwärts gethan, weil Griechenland einen Scythen unter seine Philosophen zählt.

Zum Glück sind wir Deutsche keine Scythen.

Wie die alten Völker ihre Vorgeschichte in der Imagination erlebten, in der *Mythologie*, so haben wir Deutsche unsre Nachgeschichte im Gedanken erlebt, in der *Philosophie*. Wir sind *philosophische* Zeitgenossen der Gegenwart, ohne ihre *historischen* Zeitgenossen zu sein. Die deutsche Philosophie ist die *ideale Verlängerung* der deutschen Geschichte. Wenn wir also statt die *œuvres incomplètes* unsrer reellen Geschichte, die *œuvres posthumes* unserer ideellen Geschichte, die *Philosophie* kritisiren, so steht unsere Kritik mitten unter den Fragen, von denen die Gegenwart sagt: *that is the Question*. Was bei den fortgeschrittenen Völkern *praktischer* Zerfall mit den modernen Staatszuständen ist, das ist in Deutschland, wo diese Zustände selbst noch nicht einmal existiren, zunächst *kritischer* Zerfall mit der philosophischen Spiegelung dieser Zustände.

Die *deutsche Rechts- und Staatsphilosophie* ist die einzige mit der *officiellen* modernen Gegenwart *al pari* stehende *deutsche Geschichte*. Das deutsche Volk muß daher diese seine Traumgeschichte mit zu seinen bestehenden Zuständen schlagen und nicht nur diese bestehenden Zustände, sondern zugleich ihre abstrakte Fortsetzung der Kritik unterwerfen. Seine Zukunft kann sich weder auf die unmittelbare Verneinung seiner reellen, noch auf die unmittelbare Vollziehung seiner ideellen Staats- und Rechtszustände *beschränken*, denn die unmittelbare Verneinung seiner reellen Zustände besitzt es in seinen ideellen Zuständen und die unmittelbare Vollziehung seiner ideellen Zustände hat es in der Anschauung der Nachbarvölker beinahe schon wieder *überlebt.* Mit Recht fordert daher die *praktische* politische Parthei in Deutschland die *Negation der Philosophie.* Ihr Unrecht besteht nicht in der Forderung, sondern in dem Stehnbleiben bei der Forderung, die sie ernstlich weder vollzieht, noch vollziehen kann. Sie glaubt, jene Negation dadurch zu vollbringen, daß sie der Philosophie den Rücken kehrt und abgewandten Hauptes – einige ärgerliche und bannale Phrasen über sie hermurmelt. Die Beschränktheit ihres Gesichtskreises zählt die Philosophie nicht ebenfalls in den Bering der *deutschen* Wirklichkeit oder wähnt sie gar *unter* der deutschen Praxis und den ihr dienenden Theorien. Ihr verlangt, daß man an *wirkliche Lebenskeime* anknüpfen soll, aber ihr vergeßt, daß der wirkliche Lebenskeim des deutschen Volkes bisher nur unter seinem *Hirnschädel* gewuchert hat. Mit einem Worte: *Ihr könnt die Philosophie nicht aufheben, ohne sie zu verwirklichen.*

Dasselbe Unrecht, nur mit *umgekehrten* Faktoren, beging die *theoretische*, von der Philosophie her datirende politische Parthei.

Sie erblickte in dem jetzigen Kampf *nur* den *kritischen Kampf der Philosophie mit der deutschen Welt*, sie bedachte nicht, daß die *seitherige Philosophie* selbst zu dieser Welt gehört und ihre, wenn auch ideelle *Ergänzung* ist. Kritisch gegen ihren Widerpart verhielt sie sich unkritisch zu sich selbst, indem sie von den *Voraussetzungen* der Philosophie ausging, und bei ihren gegebenen Resultaten entweder stehen blieb oder anderweitig hergeholte Forderungen und Resultate für unmittelbare Forderungen und Resultate der Philosophie ausgab, obgleich dieselben – ihre Berechtigung vorausgesetzt – im Gegentheil nur durch die *Negation der seitherigen Philosophie*, der Philosophie als Philosophie, zu erhalten sind. Eine näher eingehende Schilderung dieser Parthei behalten wir uns vor. Ihr

Grundmangel läßt sich dahin reduziren: *Sie glaubte die Philosophie verwirklichen zu können, ohne sie aufzuheben.*

Die Kritik der *deutschen Staats- und Rechtsphilosophie*, welche durch *Hegel* ihre konsequenteste, reichste und letzte Fassung erhalten hat, ist beides, sowohl die kritische Analyse des modernen Staats und der mit ihm zusammenhängenden Wirklichkeit, als auch die entschiedene Verneinung der ganzen bisherigen *Weise* des *deutschen politischen und rechtlichen Bewußtseins*, dessen vornehmster, universellster, zur *Wissenschaft* erhobener Ausdruck eben die *spekulative Rechtsphilosophie* selbst ist. War nur in Deutschland die spekulative Rechtsphilosophie möglich, dies abstrakte überschwängliche *Denken* des modernen Staats, dessen Wirklichkeit ein Jenseits bleibt, mag dies Jenseits auch nur jenseits des Rheins liegen: so war eben so sehr umgekehrt das *deutsche* vom *wirklichen Menschen* abstrahirende Gedankenbild des modernen Staats nur möglich, weil und insofern der moderne Staat selbst vom *wirklichen Menschen* abstrahirt oder den *ganzen* Menschen auf eine nur imaginaire Weise befriedigt. Die Deutschen haben in der Politik *gedacht*, was die andern Völker *gethan* haben. Deutschland war ihr *theoretisches Gewissen*. Die Abstraktion und Ueberhebung seines Denkens hielt immer gleichen Schritt mit der Einseitigkeit und Untersetztheit ihrer Wirklichkeit. Wenn also der *status quo* des *deutschen Staatswesens* die *Vollendung des ancien régime* ausdrückt, die Vollendung des Pfahls im Fleische des modernen Staats, so drückt der *status quo* des *deutschen Staatswissens* die *Unvollendung des modernen Staats* aus, die Schadhaftigkeit seines Fleisches selbst.

Schon als entschiedner Widerpart der bisherigen Weise des *deutschen* politischen Bewußtseins, verläuft sich die Kritik der spekulativen Rechtsphilosophie nicht in sich selbst, sondern in *Aufgaben*, für deren Lösung es nur ein Mittel gibt: die *Praxis*.

Es fragt sich: kann Deutschland zu einer Praxis *à la hauteur de principes* gelangen, d. h. zu einer *Revolution*, die es nicht nur auf das *officielle Niveau* der modernen Völker erhebt, sondern auf die *menschliche Höhe*, welche die nächste Zukunft dieser Völker sein wird.

Die Waffe der Kritik kann allerdings die Kritik der Waffen nicht ersetzen, die materielle Gewalt muß gestürzt werden durch materielle Gewalt, allein auch die Theorie wird zur materiellen Gewalt, sobald sie die Massen ergreift. Die Theorie ist fähig die Massen zu ergreifen, sobald sie *ad hominem* demonstrirt, und sie demonstrirt *ad hominem*, sobald sie radikal wird. Radikal sein ist die Sache an der Wurzel fassen. Die Wurzel für den Menschen ist aber der Mensch selbst. Der evidente Beweis für den Radikalismus der deutschen Theorie, also für ihre praktische Energie ist ihr Ausgang von der entschiedenen *positiven* Aufhebung der Religion. Die Kritik der Religion endet mit der Lehre, daß der *Mensch das höchste Wesen für den Menschen* sei, also mit dem *categorischen Imperativ, alle Verhältnisse umzuwerfen*, in denen der Mensch ein erniedrigtes, ein geknechtetes, ein verlassenes, ein verächtliches Wesen ist, Verhältnisse, die man nicht besser schildern kann, als durch den Ausruf eines Franzosen bei einer projektirten Hundesteuer: Arme Hunde! Man will euch wie Menschen behandeln!

Selbst historisch hat die theoretische Emancipation eine specifisch praktische Bedeutung für Deutschland. Deutschlands *revolutionaire* Vergangenheit ist nämlich theoretisch, es ist die *Reformation*. Wie damals der *Mönch*, so ist es jetzt der *Philosoph*, in dessen Hirn die Revolution beginnt.

Luther hat allerdings die Knechtschaft aus *Devotion* besiegt, weil er die Knechtschaft aus *Ueberzeugung* an ihre Stelle gesetzt hat. Er hat den Glauben an die Autorität gebrochen, weil er die Autorität des Glaubens restaurirt hat. Er hat die Pfaffen in Laien verwandelt, weil er die Laien in

Pfaffen verwandelt hat. Er hat den Menschen von der äußern Religiosität befreit, weil er die Religiosität zum innern Menschen gemacht hat. Er hat den Leib von der Kette emancipirt, weil er das Herz in Ketten gelegt.

Aber, wenn der Protestantismus nicht die wahre Lösung, so war er die wahre Stellung der Aufgabe. Es galt nun nicht mehr den Kampf des Laien mit dem *Pfaffen außer ihm*, es galt den Kampf mit seinem *eigenen innern Pfaffen*, seiner *pfäffischen Natur*. Und wenn die protestantische Verwandlung der deutschen Laien in Pfaffen, die Laienpäbste, die *Fürsten* sammt ihrer Klerisei, den Privilegirten und den Philistern, emancipirte, so wird die philosophische Verwandlung der pfäffischen Deutschen in Menschen das *Volk* emancipiren. So wenig aber die Emancipation bei den Fürsten, so wenig wird die *Secularisation* der Güter bei dem *Kirchenraub* stehen bleiben, den vor allen das heuchlerische Preußen ins Werk setzte. Damals scheiterte der Bauernkrieg, die radikalste Thatsache der deutschen Geschichte, an der Theologie. Heute, wo die Theologie selbst gescheitert ist, wird die unfreiste Thatsache der deutschen Geschichte, unser *status quo* an der Philosophie zerschellen. Den Tag vor der Reformation war das officielle Deutschland der unbedingteste Knecht von Rom. Den Tag vor seiner Revolution ist es der unbedingte Knecht von weniger als Rom, von Preußen und Oesterreich, von Krautjunkern und Philistern.

Einer *radikalen* deutschen Revolution scheint indessen eine Hauptschwierigkeit entgegen zu stehn.

Die Revolutionen bedürfen nämlich eines *passiven* Elementes, einer *materiellen* Grundlage. Die Theorie wird in einem Volke immer nur so weit verwirklicht, als sie die Verwirklichung seiner Bedürfnisse ist. Wird nun dem ungeheuern Zwiespalt zwischen den Forderungen des deutschen Gedankens und den Antworten der deutschen Wirklichkeit derselbe Zwiespalt der bürgerlichen Gesellschaft mit dem Staat und mit sich selbst entsprechen?

Werden die theoretischen Bedürfnisse unmittelbar praktische Bedürfnisse sein? Es genügt nicht, daß der Gedanke zur Verwirklichung drängt, die Wirklichkeit muß sich selbst zum Gedanken drängen.

Aber Deutschland hat die Mittelstufen der politischen Emancipation nicht gleichzeitig mit den modernen Völkern erklettert. Selbst die Stufen, die es theoretisch überwunden, hat es praktisch noch nicht erreicht. Wie sollte es mit einem *salto mortale* nicht nur über seine eignen Schranken hinwegsetzen, sondern zugleich über die Schranken der modernen Völker, über Schranken, die es in der Wirklichkeit als Befreiung von seinen wirklichen Schranken empfinden und erstreben muß? Eine radikale Revolution kann nur die Revolution radikaler Bedürfnisse sein, deren Voraussetzungen und Geburtsstätten eben zu fehlen scheinen.

Allein wenn Deutschland nur mit der abstrakten Thätigkeit des Denkens die Entwicklung der modernen Völker begleitet hat, ohne werkthätige Parthei an den wirklichen Kämpfen dieser Entwicklung zu ergreifen, so hat es andrerseits die *Leiden* dieser Entwicklung getheilt, ohne ihre Genüsse, ohne ihre partielle Befriedigung zu theilen. Der abstrakten Thätigkeit einerseits entspricht das abstrakte Leiden andrerseits. Deutschland wird sich daher eines Morgens auf dem Niveau des europäischen Verfalls befinden, bevor es jemals auf dem Niveau der europäischen Emancipation gestanden hat. Man wird es mit einem *Fetischdiener* vergleichen können, der an den Krankheiten des Christenthums siecht.

Betrachtet man zunächst die *deutschen Regierungen* und man findet sie durch die Zeitverhältnisse, durch die Lage Deutschlands, durch den Standpunkt der deutschen Bildung, endlich durch eignen glücklichen Instinkt getrieben, die *civilisirten Mängel* der *modernen Staatswelt*, deren Vortheile wir nicht besitzen, zu combiniren mit den *barbarischen Mängeln* des *ancien régime*, dessen wir uns in vollem Maße erfreuen, so daß Deutschland, wenn nicht am Verstand, wenigstens am Unverstand, auch der über seinen *status quo* hinausliegenden Staatsbildungen immer mehr participiren muß. Giebt es z. B. ein Land in der Welt, welches so naiv alle Illusionen des constitutionellen Staatswesens theilt, ohne seine Realitäten zu theilen, als das sogenannte constitutionelle Deutschland? Oder war es nicht nothwendig ein deutscher Regierungseinfall, die Qualen der Censur mit den Qualen der französischen Septembergesetze, welche die Preßfreiheit voraussetzen, zu verbinden! Wie man im römischen Pantheon die *Götter* aller Nationen fand, so wird man im heiligen römischen deutschen Reich die *Sünden* aller Staatsformen finden. Daß dieser Eklekticismus eine bisher nicht geahnte Höhe erreichen wird, dafür bürgt namentlich die *politisch-ästhetische Gourmanderie* eines deutschen Königs, der alle Rollen des Königthums, des feudalen wie des büreaukratischen, des absoluten, wie des constitutionellen, des autokratischen wie des demokratischen, wenn nicht durch die Person des Volkes, so doch in *eigner* Person, wenn nicht für das Volk, so doch für *sich selbst* zu spielen gedenkt. *Deutschland als der zu einer eignen Welt constituirte Mangel der politischen Gegenwart*, wird die specifisch deutschen Schranken nicht niederwerfen können, ohne die allgemeine Schranke der politischen Gegenwart niederzuwerfen.

Nicht die *radicale* Revolution ist ein utopischer Traum für Deutschland, nicht die *allgemein menschliche* Emancipation, sondern vielmehr die theilweise, die *nur* politische Revolution, die Revolution, welche die Pfeiler des Hauses stehen läßt. Worauf beruht eine theilweise, eine nur politische Revolution? Darauf, daß ein *Theil der bürgerlichen Gesellschaft* sich emancipirt und zur *allgemeinen* Herrschaft gelangt, darauf, daß eine bestimmte Klasse von ihrer *besondern Situation* aus die allgemeine Emancipation der Gesellschaft unternimmt. Diese Klasse befreit die ganze Gesellschaft, aber nur unter der Voraussetzung, daß die ganze Gesellschaft sich in der Situation dieser Klasse befindet, also z. B. Geld und Bildung besitzt oder beliebig erwerben kann.

Keine Klasse der bürgerlichen Gesellschaft kann diese Rolle spielen, ohne ein Moment des Enthusiasmus in sich und in der Masse hervorzurufen, ein Moment, worin sie mit der Gesellschaft im Allgemeinen fraternisirt und zusammenfließt, mit ihr verwechselt und als deren *allgemeiner Repräsentant* empfunden und anerkannt wird, ein Moment, worin ihre Ansprüche und Rechte in Wahrheit die Rechte und Ansprüche der Gesellschaft selbst sind, worin sie wirklich der sociale Kopf und das sociale Herz ist. Nur im Namen der allgemeinen Rechte der Gesellschaft kann eine besondere Klasse sich die allgemeine Herrschaft vindiciren. Zur Erstürmung dieser emancipatorischen Stellung und damit zur politischen Ausbeutung aller Sphären der Gesellschaft im Interesse der eignen Sphäre reichen revolutionaire Energie und geistiges Selbstgefühl allein nicht aus. Damit die *Revolution eines Volkes* und die *Emancipation einer besondern Klasse* der bürgerlichen Gesellschaft zusammenfallen, damit *ein* Stand für den Stand der ganzen Gesellschaft gelte, dazu müssen umgekehrt alle Mängel der Gesellschaft in einer andern Klasse concentrirt, dazu muß ein bestimmter Stand der Stand des allgemeinen Anstoßes, die Incorporation der allgemeinen Schranke sein, dazu muß eine besondre sociale Sphäre für das *notorische Verbrechen* der ganzen Societät gelten, so daß die Befreiung von dieser Sphäre als die allgemeine Selbstbefreiung erscheint. Damit *ein* Stand *par excellence* der Stand der Befreiung, dazu muß umgekehrt ein andrer Stand der offenbare Stand der Unterjochung sein. Die negativ-allgemeine Bedeutung des französischen Adels und der französischen Klerisei bedingte die positiv-allgemeine Bedeutung der zunächst angrenzenden und entgegenstehenden Klasse der *Bourgeoisie.*

Es fehlt aber jeder besondern Klasse in Deutschland nicht nur die Consequenz, die Schärfe, der Muth, die Rücksichtslosigkeit, die sie zum negativen Repräsentanten der Gesellschaft stempeln könnte. Es fehlt eben so sehr jedem Stand jene Breite der Seele, die sich mit der Volksseele, wenn auch nur momentan identificirt, jene Genialität, welche die materielle Macht zur politischen Gewalt begeistert, jene revolutionaire Kühnheit, welche dem Gegner die trotzige Parole zuschleudert: *Ich bin nichts und ich müßte alles sein.* Den Hauptstock deutscher Moral und Ehrlichkeit, nicht nur der Individuen sondern auch der Klassen, bildet vielmehr jener *bescheidene Egoismus*, welcher seine Beschränktheit geltend macht und gegen sich geltend machen läßt. Das Verhältniß der verschiedenen Sphären der deutschen Gesellschaft ist daher nicht dramatisch, sondern episch. Jede derselben beginnt sich zu empfinden und neben die andern mit ihren besondern Ansprüchen hinzulagern, nicht so bald sie gedrückt wird, sondern so bald ohne ihr Zuthun die Zeitverhältnisse eine gesellige Unterlage schaffen, auf die sie ihrerseits den Druck ausüben kann. Sogar das *moralische Selbstgefühl der deutschen Mittelclasse* beruht nur auf dem Bewußtsein, die allgemeine Repräsentantin von der philisterhaften Mittelmäßigkeit aller übrigen Klassen zu sein. Es sind daher nicht nur die deutschen Könige, die *mal-à-propros* auf den Thron gelangen, es ist jede Sphäre der bürgerlichen Gesellschaft, die ihre Niederlage erlebt, bevor sie ihren Sieg gefeiert, ihre eigne Schranke entwickelt, bevor sie die ihr gegenüberstehende Schranke überwunden, ihr engherziges Wesen geltend macht, bevor sie ihr großmüthiges Wesen geltend machen konnte, so daß selbst die Gelegenheit einer großen Rolle immer vorüber ist, bevor sie vorhanden war, so daß jede Klasse, sobald sie den Kampf mit der über ihr stehenden Klasse beginnt, in den Kampf mit der unter ihr stehenden verwickelt ist. Daher befindet sich das Fürstenthum im Kampf gegen das Königthum, der

Bureaukrat im Kampf gegen den Adel, der Bourgeois im Kampf gegen sie alle, während der Proletarier schon beginnt, sich im Kampf gegen den Bourgeois zu befinden. Die Mittelclasse wagt kaum von ihrem Standpunkt aus, den Gedanken der Emancipation zu fassen und schon erklärt die Entwickelung der socialen Zustände, wie der Fortschritt der politischen Theorie diesen Standpunkt selbst für antiquirt oder wenigstens für problematisch.

In Frankreich genügt es, daß einer etwas sei, damit er alles sein wolle. In Deutschland darf einer nichts sein, wenn er nicht auf alles verzichten soll. In Frankreich ist die partielle Emancipation der Grund der universellen. In Deutschland ist die universelle Emancipation *conditio sine qua non* jeder partiellen. In Frankreich muß die Wirklichkeit, in Deutschland muß die Unmöglichkeit der stufenweisen Befreiung die ganze Freiheit gebären. In Frankreich ist jede Volksklasse *politischer Idealist* und empfindet sich zunächst nicht als besondere Klasse, sondern als Repräsentant der socialen Bedürfnisse überhaupt. Die Rolle des *Emancipators* geht also der Reihe nach in dramatischer Bewegung an die verschiedenen Klassen des französischen Volkes über, bis sie endlich bei der Klasse anlangt, welche die sociale Freiheit nicht mehr unter der Voraussetzung gewisser, außerhalb des Menschen liegender, und doch von der menschlichen Gesellschaft geschaffener Bedingungen verwirklicht, sondern vielmehr alle Bedingungen der menschlichen Existenz unter der Voraussetzung der socialen Freiheit organisirt. In Deutschland dagegen, wo das praktische Leben eben so geistlos, als das geistige Leben unpraktisch ist, hat keine Klasse der bürgerlichen Gesellschaft das Bedürfniß und die Fähigkeit der allgemeinen Emancipation, bis sie nicht durch ihre *unmittelbare* Lage, durch die *materielle* Nothwendigkeit, durch ihre *Ketten selbst* dazu gezwungen wird.

Wo liegt also die *positive* Möglichkeit der deutschen Emancipation?

Antwort: In der Bildung einer Klasse mit *radikalen Ketten*, einer Klasse der bürgerlichen Gesellschaft, welche keine Klasse der bürgerlichen Gesellschaft ist, eines Standes, welcher die Auflösung aller Stände ist, einer Sphäre, welche einen universellen Charakter durch ihre universellen Leiden besitzt und kein *besondres Recht* in Anspruch nimmt, weil kein *besondres Unrecht*, sondern das *Unrecht schlechthin* an ihr verübt wird, welche nicht mehr auf einen *historischen*, sondern nur noch auf den *menschlichen* Titel provociren kann, welche in keinem einseitigen Gegensatz zu den Konsequenzen, sondern in einem allseitigen Gegensatz zu den Voraussetzungen des deutschen Staatswesens steht, einer Sphäre endlich, welche sich nicht emancipiren kann, ohne sich von allen übrigen Sphären der Gesellschaft und damit alle übrigen Sphären der Gesellschaft zu emancipiren, welche mit einem Wort der *völlige Verlust* des Menschen ist, also nur durch die *völlige Wiedergewinnung des Menschen* sich selbst gewinnen kann. Diese Auflösung der Gesellschaft als ein besonderer Stand ist das *Proletariat.*

Das Proletariat beginnt erst durch die hereinbrechende *industrielle* Bewegung für Deutschland zu werden, denn nicht die *naturwüchsig entstandne* sondern die *künstlich producirte* Armuth, nicht die mechanisch durch die Schwere der Gesellschaft niedergedrückte, sondern die aus ihrer *akuten Auflösung*, vorzugsweise aus der Auflösung des Mittelstandes hervorgehende Menschenmasse bildet das Proletariat, obgleich allmählig, wie sich von selbst versteht, auch die naturwüchsige Armuth und die christlich germanische Leibeigenschaft in seine Reihen treten.

Wenn das Proletariat die *Auflösung der bisherigen Weltordnung* verkündet, so spricht es nur das *Geheimniß seines eignen Daseins aus*, denn es *ist* die *faktische* Auflösung dieser Weltordnung. Wenn das Proletariat die *Negation des Privateigenthums* verlangt, so erhebt es nur zum *Prinzip der Gesellschaft*, was die Gesellschaft zu *seinem* Princip erhoben hat, was in *ihm* als negatives Resultat der Gesellschaft schon ohne sein Zuthun verkörpert ist. Der Proletarier befindet sich dann in Bezug auf die werdende Welt in demselben Recht, in welchem der *deutsche König* in Bezug auf die gewordene Welt sich befindet, wenn er das Volk *sein* Volk, wie das Pferd *sein* Pferd nennt. Der König, indem er das Volk für sein Privateigenthum erklärt, spricht es nur aus, daß der Privateigenthümer König ist.

Wie die Philosophie im Proletariat ihre *materiellen*, so findet das Proletariat in der Philosophie seine *geistigen* Waffen und sobald der Blitz des Gedankens gründlich in diesen naiven Volksboden eingeschlagen ist, wird sich die Emancipation der *Deutschen* zu *Menschen* vollziehn.

Resumiren wir das Resultat:

Die einzig *praktisch* mögliche Befreiung Deutschlands ist die Befreiung auf dem Standpunkt *der* Theorie, welche den Menschen für das höchste Wesen des Menschen erklärt. In Deutschland ist die Emancipation von dem *Mittelalter* nur möglich als die Emancipation zugleich von den *theilweisen* Ueberwindungen des Mittelalters. In Deutschland kann *keine* Art der Knechtschaft gebrochen werden, ohne *jede* Art der Knechtschaft zu brechen. Das *gründliche* Deutschland kann nicht revolutioniren, ohne *von Grund aus* zu revolutioniren. Die *Emancipation des Deutschen* ist die *Emancipation des Menschen*. Der *Kopf* dieser Emancipation ist die *Philosophie*, ihr *Herz* das *Proletariat*. Die Philosophie kann sich nicht verwirklichen ohne die Aufhebung des Proletariats, das Proletariat kann sich nicht aufheben ohne die Verwirklichung der Philosophie.

Wenn alle innern Bedingungen erfüllt sind, wird der *deutsche Auferstehungstag* verkündet werden durch das *Schmettern des gallischen Hahns.*

KARL MARX

[Ökonomisch-philosophische Manuskripte] Heft I

Arbeitslohn. Profit des Capitals. Grundrente [Die entfremdete Arbeit]

Wir sind ausgegangen von den Voraussetzungen der Nationalökonomie. Wir haben ihre Sprache und ihre Gesetze acceptirt. Wir unterstellten das Privateigenthum, die Trennung von Arbeit, Capital und Erde, ebenso von Arbeitslohn, Profit des Capitals und Grundrente, wie die Theilung der Arbeit, die Concurrenz, den Begriff des Tauschwerthes etc. Aus der Nationalökonomie selbst, mit ihren eignen Worten, haben wir gezeigt, daß der Arbeiter zur Waare und zur elendsten Waare herabsinkt, daß das Elend des Arbeiters im umgekehrten Verhältniß zur Macht und zur Grösse seiner Production steht, daß das nothwendige Resultat der Concurrenz die Accumulation des Capitals in wenigen Händen, also die fürchterlichere Wiederherstellung des Monopols ist, daß endlich der Unterschied von Capitalist und Grundrentner, wie von Ackerbauer und Manufacturarbeiter verschwindet und die ganze Gesellschaft in die beiden Klassen der *Eigenthümer* und Eigenthumslosen *Arbeiter* zerfallen muß.

Die Nationalökonomie geht vom Factum des Privateigenthums aus. Sie erklärt uns dasselbe nicht. Sie faßt den *materiellen* Prozeß des Privateigenthums, den es in der Wirklichkeit durchmacht, in allgemeine, abstrakte Formeln, die ihr dann als *Gesetze* gelten. Sie *begreift* diese

Gesetze nicht, d. h. sie zeigt nicht nach, wie sie aus dem Wesen des Privateigenthums hervorgehn. Die Nationalökonomie giebt uns keinen Aufschluß über den Grund der Theilung von Arbeit und Capital, von Capital und Erde. Wenn sie z. B. das Verhältniß des Arbeitslohns zum Profit des Capitals bestimmt, so gilt ihr als lezter Grund das Interesse des Capitalisten; d. h. sie unterstellt, was sie entwickeln soll. Ebenso kömmt überall die Concurrenz hinein. Sie wird aus äusseren Umständen erklärt. Inwiefern diese äusseren, scheinbar zufälligen Umstände, nur der Ausdruck einer nothwendigen Entwicklung sind, darüber lehrt uns die Nationalökonomie nichts. Wir haben gesehn, wie ihr der Austausch selbst als ein zufälliges Factum erscheint. Die einzigen Räder, die der Nationalökonom in Bewegung sezt, sind die *Habsucht* und der *Krieg unter den Habsüchtigen, die Concurrenz.*

Eben weil die Nationalökonomie den Zusammenhang der Bewegung nicht begreift, darum konnte sich z. B. die Lehre von der Concurrenz der Lehre vom Monopol, die Lehre von der Gewerbfreiheit der Lehre von der Corporation, die Lehre von der Theilung des Grundbesitzes der Lehre vom grossen Grundeigenthum wieder entgegenstellen, denn Concurrenz, Gewerbfreiheit, Theilung des Grundbesitzes waren nur als zufällige, absichtliche, gewaltsame, nicht als nothwendige, unvermeidliche, natürliche Consequenzen des Monopols, der Corporation und des Feudaleigenthums entwickelt und begriffen.

Wir haben also jetzt den wesentlichen Zusammenhang zwischen dem Privateigenthum, der Habsucht, der Trennung von Arbeit, Capital und Grundeigenthum, von Austausch und Concurrenz, von Werth und Entwerthung des Menschen, von Monopol und Concurrenz etc., von dieser ganzen Entfremdung mit dem *Geld*system zu begreifen.

Versetzen wir uns nicht wie der Nationalökonom, wenn er erklären will, in einen erdichteten Urzustand. Ein solcher Urzustand erklärt nichts. Er schiebt blos die Frage in eine graue, nebelhafte Ferne. Er unterstellt in der Form der Thatsache, des Ereignisses, was er deduciren soll, nämlich das nothwendige Verhältniß zwischen zwei Dingen, z. B. zwischen Theilung der Arbeit und Austausch. So erklärt der Theologe den Ursprung des Bösen durch den Sündenfall, d. h. er unterstellt als ein Factum, in der Form der Geschichte, was er erklären soll.

Wir gehn von einem Nationalökonomischen, *gegenwärtigen* Factum aus.

Der Arbeiter wird um so ärmer, je mehr Reichthum er producirt, je mehr seine Production an Macht und Umfang zunimmt. Der Arbeiter wird eine um so wohlfeilere Waare, je mehr Waaren er schafft. Mit der *Verwerthung* der Sachenwelt, nimmt die *Entwerthung* der Menschenwelt in direktem Verhältniß zu. Die Arbeit producirt nicht nur Waaren; sie producirt sich selbst und den Arbeiter als eine *Waare* und zwar in dem Verhältniß, in welchem sie überhaupt Waaren producirt.

Dieß Factum drückt weiter nichts aus, als: Der Gegenstand, den die Arbeit producirt, ihr Product, tritt ihr als ein *fremdes Wesen*, als eine, von dem Producenten *unabhängige Macht* gegenüber. Das Product der Arbeit ist die Arbeit, die sich in einem Gegenstand fixirt, sachlich gemacht hat, es ist die *Vergegenständlichung* der Arbeit. Die Verwirklichung der Arbeit ist ihre Vergegenständlichung. Diese Verwirklichung der Arbeit erscheint in dem nationalökonomischen Zustand als *Entwirklichung* des Arbeiters, die Vergegenständlichung als *Verlust des Gegenstandes* und *Knechtschaft unter dem Gegenstand*, die Aneignung als *Entfremdung*, als *Entäusserung*.

Die Verwirklichung der Arbeit erscheint so sehr als Entwirklichung, daß der Arbeiter bis zum Hungertod entwirklicht wird. Die Vergegenständlichung erscheint so sehr als Verlust des Gegenstandes, daß der Arbeiter der nothwendigsten Gegenstände, nicht nur des Lebens, sondern auch der Arbeitsgegenstände beraubt ist. Ja die Arbeit selbst wird zu einem Gegenstand, dessen er nur mit der größten Anstrengung und mit den unregelmässigsten Unterbrechungen sich bemächtigen kann. Die Aneignung des Gegenstandes erscheint so sehr als Entfremdung, daß je mehr Gegenstände der Arbeiter producirt, er um so weniger besitzen kann und um so mehr unter die Herrschaft seines Products, des Capitals, geräth.

In der Bestimmung, daß der Arbeiter zum *Product seiner Arbeit* als einem *fremden* Gegenstand sich verhält, liegen alle diese Consequenzen. Denn es ist nach dieser Voraussetzung klar. Je mehr der Arbeiter sich ausarbeitet, um so mächtiger wird die fremde, gegenständliche Welt, die er sich gegenüber schafft, um so ärmer wird er selbst, seine innre Welt, um so weniger gehört ihm zu eigen. Es ist ebenso in der Religion. Je mehr der Mensch in Gott sezt, je weniger behält er in sich selbst. Der Arbeiter legt sein Leben in den Gegenstand; aber nun gehört es nicht mehr ihm, sondern dem Gegenstand. Je grösser also diese Thätigkeit, um so gegenstandsloser ist der Arbeiter. Was das Produkt seiner Arbeit ist ist er nicht. Je grösser also dieß Produkt, je weniger ist er selbst. Die *Entäusserung* des Arbeiters in seinem Produkt hat die Bedeutung, nicht nur, daß seine Arbeit zu einem Gegenstand, zu einer *äussern* Existenz wird, sondern daß sie *ausser ihm*, unabhängig, fremd von ihm existirt und eine selbstständige Macht ihm gegenüber wird, daß das Leben, was er dem Gegenstand verliehn hat, ihm feindlich und fremd gegenübertritt.

Betrachten wir nun näher die *Vergegenständlichung*, die Production des Arbeiters und in ihr die *Entfremdung*, den *Verlust* des Gegenstandes, seines Products.

Der Arbeiter kann nichts schaffen ohne die *Natur*, ohne die *sinnliche Aussenwelt*. Sie ist der Stoff, an welchem sich seine Arbeit verwirklicht, in welchem sie thätig ist, aus welchem und mittelst welchem sie producirt.

Wie aber die Natur das *Lebensmittel* der Arbeit darbietet, in dem Sinn, daß die Arbeit nicht *leben* kann ohne Gegenstände, an denen sie ausgeübt wird, so bietet sie andrerseits auch das *Lebensmittel* in dem engern Sinn dar, nämlich das Mittel der physischen Subsistenz des *Arbeiters* selbst.

Je mehr also der Arbeiter sich die Aussenwelt, die sinnliche Natur durch seine Arbeit sich *aneignet*, um so mehr entzieht er sich *Lebensmittel* nach der doppelten Seite hin, erstens daß immer mehr die sinnliche Aussenwelt aufhört, ein seiner Arbeit angehöriger Gegenstand, ein *Lebensmittel* seiner Arbeit zu sein; zweitens, daß sie immer mehr aufhört *Lebensmittel* im unmittelbaren Sinn, Mittel für die physische Subsistenz des Arbeiters zu sein.

Nach dieser doppelten Seite hin wird der Arbeiter also ein Knecht seines Gegenstandes, erstens daß er einen *Gegenstand der Arbeit*, d. h. daß er *Arbeit* erhält und zweitens daß er *Subsistenzmittel* erhält. Erstens also daß er als *Arbeiter* und zweitens, daß er als *physisches Subjekt* existiren kann. Die Spitze dieser Knechtschaft ist, daß er nur mehr als *Arbeiter* sich als *physisches Subjekt* erhalten kann und nur mehr als *physisches Subjekt* Arbeiter ist.

(Die Entfremdung des Arbeiters in seinem Gegenstand drückt sich nach nationalökonomischen Gesetzen so aus, daß je mehr der Arbeiter producirt, er um so weniger zu consummiren hat, daß je mehr Werthe er schafft, er um so werthloser und so unwürdiger wird, daß je geformter sein Produkt um so mißförmiger der Arbeiter, daß je civilisirter sein Gegenstand um so barbarischer der Arbeiter, daß um so mächtiger die Arbeit, um so ohnmächtiger der Arbeiter wird, daß je geistreicher die Arbeit um so mehr geistloser und Naturknecht der Arbeiter wird.)

Die Nationalökonomie verbirgt die Entfremdung in dem Wesen der Arbeit dadurch, daß sie nicht das unmittelbare *Verhältniß zwischen dem* Arbeiter, (der Arbeit) *und der Production betrachtet.* Allerdings. Die Arbeit producirt Wunderwerke für den Reichen, aber sie producirt Entblössung für den Arbeiter. Sie producirt Paläste, aber Höhlen für den Arbeiter. Sie producirt Schönheit, aber Verkrüppelung für den Arbeiter. Sie ersezt die Arbeit durch Maschinen, aber sie wirft einen Theil der Arbeiter zu einer barbarischen Arbeit zurück und macht den andren Theil zur Maschine. Sie producirt Geist, aber sie producirt Blödsinn, Cretinismus für den Arbeiter.

Das unmittelbare Verhältniß der Arbeit zu ihren Producten ist das Verhältniß des Arbeiters zu den Gegenständen seiner Production. Das Verhältniß des Vermögenden zu den Gegenständen der Production und zu ihr selbst ist nur eine *Consequenz* dieses ersten Verhältnisses. Und bestätigt es. Wir werden diese andre Seite später betrachten. Wenn wir also fragen: Welches ist das wesentliche Verhältniß der Arbeit, so fragen wir nach dem Verhältniß des *Arbeiters* zur Production.

Wir haben bisher die Entfremdung, die Entäusserung des Arbeiters nur nach der einen Seite hin betrachtet, nämlich sein *Verhältniß zu den Produkten seiner Arbeit.* Aber die Entfremdung zeigt sich nicht nur im Resultat, sondern im *Akt der Produktion*, innerhalb der *producirenden Thätigkeit* selbst. Wie würde dem Arbeiter das Produkt seiner Thätigkeit fremd gegenübertreten können, wenn er im Akt der Production selbst sich nicht sich selbst entfremdete? Das Product ist ja nur das Resumé der Thätigkeit, der Production. Wenn also das Product der Arbeit die Entäusserung ist, so muß die Production selbst die thätige Entäusserung, die Entäusserung der Thätigkeit, die Thätigkeit der Entäusserung sein. In der Entfremdung des Gegenstandes der Arbeit resumirt sich nur die Entfremdung, die Entäusserung in der Thätigkeit der Arbeit selbst.

Worin besteht nun die Entäusserung der Arbeit?

Erstens, daß die Arbeit dem Arbeiter *äusserlich* ist, d. h. nicht zu seinem Wesen gehört, daß er sich daher in seiner

Arbeit nicht bejaht, sondern verneint, nicht wohl, sondern unglücklich fühlt, keine freie physische und geistige Energie entwickelt, sondern seine Physis abkasteit und seinen Geist ruinirt. Der Arbeiter fühlt sich daher erst ausser der Arbeit bei sich und in der Arbeit ausser sich. Zu Hause ist er, wenn er nicht arbeitet und wenn er arbeitet, ist er nicht zu Haus. Seine Arbeit ist daher nicht freiwillig, sondern gezwungen, *Zwangsarbeit.* Sie ist daher nicht die Befriedigung eines Bedürfnisses, sondern sie ist nur ein *Mittel*, um Bedürfnisse ausser ihr zu befriedigen. Ihre Fremdheit tritt darin rein hervor, daß, sobald kein physischer oder sonstiger Zwang existirt, die Arbeit als eine Pest geflohen wird. Die äusserliche Arbeit, die Arbeit, in welcher der Mensch sich entäussert, ist eine Arbeit der Selbstaufopferung, der Kasteiung. Endlich erscheint die Aüsserlichkeit der Arbeit für den Arbeiter darin, daß sie nicht sein eigen, sondern eines andern ist, daß sie ihm nicht gehört, daß er in ihr nicht sich selbst, sondern einem andern angehört. Wie in der Religion die Selbstthätigkeit der menschlichen Phantasie, des menschlichen Hirns und des menschlichen Herzens unabhängig vom Individuum, d. h. als eine fremde, göttliche oder teuflische Thätigkeit auf es wirkt, so ist die Thätigkeit des Arbeiters nicht seine Selbstthätigkeit. Sie gehört einem andern, sie ist der Verlust seiner selbst.

Es kömmt daher zu dem Resultat, daß der Mensch, (der Arbeiter) nur mehr in seinen thierischen Funktionen, Essen, Trinken und Zeugen, höchstens noch Wohnung, Schmuck, etc. sich als freithätig fühlt, und in seinen menschlichen Funktionen nur mehr als Thier. Das Thierische wird das Menschliche und das Menschliche das Thierische.

Essen, Trinken und Zeugen etc. sind zwar auch echt menschliche Funktionen. In der Abstraktion aber, die sie von dem übrigen Umkreis menschlicher Thätigkeit trennt und zu lezten und alleinigen Endzwecken macht, sind sie thierisch.

Wir haben den Akt der Entfremdung der praktischen menschlichen Thätigkeit, d. Arbeit, nach zwei Seiten hin betrachtet. 1) Das Verhältniß des Arbeiters zum *Product der Arbeit* als fremden und über ihn mächtigen Gegenstand. Dieß Verhältniß ist zugleich das Verhältniß zur sinnlichen Aussenwelt, zu den Naturgegenständen als einer fremden ihm feindlich gegenüberstehenden Welt. 2) Das Verhältniß der Arbeit zum *Akt der Production*, innerhalb der *Arbeit*. Dieß Verhältniß ist das Verhältniß des Arbeiters zu seiner eignen Thätigkeit als einer fremden, ihm nicht angehörigen, die Thätigkeit als Leiden, die Kraft als Ohnmacht, die Zeugung als Entmannung. Die *eigne* physische und geistige Energie des Arbeiters, sein persönliches Leben, – denn was ist Leben als Thätigkeit – als eine wider ihn selbst gewendete, von ihm unabhängige, ihm nicht gehörige Thätigkeit. Die *Selbstentfremdung*, wie oben die Entfremdung der *Sache*.

Wir haben nun noch eine dritte Bestimmung der *entfremdeten Arbeit* aus den beiden bisherigen zu ziehn.

Der Mensch ist ein Gattungswesen, nicht nur indem er praktisch und theoretisch die Gattung, sowohl seine eigne als die der übrigen Dinge zu seinem Gegenstand macht, sondern – und dieß ist nur ein andrer Ausdruck für dieselbe Sache – sondern auch indem er sich zu sich selbst als der gegenwärtigen, lebendigen Gattung verhält, indem er sich zu sich als einem *universellen*, darum freien Wesen verhält.

Das Gattungsleben, sowohl beim Menschen als beim Thier, besteht physisch einmal darin, daß der Mensch (wie das Thier), von der unorganischen Natur lebt, und um so universeller der Mensch als das Thier, um so universeller ist der Bereich der unorganischen Natur, von der er lebt. Wie Pflanzen, Thiere, Steine, Luft, Licht etc. theoretisch einen Theil des menschlichen Bewußtseins, theils als Gegenstände der Naturwissenschaft, theils als Gegenstände der Kunst bilden – seine geistige unorganische Natur, geistige Lebensmittel, die er erst zubereiten muß zum Genuß und zur Verdauung – so bilden sie auch praktisch einen Theil des menschlichen Lebens und der menschlichen Thätigkeit. Physisch lebt der Mensch nur von diesen Naturprodukten, mögen sie nun in der Form der Nahrung, Heitzung, Kleidung, Wohnung etc. erscheinen. Die Universalität des Menschen erscheint praktisch eben in der Universalität, die die ganze Natur zu seinem *unorganischen* Körper macht, sowohl insofern sie 1) ein unmittelbares Lebensmittel, als inwiefern sie d. Gegenstand / Materie und das Werkzeug seiner Lebensthätigkeit ist. Die Natur ist der *unorganische Leib* des Menschen, nämlich die Natur, so weit sie nicht selbst menschlicher Körper ist. Der Mensch *lebt* von der Natur, heißt: die Natur ist sein *Leib*, mit dem er in beständigem Prozeß bleiben muß, um nicht zu sterben. Daß das physische und geistige Leben des Menschen mit der Natur zusammenhängt, hat keinen andern Sinn, als daß die Natur mit sich selbst zusammenhängt, denn der Mensch ist ein Theil der Natur.

Indem die entfremdete Arbeit dem Menschen 1) die Natur entfremdet, 2) sich selbst, seine eigne thätige Funktion, seine Lebensthätigkeit, so entfremdet sie dem Menschen die *Gattung*; sie macht ihm das *Gattungsleben* zum Mittel des individuellen Lebens. Erstens entfremdet sie das Gattungsleben und das individuelle Leben und zweitens macht sie das leztere in seiner Abstraktion zum Zweck des ersten, ebenfalls in seiner abstrakten und entfremdeten Form.

Denn erstens erscheint dem Menschen die Arbeit, die *Lebensthätigkeit*, das *produktive* Leben selbst nur als ein *Mittel* zur Befriedigung eines Bedürfnisses, des Bedürfnisses der Erhaltung der physischen Existenz. Das produktive Leben ist aber das Gattungsleben. Es ist das Leben erzeugende Leben. In der Art der Lebensthätigkeit liegt der ganze Charakter einer species, ihr Gattungscharakter, und die freie bewußte Thätigkeit ist der Gattungscharakter des Menschen. Das Leben selbst erscheint nur als *Lebensmittel.*

Das Thier ist unmittelbar eins mit seiner Lebensthätigkeit. Es unterscheidet sich nicht von ihr. Es ist *sie.* Der Mensch macht seine Lebensthätigkeit selbst zum Gegenstand seines Wollens und seines Bewußtseins. Er hat bewußte Lebensthätigkeit. Es ist nicht eine Bestimmtheit, mit der er unmittelbar zusammenfließt. Die bewußte Lebensthätigkeit unterscheidet den Menschen unmittelbar von der thierischen Lebensthätigkeit. Eben nur dadurch ist er ein Gattungswesen. Oder er ist nur ein Bewußtes Wesen, d. h. sein eignes Leben ist ihm Gegenstand, eben weil er ein Gattungswesen ist. Nur darum ist seine Thätigkeit freie Thätigkeit. Die Entfremdete Arbeit kehrt das Verhältniß dahin um, daß der Mensch eben, weil er ein bewußtes Wesen ist, seine Lebensthätigkeit, sein *Wesen* nur zu einem Mittel für seine *Existenz* macht.

Das praktische Erzeugen einer *gegenständlichen Welt*, die *Bearbeitung* der unorganischen Natur ist die Bewährung des Menschen als eines bewußten Gattungswesens, d. h. eines Wesens, das sich zu der Gattung als seinem eignen Wesen oder zu sich als Gattungswesen verhält. Zwar producirt auch das Thier. Es baut sich ein Nest, Wohnungen, wie die Biene, Biber, Ameise etc. Allein es producirt nur, was es unmittelbar für sich oder sein Junges bedarf; es producirt einseitig, während der Mensch universell producirt; es producirt nur unter der Herrschaft des unmittelbaren physischen Bedürfnisses, während der Mensch selbst frei vom physischen Bedürfniß producirt und erst wahrhaft producirt, in der Freiheit von demselben; es producirt nur sich selbst, während der Mensch die ganze Natur reproducirt; sein Product gehört unmittelbar zu seinem physischen Leib, während der Mensch frei seinem Product gegenübertritt. Das Thier formirt nur nach dem Maaß und dem Bedürfniß der species, der es angehört, während der Mensch nach dem Maaß jeder species zu produciren weiß und überall das inhärente Maaß dem Gegenstand anzulegen weiß; der Mensch formirt daher auch nach den Gesetzen der Schönheit.

Eben in der Bearbeitung der gegenständlichen Welt bewährt sich der Mensch daher erst wirklich als *Gattungswesen*. Diese Production ist sein Werkthätiges Gattungsleben. Durch sie erscheint die Natur als *sein* Werk und seine Wirklichkeit. Der Gegenstand der Arbeit ist daher die *Vergegenständlichung des Gattungslebens des Menschen*; indem er sich nicht nur, wie im Bewußtsein, intellektuell, sondern werkthätig, wirklich verdoppelt, und sich selbst daher in einer von ihm geschaffnen Welt anschaut. Indem daher die entfremdete Arbeit dem Menschen den Gegenstand seiner Production entreißt, entreißt sie ihm sein *Gattungsleben*, seine wirkliche Gattungsgegenständlichkeit und verwandelt seinen Vorzug vor dem Thier in den Nachtheil, daß sein unorganischer Leib, die Natur, ihm entzogen wird.

Ebenso indem die entfremdete Arbeit die Selbstthätigkeit, die freie Thätigkeit zum Mittel herabsezt, macht sie das Gattungsleben des Menschen zum Mittel seiner physischen Existenz.

Das Bewußtsein, welches der Mensch von seiner Gattung hat, verwandelt sich durch die Entfremdung also dahin, daß das Gattungsleben ihm zum Mittel wird.

Die entfremdete Arbeit macht also:

3) das *Gattungswesen des Menschen*, sowohl die Natur, als sein geistiges Gattungsvermögen zu einem ihm *fremden* Wesen, zum *Mittel* seiner *individuellen Existenz*. Sie entfremdet dem Menschen seinen eignen Leib, wie die Natur ausser ihm, wie sein geistiges Wesen, sein *menschliches* Wesen.

4) Eine unmittelbare Consequenz davon, daß der Mensch dem Product seiner Arbeit, seiner Lebensthätigkeit, seinem Gattungswesen entfremdet ist, ist die *Entfremdung des Menschen* von dem *Menschen*. Wenn der

Mensch sich selbst gegenübersteht, so steht ihm der *andre* Mensch gegenüber. Was von dem Verhältniß des Menschen zu seiner Arbeit, zum Product seiner Arbeit und zu sich selbst, das gilt von dem Verhältniß des Menschen zum andern Menschen, wie zu der Arbeit und dem Gegenstand der Arbeit des andern Menschen.

Ueberhaupt der Satz, daß dem Menschen sein Gattungswesen entfremdet ist, heißt daß ein Mensch dem andern, wie jeder von ihnen dem menschlichen Wesen entfremdet ist.

Die Entfremdung des Menschen, überhaupt jedes Verhältniß, in dem der Mensch zu sich selbst steht, ist erst verwirklicht, drückt sich aus in dem Verhältniß, in welchem der Mensch zu dem andern Menschen steht.

Also betrachtet in dem Verhältniß der entfremdeten Arbeit jeder Mensch den andern nach dem Maaßstab und dem Verhältniß in welchem er selbst, als Arbeiter sich befindet.

Wir gingen aus von einem nationalökonomischen factum, der Entfremdung des Arbeiters und seiner Production. Wir haben den Begriff dieses factums ausgesprochen, die *entfremdete, entäusserte* Arbeit. Wir haben diesen Begriff analysirt, also blos ein nationalökonomisches factum analysirt.

Sehn wir nun weiter, wie sich der Begriff der entfremdeten, entäusserten Arbeit in der Wirklichkeit aussprechen und darstellen muß.

Wenn das Produkt der Arbeit mir fremd ist, mir als fremde Macht gegenübertritt, wem gehört es dann?

Wenn meine eigne Thätigkeit nicht mir gehört, eine fremde, eine erzwungne Thätigkeit ist, wem gehört sie dann?

Einem *andern* Wesen als mir.

Wer ist dieß Wesen?

Die *Götter*? Allerdings erscheint in den ersten Zeiten die Hauptproduktion, wie z. B. der Tempelbau etc in Aegypten, Indien, Mexiko, sowohl im Dienst der Götter, wie auch das Product den Göttern gehört. Allein die Götter allein waren nie die Arbeitsherrn. Ebensowenig die *Natur*. Und welcher Widerspruch wäre es auch, daß je mehr der Mensch die Natur durch seine Arbeit sich unterwirft, je mehr die Wunder der Götter überflüssig werden durch die Wunder der Industrie, der Mensch diesen Mächten zu lieb auf die Freude an der Production und auf den Genuß des Productes verzichten sollte.

Das *fremde* Wesen, dem die Arbeit und das Product der Arbeit gehört, in dessen Dienst die Arbeit, und zu dessen Genuß das Product der Arbeit steht, kann nur der *Mensch* selbst sein.

Wenn das Product der Arbeit nicht dem Arbeiter gehört, eine fremde Macht ihm gegenüber ist, so ist dieß nur dadurch möglich, daß es einem *andern Menschen ausser dem Arbeiter* gehört. Wenn seine Thätigkeit ihm Qual ist, so muß sie einem andern *Genuß* und die Lebensfreude eines andern sein. Nicht die Götter, nicht die Natur, nur der Mensch selbst kann diese fremde Macht über den Menschen sein.

Man bedenke noch den vorher aufgestellten Satz, daß das Verhältniß des Menschen zu sich selbst ihm erst *gegenständlich, wirklich* ist durch sein Verhältniß zu dem andern Menschen. Wenn er sich also zu dem Product seiner Arbeit, zu seiner vergegenständlichten Arbeit als einem *fremden*, feindlichen, mächtigen, von ihm unabhängigen Gegenstand verhält, so verhält er sich zu ihm so, daß ein anderer, ihm fremder, feindlicher, mächtiger, von ihm unabhängiger Mensch der Herr dieses Gegenstandes ist. Wenn er sich zu seiner eignen Thätigkeit als einer unfreien verhält, so verhält er sich zu ihr als der Thätigkeit im Dienst, unter der Herrschaft, dem Zwang und dem Joch eines andern Menschen.

Jede Selbstentfremdung des Menschen von sich und der Natur erscheint in dem Verhältniß, welches er sich und der Natur zu andern, von ihm unterschiednen Menschen giebt. Daher die religiöse Selbstentfremdung nothwendig in dem Verhältniß des Laien zum Priester erscheint, oder auch, da es sich hier von der intellektuellen Welt handelt, zu einem Mittler etc. In der praktischen wirklichen Welt kann die Selbstentfremdung nur durch das praktische wirkliche Verhältniß zu andern Menschen erscheinen. Das Mittel, wodurch die Entfremdung vorgeht, ist selbst ein *praktisches*. Durch die entfremdete Arbeit erzeugt der Mensch also nicht nur sein Verhältniß zu dem Gegenstand und dem Akt der Produktion als fremden und ihm feindlichen Menschen; er erzeugt auch das Verhältniß in welchem andre Menschen zu seiner Production und seinem Product stehn und das Verhältniß, in welchem er zu diesen andern Menschen steht. Wie er seine eigne Production zu seiner Entwirklichung, zu seiner Strafe, wie er sein eignes Product zu dem Verlust, zu einem ihm nicht gehörigen Product, so erzeugt er die Herrschaft dessen, der nicht producirt, auf die Production und auf das Product. Wie er seine eigne Thätigkeit sich entfremdet, so eignet er dem Fremden die ihm nicht eigne Thätigkeit an.

Wir haben bis jezt das Verhältniß nur von Seiten des Arbeiters, wir werden es später auch von Seiten des NichtArbeiters betrachten.

Also durch die *entfremdete, entäusserte Arbeit* erzeugt der Arbeiter das Verhältniß eines der Arbeit fremden und ausser ihr stehenden Menschen zu dieser Arbeit. Das Verhältniß des Arbeiters zur Arbeit erzeugt das Verhältniß des Capitalisten zu derselben oder wie man sonst den Arbeitsherrn nennen will.

Das *Privateigenthum* ist also das Produkt, das Resultat, die nothwendige Consequenz der *entäusserten Arbeit*, des äusserlichen Verhältnisses des Arbeiters zu der Natur und zu sich selbst.

Das *Privateigenthum* ergiebt sich also durch Analyse

aus dem Begriff der *entäusserten* Arbeit, d. i. des *entäusserten Menschen*, der entfremdeten Arbeit, des entfremdeten Lebens, des *entfremdeten* Menschen.

Wir haben allerdings den Begriff der *entäusserten Arbeit*, (des *entäusserten Lebens*) aus der Nationalökonomie als Resultat aus der *Bewegung des Privateigenthums* gewonnen. Aber es zeigt sich bei der Analyse dieses Begriffes, daß, wenn das Privateigenthum als Grund, als Ursache der entäusserten Arbeit erscheint, es vielmehr eine Consequenz der selben ist, wie auch die Götter *ursprünglich* nicht die Ursache, sondern die Wirkung der menschlichen Verstandesverirrung sind. Später schlägt dieß Verhältniß in Wechselwirkung um.

Erst auf dem lezten Culminationspunkt der Entwicklung des Privateigenthums tritt dieses sein Geheimniß wieder hervor, nämlich, einerseits, daß es das *Produkt* der entäusserten Arbeit und zweitens daß es das *Mittel* ist, durch welches sich die Arbeit entäussert, die *Realisation dieser Entäusserung*.

Diese Entwicklung giebt sogleich Licht über verschiedne bisher ungelöste Collisionen.

1) Die Nationalökonomie geht von der Arbeit als der eigentlichen Seele der Production aus und dennoch giebt sie der Arbeit nichts und dem Privateigenthum Alles. Proudhon hat aus diesem Widerspruch zu Gunsten der Arbeit wider das Privateigenthum geschlossen. Wir aber sehn ein, daß dieser scheinbare Widerspruch der Widerspruch der *entfremdeten Arbeit* mit sich selbst ist, und daß die Nationalökonomie nur die Gesetze der entfremdeten Arbeit ausgesprochen hat.

Wir sehn daher auch ein, daß *Arbeitslohn* und *Privateigenthum* identisch sind: denn der Arbeitslohn, wo das Product, der Gegenstand der Arbeit die Arbeit selbst besoldet, ist nur eine nothwendige Consequenz von der Entfremdung der Arbeit, wie denn im Arbeitslohn auch die Arbeit nicht als Selbstzweck, sondern als der Diener des

Lohns erscheint. Wir werden dieß später ausführen und ziehen jezt nur noch einige Consequenzen.

Eine gewaltsame *Erhöhung des Arbeitslohns*, (von allen andern Schwierigkeiten abgesehn, abgesehn davon, daß sie als eine Anomalie auch nur gewaltsam aufrecht zu erhalten wäre) wäre also nichts als eine bessere *Salarirung des Sklaven* und hätte weder dem Arbeiter, noch der Arbeit ihre menschliche Bestimmung und Würde erobert.

Ja selbst die *Gleichheit der Salaire*, wie sie Proudhon fordert, verwandelt nur das Verhältniß des jetzigen Arbeiters zu seiner Arbeit in das Verhältniß aller Menschen zur Arbeit. Die Gesellschaft wird dann als abstrakter Capitalist gefaßt.

Arbeitslohn ist eine unmittelbare Folge der entfremdeten Arbeit und die entfremdete Arbeit ist die unmittelbare Ursache des Privateigenthums. Mit der einen muß daher auch die andere Seite fallen.

2) Aus dem Verhältniß der entfremdeten Arbeit zum Privateigenthum folgt ferner, daß die Emancipation der Gesellschaft vom Privateigenthum etc, von der Knechtschaft in der *politischen* Form der *Arbeiteremancipation* sich ausspricht, nicht als wenn es sich nur um ihre Emancipation handelte, sondern weil in ihrer Emancipation die allgemein menschliche enthalten ist, diese ist aber darin enthalten, weil die ganze menschliche Knechtschaft in dem Verhältniß des Arbeiters zur Production involvirt ist und alle Knechtsschaftsverhältnisse nur Modificationen und Consequenzen dieses Verhältnisses sind.

Wie wir aus dem Begriff der *entfremdeten, entäusserten Arbeit* den Begriff des *Privateigenthums* durch *Analyse* gefunden haben, so können mit Hülfe dieser beiden factoren alle nationalökonomischen *Categorien* entwickelt werden und wir werden in jeder Categorie, wie z. B. dem Schacher, der Concurrenz, dem Capital, dem Geld, nur einen *bestimmten* und *entwickelten Ausdruck* dieser ersten Grundlagen wiederfinden.

Bevor wir jedoch diese Gestaltung betrachten, suchen wir noch zwei Aufgaben zu lösen.

1) Das allgemeine *Wesen* des *Privateigenthums*, wie es sich als Resultat der entfremdeten Arbeit ergeben hat, in seinem Verhältniß zum *wahrhaft menschlichen* und *socialen Eigenthum* zu bestimmen;

2) Wir haben die *Entfremdung der Arbeit*, ihre *Entäusserung* als ein Factum angenommen und dieß factum analysirt. Wie, fragen wir nun, kömmt der *Mensch* dazu, seine Arbeit zu *entäussern*, zu entfremden? Wie ist diese Entfremdung im Wesen der menschlichen Entwicklung begründet? Wir haben schon viel für die Lösung der Aufgabe gewonnen, indem wir die Frage nach dem *Ursprung* des *Privateigenthums* in die Frage nach dem Verhältniß der *entäusserten Arbeit* zum Entwicklungsgang der Menschheit *verwandelt* haben. Denn wenn man vom *Privateigenthum* spricht, so glaubt man es mit einer Sache ausser dem Menschen zu thun zu haben. Wenn man von der Arbeit spricht, so hat man es unmittelbar mit dem Menschen selbst zu thun. Diese neue Stellung der Frage ist inclusive schon ihre Lösung.

ad. 1 Allgemeines Wesen des Privateigenthums und sein Verhältniß zum wahrhaft menschlichen Eigenthum.

In zwei Bestandtheile, die sich wechselseitig bedingen, oder die nur verschiedne Ausdrücke eines und desselben Verhältnisses sind, hat sich uns die entäusserte Arbeit aufgelöst, die *Aneignung* erscheint als *Entfremdung*, als *Entäusserung* und die *Entäusserung als Aneignung*, die *Entfremdung* als die wahre *Einbürgerung*.

Wir haben die eine Seite betrachtet, die *entäusserte* Arbeit in Bezug auf den *Arbeiter* selbst, d. h. das *Verhältniß der entäußerten Arbeit zu sich selbst*. Als Produkt, als nothwendiges Resultat dieses Verhältnisses haben wir das *Eigenthumsverhältniß des NichtArbeiters* zum *Arbeiter und der Arbeit* gefunden. Das *Privateigenthum*, als der materielle, resümirte Ausdruck der entäusserten Arbeit umfaßt beide Verhältnisse, das *Verhältniß des Arbeiters zur Arbeit und zum Product seiner Arbeit* und zum *Nichtarbeiter* und das Verhältniß des *Nichtarbeiters, zum Arbeiter,* und *dem Product seiner Arbeit.*

Wenn wir nun gesehn haben, daß in Bezug auf den Arbeiter, welcher sich durch die Arbeit die Natur *aneignet,* die Aneignung als Entfremdung erscheint, die Selbstthätigkeit als Thätigkeit für einen andern und als Thätigkeit eines andern, die Lebendigkeit als Aufopferung des Lebens, die Production des Gegenstandes als Verlust des Gegenstandes an eine fremde Macht, an einen *fremden* Menschen, so betrachten wir nun das Verhältniß dieses der Arbeit und dem Arbeiter *fremden* Menschen zum Arbeiter, zur Arbeit und ihrem Gegenstand.

Zunächst ist zu bemerken, daß alles, was bei dem Arbeiter als *Thätigkeit der Entäusserung, der Entfremdung,* bei dem Nichtarbeiter als *Zustand der Entäusserung, der Entfremdung* erscheint.

Zweitens, daß das *wirkliche,* praktische *Verhalten* des Arbeiters in der Production und zum Product (als Gemüthszustand,) bei dem ihm gegenüberstehenden Nichtarbeiter als *theoretisches Verhalten* erscheint.

Drittens. Der Nichtarbeiter thut alles gegen den Arbeiter, was der Arbeiter gegen sich selbst thut, aber er thut nicht gegen sich selbst, was er gegen den Arbeiter thut.

Betrachten wir näher diese drei Verhältnisse.

KARL MARX

[Thesen über Feuerbach]

1) ad Feuerbach

1)

Der Hauptmangel alles bisherigen Materialismus (den Feuerbach'schen mit eingerechnet) ist, daß der Gegenstand, die Wirklichkeit, Sinnlichkeit nur unter der Form des *Objekts od. der Anschauung* gefaßt wird; nicht aber als *sinnlich menschliche Thätigkeit, Praxis*; nicht subjektiv. Daher die *thätige* Seite abstrakt im Gegensatz zu dem Materialismus von dem Idealismus – der natürlich die wirkliche, sinnliche Thätigkeit als solche nicht kennt – entwikkelt. Feuerbach will sinnliche – von den Gedankenobjekten wirklich unterschiedne Objekte: aber er faßt die menschliche Thätigkeit selbst nicht als *gegenständliche* Thätigkeit. Er betrachtet daher im Wesen des Christenthums nur das theoretische Verhalten als das echt menschliche, während die Praxis nur in ihrer schmutzig jüdischen Erscheinungsform gefaßt u. fixirt wird. Er begreift daher nicht die Bedeutung der »revolutionairen« der »praktisch-kritischen« Thätigkeit.

2)

Die Frage, ob dem menschlichen Denken – gegenständliche Wahrheit zukomme – ist keine Frage der Theorie, sondern eine *praktische* Frage. In der Praxis muß der

Mensch die Wahrheit i. e. Wirklichkeit u. Macht, Diesseitigkeit seines Denkens beweisen. Der Streit über die Wirklichkeit od. Nichtwirklichkeit des Denkens – das von der Praxis isolirt ist, – ist eine rein *scholastische* Frage.

3)

Die materialistische Lehre v. der Veränderung der Umstände u. der Erziehung vergißt, daß die Umstände v. den Menschen verändert u. der Erzieher selbst erzogen werden muß. Sie muß daher die Gesellschaft in zwei Theile – von denen der eine über ihr erhaben ist – sondiren.

Das Zusammenfallen des Aenderns der Umstände u. der menschlichen Thätigkeit od. Selbstveränderung kann nur als *revolutionaire Praxis* gefaßt u. rationell verstanden werden.

4)

Feuerbach geht von dem Factum der religiösen Selbstentfremdung, der Verdopplung der Welt in eine religiöse u. eine weltliche aus. Seine Arbeit besteht darin die religiöse Welt in ihre weltliche Grundlage aufzulösen. Aber, daß die weltliche Grundlage sich von sich selbst abhebt u. sich ein selbstständiges Reich in den Wolken fixirt, ist nur aus der Selbstzerrissenheit u. Sichselbstwidersprechen dieser weltlichen Grundlage zu erklären. Diese selbst muß also in sich selbst sowohl in ihrem Wiederspruch verstanden, als praktisch revolutionirt werden. Also nachdem z. B. die irdische Familie als das Geheimniß der heiligen Familie entdeckt ist, muß nun erstere selbst theoretisch u. praktisch vernichtet werden.

5)

Feuerbach, mit dem *abstrakten Denken* nicht zufrieden, will die *Anschauung*; aber er faßt die Sinnlichkeit nicht als *praktische*, menschlich sinnliche Thätigkeit.

6)

Feuerbach löst das religiöse Wesen in das *menschliche* Wesen auf. Aber das menschliche Wesen ist kein dem einzelnen Individuum inwohnendes Abstractum. In seiner Wirklichkeit ist es das ensemble der gesellschaftlichen Verhältnisse.

Feuerbach, der auf die Kritik dieses wirklichen Wesens nicht eingeht, ist daher gezwungen:

1) von dem geschichtlichen Verlauf zu abstrahiren u. das religiöse Gemüth für sich zu fixiren, u. ein abstrakt – *isolirt* – menschliches Individuum vorauszusetzen.

2) Das Wesen kann daher nur als »Gattung«, als innere, stumme, die vielen Individuen *natürlich* verbindende Allgemeinheit gefaßt werden.

7)

Feuerbach sieht daher nicht, daß das »religiöse Gemüth« selbst ein gesellschaftliches Produkt ist u. daß das abstrakte Individuum, das er analysirt, einer bestimmten Gesellschaftsform angehört.

8)

Alles gesellschaftliche Leben ist wesentlich *praktisch*. Alle Mysterien, welche die Theorie zum Mysticism veranlassen, finden ihre rationelle Lösung in der menschlichen Praxis u. in dem Begreifen dieser Praxis.

9)

Das höchste, wozu der anschauende Materialismus kommt, d. h. der Materialismus, der die Sinnlichkeit nicht als praktische Thätigkeit begreift, ist die Anschauung der einzelnen Individuen u. der bürgerlichen Gesellschaft.

10)

Der Standpunkt des alten Materialismus ist die bürgerliche Gesellschaft, der Standpunkt des neuen die menschliche Gesellschaft od. die gesellschaftliche Menschheit.

11)

Die Philosophen haben die Welt nur verschieden *interpretirt*, es kömmt drauf an sie zu *verändern*.

KARL MARX / FRIEDRICH ENGELS

[Entwürfe, Notizen für] Die deutsche Ideologie

Feuerbach und Geschichte. Entwurf

Soweit Feuerbach Materialist ist, kommt die Geschichte bei ihm nicht vor, & soweit er die Geschichte in Betracht zieht ist er kein Materialist. Bei ihm fallen Materialismus & Geschichte ganz auseinander, was sich übrigens schon aus dem Gesagten erklärt. Wir müssen bei den voraussetzungslosen Deutschen damit anfangen, daß wir die erste Voraussetzung aller menschlichen Existenz, also auch aller Geschichte constatiren, nämlich die Voraussetzung daß die Menschen im Stande sein müssen zu leben, um »Geschichte machen« zu können. Zum Leben aber gehört vor Allem Essen & Trinken, Wohnung, Kleidung & noch einiges Andere. Die erste geschichtliche That ist also die Erzeugung der Mittel zur Befriedigung dieser Bedürfnisse, die Produktion des materiellen Lebens selbst, & zwar ist dies eine geschichtliche That, eine Grundbedingung aller Geschichte, die noch heute, wie vor Jahrtausenden, täglich & stündlich erfüllt werden muß, um die Menschen nur am Leben zu erhalten. Selbst wenn die Sinnlichkeit wie beim heiligen Bruno, auf einen Stock, auf das Minimum reduzirt ist, setzt sie die Thätigkeit der Produktion dieses Stockes voraus. Das Erste also bei aller geschichtlichen Auffassung ist, daß man diese Grundthatsache in ihrer ganzen Bedeutung & ihrer ganzen Ausdehnung beobachtet & zu ihrem Rechte kommen läßt. Dies haben die Deutschen bekanntlich nie gethan, daher nie eine *irdische* Basis für die Geschichte & folglich nie einen Historiker gehabt. Die Franzosen & Engländer, wenn sie auch den Zusammenhang dieser Thatsache mit der sogenannten Geschichte nur höchst einseitig auffaßten, namentlich solange sie in der politischen Ideologie befangen waren, so haben sie doch immerhin die ersten Versuche gemacht, der Geschichtschreibung eine materialistische Basis zu geben, indem sie zuerst Geschichten der bürgerlichen Gesellschaft, des Handels & der Industrie schrieben. – Das Zweite ist, daß das befriedigte erste Bedürfniß selbst, die Aktion der Befriedigung & das schon erworbene Instrument der Befriedigung zu neuen Bedürfnissen führt – & diese Erzeugung neuer Bedürfnisse ist die erste geschichtliche That. Hieran zeigt sich sogleich, weß Geistes Kind die große historische Weisheit der Deutschen ist, die da, wo ihnen das positive Material ausgeht, & wo weder theologischer, noch politischer, noch literarischer Unsinn verhandelt wird, gar keine Geschichte, sondern die »vorgeschichtliche Zeit« sich ereignen läßt, ohne uns indeß darüber aufzuklären wie man aus diesem Unsinn der »Vorgeschichte« in die eigentliche Geschichte kommt – obwohl auf der andern Seite ihre historische Spekulation sich ganz besonders auf diese »Vorgeschichte« wirft weil sie da sicher zu sein glaubt vor den Eingriffen des »rohen Faktums« & zugleich weil sie hier ihrem spekulirenden Triebe alle Zügel schießen lassen & Hypothesen zu Tausenden erzeugen & umstoßen kann. – Das dritte Verhältniß was hier gleich von vorn herein in die geschichtliche Entwicklung eintritt, ist das, daß die Menschen, die ihr eignes Leben täglich neu machen, anfangen, andre Menschen zu machen, sich fortzupflanzen – das Verhältniß zwischen Mann & Weib, Eltern & Kindern, die *Familie*. Diese Familie, die im Anfange das einzige soziale Verhältniß ist, wird späterhin, wo die vermehrten Bedürfnisse neue gesellschaftliche Verhältnisse, & die vermehrte Menschenzahl neue Bedürfnisse erzeugen, zu einem untergeordneten (ausgenommen in Deutschland), & muß alsdann nach den existirenden empirischen Daten, nicht nach dem »Begriff der Familie« wie man in Deutschland zu thun pflegt, behandelt & entwickelt werden. Übrigens sind diese drei Seiten der sozialen Thätigkeit nicht als drei verschiedne Stufen zu fassen, sondern eben nur als drei Seiten, oder um für die Deutschen klar zu schreiben, drei »Momente«, die vom Beginn der Geschichte an & seit den ersten Menschen zugleich existirt haben & sich noch heute in der Geschichte geltend machen. – Die Produktion des Lebens, sowohl des eignen in der Arbeit wie des fremden in der Zeugung erscheint nun schon sogleich als ein doppeltes Verhältniß – einerseits als ein natürliches, andrerseits als gesellschaftliches Verhältniß – gesellschaftlich in dem Sinne als hierunter das Zusammenwirken mehrerer Individuen, gleichviel unter welchen Bedingungen, auf welcher Weise & zu welchem Zweck verstanden wird. Hieraus geht hervor, daß eine bestimmte Produktionsweise oder industrielle Stufe stets mit einer bestimmten Weise des Zusammenwirkens oder gesellschaftlichen Stufe vereinigt ist, u. diese Weise des Zusammenwirkens ist selbst eine »Productivkraft« daß die Menge der den Menschen zugänglichen Produktivkräfte den gesellschaftlichen Zustand bedingt & also die »Geschichte der Menschheit« stets im Zusammenhange mit der Geschichte der Industrie & des Austausches studirt & bearbeitet werden muß. Es ist aber auch klar, wie es in Deutschland unmöglich ist, solche Geschichte zu schreiben, da den Deutschen dazu nicht nur die Auffassungsfähigkeit & das Material, sondern auch die »sinnliche Gewißheit« abgeht, & man jenseits des Rheins über diese Dinge keine Erfahrungen machen kann, weil dort keine Geschichte mehr vorgeht. Es zeigt sich also schon von vorn herein ein materialistischer Zusammenhang der Menschen unter einander der durch die Bedürfnisse & die Weise der Produktion bedingt & so alt ist wie die Menschen selbst – ein Zusammenhang, der stets neue Formen annimmt & also eine »Geschichte« darbietet, auch ohne daß irgend ein politischer oder religiöser Nonsens existirt der die Menschen noch extra zusammenhalte. – Jetzt erst, nachdem wir bereits vier Momente, vier Seiten der ursprünglichen, geschichtlichen Verhältnisse betrachtet haben, finden wir, daß der Mensch auch »Bewußtsein« hat. Aber auch dies nicht von vorn herein als »reines« Bewußtsein. Der »Geist« hat von vornherein den Fluch an sich, mit der Materie »behaftet« zu sein, die hier in der Form von bewegten Luftschichten, Tönen, kurz der Sprache auftritt. Die Sprache ist so alt, wie das Bewußtsein – die Sprache *ist* das praktische auch für andre Menschen existirende, also auch für mich selbst erst existirende wirkliche Bewußtsein, & die Sprache entsteht, wie das Bewußtsein, erst aus dem Bedürfniß, der Nothdurft des Verkehrs mit andern Menschen. Das Bewußtsein ist also von vornherein schon ein gesellschaftliches Produkt, & bleibt es, solange überhaupt Menschen existiren. Das Bewußtsein ist natürlich zuerst bloß Bewußtsein über die *nächste* sinnliche Umgebung & Bewußtsein des bornirten Zusammenhanges mit andern Personen & Dingen außer dem sich bewußt Werdenden Individuum; es ist zu gleicher Zeit Bewußtsein der Natur, die den Menschen anfangs als eine durchaus fremde, allmächtige & unangreifbare Macht gegenübertritt, zu der sich die Menschen rein thierisch verhalten, von der sie sich imponiren lassen wie das Vieh, & also ein rein thierisches Bewußtsein der Natur (Naturreligion) – & andrerseits Bewußtsein der Nothwendigkeit, mit den umgebenden Individuen in Verbindung zu treten, der Anfang des Bewußtseins darüber daß er überhaupt in einer Gesellschaft lebt. Dieser Anfang ist so thierisch wie das gesellschaftliche Leben dieser Stufe selbst, er ist bloßes Heerdenbewußtsein, & der Mensch unterscheidet sich hier vom Hammel nur dadurch, daß sein Bewußtsein ihm die Stelle des Instinkts vertritt, oder daß sein Instinkt ein bewußter ist. Dieses Hammel- oder Stammbewußtsein erhält seine weitere Entwicklung & Ausbildung durch die gesteigerte Produktivität, die Vermehrung der Bedürfnisse & die Beiden zum Grunde liegende Vermehrung der Bevölkerung. Damit entwickelt sich die Theilung der Arbeit, die ursprünglich nichts war als die Theilung der Arbeit im Geschlechtsakt, dann Theilung der Arbeit, die sich vermöge der natürlichen Anlage (z. B. Körperkraft), Bedürfnisse, Zufälle, &c &c von selbst oder »naturwüchsig« macht. Die Theilung der Arbeit wird erst wirklich Theilung von dem Augenblicke an, wo eine Theilung der materiellen & geistigen Arbeit eintritt. Von diesem Augenblicke an *kann* sich das Bewußtsein wirklich einbilden, etwas Andres als das Bewußtsein der bestehenden Praxis zu sein, wirklich etwas vorzustellen, ohne etwas Wirkliches vorzustellen – von diesem Augenblicke an ist das Bewußtsein im Stande, sich von der Welt zu emanzipiren & zur Bildung der »reinen« Theorie, Theologie Philosophie Moral &c überzugehen. Aber selbst wenn diese Theorie, Theologie, Philosophie, Moral &c in Widerspruch mit den bestehenden Verhältnissen treten, so kann dies nur dadurch geschehen daß die bestehenden gesellschaftlichen Verhältnisse mit der bestehenden Produktionskraft in Widerspruch getreten sind – was übrigens in einem bestimmten nationalen Kreise von Verhältnissen auch dadurch geschehen kann, daß der Widerspruch nicht in diesem nationalen Umkreis, sondern zwischen diesem nationalen Bewußtsein & der Praxis der andern Nationen d. h. zwischen dem nationalen & allgemeinen Bewußtsein einer Nation (wie jetzt in Deutschland) sich einstellt – wo dieser Nation dann, weil dieser Widerspruch scheinbar nur als ein Widerspruch innerhalb des nationalen Bewußtseins erscheint auch der Kampf sich auf diese nationale Scheiße zu beschränken scheint eben weil diese Nation die Scheiße an & für sich ist. Übrigens ist es ganz einerlei was das Bewußtsein alleene anfängt, wir erhalten aus diesem ganzen Dreck nur das eine Resultat, daß diese drei Momente, die Produktionskraft, der gesellschaftliche Zustand, & das Bewußtsein in Widerspruch unter einander gerathen können & müssen, weil mit der *Theilung der Arbeit* die Möglichkeit, ja die Wirklichkeit gegeben ist, daß die geistige & materielle Thätigkeit daß der Genuß & die Arbeit, Produktion & Consumtion verschiedenen Individuen zufallen, & die Möglichkeit, daß sie nicht in Widerspruch gerathen, nur darin liegt daß die Theilung der Arbeit wieder aufgehoben wird. Es versteht sich übrigens von selbst, daß die »Gespenster«, »Bande«, »höheres Wesen«, »Begriff«, »Bedenklichkeit« blos der idealistische spekulative geistliche Ausdruck, die Vorstellung scheinbar des vereinzelten Individuums sind, die Vorstellung von sehr empirischen Fesseln & Schranken, innerhalb deren sich die Produktionsweise des Lebens & die damit zusammenhängende Verkehrsform bewegt.

Mit der Theilung der Arbeit, in welcher alle diese Widersprüche gegeben sind, & welche ihrerseits wieder auf der naturwüchsigen Theilung der Arbeit in der Familie & der Trennung der Gesellschaft in einzelne, einander entgegengesetzte Familien beruht – ist zu gleicher Zeit auch die *Ver*theilung, & zwar die *ungleiche* sowohl quantitative wie qualitative Vertheilung der Arbeit & ihrer Produkte gegeben, also das Eigenthum, das in der Familie, wo die Frau & die Kinder die Sklaven des Mannes sind, schon seinen Keim, seine erste Form hat. Die freilich noch sehr rohe, latente Sclaverei in der Familie ist das erste Eigenthum, das übrigens hier schon vollkommen der Definition der modernen Oekonomen entspricht, nach der es die Verfügung über fremde Arbeitskraft ist. Übrigens sind Theilung der Arbeit & Privateigenthum identische Ausdrücke – in dem Einen wird in Beziehung auf die Thätigkeit dasselbe ausgesagt was in dem andern in Bezug auf das Produkt der Thätigkeit ausgesagt wird. – Ferner ist mit der Theilung der Arbeit zugleich der Widerspruch zwischen dem Interesse des einzelnen Individuums oder der einzelnen Familie & dem gemeinschaftlichen Interesse aller Individuen die mit einander verkehren, gegeben; und zwar existirt dies gemeinschaftliche Interesse nicht etwa bloß in der Vorstellung, als »Allgemeines«, sondern zuerst in der Wirklichkeit als gegenseitige Abhängigkeit der Individuen unter denen die Arbeit getheilt ist. Und endlich bietet uns die Theilung der Arbeit gleich das erste Beispiel davon dar, daß solange die Menschen sich in der naturwüchsigen Gesellschaft befinden, solange also die Spaltung zwischen dem besondern & gemeinsamen Interesse existirt, solange die Thätigkeit also nicht freiwillig, sondern naturwüchsig getheilt ist, die eigne That des Menschen ihm zu einer fremden, gegenüberstehenden Macht wird, die ihn unterjocht, statt daß er sie beherrscht. Sowie nämlich die Arbeit vertheilt zu werden anfängt, hat jeder einen bestimmten ausschließlichen Kreis der Thätigkeit, der ihm aufgedrängt wird, aus dem er nicht heraus kann; er ist Jäger, Fischer oder Hirt oder kritischer Kritiker, & muß es bleiben, wenn er nicht die Mittel zum Leben verlieren will – während in der kommunistischen Gesellschaft, wo Jeder nicht einen ausschließlichen Kreis der Thätigkeit hat, sondern sich in jedem beliebigen Zweige ausbilden kann, die Gesellschaft die allgemeine Produktion regelt & mir eben dadurch möglich macht, heute dies, morgen jenes zu thun, Morgens zu jagen, Nachmittags zu fischen, Abends Viehzucht zu treiben u. nach dem Essen zu kritisiren, wie ich gerade Lust habe, ohne je Jäger Fischer Hirt oder Kritiker zu werden. Dieses Sichfestsetzen der sozialen Thätigkeit, diese Consolidation unsres eignen Produkts zu einer sachlichen Gewalt über uns, die unsrer Kontrolle entwächst, unsre Erwartungen durchkreuzt, unsere Berechnungen zu Nichte macht, ist eines der Hauptmomente in der bisherigen geschichtlichen Entwicklung. Die soziale Macht, d.h. die vervielfachte Produktionskraft, die durch das in der Theilung der Arbeit bedingte Zusammenwirken der verschiedenen Individuen entsteht, erscheint diesen Individuen, weil das Zusammenwirken selbst nicht freiwillig, sondern naturwüchsig ist, nicht als ihre eigne, vereinte Macht, sondern als eine fremde, außer ihnen stehende Gewalt, von der sie nicht wissen woher & wohin, die sie also nicht mehr beherrschen können, die im Gegentheil nun eine eigenthümliche vom Wollen & Laufen der Menschen unabhängige, ja dies Wollen & Laufen erst dirigirende Reihenfolge von Phasen & Entwicklungsstufen durchlaufen. Wie hätte sonst z. B. das Eigenthum überhaupt eine Geschichte haben, verschiedene Gestalten annehmen & etwa das Grundeigenthum je nach der verschiedenen vorliegenden Voraussetzung in Frankreich aus der Parzellirung zur Centralisation in wenigen Händen, in England aus der Centralisation in wenigen Händen zur Parzellirung drängen können, wie dies heute wirklich der Fall ist? Oder wie kommt es, daß der Handel, der doch weiter nichts ist als der Austausch der Produkte verschiedner Individuen & Länder, durch das Verhältniß von Nachfrage & Zufuhr die ganze Welt beherrscht – ein Verhältniß, das, wie ein englischer Oekonom sagt, gleich dem antiken Schicksal über der Erde schwebt & mit unsichtbarer Hand Glück & Unglück an die Menschen vertheilt, Reiche stiftet & Reiche zertrümmert, Völker entstehen & verschwinden macht – während mit der Aufhebung der Basis, des Privateigenthums, mit der kommunistischen Regelung der Produktion & der darin liegenden Vernichtung der Fremdheit, mit der sich die Menschen zu ihrem eignen Produkt verhalten, die Macht des Verhältnisses von Nachfrage & Zufuhr sich in Nichts auflöst, & die Menschen den Austausch, die Produktion, die Weise ihres gegenseitigen Verhaltens wieder in ihre Gewalt bekommen?

Die durch die auf allen bisherigen geschichtlichen Stufen vorhandenen Produktionskräfte bedingte & sie wiederum bedingende Verkehrsform ist die *bürgerliche Gesellschaft*, die, wie schon aus dem Vorhergehenden hervorgeht, die einfache Familie & die zusammengesetzte Familie, das sogenannte Stammwesen zu ihrer Voraussetzung & Grundlage hat, & deren nähere Bestimmungen im Vorhergehenden enthalten sind. Es zeigt sich schon hier, daß diese bürgerliche Gesellschaft der wahre Heerd & Schauplatz aller Geschichte ist, & wie widersinnig die bisherige, die wirklichen Verhältnisse vernachlässigende Geschichtsauffassung mit ihrer Beschränkung auf hochtönende Haupt- & Staatsaktionen ist.

Bisher haben wir hauptsächlich nur die eine Seite der menschlichen Thätigkeit, die *Bearbeitung der Natur* durch die Menschen betrachtet. Die andre Seite, die *Bearbeitung der Menschen* durch *die Menschen* – –

Ursprung des Staats & Verhältniß des Staats zur Bürgerlichen Gesellschaft.

Die Geschichte ist nichts als die Aufeinanderfolge der einzelnen Generationen, von denen Jede die ihr von allen vorhergegangenen übermachten Materiale, Kapitalien, Produktionskräfte exploitirt, daher also einerseits unter ganz veränderten Umständen die überkommene Thätigkeit fortsetzt & andrerseits mit einer ganz veränderten Thätigkeit die alten Umstände modifizirt, was sich nun spekulativ so verdrehen läßt, daß die spätere Geschichte zum Zweck der früheren gemacht wird, z. B. daß der Entdeckung Amerikas der Zweck zu Grunde gelegt wird, der französischen Revolution zum Durchbruch zu verhelfen, wodurch dann die Geschichte ihre aparten Zwecke erhält & eine »Person neben anderen Personen« (als da sind »Selbstbewußtsein, Kritik, Einziger« &c) wird, während das, was man mit den Worten »Bestimmung«, »Zweck«, »Keim«, »Idee« der früheren Geschichte bezeichnet, weiter nichts ist als eine Abstraktion von der späteren Geschichte ist, eine Abstraktion von dem eben aktiven Einfluß, den die frühere Geschichte auf die spätere ausübt. – Je weiter sich im Laufe dieser Entwicklung nun die einzelnen Kreise die aufeinander einwirken, ausdehnen, je mehr die ursprüngliche Abgeschlossenheit der einzelnen Nationalitäten durch die ausgebildetere Produktionsweise, Verkehr & dadurch naturwüchsig hervorgebrachte Theilung der Arbeit zwischen verschiednen Nationen vernichtet wird, desto mehr wird die Geschichte zur Weltgeschichte, sodaß z. B. wenn in England eine Maschine erfunden wird, die in Indien & China zahllose Arbeiter außer Brot setzt & die ganze Existenzform dieser Reiche umwälzt, diese Erfindung zu einem weltgeschichtlichen Faktum wird; oder daß der Zucker & Kaffee ihre weltgeschichtliche Bedeutung im neunzehnten Jahrhundert dadurch bewiesen, daß der durch das napoleonische Continentalsystem erzeugte Mangel an diesen Produkten die Deutschen zum Aufstande gegen Napoleon brachte & so die reale Basis der glorreichen Befreiungskriege von 1813 wurde. Hieraus folgt, daß diese Umwandlung der Geschichte in Weltgeschichte nicht etwa eine bloße abstrakte That des »Selbstbewußtseins« Weltgeistes oder sonst eines metaphysischen Gespenstes ist, sondern eine ganz materielle, empirisch nachweisbare That, eine That, zu der jedes Individuum wie es geht & steht, ißt, trinkt & sich kleidet den Beweis liefert. – In der bisherigen Geschichte ist es allerdings ebensosehr eine empirische Thatsache, daß die einzelnen Individuen mit der Ausdehnung der Thätigkeit zur Weltgeschichtlichen immer mehr unter einer ihnen fremden Macht geknechtet worden sind (welchen Druck sie sich denn auch als Chicane des sogenannten Weltgeistes &c vorstellten) einer Macht die immer massenhafter geworden ist & sich in letzter Instanz als *Weltmarkt* ausweist. Aber eben so empirisch begründet ist es, daß durch den Umsturz des bestehenden gesellschaftlichen Zustandes durch die kommunistische Revolution (wovon weiter unten) & die damit identische Aufhebung des Privateigenthums diese den deutschen Theoretikern so mysteriöse Macht aufgelöst wird & alsdann die Befreiung jedes einzelnen Individuums in demselben Maße durchgesetzt wird, in dem die Geschichte sich vollständig in Weltgeschichte verwandelt. Daß der wirkliche geistige Reichthum des Individuums ganz von dem Reichthum seiner wirklichen Beziehungen abhängt, ist nach dem obigen klar. Die einzelnen Individuen werden erst hierdurch von den verschiedenen nationalen & lokalen Schranken befreit, mit der Produktion (auch mit der geistigen) der ganzen Welt in praktische Beziehung gesetzt & in den Stand gesetzt sich die Genußfähigkeit für diese allseitige Produktion der ganzen Erde (Schöpfungen der Menschen) zu erwerben. Die *allseitige* Abhängigkeit, diese erste naturwüchsige Form des *weltgeschichtlichen* Zusammenwirkens der Individuen wird durch diese kommunistische Revolution verwandelt in die Controle & bewußte Beherrschung dieser Mächte, die, aus dem Aufeinander-Wirken der Menschen erzeugt, ihnen bisher als durchaus fremde Mächte imponirt & sie beherrscht haben. Diese Anschauung kann nun wieder spekulativ-idealistisch d. h. phantastisch als »Selbsterzeugung der Gattung« (die »Gesellschaft als Subjekt«) gefaßt & dadurch die aufeinanderfolgende Reihe von im Zusammenhange stehenden Individuen als ein einziges Individuum vorgestellt werden, das das Mysterium vollzieht sich selbst zu erzeugen. Es zeigt sich hier, daß die Individuen allerdings *einander* machen, physisch & geistig, aber nicht sich machen, weder im Unsinn des heiligen Bruno; Noch im Sinne des »Einzigen«, des »gemachten« Mannes.

Schließlich erhalten wir noch folgende Resultate aus der entwickelten Geschichtsauffassung: 1) In der Entwicklung der Produktivkräfte tritt eine Stufe ein, auf welcher Produktionskräfte & Verkehrsmittel hervorgerufen werden, welche unter den bestehenden Verhältnissen nur Unheil anrichten, welche keine Produktionskräfte mehr sind, sondern Destruktionskräfte (Maschinerie & Geld) – & was damit zusammenhängt daß eine Klasse hervorgerufen wird, welche alle Lasten der Gesellschaft zu tragen hat ohne ihre Vortheile zu genießen, welche aus der Gesellschaft herausgedrängt, in den entschiedensten Gegensatz zu allen andern Klassen forcirt wird; eine Klasse die die Majorität aller Gesellschaftsmitglieder bildet & von der das Bewußtsein über die Nothwendigkeit einer gründlichen Revolution, das kommunistische Bewußtsein aus geht, das sich natürlich auch unter den andern Klassen vermöge der Anschauung der Stellung dieser Klasse bilden kann; 2) daß die Bedingungen innerhalb deren bestimmte Produktionskräfte angewandt werden können, die Bedingungen der Herrschaft einer bestimmten Klasse der Gesellschaft sind, deren soziale, aus ihrem Besitz hervorgehende Macht in der jedesmaligen Staatsform ihren *praktisch*-idealistischen Ausdruck hat, & deßhalb jeder revolutionäre Kampf gegen eine Klasse, die bisher geherrscht hat, sich richtet; 3) daß in allen bisherigen Revolutionen die Art der Thätigkeit stets unangetastet blieb & es sich nur um eine andre Distribution dieser Thätigkeit, um eine neue Vertheilung der Arbeit an andre Personen handelte, während die kommunistische Revolution sich gegen die bisherige *Art* der Thätigkeit richtet, die *Arbeit* beseitigt, & die Herrschaft aller Klassen mit den Klassen selbst aufhebt, weil sie durch die Klasse bewirkt wird, die in der Gesellschaft für keine Klasse mehr gilt, nicht als Klasse anerkannt wird, schon der Ausdruck der Auflösung aller Klassen, Nationalitäten &c innerhalb der jetzigen Gesellschaft ist & 4) daß sowohl zur massenhaften Erzeugung dieses kommunistischen Bewußtseins, wie zur Durchsetzung der Sache selbst eine massenhafte Veränderung der Menschen nöthig ist, die nur in einer praktischen Bewegung, in einer *Revolution* vor sich gehen kann; daß also die Revolution nicht nur nöthig ist, weil die *herrschende* Klasse auf keine andre Weise gestürzt werden kann, sondern auch, weil die *stürzende* Klasse nur in einer Revolution dahin kommen kann, sich den ganzen alten Dreck vom Halse zu schaffen & zu einer neuen Begründung der Gesellschaft befähigt zu werden.

Diese Geschichtsauffassung beruht also darauf, den wirklichen Produktionsprozeß, & zwar von der materiellen Produktion des unmittelbaren Lebens ausgehend, zu entwickeln & die mit dieser Produktionsweise zusammenhängende & von ihr erzeugte Verkehrsform, also die bürgerliche Gesellschaft in ihren verschiedenen Stufen als Grundlage der ganzen Geschichte aufzufassen & sie sowohl in ihrer Aktion als Staat darzustellen, wie die sämmtlichen verschiedenen theoretischen Erzeugnisse & Formen des Bewußtseins, Religion, Philosophie, Moral &c &c aus ihr zu erklären u. ihren Entstehungsprozeß aus ihnen zu verfolgen, wo dann natürlich auch die Sache in ihrer Totalität (u. darum auch die Wechselwirkung dieser verschiednen Seiten auf einander) dargestellt werden kann. Sie hat in jeder Periode nicht, wie die idealistische Geschichtsanschauung, nach einer Kategorie zu suchen, sondern bleibt fortwährend auf dem wirklichen Geschichts*boden* stehen, erklärt nicht die Praxis aus der Idee, erklärt die Ideenformationen aus der materiellen Praxis, & kommt demgemäß auch zu dem Resultat, daß alle Formen & Produkte des Bewußtseins nicht durch geistige Kritik, durch Auflösung ins »Selbstbewußtsein« oder Verwandlung in »Spuk«, »Gespenster«, »Sparren« &c sondern nur durch den praktischen Umsturz der realen gesellschaftlichen Verhältnisse aus denen diese idealistischen Flausen hervorgegangen sind, aufgelöst werden können – daß nicht die Kritik, sondern die Revolution die treibende Kraft der Geschichte auch der Religion, Philosophie & sonstigen Theorie ist. Sie zeigt, daß die Geschichte nicht damit endigt, sich ins »Selbstbewußtsein« als »Geist vom Geist« aufzulösen, sondern daß in ihr auf jeder Stufe ein materielles Resultat, eine Summe von Produktionskräften, ein historisch geschaffnes Verhältniß zur Natur u. der Individuen zu einander sich vorfindet, die jeder Generation von ihrer Vorgängerin überliefert wird, eine Masse von Produktivkräften, Kapitalien & Umständen, die zwar einerseits von der neuen Generation modifiziert wird, ihr aber auch andrerseits ihre eignen Lebensbedingungen vorschreibt & ihr eine bestimmte Entwicklung, einen speciellen Charakter gibt – daß also die Umstände ebensosehr die Menschen, wie die Menschen die Umstände machen. Diese Summe von Produktionskräften, Kapitalien & sozialen Verkehrsformen, die jedes Individuum & jede Generation als etwas Gegebenes vorfindet, ist der reale Grund dessen, was sich die Philosophen als »Substanz« & »Wesen des Menschen« vorgestellt, was sie apotheosirt & bekämpft haben, ein realer Grund der dadurch nicht im Mindesten in seinen Wirkungen & Einflüssen auf die Entwicklung der Menschen gestört wird, daß diese Philosophen als »Selbstbewußtsein« & »Einzige« dagegen rebelliren. Diese vorgefundenen Lebensbedingungen der verschiedenen Generationen entscheiden auch, ob die periodisch in der Geschichte wiederkehrende revolutionäre Erschütterung stark genug sein wird oder nicht, die Basis alles Bestehenden umzuwerfen, & wenn diese materiellen Elemente einer totalen Umwälzung nämlich einerseits die vorhandnen Productivkräfte, andrerseits die Bildung einer revolutionären Masse, die nicht nur gegen einzelne Bedingungen der bisherigen Gesellschaft, sondern gegen die bisherige »Lebensproduktion« selbst, – die »Gesammtthätigkeit« worauf sie basirte, revolutionirt – nicht vorhanden sind, so ist es ganz gleichgültig für die praktische Entwicklung, ob die *Idee* dieser Umwälzung schon hundertmal ausgesprochen ist – wie die Geschichte des Kommunismus dies beweist.

Die ganze bisherige Geschichtsauffassung hat diese wirkliche Basis der Geschichte entweder ganz & gar unberücksichtigt gelassen, oder sie nur als eine Nebensache betrachtet, die mit dem geschichtlichen Verlauf außer allem Zusammenhang steht. Die Geschichte muß daher immer nach einem außer ihr liegenden Maßstab geschrieben werden; die wirkliche Lebensproduktion erscheint als Ungeschichtlich, während das Geschichtliche als das vom gemeinen Leben getrennte, extra-überweltliche erscheint. Das Verhältniß der Menschen zur Natur ist hiermit von der Geschichte ausgeschlossen wodurch der Gegensatz von Natur & Geschichte erzeugt wird. Sie hat daher in der Geschichte nur politische Haupt & Staatsaktionen & religiöse & überhaupt theoretische Kämpfe sehen können, & speciell bei jeder geschichtlichen Epoche *die Illusion dieser Epoche theilen* müssen. Z. B. bildet sich eine Epoche ein, durch rein »politische« od. »religiöse« Motive bestimmt zu werden, obgleich »Religion« u. »Politik« nur Formen ihrer wirklichen Motive sind, so acceptirt ihr Geschichtschreiber diese Meinung. Die »Einbildung«, die »Vorstellung« dieser bestimmten Menschen über ihre wirkliche Praxis wird in die einzig bestimmende u. aktive Macht verwandelt, welche die Praxis dieser Menschen beherrscht & bestimmt. Wenn die rohe Form, in der die Theilung der Arbeit bei den Indern & Aegyptern vorkommt, das Kastenwesen bei diesen Völkern in ihrem Staat & ihrer Religion hervorruft, so glaubt der Historiker, das Kastenwesen sei die Macht, welche diese rohe gesellschaftliche Form erzeugt habe. Während die Franzosen & Engländer wenigstens an der politischen Illusion, die der Wirklichkeit noch am nächsten steht, halten, bewegen sich die Deutschen im Gebiete des »reinen Geistes« & machen die religiöse Illusion zur treibenden Kraft der Geschichte. Die Hegelsche Geschichtsphilosophie ist die letzte, auf ihren »reinsten Ausdruck« gebrachte Konsequenz dieser gesammten Deutschen Geschichtschreibung, in der es sich nicht um wirkliche, nicht einmal um politische Interessen, sondern um reine Gedanken handelt, da dann auch dem heiligen Bruno als eine Reihe von »Gedanken« erscheinen muß, von denen einer den andern auffrißt u. in dem »Selbstbewußtsein« schießlich untergeht u. noch konsequenter dem heiligen Max Stirner, der von der ganzen wirklichen Geschichte nichts weiß, dieser historische Verlauf als eine bloße »Ritter-, Räuber & Gespenstergeschichte« erscheinen mußte, vor deren Visionen er sich natürlich nur durch die »Heillosigkeit« zu retten weiß. Diese Auffassung ist wirklich religiös, sie unterstellt den religiösen Menschen als den Urmenschen, von dem alle Geschichte ausgeht, & setzt in ihrer Einbildung die religiöse Phantasieen-Produktion an die Stelle der wirklichen Produktion der Lebensmittel & des Lebens selbst. Diese ganze Geschichtsauffassung sammt ihrer Auflösung & den daraus entstehenden Scrupeln & Bedenken ist eine bloß *nationale* Angelegenheit der Deutschen & hat nur *lokales* Interesse für Deutschland, wie zum Exempel die wichtige, neuerdings mehrfach behandelte Frage: wie man denn eigentlich »aus dem Gottesreich in das Menschenreich komme«, als ob dieses »Gottesreich« je anderswo existirt habe als in der Einbildung & die gelahrten Herren nicht fortwährend, ohne es zu wissen, in dem »Menschenreich« lebten, zu welchem sie jetzt den Weg suchen – & als ob das wissenschaftliche Amüsement, denn mehr als das ist es nicht, das Curiosum dieser theoretischen Wolkenbildung zu erklären, nicht gerade umgekehrt darin läge, daß man ihre Entstehung aus den wirklichen irdischen Verhältnissen nachweist. Überhaupt handelt es sich bei diesen Deutschen stets darum, den vorgefundenen Unsinn *in* irgend eine andre Marotte aufzulösen, d. h. vorauszusetzen, daß dieser ganze Unsinn überhaupt einen aparten *Sinn* habe, der herauszufinden sei, während es sich nur darum handelt diese theoretischen Phrasen aus den bestehenden wirklichen Verhältnissen zu erklären. Die wirkliche, praktische Auflösung dieser Phrasen, die Beseitigung dieser Vorstellungen aus dem Bewußtsein der Menschen wird wie schon gesagt durch veränderte Umstände, nicht durch theoretische Deduktionen bewerkstelligt. Für die Masse der Menschen, d. h. das Proletariat, existiren diese theoretischen Vorstellungen nicht, brauchen also für sie auch nicht aufgelöst zu werden, & wenn diese Masse je einige theoretische Vorstellungen, z. B. Religion hatte, so sind diese jetzt schon längst durch die Umstände aufgelöst. –

Das rein Nationale dieser Fragen & Lösungen zeigt sich auch noch darin, daß diese Theoretiker alles Ernstes glauben, Hirngespinnste, wie »der Gottmensch«, »der Mensch« &c hätten den einzelnen Epochen der Geschichte präsidirt – der heilige Bruno geht sogar soweit zu behaupten nur »die Kritik & die Kritiker hätten die Geschichte gemacht« – &, wenn sie sich selbst an geschichtliche Konstruktionen geben, über alles Frühere in der größten Eile hinwegzuspringen & vom »Mongolenthum« sogleich auf die eigentlich »inhaltsvolle« Geschichte, nämlich die Geschichte der hallischen & deutschen Jahrbücher & der Auflösung der Hegelschen Schule in eine allgemeine Zänkerei übergeht. Alle andern Nationen, alle wirklichen Ereignisse werden vergessen, das Theatrum mundi beschränkt sich auf die Leipziger Büchermesse, & die gegenseitigen Streitigkeiten der »Kritik«, des »Menschen« & des »Einzigen«. Wenn sich die Theorie vielleicht einmal daran gibt, wirklich historische Themata zu behandeln, wie z. B. das achtzehnte Jahrhundert, so geben sie nur die Geschichte der Vorstellungen losgerissen von den Thatsachen & praktischen Entwicklungen die ihnen zum Grunde liegen, & auch diese nur in der Absicht, um diese Zeit als eine unvollkommene Vorstufe, als den noch bornirten Vorläufer der wahren geschichtlichen Zeit, d. h. der Zeit des deutschen Philosophenkampfes von 1840/44 darzustellen. Diesem Zwecke, eine frühere Geschichte zu schreiben um den Ruhm einer ungeschichtlichen Person & ihrer Phantasieen desto heller leuchten zu lassen, entspricht es denn, daß man alle wirklich historischen Ereignisse, selbst die wirklich historischen Eingriffe der Politik in die Geschichte, nicht erwähnt & dafür eine nicht auf Studien, sondern Konstruktionen & literarischen Klatschgeschichten beruhende Erzählung gibt – wie dies vom heiligen Bruno in seiner nun vergessenen Geschichte des 18ten Jahrhunderts geschehen ist. Diese hochtrabenden & hochfahrenden Gedankenkrämer, die unendlich weit über alle nationalen Vorurtheile erhaben zu sein glauben, sind also in der Praxis noch viel nationaler als die Bierphilister die von Deutschlands Einheit träumen. Sie erkennen die Thaten andrer Völker gar nicht für historisch an, sie leben in Deutschland zu Deutschland & für Deutschland, sie verwandeln das Rheinlied in ein geistliches Lied & erobern Elsaß & Lothringen, indem sie statt des französischen Staats, die französische Philosophie bestehlen, statt französischer Provinzen, französische Gedanken germanisiren. Herr Venedey ist ein Kosmopolit gegen die Heiligen Bruno & Max, die in der Weltherrschaft der Theorie die Weltherrschaft Deutschlands proklamiren.

⟨I.⟩ Feuerbach

⟨A.⟩ Die Ideologie überhaupt, namentlich die deutsche

Die deutsche Kritik hat bis auf ihre neuesten Efforts den Boden der Philosophie nicht verlassen. Weit davon entfernt, ihre allgemein-philosophischen Voraussetzungen zu untersuchen, sind ihre sämmtlichen Fragen sogar auf dem Boden eines bestimmten philosophischen Systems, des Hegelschen, gewachsen. Nicht nur in ihren Antworten, schon in den Fragen selbst lag eine Mystifikation. Diese Abhängigkeit von Hegel ist der Grund, warum keiner dieser neueren Kritiker eine umfassende Kritik des Hegelschen Systems auch nur versuchte, so sehr Jeder von ihnen behauptet über Hegel hinaus zu sein. Ihre Polemik gegen Hegel & gegen einander beschränkt sich darauf, daß Jeder eine Seite des Hegelschen Systems herausnimmt & diese sowohl gegen das ganze System, wie gegen die von den Andern herausgenommenen Seiten wendet. Im Anfange nahm man reine, unverfälschte Hegelsche Kategorieen heraus, wie Substanz & Selbstbewußtsein, später profanirte man diese Kategorieen durch weltlichere Namen, wie Gattung, der Einzige, der Mensch &c.

Die gesammte deutsche philosophische Kritik von Strauß bis Stirner beschränkt sich auf Kritik der *religiösen* Vorstellungen. Man ging aus von der wirklichen Religion & eigentlichen Theologie. Was religiöses Bewußtsein, religiöse Vorstellung sei, wurde im Weiteren Verlauf verschieden bestimmt. Der Fortschritt bestand darin, die angeblich herrschenden metaphysischen, politischen, rechtlichen, moralischen & andern Vorstellungen auch unter die Sphäre der religiösen oder theologischen Vorstellungen zu subsumiren; ebenso das politische, rechtliche, moralische Bewußtsein für religiöses oder theologisches Bewußtsein, & den politischen, rechtlichen, moralischen Menschen, in letzter Instanz »*den* Menschen«, für religiös zu erklären. Die Herrschaft der Religion wurde vorausgesetzt. Nach & nach wurde jedes herrschende Verhältniß für ein Verhältniß der Religion erklärt & in Kultus verwandelt, Kultus des Rechts, Kultus des Staats pp Überall hatte man es nur mit Dogmen & dem Glauben an Dogmen zu thun. Die Welt wurde in immer größerer Ausdehnung kanonisirt bis endlich der ehrwürdige Sankt Max sie en bloc heilig sprechen & damit ein für alle mal abfertigen konnte.

Die Althegelianer hatten Alles *begriffen*, sobald es auf eine Hegelsche logische Kategorie zurückgeführt war. Die Junghegelianer *kritisirten* Alles, indem sie ihm religiöse Vorstellungen unterschoben oder es für theologisch erklärten. Die Junghegelianer stimmen mit den Althegelianern überein in dem Glauben an die Herrschaft der Religion, der Begriffe, des Allgemeinen in der bestehenden Welt. Nur bekämpfen die Einen die Herrschaft als Usurpation, welche die Andern als legitim feiern. Da bei diesen

Junghegelianern die Vorstellungen, Gedanken, Begriffe, überhaupt die Produkte des von ihnen verselbstständigten Bewußtseins für die eigentlichen Fesseln der Menschen gelten, gerade wie sie bei den Althegelianern für die wahren Bande der menschlichen Gesellschaft erklärt werden, so versteht es sich, daß die Junghegelianer auch nur gegen diese Illusionen des Bewußtseins zu kämpfen haben. Da nach ihrer Phantasie die Verhältnisse der Menschen, ihr ganzes Thun & Treiben, ihre Fesseln & Schranken Produkte ihres Bewußtseins sind, so stellen die Junghegelianer konsequenter Weise das moralische Postulat an sie, ihr gegenwärtiges Bewußtsein mit dem menschlichen, kritischen oder egoistischen Bewußtsein zu vertauschen & dadurch ihre Schranken zu beseitigen. Diese Forderung, das Bewußtsein zu verändern, läuft auf die Forderung hinaus, das Bestehende anders zu interpretiren, d. h. es vermittelst einer andren Interpretation anzuerkennen. Die junghegelschen Ideologen sind trotz ihrer angeblich »welterschütternden« Phrasen die größten Konservativen. Die jüngsten von ihnen haben den richtigen Ausdruck für ihre Thätigkeit gefunden wenn sie behaupten nur gegen *»Phrasen«* zu kämpfen. Sie vergessen nur, daß sie diesen Phrasen selbst nichts als Phrasen entgegensetzen, & daß sie die wirkliche bestehende Welt keineswegs bekämpfen wenn sie nur die Phrasen dieser Welt bekämpfen. Die einzigen Resultate, wozu diese philosophische Kritik es bringen konnte, waren einige & noch dazu einseitige, religionsgeschichtliche Aufklärungen über das Christenthum; ihre sämmtlichen sonstigen Behauptungen sind nur weitere Ausschmückungen ihres Anspruchs, mit diesen unbedeutenden Aufklärungen welthistorische Entdeckungen geliefert zu haben.

Keinem von diesen Philosophen ist es eingefallen, nach dem Zusammenhange der deutschen Philosophie mit der deutschen Wirklichkeit, nach dem Zusammenhange ihrer Kritik mit ihrer eignen materiellen Umgebung zu fragen.

⟨I.⟩ Feuerbach

Wie deutsche Ideologen melden, hat Deutschland in den letzten Jahren eine Umwälzung ohne Gleichen durchgemacht. Der Verwesungsprozeß des Hegelschen Systems der mit Strauß begann, hat sich zu einer Weltgährung entwickelt, in welche alle »Mächte der Vergangenheit« hineingerissen sind. In dem allgemeinen Chaos haben sich gewaltige Reiche gebildet um alsbald wieder unterzugehn, sind Heroen momentan aufgetaucht, um von kühneren & mächtigeren Nebenbuhlern wieder in die Finsterniß zurückgeschleudert zu werden. Es war eine Revolution, wogegen die französische ein Kinderspiel ist, ein Weltkampf, vor dem die Kämpfe der Diadochen kleinlich erscheinen. Die Prinzipien verdrängten, die Gedankenhelden überstürzten einander mit unerhörter Hast, & in den wenigen Jahren 1842–1845 wurde in Deutschland mehr aufgeräumt als sonst in drei Jahrhunderten.

Alles dies soll sich im reinen Gedanken zugetragen haben. Es handelt sich allerdings um ein interessantes Ereigniß, um den Verfaulungsprozeß des absoluten Geistes. Die verschiedenen Bestandtheile dieses Caput mortuums traten nach Erlöschen des letzten Lebensfunkens in Dekomposition, gingen neue Verbindungen ein & bildeten neue Substanzen. Die verschiedenen philosophischen Industriellen, die bisher von der Exploitation des absoluten Geistes gelebt hatten, warfen sich jetzt auf die neuen Verbindungen. Jeder betrieb den Verschleiß des ihm zugefallenen Theiles mit möglichst grosser Geschäftigkeit u. obligater Erbitterung. Es konnte dieß nicht ohne Konkurrenz abgehen. Sie wurde anfangs ziemlich bürgerlich & solide geführt, später als der deutsche Markt überführt war, u. trotz aller Mühe die Ware auf dem Weltmarkt keinen Anklang fand, wurde das Geschäft nach gewöhnlicher deutscher Manier durch fabrikmässige u. Scheinproduktion, Verschlechterung der Qualität, Sophistikation des Rohstoffs, Scheinkäufe, Wechselreiterei u. ein aller reellen Grundlage entbehrendes Creditsystem nach gewöhnlicher deutscher Manier unsolide gemacht. Die Concurrenz lief in einen Kampf aus, der uns jetzt als welthistorischer Umschwung, als Erzeuger der gewaltigsten Resultate & Errungenschaften geschildert & konstruirt wird.

Um diese philosophischen Renommistereien, deren Verkündigung selbst in der Brust des ehrsamen deutschen Bürgers ein wohlthätiges Nationalgefühl erweckt, um die Kleinlichkeit u. die lokale Bornirtheit dieser ganzen junghegelschen Bewegung anschaulich zu erkennen, ist es nöthig, sie einmal von einem Standpunkte anzusehen der außerhalb Deutschland liegt.

⟨1.⟩ *Die Ideologie überhaupt, speciell die deutsche Philosophie*

Die Voraussetzungen mit denen wir beginnen, sind keine willkührlichen, keine Dogmen, es sind wirkliche Voraussetzungen von denen man nur in der Einbildung abstrahiren kann. Es sind die wirklichen Individuen, ihre Aktion & ihre materiellen Lebensbedingungen, sowohl die vorgefundenen wie die durch ihre eigne Aktion erzeugten. Diese Voraussetzungen sind also auf rein empirischem Wege konstatirbar.

Die erste Voraussetzung aller Menschengeschichte ist natürlich die Existenz lebendiger menschlicher Individuen. Der erste zu konstatirende Thatbestand ist also die körperliche Organisation dieser Individuen & ihr dadurch gegebenes Verhältniß zur übrigen Natur. Wir können hier natürlich weder auf die physische Beschaffenheit der Menschen selbst, noch auf die von den Menschen vorgefundenen Naturbedingungen, die geologischen, oro-hydrographischen, klimatischen & andern Verhältnisse eingehen. Alle Geschichtschreibung muß von diesen natürlichen Grundlagen & ihrer Modifikation im Lauf der Geschichte durch die Aktion der Menschen ausgehen.

Man kann die Menschen durch das Bewußtsein, durch die Religion, durch was man sonst will, von den Thieren unterscheiden. Sie selbst fangen an sich von den Thieren zu unterscheiden, sobald sie anfangen ihre Lebensmittel zu *produziren*, ein Schritt der durch ihre körperliche Organisation bedingt ist. Indem die Menschen ihre Lebensmittel produziren, produziren sie indirekt ihr materielles Leben selbst.

Die Weise, in der die Menschen ihre Lebensmittel produziren, hängt zunächst von der Beschaffenheit der vorgefundenen & zu reproducirenden Lebensmittel selbst ab. Diese Weise der Produktion ist nicht bloß nach der Seite hin zu betrachten, daß sie die Reproduktion der physischen Existenz der Individuen ist. Sie ist vielmehr schon eine bestimmte Art der Thätigkeit dieser Individuen, eine bestimmte Art, ihr Leben zu äußern, eine bestimmte *Lebensweise* derselben. Wie die Individuen ihr Leben äußern, so sind sie. Was sie sind, fällt also zusammen mit ihrer Produktion, sowohl damit, *was* sie produziren, als auch damit, *wie* sie produziren. Was die Individuen also sind, das hängt ab von den materiellen Bedingungen ihrer Produktion.

Diese Produktion tritt erst ein mit der *Vermehrung der Bevölkerung*. Sie setzt selbst wieder einen *Verkehr* der Individuen unter einander voraus. Die Form dieses Verkehrs ist wieder durch die Produktion bedingt.

Feuerbach [Fragment 1]

Die Beziehungen verschiedener Nationen unter einander hängen davon ab, wie weit jede von ihnen ihre Produktivkräfte, die Theilung der Arbeit, & den innern Verkehr entwickelt hat. Dieser Satz ist allgemein anerkannt. Aber nicht nur die Beziehung einer Nation zu anderen, sondern auch die ganze innere Gliederung dieser Nation selbst hängt von der Entwicklungsstufe ihrer Produktion & ihres innern & äußern Verkehrs ab. Wie weit die Produktionskräfte einer Nation entwickelt sind, zeigt am augenscheinlichsten der Grad, bis zu dem die Theilung der Arbeit entwickelt ist. Jede neue Produktivkraft, sofern sie nicht eine bloß quantitative Ausdehnung der bisher schon bekannten Produktivkräfte ist (z. B. Urbarmachung von Ländereien), hat eine neue Ausbildung der Theilung der Arbeit zur Folge.

Die Theilung der Arbeit innerhalb einer Nation führt zunächst die Trennung der industriellen & commerziellen von der ackerbauenden Arbeit, & damit die Trennung von *Stadt* & *Land* & den Gegensatz der Interessen Beider herbei. Ihre weitere Entwicklung führt zur Trennung der kommerziellen Arbeit von der industriellen. Zu gleicher Zeit entwickeln sich durch die Theilung der Arbeit innerhalb dieser verschiednen Branchen wieder verschiedene Abtheilungen unter den zu bestimmten Arbeiten zusammenwirkenden Individuen. Die Stellung dieser einzelnen Abtheilungen gegen einander ist bedingt durch die Betriebsweise der ackerbauenden, industriellen & kommerziellen Arbeit (Patriarchalismus, Sklaverei, Stände, Klassen.) Dieselben Verhältnisse zeigen sich bei entwickelterem Verkehr in den Beziehungen verschiedner Nationen zu einander.

Die verschiedenen Entwicklungsstufen der Theilung der Arbeit sind eben soviel verschiedene Formen des Eigenthums; d. h. die jedesmalige Stufe der Theilung der Arbeit bestimmt auch die Verhältnisse der Individuen zu einander in Beziehung auf das Material, Instrument, & Produkt der Arbeit.

Die erste Form des Eigenthums ist das Stammeigenthum. Es entspricht der unentwickelten Stufe der Produktion, auf der ein Volk von Jagd & Fischfang, von Viehzucht oder höchstens vom Ackerbau sich nährt. Es setzt in diesem letzteren Falle eine große Masse unbebauter Ländereien voraus. Die Theilung der Arbeit ist auf dieser Stufe noch sehr wenig entwickelt, & beschränkt sich auf eine weitere Ausdehnung der in der Familie gegebenen naturwüchsigen Theilung der Arbeit. Die gesellschaftliche Gliederung beschränkt sich daher auf eine Ausdehnung der Familie: patriarchalische Stammhäupter, unter ihnen die Stammmitglieder, endlich Sklaven. Die in der Familie latente Sklaverei entwickelt sich erst allmählig mit der Vermehrung der Bevölkerung & der Bedürfnisse & mit der Ausdehnung des äußern Verkehrs, sowohl des Kriegs wie des Tauschhandels.

Die zweite Form ist das antike Gemeinde- & Staatseigenthum, das namentlich aus der Vereinigung mehrerer Stämme zu einer *Stadt* durch Vertrag oder Eroberung hervorgeht & bei dem die Sklaverei fortbestehen bleibt. Neben dem Gemeindeeigenthum entwickelt sich schon das mobile & später auch das immobile Privateigenthum, aber als eine abnorme, dem Gemeindeeigenthum untergeordnete Form. Die Staatsbürger besitzen nur in ihrer Gemeinschaft die Macht über ihre arbeitenden Sklaven, & sind schon deßhalb an die Form des Gemeindeeigenthums gebunden. Es ist das gemeinschaftliche Privateigenthum der aktiven Staatsbürger, die den Sklaven gegenüber gezwungen sind in dieser naturwüchsigen Weise der Association zu bleiben. Daher verfällt die ganze hierauf basirende Gliederung der Gesellschaft & mit ihr die Macht des Volks in demselben Grade, in dem namentlich das immobile Privateigenthum sich entwickelt. Die Theilung der

Arbeit ist schon entwickelter. Wir finden schon den Gegensatz von Stadt & Land, später den Gegensatz zwischen Staaten die das städtische, & die das Land-Interesse repräsentiren, & innerhalb der Städte selbst den Gegensatz zwischen Industrie & Seehandel. Das Klassenverhältniß zwischen Bürgern & Sklaven ist vollständig ausgebildet. Mit der Entwicklung des Privateigenthums treten hier zuerst dieselben Verhältnisse ein, die wir beim modernen Privateigenthum, nur in ausgedehnterem Maßstabe, wiederfinden werden: Einerseits die Konzentration des Privateigenthums, die in Rom sehr früh anfing (Beweis das licinische Ackergesetz) seit den Bürgerkriegen & namentlich unter den Kaisern sehr rasch vor sich ging; andrerseits im Zusammenhange hiermit die Verwandlung der plebejischen kleinen Bauern in ein Proletariat, das aber bei seiner halben Stellung zwischen besitzenden Bürgern & Sklaven zu keiner selbstständigen Entwicklung kam.

Die dritte Form ist das feudale oder ständische Eigenthum. Wenn das Alterthum von der *Stadt* & ihrem kleinen Gebiet ausging, so ging das Mittelalter vom *Lande* aus. Die vorgefundene dünne, über eine große Bodenfläche zersplitterte Bevölkerung, die durch die Eroberer keinen großen Zuwachs erhielt, bedingte diesen veränderten Ausgangspunkt. Im Gegensatz zu Griechenland & Rom beginnt die feudale Entwicklung daher auf einem viel ausgedehnteren, durch die römischen Eroberungen & die Anfangs damit verknüpfte Ausbreitung der Agrikultur vorbereiteten Terrain. Die letzten Jahrhunderte des verfallenden römischen Reichs & die Eroberung durch die Barbaren selbst zerstörten eine Masse von Produktivkräften; der Ackerbau war gesunken, die Industrie aus Mangel an Absatz verfallen, der Handel eingeschlafen oder gewaltsam unterbrochen, die ländliche & städtische Bevölkerung hatte abgenommen. Diese vorgefundenen Verhältnisse & die dadurch bedingte Weise der Organisation der Eroberung entwickelten unter dem Einflusse der germanischen

Heerverfassung das feudale Eigenthum. Es beruht, wie das Stamm- & Gemeinde-Eigenthum, wieder auf einem Gemeinwesen, dem aber nicht wie dem antiken, die Sklaven, sondern die leibeignen kleinen Bauern als unmittelbar produzirende Klasse gegenüber stehen. Zugleich mit der vollständigen Ausbildung des Feudalismus tritt noch der Gegensatz gegen die Städte hinzu. Die hierarchische Gliederung des Grundbesitzes & die damit zusammenhangenden bewaffneten Gefolgschaften gaben dem Adel die Macht über die Leibeignen. Diese feudale Gliederung war ebensogut wie das antike Gemeindeeigenthum eine Association gegenüber der beherrschten produzirenden Klasse; nur war die Form der Association & das Verhältniß zu den unmittelbaren Produzenten verschieden, weil verschiedene Produktionsbedingungen vorlagen.

Dieser feudalen Gliederung des Grundbesitzes entsprach in den *Städten* das korporative Eigenthum, die feudale Organisation des Handwerks. Das Eigenthum bestand hier hauptsächlich in der Arbeit jedes Einzelnen. Die Nothwendigkeit der Association gegen den associirten Raubadel, das Bedürfniß gemeinsamer Markthallen in einer Zeit, wo der Industrielle zugleich Kaufmann war, die wachsende Konkurrenz der den aufblühenden Städten zuströmenden entlaufnen Leibeignen, die feudale Gliederung des ganzen Landes führten die *Zünfte* herbei; die allmählig ersparten kleinen Kapitalien einzelner Handwerker, & ihre stabile Zahl bei der wachsenden Bevölkerung entwickelten das Gesellen- & Lehrlingsverhältniß, das in den Städten eine ähnliche Hierarchie zu Stande brachte wie die auf dem Lande.

Das Haupteigenthum bestand während der Feudalepoche also in Grundeigenthum mit daran geketteter Leibeignenarbeit einerseits, & eigner Arbeit mit kleinem, die Arbeit von Gesellen beherrschendem Kapital andrerseits. Die Gliederung von Beiden war durch die bornirten Produktionsverhältnisse – die geringe & rohe Bodenkultur &

die handwerksmäßige Industrie – bedingt. Theilung der Arbeit fand in der Blüthe des Feudalismus wenig Statt. Jedes Land hatte den Gegensatz von Stadt & Land in sich; die Ständegliederung war allerdings sehr scharf ausgeprägt, aber außer der Scheidung von Fürsten, Adel, Geistlichkeit & Bauern auf dem Lande, & Meistern, Gesellen, Lehrlingen & bald auch Taglöhnerpöbel in den Städten fand keine bedeutende Theilung statt. Im Ackerbau war sie durch die parzellirte Bebauung erschwert, neben der die Hausindustrie der Bauern selbst aufkam, in der Industrie war die Arbeit in den einzelnen Handwerken selbst gar nicht, unter ihnen sehr wenig getheilt. Die Theilung von Industrie & Handel wurde in älteren Städten vorgefunden, entwickelte sich in den neueren erst später, als die Städte unter sich in Beziehung traten.

Die Zusammenfassung größerer Länder zu feudalen Königreichen war für den Grundadel wie für die Städte ein Bedürfniß. Die Organisation der herrschenden Klasse, des Adels, hatte daher überall einen Monarchen an der Spitze.

Feuerbach [Fragment 2]

Die Thatsache ist also die: bestimmte Individuen die auf bestimmte Weise produktiv thätig sind gehen diese bestimmten gesellschaftlichen & politischen Verhältnisse ein. Die empirische Beobachtung muß in jedem einzelnen Fall den Zusammenhang der gesellschaftlichen & politischen Gliederung mit der Produktion empirisch & ohne alle Mystifikation & Spekulation aufweisen. Die gesellschaftliche Gliederung & der Staat gehen beständig aus dem Lebensprozeß bestimmter Individuen hervor; aber dieser Individuen nicht wie sie in der eignen oder fremden Vorstellung erscheinen mögen, sondern wie sie *wirklich* sind,

d. h. wie sie wirken, materiell produziren, also wie sie unter bestimmten materiellen & von ihrer Willkühr unabhängigen Schranken, Voraussetzungen & Bedingungen thätig sind.

Die Produktion der Ideen, Vorstellungen, des Bewußtseins ist zunächst unmittelbar verflochten in die materielle Thätigkeit & den materiellen Verkehr der Menschen, Sprache des wirklichen Lebens. Das Vorstellen, Denken, der geistige Verkehr der Menschen erscheinen hier noch als direkter Ausfluß ihres materiellen Verhaltens. Von der geistigen Produktion, wie sie in der Sprache der Politik, der Gesetze, der Moral, der Religion, Metaphysik usw. eines Volkes sich darstellt, gilt dasselbe. Die Menschen sind die Producenten ihrer Vorstellungen, Ideen pp aber die wirklichen, wirkenden Menschen, wie sie bedingt sind durch eine bestimmte Entwicklung ihrer Produktivkräfte & des denselben entsprechenden Verkehrs bis zu seinen weitesten Formationen hinauf. Das Bewußtsein kann nie etwas Andres sein als das bewußte Sein, & das Sein der Menschen ist ihr wirklicher Lebensprozeß. Wenn in der ganzen Ideologie die Menschen u. ihre Verhältnisse, wie in einer Camera obscura, auf den Kopf gestellt erscheinen, so geht dies Phänomen ebensosehr aus ihrem historischen Lebensprozeß hervor, wie die Umdrehung der Gegenstände auf der Netzhaut aus ihrem unmittelbar physischen.

Ganz im Gegensatz zur deutschen Philosophie, welche vom Himmel auf die Erde herabsteigt, wird hier von der Erde zum Himmel gestiegen. D. h. es wird nicht ausgegangen von dem was die Menschen sagen, sich einbilden, sich vorstellen, auch nicht von den gesagten, gedachten, eingebildeten, vorgestellten Menschen, um davon aus bei den leibhaftigen Menschen anzukommen; es wird von den wirklich thätigen Menschen ausgegangen & aus ihrem wirklichen Lebensprozeß auch die Entwicklung der ideologischen Reflexe & Echos dieses Lebensprozesses dargestellt. Auch die Nebelbildungen im Gehirn der Menschen sind nothwendige Sublimate ihres materiellen, empirisch konstatirbaren, & an materielle Voraussetzungen geknüpften Lebensprozesses. Die Moral, Religion, Metaphysik & sonstige Ideologie & die ihnen entsprechenden Bewußtseinsformen behalten hiermit nicht länger den Schein der Selbstständigkeit. Sie haben keine Geschichte, sie haben keine Entwicklung, sondern die ihre materielle Produktion & ihren materiellen Verkehr entwickelnden Menschen ändern mit dieser ihrer Wirklichkeit auch ihr Denken & die Produkte des Denkens. Nicht das Bewußtsein bestimmt das Leben, sondern das Leben bestimmt das Bewußtsein. In der ersten Betrachtungsweise geht man von dem Bewußtsein als dem lebendigen Individuum aus in der zweiten, dem wirklichen Leben entsprechenden, von den wirklichen lebendigen Individuen selbst & betrachtet das Bewußtsein nur als *ihr* Bewußtsein.

Diese Betrachtungsweise ist nicht voraussetzungslos. Sie geht von den wirklichen Voraussetzungen aus, sie verläßt sie keinen Augenblick. Ihre Voraussetzungen sind die Menschen nicht in irgend einer phantastischen Abgeschlossenheit & Fixirung, sondern in ihrem wirklichen empirisch anschaulichen Entwicklungsprozeß unter bestimmten Bedingungen. Sobald dieser thätige Lebensprozeß dargestellt wird, hört die Geschichte auf, eine Sammlung todter Fakta zu sein, wie bei den selbst noch abstrakten Empirikern, oder eine eingebildete Aktion eingebildeter Subjekte, wie bei den Idealisten.

Da wo die Spekulation aufhört, beim wirklichen Leben, beginnt also die wirkliche, positive Wissenschaft, die Darstellung der praktischen Bethätigung, des praktischen Entwicklungsprozesses der Menschen. Die Phrasen vom Bewußtsein hören auf, wirkliches Wissen muß an ihre Stelle treten. Die selbstständige Philosophie verliert mit der Darstellung der Wirklichkeit ihr Existenzmedium. An ihre Stelle kann höchstens eine Zusammenfassung der allgemeinsten Resultate treten, die sich aus der Betrachtung der historischen Entwicklung der Menschen abstrahiren lassen. Diese Abstraktionen haben für sich, getrennt von der wirklichen Geschichte, durchaus keinen Werth. Sie können nur dazu dienen, die Ordnung des geschichtlichen Materials zu erleichtern, die Reihenfolge seiner einzelnen Schichten anzudeuten. Sie geben aber keineswegs, wie die Philosophie, ein Recept oder Schema, wonach die geschichtlichen Epochen zurechtgestutzt werden können. Die Schwierigkeit beginnt im Gegentheil erst da, wo man sich an die Betrachtung & Ordnung des Materials, sei es einer vergangnen Epoche oder der Gegenwart, an die wirkliche Darstellung gibt. Die Beseitigung dieser Schwierigkeiten ist durch Voraussetzungen bedingt, die keineswegs hier gegeben werden können, sondern die erst aus dem Studium des wirklichen Lebensprozesses & der Aktion der Individuen jeder Epoche sich ergeben. Wir nehmen hier einige dieser Abstraktionen heraus, die wir gegenüber der Ideologie gebrauchen & werden sie an historischen Beispielen erläutern.

KARL MARX / FRIEDRICH ENGELS

Manifest der Kommunistischen Partei

Ein Gespenst geht um in Europa – das Gespenst des Kommunismus. Alle Mächte des alten Europa haben sich zu einer heiligen Hetzjagd gegen dies Gespenst verbündet, der Papst und der Czar, Metternich und Guizot, französische Radikale und deutsche Polizisten.

Wo ist die Oppositionspartei, die nicht von ihren regierenden Gegnern als kommunistisch verschrieen worden wäre, wo die Oppositionspartei, die den fortgeschritteneren Oppositionsleuten sowohl, wie ihren reaktionären Gegnern den brandmarkenden Vorwurf des Kommunismus nicht zurückgeschleudert hätte?

Zweierlei geht aus dieser Thatsache hervor.

Der Kommunismus wird bereits von allen europäischen Mächten als eine Macht anerkannt.

Es ist hohe Zeit, daß die Kommunisten ihre Anschauungsweise, ihre Zwecke, ihre Tendenzen vor der ganzen Welt offen darlegen, und den Mährchen vom Gespenst des Kommunismus ein Manifest der Partei selbst entgegenstellen.

Zu diesem Zweck haben sich Kommunisten der verschiedensten Nationalität in London versammelt und das folgende Manifest entworfen, das in englischer, französischer, deutscher, italienischer, flämmischer und dänischer Sprache veröffentlicht wird.

⟨I.⟩ Bourgeois und Proletarier

Die Geschichte aller bisherigen Gesellschaft ist die Geschichte von Klassenkämpfen.

Freier und Sklave, Patrizier und Plebejer, Baron und Leibeigner, Zunftbürger und Gesell, kurz, Unterdrücker und Unterdrückte standen in stetem Gegensatz zu einander, führten einen ununterbrochenen, bald versteckten, bald offenen Kampf, einen Kampf, der jedesmal mit einer revolutionären Umgestaltung der ganzen Gesellschaft endete, oder mit dem gemeinsamen Untergang der kämpfenden Klassen.

In den früheren Epochen der Geschichte finden wir fast überall eine vollständige Gliederung der Gesellschaft in verschiedene Stände, eine mannichfaltige Abstufung der gesellschaftlichen Stellungen. Im alten Rom haben wir Patrizier, Ritter, Plebejer, Sklaven; im Mittelalter Feudalherren, Vasallen, Zunftbürger, Gesellen, Leibeigene, und noch dazu in fast jeder dieser Klassen wieder besondere Abstufungen.

Die aus dem Untergange der feudalen Gesellschaft hervorgegangene moderne bürgerliche Gesellschaft hat die Klassengegensätze nicht aufgehoben. Sie hat nur neue Klassen, neue Bedingungen der Unterdrückung, neue Gestaltungen des Kampfes an die Stelle der alten gesetzt.

Unsere Epoche, die Epoche der Bourgeoisie, zeichnet sich jedoch dadurch aus, daß sie die Klassengegensätze vereinfacht hat. Die ganze Gesellschaft spaltet sich mehr und mehr in zwei große feindliche Lager, in zwei große, einander direkt gegenüberstehende Klassen – Bourgeoisie und Proletariat.

Aus den Leibeigenen des Mittelalters gingen die Pfahlbürger der ersten Städte hervor; aus dieser Pfahlbürgerschaft entwickelten sich die ersten Elemente der Bourgeoisie.

Die Entdeckung Amerika's, die Umschiffung Afrika's

schufen der aufkommenden Bourgeoisie ein neues Terrain. Der ostindische und chinesische Markt, die Kolonisirung von Amerika, der Austausch mit den Kolonien, die Vermehrung der Tauschmittel und der Waaren überhaupt gaben dem Handel, der Schifffahrt, der Industrie einen niegekannten Aufschwung, und damit dem revolutionären Element in der zerfallenden feudalen Gesellschaft eine rasche Entwicklung.

Die bisherige feudale oder zünftige Betriebsweise der Industrie reichte nicht mehr aus für den mit den neuen Märkten anwachsenden Bedarf. Die Manufaktur trat an ihre Stelle. Die Zunftmeister wurden verdrängt durch den industriellen Mittelstand; die Theilung der Arbeit zwischen den verschiedenen Corporationen verschwand vor der Theilung der Arbeit in der einzelnen Werkstatt selbst.

Aber immer wuchsen die Märkte, immer stieg der Bedarf. Auch die Manufaktur reichte nicht mehr aus. Da revolutionirten der Dampf und die Maschinerie die industrielle Produktion. An die Stelle der Manufaktur trat die moderne große Industrie, an die Stelle des industriellen Mittelstandes traten die industriellen Millionäre, die Chefs ganzer industrieller Armeen, die modernen Bourgeois.

Die große Industrie hat den Weltmarkt hergestellt, den die Entdeckung Amerika's vorbereitete. Der Weltmarkt hat dem Handel, der Schifffahrt, den Landkommunikationen eine unermeßliche Entwicklung gegeben. Diese hat wieder auf die Ausdehnung der Industrie zurückgewirkt, und in demselben Maße, worin Industrie, Handel, Schifffahrt, Eisenbahnen sich ausdehnten, in demselben Maße entwickelte sich die Bourgeoisie, vermehrte sie ihre Kapitalien, drängte sie alle vom Mittelalter her überlieferten Klassen in den Hintergrund.

Wir sehen also, wie die moderne Bourgeoisie selbst das Produkt eines langen Entwicklungsganges, einer Reihe von Umwälzungen in der Produktions- und Verkehrsweise ist.

Jede dieser Entwicklungsstufen der Bourgeoisie war begleitet von einem entsprechenden politischen Fortschritt. Unterdrückter Stand unter der Herrschaft der Feudalherren, bewaffnete und sich selbst verwaltende Associationen in der Commune, hier unabhängige städtische Republik, dort dritter, steuerpflichtiger Stand der Monarchie, dann zur Zeit der Manufaktur Gegengewicht gegen den Adel in der ständischen oder in der absoluten Monarchie und Hauptgrundlage der großen Monarchieen überhaupt, erkämpfte sie sich endlich seit der Herstellung der großen Industrie und des Weltmarktes im modernen Repräsentativstaat die ausschließliche politische Herrschaft. Die moderne Staatsgewalt ist nur ein Ausschuß, der die gemeinschaftlichen Geschäfte der ganzen Bourgeoisklasse verwaltet.

Die Bourgeoisie hat in der Geschichte eine höchst revolutionäre Rolle gespielt.

Die Bourgeoisie, wo sie zur Herrschaft gekommen, hat alle feudalen, patriarchalischen, idyllischen Verhältnisse zerstört. Sie hat die buntscheckigen Feudalbande, die den Menschen an seinen natürlichen Vorgesetzten knüpften, unbarmherzig zerrissen, und kein anderes Band zwischen Mensch und Mensch übrig gelassen, als das nackte Interesse, als die gefühllose »baare Zahlung«. Sie hat die heiligen Schauer der frommen Schwärmerei, der ritterlichen Begeisterung, der spießbürgerlichen Wehmuth in dem eiskalten Wasser egoistischer Berechnung ertränkt. Sie hat die persönliche Würde in den Tauschwerth aufgelöst, und an die Stelle der zahllosen verbrieften und wohlerworbenen Freiheiten die Eine gewissenlose Handelsfreiheit gesetzt. Sie hat, mit einem Wort, an die Stelle der mit religiösen und politischen Illusionen verhüllten Ausbeutung die offene, unverschämte, direkte, dürre Ausbeutung gesetzt.

Die Bourgeoisie hat alle bisher ehrwürdigen und mit frommer Scheu betrachteten Thätigkeiten ihres Heiligenscheins entkleidet. Sie hat den Arzt, den Juristen, den

Pfaffen, den Poeten, den Mann der Wissenschaft in ihre bezahlten Lohnarbeiter verwandelt.

Die Bourgeoisie hat dem Familienverhältniß seinen rührend-sentimentalen Schleier abgerissen und es auf ein reines Geldverhältniß zurückgeführt.

Die Bourgeoisie hat enthüllt, wie die brutale Kraftäußerung, die die Reaktion so sehr am Mittelalter bewundert, in der trägsten Bärenhäuterei ihre passende Ergänzung fand. Erst sie hat bewiesen, was die Thätigkeit der Menschen zu Stande bringen kann. Sie hat ganz andere Wunderwerke vollbracht, als egyptische Pyramiden, römische Wasserleitungen und gothische Kathedralen, sie hat ganz andere Züge ausgeführt, als Völkerwanderungen und Kreuzzüge.

Die Bourgeoisie kann nicht existiren, ohne die Produktionsinstrumente, also die Produktionsverhältnisse, also sämmtliche gesellschaftlichen Verhältnisse fortwährend zu revolutioniren. Unveränderte Beibehaltung der alten Produktionsweise war dagegen die erste Existenzbedingung aller früheren industriellen Klassen. Die fortwährende Umwälzung der Produktion, die ununterbrochene Erschütterung aller gesellschaftlichen Zustände, die ewige Unsicherheit und Bewegung zeichnet die Bourgeois-Epoche vor allen früheren aus. Alle festen, eingerosteten Verhältnisse mit ihrem Gefolge von altehrwürdigen Vorstellungen und Anschauungen werden aufgelöst, alle neugebildeten veralten, ehe sie verknöchern können. Alles Ständische und Stehende verdampft, alles Heilige wird entweiht, und die Menschen sind endlich gezwungen, ihre Lebensstellung, ihre gegenseitigen Beziehungen mit nüchternen Augen anzusehen.

Das Bedürfniß nach einem stets ausgedehnteren Absatz für ihre Produkte jagt die Bourgeoisie über die ganze Erdkugel. Ueberall muß sie sich einnisten, überall anbauen, überall Verbindungen herstellen.

Die Bourgeoisie hat durch die Exploitation des Weltmarkts die Produktion und Konsumtion aller Länder kosmopolitisch gestaltet. Sie hat zum großen Bedauern der Reaktionäre den nationalen Boden der Industrie unter den Füßen weggezogen. Die uralten nationalen Industrieen sind vernichtet worden und werden noch täglich vernichtet. Sie werden verdrängt durch neue Industrieen, deren Einführung eine Lebensfrage für alle civilisirten Nationen wird, durch Industrieen, die nicht mehr einheimische Rohstoffe, sondern den entlegensten Zonen angehörige Rohstoffe verarbeiten, und deren Fabrikate nicht nur im Lande selbst, sondern in allen Welttheilen zugleich verbraucht werden. An die Stelle der alten, durch Landeserzeugnisse befriedigten Bedürfnisse treten neue, welche die Produkte der entferntesten Länder und Klimate zu ihrer Befriedigung erheischen. An die Stelle der alten lokalen und nationalen Selbstgenügsamkeit und Abgeschlossenheit tritt ein allseitiger Verkehr, eine allseitige Abhängigkeit der Nationen von einander. Und wie in der materiellen, so auch in der geistigen Produktion. Die geistigen Erzeugnisse der einzelnen Nationen werden Gemeingut. Die nationale Einseitigkeit und Beschränktheit wird mehr und mehr unmöglich, und aus den vielen nationalen und lokalen Literaturen bildet sich eine Weltliteratur.

Die Bourgeoisie reißt durch die rasche Verbesserung aller Produktions-Instrumente, durch die unendlich erleichterten Kommunikationen alle, auch die barbarischsten Nationen in die Civilisation. Die wohlfeilen Preise ihrer Waaren sind die schwere Artillerie, mit der sie alle chinesischen Mauern in den Grund schießt, mit der sie den hartnäckigsten Fremdenhaß der Barbaren zur Kapitulation zwingt. Sie zwingt alle Nationen, die Produktionsweise der Bourgeoisie sich anzueignen, wenn sie nicht zu Grunde gehen wollen; sie zwingt sie, die sogenannte Civilisation bei sich selbst einzuführen, d. h. Bourgeois zu werden. Mit einem Wort, sie schafft sich eine Welt nach ihrem eigenen Bilde.

Die Bourgeoisie hat das Land der Herrschaft der Stadt unterworfen. Sie hat enorme Städte geschaffen, sie hat die Zahl der städtischen Bevölkerung gegenüber der ländlichen in hohem Grade vermehrt, und so einen bedeutenden Theil der Bevölkerung dem Idiotismus des Landlebens entrissen. Wie sie das Land von der Stadt, hat sie die barbarischen und halbbarbarischen Länder von den civilisirten, die Bauernvölker von den Bourgeoisvölkern, den Orient vom Occident abhängig gemacht.

Die Bourgeoisie hebt mehr und mehr die Zersplitterung der Produktionsmittel, des Besitzes und der Bevölkerung auf. Sie hat die Bevölkerung agglomerirt, die Produktionsmittel centralisirt und das Eigenthum in wenigen Händen koncentrirt. Die nothwendige Folge hiervon war die politische Centralisation. Unabhängige, fast nur verbündete Provinzen mit verschiedenen Interessen, Gesetzen, Regierungen und Zöllen wurden zusammengedrängt in Eine Nation, Eine Regierung, Ein Gesetz, Ein nationales Klasseninteresse, Eine Douanenlinie.

Die Bourgeoisie hat in ihrer kaum hundertjährigen Klassenherrschaft massenhaftere und kolossalere Produktionskräfte geschaffen, als alle vergangenen Generationen zusammen. Unterjochung der Naturkräfte, Maschinerie, Anwendung der Chemie auf Industrie und Ackerbau, Dampfschifffahrt, Eisenbahnen, elektrische Telegraphen, Urbarmachung ganzer Welttheile, Schiffbarmachung der Flüsse, ganze aus dem Boden hervorgestampfte Bevölkerungen – welch früheres Jahrhundert ahnte, daß solche Produktionskräfte im Schooß der gesellschaftlichen Arbeit schlummerten.

Wir haben aber gesehen: Die Produktions- und Verkehrsmittel, auf deren Grundlage sich die Bourgeoisie heranbildete, wurden in der feudalen Gesellschaft erzeugt. Auf einer gewissen Stufe der Entwicklung dieser Produktions- und Verkehrsmittel entsprachen die Verhältnisse, worin die feudale Gesellschaft producirte und austauschte, die feudale Organisation der Agrikultur und Manufaktur, mit einem Wort die feudalen Eigenthums-Verhältnisse den schon entwickelten Produktivkräften nicht mehr. Sie hemmten die Produktion, statt sie zu fördern. Sie verwandelten sich in eben so viele Fesseln. Sie mußten gesprengt werden, sie wurden gesprengt.

An ihre Stelle trat die freie Konkurrenz mit der ihr angemessenen gesellschaftlichen und politischen Konstitution, mit der ökonomischen und politischen Herrschaft der Bourgeois-Klasse.

Unter unsren Augen geht eine ähnliche Bewegung vor. Die bürgerlichen Produktions- und Verkehrs-Verhältnisse, die bürgerlichen Eigenthums-Verhältnisse, die moderne bürgerliche Gesellschaft, die so gewaltige Produktions- und Verkehrsmittel hervorgezaubert hat, gleicht dem Hexenmeister, der die unterirdischen Gewalten nicht mehr zu beherrschen vermag, die er herauf beschwor. Seit Dezennien ist die Geschichte der Industrie und des Handels nur noch die Geschichte der Empörung der modernen Produktivkräfte gegen die modernen Produktions-Verhältnisse, gegen die Eigenthums-Verhältnisse, welche die Lebens-Bedingungen der Bourgeoisie und ihrer Herrschaft sind. Es genügt, die Handelskrisen zu nennen, welche in ihrer periodischen Wiederkehr immer drohender die Existenz der ganzen bürgerlichen Gesellschaft in Frage stellen. In den Handelskrisen wird ein großer Theil nicht nur der erzeugten Produkte, sondern sogar der bereits geschaffenen Produktivkräfte regelmäßig vernichtet. In den Krisen bricht eine gesellschaftliche Epidemie aus, welche allen früheren Epochen als ein Widersinn erschienen wäre – die Epidemie der Ueberproduktion. Die Gesellschaft findet sich plötzlich in einen Zustand momentaner Barbarei zurückversetzt; eine Hungersnoth, ein allgemeiner Verwüstungskrieg scheinen ihr alle Lebensmittel abgeschnitten zu haben; die Industrie, der Handel scheinen vernichtet, und warum? Weil sie zu viel Civilisation, zu viel Lebensmittel, zu viel Industrie, zu viel Handel besitzt. Die Produktivkräfte, die ihr zur Verfügung stehen, dienen nicht mehr zur Beförderung der bürgerlichen Civilisation und der bürgerlichen Eigenthums-Verhältnisse; im Gegentheil, sie sind zu gewaltig für diese Verhältnisse geworden, sie werden von ihnen gehemmt, und so bald sie dies Hemmniß überwinden, bringen sie die ganze bürgerliche Gesellschaft in Unordnung, gefährden sie die Existenz des bürgerlichen Eigenthums. Die bürgerlichen Verhältnisse sind zu eng geworden, um den von ihnen erzeugten Reichthum zu fassen. – Wodurch überwindet die Bourgeoisie die Krisen? Einerseits durch die erzwungene Vernichtung einer Masse von Produktivkräften; andererseits durch die Eroberung neuer Märkte, und die gründlichere Ausbeutung der alten Märkte. Wodurch also? Dadurch, daß sie allseitigere und gewaltigere Krisen vorbereitet und die Mittel, den Krisen vorzubeugen, vermindert.

Die Waffen, womit die Bourgeoisie den Feudalismus zu Boden geschlagen hat, richten sich jetzt gegen die Bourgeoisie selbst.

Aber die Bourgeoisie hat nicht nur die Waffen geschmiedet, die ihr den Tod bringen; sie hat auch die Männer gezeugt, die diese Waffen führen werden – die modernen Arbeiter, die *Proletarier.*

In demselben Maße, worin sich die Bourgeoisie, d. h. das Kapital, entwickelt, in demselben Maße entwickelt sich das Proletariat, die Klasse der modernen Arbeiter, die nur so lange leben, als sie Arbeit finden, und die nur so lange Arbeit finden, als ihre Arbeit das Kapital vermehrt. Diese Arbeiter, die sich stückweis verkaufen müssen, sind eine Waare, wie jeder andre Handelsartikel, und daher gleichmäßig allen Wechselfällen der Konkurrenz, allen Schwankungen des Marktes ausgesetzt.

Die Arbeit der Proletarier hat durch die Ausdehnung der Maschinerie und die Theilung der Arbeit allen selbstständigen Charakter und damit allen Reiz für den Arbeiter verloren. Er wird ein bloßes Zubehör der Maschine, von dem nur der einfachste, eintönigste, am leichtesten erlernbare Handgriff verlangt wird. Die Kosten, die der Arbeiter verursacht, beschränken sich daher fast nur auf die Lebensmittel, die er zu seinem Unterhalt und zur Fortpflanzung seiner Race bedarf. Der Preis einer Waare, also auch der Arbeit, ist aber gleich ihren Produktionskosten. In demselben Maße, in dem die Widerwärtigkeit der Arbeit wächst, nimmt daher der Lohn ab. Noch mehr, in demselben Maße, wie Maschinerie und Theilung der Arbeit zunehmen, in demselben Maße nimmt auch die Masse der Arbeit zu, sei es durch Vermehrung der Arbeitsstunden, sei es durch Vermehrung der in einer gegebenen Zeit geforderten Arbeit, beschleunigten Lauf der Maschinen u. s. w.

Die moderne Industrie hat die kleine Werkstube des patriarchalischen Meisters in die große Fabrik des industriellen Kapitalisten verwandelt. Arbeiter-Massen, in der Fabrik zusammengedrängt, werden soldatisch organisirt. Sie werden als gemeine Industriesoldaten unter die Aufsicht einer vollständigen Hierarchie von Unteroffizieren und Offizieren gestellt. Sie sind nicht nur Knechte der Bourgeoisklasse, des Bourgeoisstaates, sie sind täglich und stündlich geknechtet von der Maschine, von dem Aufseher, und vor Allem von dem einzelnen fabrizirenden Bourgeois selbst. Diese Despotie ist um so kleinlicher, gehässiger, erbitternder, je offener sie den Erwerb als ihren letzten Zweck proklamirt.

Je weniger die Handarbeit Geschicklichkeit und Kraftäußerung erheischt, d. h. je mehr die moderne Industrie sich entwickelt, desto mehr wird die Arbeit der Männer durch die der Weiber und Kinder verdrängt. Geschlechts- und Alters-Unterschiede haben keine gesellschaftliche Geltung mehr für die Arbeiterklasse. Es gibt nur noch Arbeitsinstrumente, die je nach Alter und Geschlecht verschiedene Kosten machen.

Ist die Ausbeutung des Arbeiters durch den Fabrikanten so weit beendigt, daß er seinen Arbeitslohn baar ausgezahlt erhält, so fallen die andern Theile der Bourgeoisie über ihn her, der Hausbesitzer, der Krämer, der Pfandverleiher u. s. w.

Die bisherigen kleinen Mittelstände, die kleinen Industriellen, Kaufleute und Rentiers, die Handwerker und Bauern, alle diese Klassen fallen ins Proletariat hinab, theils dadurch, daß ihr kleines Kapital für den Betrieb der großen Industrie nicht ausreicht, und der Konkurrenz mit den größeren Kapitalisten erliegt, theils dadurch, daß ihre Geschicklichkeit von neuen Produktionsweisen entwerthet wird. So rekrutirt sich das Proletariat aus allen Klassen der Bevölkerung.

Das Proletariat macht verschiedene Entwicklungsstufen durch. Sein Kampf gegen die Bourgeoisie beginnt mit seiner Existenz.

Im Anfang kämpfen die einzelnen Arbeiter, dann die Arbeiter einer Fabrik, dann die Arbeiter eines Arbeitszweiges an einem Ort gegen den einzelnen Bourgeois, der sie direkt ausbeutet. Sie richten ihre Angriffe nicht nur gegen die bürgerlichen Produktions-Verhältnisse, sie richten sie gegen die Produktions-Instrumente selbst; sie vernichten die fremden konkurrirenden Waaren, sie zerschlagen die Maschinen, sie stecken die Fabriken in Brand, sie suchen sich die untergegangene Stellung des mittelalterlichen Arbeiters wieder zu erringen.

Auf dieser Stufe bilden die Arbeiter eine über das ganze Land zerstreute und durch die Konkurrenz zersplitterte Masse. Massenhafteres Zusammenhalten der Arbeiter ist noch nicht die Folge ihrer eigenen Vereinigung, sondern die Folge der Vereinigung der Bourgeoisie, die zur Erreichung ihrer eigenen politischen Zwecke das ganze Proletariat in Bewegung setzen muß und es einstweilen noch kann. Auf dieser Stufe bekämpfen die Proletarier also nicht ihre Feinde, sondern die Feinde ihrer Feinde, die

Reste der absoluten Monarchie, die Grundeigenthümer, die nicht industriellen Bourgeois, die Kleinbürger. Die ganze geschichtliche Bewegung ist so in den Händen der Bourgeoisie konzentrirt; jeder Sieg, der so errungen wird, ist ein Sieg der Bourgeoisie.

Aber mit der Entwicklung der Industrie vermehrt sich nicht nur das Proletariat; es wird in größeren Massen zusammengedrängt, seine Kraft wächst, und es fühlt sie mehr. Die Interessen, die Lebenslagen innerhalb des Proletariats gleichen sich immer mehr aus, indem die Maschinerie mehr und mehr die Unterschiede der Arbeit verwischt und den Lohn fast überall auf ein gleich niedriges Niveau herabdrückt. Die wachsende Konkurrenz der Bourgeois unter sich und die daraus hervorgehenden Handelskrisen machen den Lohn der Arbeiter immer schwankender; die immer rascher sich entwickelnde, unaufhörliche Verbesserung der Maschinerie macht ihre ganze Lebensstellung immer unsicherer; immer mehr nehmen die Kollisionen zwischen dem einzelnen Arbeiter und dem einzelnen Bourgeois den Charakter von Kollisionen zweier Klassen an. Die Arbeiter beginnen damit, Coalitionen gegen die Bourgeois zu bilden; sie treten zusammen zur Behauptung ihres Arbeitslohns. Sie stiften selbst dauernde Associationen, um sich für diese gelegentlichen Empörungen zu verproviantiren. Stellenweis bricht der Kampf in Emeuten aus.

Von Zeit zu Zeit siegen die Arbeiter, aber nur vorübergehend. Das eigentliche Resultat ihrer Kämpfe ist nicht der unmittelbare Erfolg, sondern die immer weiter um sich greifende Vereinigung der Arbeiter. Sie wird befördert durch die wachsenden Kommunikationsmittel, die von der großen Industrie erzeugt werden und die Arbeiter der verschiedenen Lokalitäten mit einander in Verbindung setzen. Es bedarf aber blos der Verbindung, um die vielen Lokalkämpfe von überall gleichem Charakter zu einem nationalen, zu einem Klassenkampf zu centralisiren. Jeder

Klassenkampf aber ist ein politischer Kampf. Und die Vereinigung, zu der die Bürger des Mittelalters mit ihren Vicinalwegen Jahrhunderte bedurften, bringen die modernen Proletarier mit den Eisenbahnen in wenigen Jahren zu Stande.

Diese Organisation der Proletarier zur Klasse, und damit zur politischen Partei, wird jeden Augenblick wieder gesprengt durch die Conkurrenz unter den Arbeitern selbst. Aber sie ersteht immer wieder, stärker, fester, mächtiger. Sie erzwingt die Anerkennung einzelner Interessen der Arbeiter in Gesetzesform, indem sie die Spaltungen der Bourgeoisie unter sich benutzt. So die Zehnstundenbill in England.

Die Kollisionen der alten Gesellschaft überhaupt fördern mannichfach den Entwicklungsgang des Proletariats. Die Bourgeoisie befindet sich in fortwährendem Kampf; anfangs gegen die Aristokratie; später gegen die Theile der Bourgeoisie selbst, deren Interessen mit dem Fortschritt der Industrie in Widerspruch gerathen; stets gegen die Bourgeoisie aller auswärtigen Länder. In allen diesen Kämpfen sieht sie sich genöthigt, an das Proletariat zu appelliren, seine Hülfe in Anspruch zu nehmen und es so in die politische Bewegung hineinzureißen. Sie selbst führt also dem Proletariat ihre eigenen Bildungselemente, d. h. Waffen gegen sich selbst, zu.

Es werden ferner, wie wir sahen, durch den Fortschritt der Industrie ganze Bestandtheile der herrschenden Klasse in's Proletariat hinabgeworfen oder wenigstens in ihren Lebensbedingungen bedroht. Auch sie führen dem Proletariat eine Masse Bildungselemente zu.

In Zeiten endlich, wo der Klassenkampf sich der Entscheidung nähert, nimmt der Auflösungsprozeß innerhalb der herrschenden Klasse, innerhalb der ganzen alten Gesellschaft, einen so heftigen, so grellen Charakter an, daß ein kleiner Theil der herrschenden Klasse sich von ihr lossagt und sich der revolutionären Klasse anschließt, der

Klasse, welche die Zukunft in ihren Händen trägt. Wie daher früher ein Theil des Adels zur Bourgeoisie überging, so geht jetzt ein Theil der Bourgeoisie zum Proletariat über, und namentlich ein Theil der Bourgeois-Ideologen, welche zum theoretischen Verständniß der ganzen geschichtlichen Bewegung sich hinaufgearbeitet haben.

Von allen Klassen, welche heutzutage der Bourgeoisie gegenüber stehen, ist nur das Proletariat eine wirklich revolutionäre Klasse. Die übrigen Klassen verkommen und gehen unter mit der Entwicklung der großen Industrie, das Proletariat ist ihr eigenstes Produkt.

Die Mittelstände, der kleine Industrielle, der kleine Kaufmann, der Handwerker, der Bauer, sie Alle bekämpfen die Bourgeoisie, um ihre Existenz als Mittelstände vor dem Untergang zu sichern. Sie sind also nicht revolutionär, sondern konservativ. Noch mehr, sie sind reaktionär, denn sie suchen das Rad der Geschichte zurückzudrehen. Sind sie revolutionär, so sind sie es im Hinblick auf den ihnen bevorstehenden Uebergang ins Proletariat, so vertheidigen sie nicht ihre gegenwärtigen, sondern ihre zukünftigen Interessen, so verlassen sie ihren eigenen Standpunkt, um sich auf den des Proletariats zu stellen.

Das Lumpenproletariat, diese passive Verfaulung der untersten Schichten der alten Gesellschaft, wird durch eine proletarische Revolution stellenweise in die Bewegung hineingeschleudert, seiner ganzen Lebenslage nach wird es bereitwilliger sein, sich zu reaktionären Umtrieben erkaufen zu lassen.

Die Lebensbedingungen der alten Gesellschaft sind schon vernichtet in den Lebensbedingungen des Proletariats. Der Proletarier ist eigenthumslos; sein Verhältniß zu Weib und Kindern hat nichts mehr gemein mit dem bürgerlichen Familienverhältniß; die moderne industrielle Arbeit, die moderne Unterjochung unter das Kapital, dieselbe in England wie in Frankreich, in Amerika wie in Deutschland, hat ihm allen nationalen Charakter abgestreift. Die Gesetze, die Moral, die Religion sind für ihn eben so viele bürgerliche Vorurtheile, hinter denen sich eben so viele bürgerliche Interessen verstecken.

Alle früheren Klassen, die sich die Herrschaft eroberten, suchten ihre schon erworbene Lebensstellung zu sichern, indem sie die ganze Gesellschaft den Bedingungen ihres Erwerbs unterwarfen. Die Proletarier können sich die gesellschaftlichen Produktivkräfte nur erobern, indem sie ihre eigene bisherige Aneignungsweise und damit die ganze bisherige Aneignungsweise abschaffen. Die Proletarier haben Nichts von dem Ihrigen zu sichern, sie haben alle bisherige Privatsicherheit und Privatversicherungen zu zerstören.

Alle bisherigen Bewegungen waren Bewegungen von Minoritäten oder im Interesse von Minoritäten. Die proletarische Bewegung ist die selbstständige Bewegung der ungeheuren Mehrzahl im Interesse der ungeheuren Mehrzahl.

Das Proletariat, die unterste Schichte der jetzigen Gesellschaft, kann sich nicht erheben, nicht aufrichten, ohne daß der ganze Ueberbau der Schichten, die die offizielle Gesellschaft bilden, in die Luft gesprengt wird.

Obgleich nicht dem Inhalt, ist der Form nach der Kampf des Proletariats gegen die Bourgeoisie zunächst ein nationaler. Das Proletariat eines jeden Landes muß natürlich zuerst mit seiner eigenen Bourgeoisie fertig werden.

Indem wir die allgemeinsten Phasen der Entwicklung des Proletariats zeichneten, verfolgten wir den mehr oder minder versteckten Bürgerkrieg innerhalb der bestehenden Gesellschaft bis zu dem Punkt, wo er in eine offene Revolution ausbricht und durch den gewaltsamen Sturz der Bourgeoisie das Proletariat seine Herrschaft begründet.

Alle bisherige Gesellschaft beruhte, wie wir gesehen haben, auf dem Gegensatz unterdrückender und unterdrückter Klassen. Um aber eine Klasse unterdrücken zu können, müssen ihr Bedingungen gesichert sein, innerhalb derer sie wenigstens ihre knechtische Existenz fristen kann. Der Leibeigne hat sich zum Mitglied der Kommune in der Leibeigenschaft herangearbeitet, wie der Kleinbürger zum Bourgeois unter dem Joch des feudalistischen Absolutismus. Der moderne Arbeiter dagegen, statt sich mit dem Fortschritt der Industrie zu heben, sinkt immer tiefer unter die Bedingungen seiner eignen Klasse herab. Der Arbeiter wird zum Pauper, und der Pauperismus entwickelt sich noch rascher als Bevölkerung und Reichthum. Es tritt hiermit offen hervor, daß die Bourgeoisie unfähig ist, noch länger die herrschende Klasse der Gesellschaft zu bleiben und die Lebensbedingungen ihrer Klasse der Gesellschaft als regelndes Gesetz aufzuzwingen. Sie ist unfähig zu herrschen, weil sie unfähig ist, ihrem Sklaven die Existenz selbst innerhalb seiner Sklaverei zu sichern, weil sie gezwungen ist, ihn in eine Lage herabsinken zu lassen, wo sie ihn ernähren muß, statt von ihm ernährt zu werden. Die Gesellschaft kann nicht mehr unter ihr leben, d. h. ihr Leben ist nicht mehr verträglich mit der Gesellschaft.

Die wesentlichste Bedingung für die Existenz und für die Herrschaft der Bourgeoisklasse ist die Anhäufung des Reichthums in den Händen von Privaten, die Bildung und Vermehrung des Kapitals. Die Bedingung des Kapitals ist die Lohnarbeit. Die Lohnarbeit beruht ausschließlich auf der Konkurrenz der Arbeiter unter sich. Der Fortschritt der Industrie, dessen willenloser und widerstandsloser Träger die Bourgeoisie ist, setzt an die Stelle der Isolirung der Arbeiter durch die Konkurrenz ihre revolutionäre Vereinigung durch die Association. Mit der Entwicklung der großen Industrie wird also unter den Füßen der Bourgeoisie die Grundlage selbst weggezogen, worauf sie produzirt und die Produkte sich aneignet. Sie produzirt vor Allem ihre eignen Todtengräber. Ihr Untergang und der Sieg des Proletariats sind gleich unvermeidlich.

KARL MARX

Grundrisse der Kritik der politischen Oekonomie

Einleitung

⟨3⟩ *Die Methode der politischen Oekonomie*

Wenn wir ein gegebnes Land politisch-ökonomisch betrachten, so beginnen wir mit seiner Bevölkerung, ihrer Vertheilung in Klassen, Stadt, Land, See, den verschiednen Productionszweigen, Aus- und Einfuhr, jährlicher Production und Consumtion, Waarenpreissen etc.

Es scheint das Richtige zu sein mit dem Realen und Concreten, der wirklichen Voraussetzung zu beginnen, also z. B. in der Oekonomie mit der Bevölkerung, die die Grundlage und das Subjekt des ganzen gesellschaftlichen Productionsakts ist. Indeß zeigt sich dieß bei näherer Betrachtung falsch. Die Bevölkerung ist eine Abstraktion, wenn ich z. B. die Klassen aus denen sie besteht weglasse. Diese Klassen sind wieder ein leeres Wort, wenn ich die Elemente nicht kenne, auf denen sie beruhn. Z. B. Lohnarbeit, Capital etc. Diese unterstellen Austausch, Theilung der Arbeit, Preisse etc. Capital z. B. ohne Lohnarbeit ist nichts, ohne Werth, Geld, Preiß etc. Finge ich also mit der Bevölkerung an, so wäre das eine chaotische Vorstellung des Ganzen und durch nähere Bestimmung würde ich analytisch immer mehr auf einfachere Begriffe kommen; von dem vorgestellten Concreten auf immer dünnere Abstracta, bis ich bei den einfachsten Bestimmungen angelangt wäre. Von da wäre nun die Reise wieder rückwärts anzutreten, bis ich endlich wieder bei der Bevölkerung anlangte, dießmal aber nicht als bei einer chaotischen Vorstellung eines Ganzen, sondern als einer reichen Totalität von vielen Bestimmungen und Beziehungen. Der erste Weg ist der, den die Oekonomie in ihrer Entstehung geschichtlich genommen hat. Die Oekonomen des 17t Jhh. z. B. fangen immer mit dem lebendigen Ganzen, der Bevölkerung, der Nation, Staat, mehren Staaten etc an; sie enden aber immer damit, daß sie durch Analyse einige bestimmende abstrakte, allgemeine Beziehungen, wie Theilung der Arbeit, Geld, Werth etc herausfinden. Sobald diese einzelnen Momente mehr oder weniger fixirt und abstrahirt waren, begannen die ökonomischen Systeme, die von dem einfachen, wie Arbeit, Theilung der Arbeit, Bedürfniß, Tauschwerth aufstiegen bis zum Staat, Austausch der Nationen, und Weltmarkt. Das leztre ist offenbar die wissenschaftlich richtige Methode. Das Concrete ist concret weil es die Zusammenfassung vieler Bestimmungen ist, also Einheit des Mannigfaltigen. Im Denken erscheint es daher als Prozeß der Zusammenfassung, als Resultat, nicht als Ausgangspunkt, obgleich es der wirkliche Ausgangspunkt und daher auch der Ausgangspunkt der Anschauung und der Vorstellung ist. Im ersten Weg wurde die volle Vorstellung zu abstrakter Bestimmung verflüchtigt; im 2t führen die abstrakten Bestimmungen zur Reproduction des Concreten im Weg des Denkens. Hegel gerieth daher auf die Illusion, das Reale als Resultat des sich in sich zusammenfassenden, in sich vertiefenden, und aus sich selbst sich bewegenden Denkens zu fassen, während die Methode vom Abstrakten zum Concreten aufzusteigen, nur die Art für das Denken ist sich das Concrete anzueignen, es als ein geistig Concretes zu reproduciren. Keineswegs aber der Entstehungsprocess des Concreten selbst. Z. B. die einfachste ökonomische Categorie, sage z. B. Tauschwerth, unterstellt Bevölkerung, Bevölkerung producirend in bestimmten Verhältnissen; auch gewisse Sorte von Familien- oder Gemeinde- oder Staatswesen etc. Er kann nie existiren ausser als abstrakte, einseitige Beziehung eines schon gegebnen concreten, lebendigen Ganzen. Als Categorie führt dagegen der Tauschwerth ein antediluvianisches Dasein. Für das Bewußtsein daher – und das philosophische Bewußtsein ist so bestimmt – dem das begreifende Denken der wirkliche Mensch und die begriffne Welt als solche erst die wirkliche ist – erscheint daher die Bewegung der Categorien als der wirkliche Productionsakt – der leider nur einen Anstoß von Aussen erhält – dessen Resultat die Welt ist; und dieß ist – dieß ist aber wieder eine Tautologie – so weit richtig, als die konkrete Totalität als Gedankentotalität, als ein Gedankenconcretum, in fact ein Product des Denkens, des Begreifens ist; keineswegs aber des ausser oder über der Anschauung und Vorstellung denkenden und sich selbst gebärenden Begriffs, sondern der Verarbeitung von Anschauung und Vorstellung in Begriffe. Das Ganze wie es im Kopf als Gedankenganzes erscheint ist ein Product des denkenden Kopfes, der sich die Welt in der ihm einzig möglichen Weise aneignet, einer Weise, die verschieden ist von der künstlerisch-, religiös-, praktisch-geistigen Aneignung dieser Welt. Das reale Subject bleibt nach wie vor ausserhalb des Kopfes in seiner Selbstständigkeit bestehn; solange sich der Kopf nämlich nur spekulativ verhält, nur theoretisch. Auch bei der theoretischen Methode daher muß das Subject, die Gesellschaft, als Voraussetzung stets der Vorstellung vorschweben.

Aber haben diese einfachen Categorien nicht auch eine unabhängige historische oder natürliche Existenz vor den concretern? Ça dépend. Z. B. Hegel fängt die Rechtsphilosophie richtig mit dem Besitz an, als der einfachsten rechtlichen Beziehung des Subjekts. Es existirt aber kein Besitz vor der Familie oder Herrschafts- und Knechtsverhältnissen, die viel concretre Verhältnisse sind. Dagegen wäre es richtig zu sagen, daß Familien, Stammesganze existiren, die nur noch *besitzen*, nicht *Eigenthum* haben. Die einfachere Categorie erscheint also als Verhältniß einfachrer Familien- oder Stammgenossenschaften im Verhältniß zum Eigenthum. In der höhern Gesellschaft erscheint sie als das einfachere Verhältniß einer entwickelten Organisation. Das concretere Substrat, dessen Beziehung der Besitz ist, ist aber immer vorausgesezt. Man kann sich einen einzelnen Wilden besitzend vorstellen. Dann ist aber der Besitz kein Rechtsverhältniß. Es ist unrichtig, daß der Besitz sich historisch zur Familie entwickelt. Er unterstellt vielmehr immer diese »concretere Rechtscategorie«. Indeß bliebe dann immer so viel, daß die einfachen Categorien Ausdrücke von Verhältnissen sind, in denen das unentwickeltere Concrete sich realisirt haben mag, ohne noch die vielseitigre Beziehung oder Verhältniß, das in der concretern Categorie geistig ausgedrückt ist, gesezt zu haben; während das entwickeltere Concrete dieselbe Categorie als ein untergeordnetes Verhältniß beibehält. Geld kann existiren und hat historisch existirt, ehe Capital existirte, ehe Banken existirten, ehe Lohnarbeit existirte etc. Nach dieser Seite hin kann also gesagt werden, daß die einfachre Categorie herrschende Verhältnisse eines unentwickeltern Ganzen oder untergeordnete Verhältnisse eines entwickeltern Ganzen ausdrücken kann, die historisch schon Existenz hatten, eh das Ganze sich nach der Seite entwickelte, die in einer concretern Categorie ausgedrückt ist. Insofern entspräche der Gang des abstrakten Denkens, das vom Einfachsten zum Combinirten aufsteigt dem wirklichen historischen Prozeß.

Andrerseits kann gesagt werden, daß es sehr entwickelte, aber doch historisch unreifere Gesellschaftsformen giebt, in denen die höchsten Formen der Oekonomie, z. B. Cooperation, entwickelte Theilung der Arbeit etc stattfinden, ohne daß irgend ein Geld existirt, z. B. Peru. Auch bei den slavischen Gemeinwesen tritt das Geld, und der es bedingende Austausch, nicht oder wenig innerhalb der einzelnen Gemeinwesen hervor, sondern an ihrer

Grenze, im Verkehr mit andren, wie es denn überhaupt falsch ist den Austausch mitten in d. Gemeinwesen zu setzen, als das ursprünglich constituirende Element. Er tritt vielmehr im Anfang eher in der Beziehung der verschiednen Gemeinwesen auf einander, als für die Mitglieder innerhalb eines und desselben hervor. Ferner: Obgleich das Geld sehr früh und allseitig eine Rolle spielt, so ist es im Alterthum doch als herrschendes Element nur einseitig bestimmten Nationen, Handelsnationen zugewiesen. Und selbst im gebildesten Alterthum, bei Griechen und Römern, erscheint seine völlige Entwicklung, die in der modernen bürgerlichen Gesellschaft vorausgesetzt ist, nur in der Periode ihrer Auflösung. Also diese ganz einfache Categorie erscheint in ihrer Intensivität nicht historisch als in den entwickelsten Zuständen der Gesellschaft. Keineswegs alle ökonomischen Verhältnisse durchwadend. Z. B. im römischen Reich, in seiner größten Entwicklung, blieb Naturalsteuer und Naturallieferung Grundlage. Das Geldwesen eigentlich nur vollständig dort entwickelt in der Armee. Es ergriff auch nie das Ganze der Arbeit. So, obgleich die einfachre Categorie, historisch existirt haben mag vor der concretern, kann sie, in ihrer völligen intensiven und extensiven Entwicklung grade einer combinirten Gesellschaftsform angehören, während die concretere in einer weniger entwickelten Gesellschaftsform völliger entwickelt war.

Arbeit scheint eine ganz einfache Categorie. Auch die Vorstellung derselben in dieser Allgemeinheit – als Arbeit überhaupt – ist uralt. Dennoch, ökonomisch in dieser Einfachheit gefaßt ist »Arbeit« eine ebenso moderne Categorie, wie die Verhältnisse, die diese einfache Abstraction erzeugen. Das Monetarsystem z. B. sezt den Reichthum noch ganz objectiv, als Sache ausser sich im Geld. Gegenüber diesem Standpunkt war es ein grosser Fortschritt, wenn das Manufactur- oder commercielle System aus dem Gegenstand in die subjektive Thätigkeit – die commercielle und Manufacturarbeit die Quelle des Reichthums sezt, aber immer noch blos diese Thätigkeit selbst in der Begrenztheit als Geldmachend auffaßt. Diesem System gegenüber das physiokratische, das eine bestimmte Form der Arbeit – die Agricultur – als die Reichthumschaffende sezt und das Objekt selbst nicht mehr in der Verkleidung des Geldes, sondern als Product überhaupt, als allgemeines Resultat der Arbeit. Dieses Product noch der Begrenztheit der Thätigkeit gemäß als immer noch Naturbestimmtes Product – Agriculturproduct, Erdproduct par excellence.

Es war ein ungeheurer Fortschritt von Ad. Smith jede Bestimmtheit der Reichthumzeugenden Thätigkeit fortzuwerfen – Arbeit schlechthin, weder Manufactur-, noch commercielle, noch Agriculturarbeit, aber sowohl die eine wie die andre. Mit der abstrakten Allgemeinheit der Reichthumschaffenden Thätigkeit nun auch die Allgemeinheit des als Reichthum bestimmten Gegenstandes, Product überhaupt oder wieder Arbeit überhaupt, aber als vergangne, vergegenständlichte Arbeit. Wie schwer und groß dieser Uebergang, geht daraus hervor, wie Ad. Smith selbst noch von Zeit zu Zeit wieder in das physiocratische System zurückfällt. Nun könnte es scheinen, als ob damit nur der abstrakte Ausdruck für die einfachste und urälteste Beziehung gefunden, worin die Menschen – sei es in welcher Gesellschaftsform immer – als producirend auftreten. Das ist nach einer Seite hin richtig. Nach der andren nicht. Die Gleichgültigkeit gegen eine bestimmte Art der Arbeit sezt eine sehr entwickelte Totalität wirklicher Arbeitsarten voraus, von denen keine mehr die alles beherrschende ist. So entstehn die allgemeinsten Abstraktionen überhaupt nur bei der reichsten concreten Entwicklung, wo Eines vielen Gemeinsam erscheint, allen gemein. Dann hört es auf nur in besondrer Form gedacht werden zu können. Andrerseits ist diese Abstraktion der Arbeit überhaupt nicht nur das geistige Resultat einer konkreten Totalität von Arbeiten. Die Gleichgültigkeit gegen die bestimmte Arbeit entspricht einer Gesellschaftsform, worin die Individuen mit Leichtigkeit aus einer Arbeit in die andre übergehn und die bestimmte Art der Arbeit ihnen zufällig, daher gleichgültig ist. Die Arbeit ist hier nicht nur in der Categorie, sondern in der Wirklichkeit als Mittel zum Schaffen des Reichthums überhaupt geworden, und hat aufgehört als Bestimmung mit den Individuen in einer Besonderheit verwachsen zu sein. Ein solcher Zustand ist am entwickelsten in der modernsten Daseinsform der bürgerlichen Gesellschaften – den Vereinigten Staaten. Hier also wird die Abstraction der Categorie »Arbeit«, »Arbeit überhaupt«, Arbeit sans phrase, der Ausgangspunkt der modernen Oekonomie, erst praktisch wahr. Die einfachste Abstraktion also, welche die moderne Oekonomie an die Spitze stellt, und die eine uralte und für alle Gesellschaftsformen gültige Beziehung ausdrückt, erscheint doch nur in dieser Abstraction praktisch wahr als Categorie der modernsten Gesellschaft. Man könnte sagen, was in den Vereinigten Staaten als historisches Product, erscheine bei den Russen z. B. – diese Gleichgültigkeit gegen die bestimmte Arbeit – als Naturwüchsige Anlage. Allein einmal verteufelter Unterschied, ob Barbaren Anlage haben zu allem verwandt zu werden, oder ob Civilisirte sich selbst zu allem verwenden. Und dann entspricht praktisch bei den Russen dieser Gleichgültigkeit gegen die Bestimmtheit der Arbeit das traditionelle Festgerittensein in eine ganz bestimmte Arbeit, woraus sie nur durch Einflüsse von aussen herausgeschleudert werden.

Dieß Beispiel der Arbeit zeigt schlagend, wie selbst die abstractesten Categorien, trotz ihrer Gültigkeit – eben wegen ihrer Abstraction – für alle Epochen, doch in der Bestimmtheit dieser Abstraction selbst ebenso sehr das Product historischer Verhältnisse sind und ihre Vollgültigkeit nur für und innerhalb dieser Verhältnisse besitzen.

Die bürgerliche Gesellschaft ist die entwickeltste und mannigfaltigste historische Organisation der Production. Die Categorien, die ihre Verhältnisse ausdrücken, das Verständniß ihrer Gliederung, gewähren daher zugleich Einsicht in die Gliederung und die Productionsverhältnisse aller der untergegangnen Gesellschaftsformen, mit deren Trümmern und Elementen sie sich aufgebaut, von denen theils noch unüberwundne Reste sich in ihr fortschleppen, blose Andeutungen sich zu ausgebildeten Bedeutungen entwickelt haben etc. Die Anatomie des Menschen ist ein Schlüssel zur Anatomie des Affen. Die Andeutungen auf Höhres in den untergeordnetren Thierarten können dagegen nur verstanden werden, wenn das Höhere selbst schon bekannt ist. Die bürgerliche Oekonomie liefert so den Schlüssel zur antiken etc. Keineswegs aber in der Art der Oekonomen, die alle historischen Unterschiede verwischen und in allen Gesellschaftsformen die bürgerlichen sehen. Man kann Tribut, Zehnten etc verstehn, wenn man die Grundrente kennt. Man muß sie aber nicht identificiren. Da ferner die bürgerliche Gesellschaft selbst nur eine gegensätzliche Form der Entwicklung, so werden Verhältnisse früherer Formen oft nur ganz verkümmert in ihr anzutreffen sein, oder gar travestirt. Z. B. Gemeindeeigenthum. Wenn daher wahr ist, daß die Categorien der bürgerlichen Oekonomie eine Wahrheit für alle andren Gesellschaftsformen besitzen, so ist das nur cum grano salis zu nehmen. Sie können dieselben entwickelt, verkümmert, karikirt etc enthalten, immer in wesentlichem Unterschied. Die s. g. historische Entwicklung beruht überhaupt darauf, daß die lezte Form die vergangnen als Stufen zu sich selbst betrachtet, und, da sie selten, und nur unter ganz bestimmten Bedingungen fähig ist, sich selbst zu kritisiren – es ist hier natürlich nicht von solchen historischen Perioden die Rede, die sich selbst als Verfallzeit vorkommen – sie immer einseitig auffaßt. Die christliche Religion war erst fähig zum objectiven Verständniß der frühern Mythologien zu verhelfen, sobald ihre Selbstkritik zu einem gewissen Grad, so zu sagen δυνάμει fertig war. So kam die bürgerliche Oekonomie erst zum Verständniß der feudalen, antiken, orientalen, sobald die Selbstkritik der bürgerlichen Gesellschaft begonnen. Soweit die bürgerliche Oekonomie nicht mythologisirend sich rein identificirt mit den vergangnen, glich ihre Kritik der frühern, namentlich der feudalen, mit der sie noch direct zu kämpfen hatte, der Kritik, die das Christenthum am Heidenthum, oder auch der Protestantismus am Catholicismus ausübte.

Wie überhaupt bei jeder historischen, socialen Wissenschaft, ist bei dem Gang der ökonomischen Categorien immer festzuhalten, daß, wie in der Wirklichkeit, so im Kopf, das Subjekt, hier die moderne bürgerliche Gesellschaft gegeben ist, und daß die Categorien daher Daseinsformen, Existenzbestimmungen, oft nur einzelne Seiten dieser bestimmten Gesellschaft, dieses Subjekts ausdrükken, und daß sie daher *auch wissenschaftlich* keineswegs da erst anfängt, wo nun von ihr *als solcher* die Rede ist. Dieß ist festzuhalten, weil es gleich über die Eintheilung entscheidendes zur Hand giebt. Z. B. nichts scheint naturgemässer als mit der Grundrente zu beginnen, dem Grundeigenthum, da es an die Erde, die Quelle aller Production und allen Daseins, gebunden ist, und an die erste Productionsform aller einigermassen befestigten Gesellschaften – die Agricultur. Aber nichts wäre falscher. In allen Gesellschaftsformen ist es eine bestimmte Production, die allen übrigen, und deren Verhältnisse daher auch allen übrigen, Rang und Einfluß anweist. Es ist eine allgemeine Beleuchtung worin alle übrigen Farben getaucht sind und sie in ihrer Besonderheit modificirt. Es ist ein besondrer Aether, der das spezifische Gewicht alles in ihm hervorstechenden Daseins bestimmt. Z. B. bei Hirtenvölkern (blose Jäger- und Fischer-Völker liegen ausser dem Punkt, wo die wirkliche Entwicklung beginnt). Bei ihnen kömmt gewisse Form des Ackerbaus vor, sporadische. Das Grundeigenthum ist dadurch bestimmt. Es ist gemeinsames und hält diese Form mehr oder minder bei, je nachdem diese Völker mehr oder minder noch an ihrer Tradition festhalten, z. B. das Gemeindeeigenthum der Slaven. Bei Völkern von festsitzendem Ackerbau – dieß Festsetzen schon grosse Stufe – wo dieser vorherrscht wie bei den Antiken und Feudalen, hat selbst die Industrie und ihre Organisation und die Formen des Eigenthums, die ihr entsprechen, mehr oder minder Grundeigenthümlichen Charakter; ist entweder ganz von ihm abhängig wie bei den ältern Römern oder wie im Mittelalter ahmt die Organisation des Landes in der Stadt und ihren Verhältnissen nach. Das Capital selbst im Mittelalter – soweit es nicht reines Geldcapital ist – als traditionelles Handwerkszeug etc hat diesen grundeigenthümlichen Charakter. In der bürgerlichen Gesellschaft ist es umgekehrt. Die Agricultur wird mehr und mehr ein bloser Industriezweig und ist ganz vom Capital beherrscht. Ebenso die Grundrente. In allen Formen, worin das Grundeigenthum herrscht, die Naturbeziehung noch vorherrschend. In denen, wo das Capital herrscht, das gesellschaftlich, historisch geschaffne Element. Die Grundrente kann nicht verstanden werden, ohne das Capital. Das Capital aber wohl ohne die Grundrente. Das Capital ist die alles beherrschende ökonomische Macht der bürgerlichen Gesellschaft. Es muß Ausgangspunkt, wie Endpunkt bilden und vor dem Grundeigenthum entwickelt werden. Nachdem beide besonders betrachtet sind, muß ihre Wechselbeziehung betrachtet werden.

Es wäre also unthubar und falsch, die ökonomischen Categorien in der Folge auf einander folgen zu lassen, in der sie historisch die bestimmenden waren. Vielmehr ist ihre Reihenfolge bestimmt durch die Beziehung, die sie in der modernen bürgerlichen Gesellschaft auf einander haben, und die gerade das umgekehrte von dem ist, was als ihre naturgemässe erscheint oder der Reihe der historischen Entwicklung entspricht. Es handelt sich nicht um das Verhältniß, das die ökonomischen Verhältnisse in der Aufeinanderfolge verschiedener Gesellschaftsformen historisch einnehmen. Noch weniger um ihre Reihenfolge »in der Idee« *(Proudhon)* (einer verschwimmelten Vorstellung der historischen Bewegung). Sondern um ihre Gliederung innerhalb der modernen bürgerlichen Gesellschaft.

Die Reinheit (abstracte Bestimmtheit), in der die Handelsvölker – Phönizier, Carthaginienser – in der alten Welt erscheinen, ist eben durch das Vorherrschen der Agriculturvölker selbst gegeben. Das Capital als Handels- oder Geldcapital erscheint eben in dieser Abstraction, wo das Capital noch nicht das beherrschende Element der Gesellschaften ist. Lombarden, Juden nehmen dieselbe Stellung gegenüber den agriculturtreibenden mittelaltrigen Gesellschaften ein.

Als weitres Beispiel der verschiednen Stellung die dieselben Categorien in verschiednen Gesellschaftsstufen einnehmen: Eine der lezten Formen der bürgerlichen Gesellschaft: die *jointstock-companies*. Erscheinen aber auch im Beginn derselben in den grossen privilegirten und mit Monopol versehnen Handelscompagnien.

Der Begriff des Nationalreichthums selbst schleicht sich bei den Oekonomen des 17^{t} Jhh. so ein – eine Vorstellung, die noch zum Theil bei denen des 18^{t} fortgeht – daß blos für den Staat der Reichthum geschaffen wird, seine Macht aber im Verhältniß zu diesem Reichthum steht. Es war dieß noch unbewußt heuchlerische Form, worin sich der Reichthum selbst und die Production desselben als Zweck der modernen Staaten ankündigt und sie nur noch als Mittel zur Production des Reichthums betrachtet.

Die Eintheilung offenbar so zu machen, daß 1) die allgemeinen abstrakten Bestimmungen, die daher mehr oder minder allen Gesellschaftsformen zukommen, aber im oben auseinandergesezten Sinn. 2) Die Categorien, die die innre Gliederung der bürgerlichen Gesellschaft ausmachen und worauf die fundamentalen Klassen beruhn. Capital, Lohnarbeit, Grundeigenthum. Ihre Beziehung zu einander. Stadt und Land. Die 3 grossen gesellschaftlichen Klassen. Austausch zwischen denselben. Circulation. Creditwesen (private). 3) Zusammenfassung der bürgerlichen Gesellschaft in der Form des Staats. In Beziehung zu sich selbst betrachtet. Die »unproductiven« Klassen. Steuern. Staatsschuld. Oeffentlicher Credit. Die Bevölkerung. Die Colonien. Auswanderung. 4) Internationales Verhältniß der Production. Internationale Theilung der Arbeit. Internationaler Austausch. Aus- und Einfuhr. Wechselkurs. 5) Der Weltmarkt und die Crisen.

KARL MARX

Zur Kritik der politischen Oekonomie

Vorwort

Ich betrachte das System der bürgerlichen Oekonomie in dieser Reihenfolge: *Kapital*, *Grundeigenthum*, *Lohnarbeit*; *Staat*, *auswärtiger Handel*, *Weltmarkt*. Unter den drei ersten Rubriken untersuche ich die ökonomischen Lebensbedingungen der drei großen Klassen, worin die moderne bürgerliche Gesellschaft zerfällt; der Zusammenhang der drei andern Rubriken springt in die Augen. Die erste Abtheilung des ersten Buchs, das vom Kapital handelt, besteht aus folgenden Kapiteln: 1) die Waare; 2) das Geld oder die einfache Cirkulation; 3) das Kapital im Allgemeinen. Die zwei ersten Kapitel bilden den Inhalt des vorliegenden Heftes. Das Gesammtmaterial liegt vor mir in Form von Monographien, die in weit aus einander liegenden Perioden zu eigner Selbstverständigung, nicht für den Druck niedergeschrieben wurden, und deren zusammenhängende Verarbeitung nach dem angegebenen Plan von äußern Umständen abhängen wird.

Eine allgemeine Einleitung, die ich hingeworfen hatte, unterdrücke ich, weil mir bei näherem Nachdenken jede Vorwegnahme erst zu beweisender Resultate störend scheint, und der Leser, der mir überhaupt folgen will, sich entschließen muß, von dem Einzelnen zum Allgemeinen aufzusteigen. Einige Andeutungen über den Gang meiner eignen politisch-ökonomischen Studien mögen dagegen hier am Platz scheinen.

Mein Fachstudium war das der Jurisprudenz, die ich jedoch nur als untergeordnete Disciplin neben Philosophie und Geschichte betrieb. Im Jahr 1842–43, als Redakteur der »Rheinischen Zeitung«, kam ich zuerst in die Verlegenheit über sogenannte materielle Interessen mitsprechen zu müssen. Die Verhandlungen des Rheinischen Landtags über Holzdiebstahl und Parzellirung des Grundeigenthums, die amtliche Polemik, die Herr von Schaper, damals Oberpräsident der Rheinprovinz, mit der Rheinischen Zeitung über die Zustände der Moselbauern eröffnete, Debatten endlich über Freihandel und Schutzzoll, gaben die ersten Anlässe zu meiner Beschäftigung mit ökonomischen Fragen. Andererseits hatte zu jener Zeit, wo der gute Wille »weiter zu gehen« Sachkenntniß vielfach aufwog, ein schwach philosophisch gefärbtes Echo des französischen Socialismus und Kommunismus sich in der Rheinischen Zeitung hörbar gemacht. Ich erklärte mich gegen diese Stümperei, gestand aber zugleich in einer Kontroverse mit der Allgemeinen Augsburger Zeitung rund heraus, daß meine bisherigen Studien mir nicht erlaubten, irgend ein Urtheil über den Inhalt der französischen Richtungen selbst zu wagen. Ich ergriff vielmehr begierig die Illusion der Geranten der Rheinischen Zeitung, die durch schwächere Haltung des Blattes das über es gefällte Todesurtheil rückgängig machen zu können glaubten, um mich von der öffentlichen Bühne in die Studierstube zurückzuziehn.

Die erste Arbeit, unternommen zur Lösung der Zweifel, die mich bestürmten, war eine kritische Revision der Hegel'schen Rechtsphilosophie, eine Arbeit, wovon die Einleitung in den 1844 in Paris herausgegebenen Deutsch-Französischen Jahrbüchern erschien. Meine Untersuchung mündete in dem Ergebniß, daß Rechtsverhältnisse wie Staatsformen weder aus sich selbst zu begreifen sind, noch aus der sogenannten allgemeinen Entwicklung des menschlichen Geistes, sondern vielmehr in den materiellen Lebensverhältnissen wurzeln, deren Gesammtheit Hegel, nach dem Vorgang der Engländer und Franzosen des

18. Jahrhunderts, unter dem Namen »bürgerliche Gesellschaft« zusammenfaßt, daß aber die Anatomie der bürgerlichen Gesellschaft in der politischen Oekonomie zu suchen sei. Die Erforschung der letztern, die ich in Paris begann, setzte ich fort zu Brüssel, wohin ich in Folge eines Ausweisungsbefehls des Herrn Guizot übergewandert war. Das allgemeine Resultat, das sich mir ergab, und einmal gewonnen, meinen Studien zum Leitfaden diente, kann kurz so formulirt werden: In der gesellschaftlichen Produktion ihres Lebens gehen die Menschen bestimmte, nothwendige, von ihrem Willen unabhängige Verhältnisse ein, Produktionsverhältnisse, die einer bestimmten Entwicklungsstufe ihrer materiellen Produktivkräfte entsprechen. Die Gesammtheit dieser Produktionsverhältnisse bildet die ökonomische Struktur der Gesellschaft, die reale Basis, worauf sich ein juristischer und politischer Ueberbau erhebt, und welcher bestimmte gesellschaftliche Bewußtseinsformen entsprechen. Die Produktionsweise des materiellen Lebens bedingt den socialen, politischen und geistigen Lebensproceß überhaupt. Es ist nicht das Bewußtsein der Menschen, das ihr Sein, sondern umgekehrt ihr gesellschaftliches Sein, das ihr Bewußtsein bestimmt. Auf einer gewissen Stufe ihrer Entwicklung gerathen die materiellen Produktivkräfte der Gesellschaft in Widerspruch mit den vorhandenen Produktionsverhältnissen, oder was nur ein juristischer Ausdruck dafür ist, mit den Eigenthumsverhältnissen, innerhalb deren sie sich bisher bewegt hatten. Aus Entwicklungsformen der Produktivkräfte schlagen diese Verhältnisse in Fesseln derselben um. Es tritt dann eine Epoche socialer Revolution ein. Mit der Veränderung der ökonomischen Grundlage wälzt sich der ganze ungeheure Ueberbau langsamer oder rascher um. In der Betrachtung solcher Umwälzungen muß man stets unterscheiden zwischen der materiellen naturwissenschaftlich treu zu konstatirenden Umwälzung in den ökonomischen Produktionsbedingungen und den ju-

ristischen, politischen, religiösen, künstlerischen oder philosophischen, kurz ideologischen Formen, worin sich die Menschen dieses Konflikts bewußt werden und ihn ausfechten. So wenig man das, was ein Individuum ist, nach dem beurtheilt, was es sich selbst dünkt, eben so wenig kann man eine solche Umwälzungsepoche aus ihrem Bewußtsein beurtheilen, sondern muß vielmehr dies Bewußtsein aus den Widersprüchen des materiellen Lebens, aus dem vorhandenen Konflikt zwischen gesellschaftlichen Produktivkräften und Produktionsverhältnissen erklären. Eine Gesellschaftsformation geht nie unter, bevor alle Produktivkräfte entwickelt sind, für die sie weit genug ist und neue höhere Produktionsverhältnisse treten nie an die Stelle, bevor die materiellen Existenzbedingungen derselben im Schooß der alten Gesellschaft selbst ausgebrütet worden sind. Daher stellt sich die Menschheit immer nur Aufgaben, die sie lösen kann, denn genauer betrachtet wird sich stets finden, daß die Aufgabe selbst nur entspringt, wo die materiellen Bedingungen ihrer Lösung schon vorhanden oder wenigstens im Proceß ihres Werdens begriffen sind. In großen Umrissen können asiatische, antike, feudale und modern bürgerliche Produktionsweisen als progressive Epochen der ökonomischen Gesellschaftsformation bezeichnet werden. Die bürgerlichen Produktionsverhältnisse sind die letzte antagonistische Form des gesellschaftlichen Produktionsprocesses, antagonistisch nicht im Sinn von individuellem Antagonismus, sondern eines aus den gesellschaftlichen Lebensbedingungen der Individuen hervorwachsenden Antagonismus, aber die im Schooß der bürgerlichen Gesellschaft sich entwickelnden Produktivkräfte schaffen zugleich die materiellen Bedingungen zur Lösung dieses Antagonismus. Mit dieser Gesellschaftsformation schließt daher die Vorgeschichte der menschlichen Gesellschaft ab.

Friedrich Engels, mit dem ich seit dem Erscheinen seiner genialen Skizze zur Kritik der ökonomischen Kategorien (in den Deutsch-Französischen Jahrbüchern) einen steten schriftlichen Ideenaustausch unterhielt, war auf anderm Wege (vergleiche seine Lage der arbeitenden Klassen in England) mit mir zu demselben Resultat gelangt und als er sich im Frühling 1845 ebenfalls in Brüssel niederließ, beschlossen wir den Gegensatz unsrer Ansicht gegen die ideologische der deutschen Philosophie gemeinschaftlich auszuarbeiten, in der That mit unserm ehemaligen philosophischen Gewissen abzurechnen. Der Vorsatz ward ausgeführt in der Form einer Kritik der nachhegelschen Philosophie. Das Manuskript, zwei starke Oktavbände, war längst an seinem Verlagsort in Westphalen angelangt, als wir die Nachricht erhielten, daß veränderte Umstände den Druck nicht erlaubten. Wir überließen das Manuskript der nagenden Kritik der Mäuse um so williger, als wir unsern Hauptzweck erreicht hatten – Selbstverständigung. Von den zerstreuten Arbeiten, worin wir damals nach der einen oder der andern Seite hin, unsre Ansichten dem Publikum vorlegten, erwähne ich nur das von Engels und mir gemeinschaftlich verfaßte »Manifest der kommunistischen Partei« und einen von mir veröffentlichten »Discours sur le libre échange«. Die entscheidenden Punkte unsrer Ansicht wurden zuerst wissenschaftlich, wenn auch nur polemisch, angedeutet in meiner 1847 herausgegebenen und gegen Proudhon gerichteten Schrift: »Misère de la Philosophie etc.« Eine deutsch geschriebene Abhandlung über die »Lohnarbeit«, worin ich meine über diesen Gegenstand im Brüsseler Deutschen Arbeiterverein gehaltenen Vorträge zusammenflocht, wurde im Druck unterbrochen durch die Februar-Revolution und meine in Folge derselben stattfindende gewaltsame Entfernung aus Belgien.

Die Herausgabe der »Neuen Rheinischen Zeitung« 1848 und 1849 und die später erfolgten Ereignisse unterbrachen meine ökonomischen Studien, die erst im Jahr 1850 in London wieder aufgenommen werden konnten. Das ungeheure Material für Geschichte der politischen

Oekonomie, das im British Museum aufgehäuft ist, der günstige Standpunkt, den London für die Beobachtung der bürgerlichen Gesellschaft gewährt, endlich das neue Entwicklungsstadium, worin letztere mit der Entdeckung des kalifornischen und australischen Goldes einzutreten schien, bestimmten mich, ganz von vorn wieder anzufangen und mich durch das neue Material kritisch durchzuarbeiten. Diese Studien führten theils von selbst in scheinbar ganz abliegende Disciplinen, in denen ich kürzer oder länger verweilen mußte. Namentlich aber wurde die mir zu Gebot stehende Zeit geschmälert durch die gebieterische Nothwendigkeit einer Erwerbsthätigkeit. Meine nun achtjährige Mitarbeit an der ersten Englisch-Amerikanischen Zeitung, der »New-York Tribune«, machte, da ich mit eigentlicher Zeitungskorrespondenz mich nur ausnahmsweise befasse, eine ausserordentliche Zersplitterung der Studien nöthig. Indeß bildeten Artikel über auffallende ökonomische Ereignisse in England und auf dem Kontinent einen so bedeutenden Theil meiner Beiträge, daß ich genöthigt ward, mich mit praktischen Details vertraut zu machen, die außerhalb des Bereichs der eigentlichen Wissenschaft der politischen Oekonomie liegen.

Diese Skizze über den Gang meiner Studien im Gebiet der politischen Oekonomie soll nur beweisen, daß meine Ansichten, wie man sie immer beurtheilen mag, und wie wenig sie mit den interessirten Vorurtheilen der herrschenden Klassen übereinstimmen, das Ergebniß gewissenhafter und langjähriger Forschung sind. Bei dem Eingang in die Wissenschaft aber, wie beim Eingang in die Hölle, muß die Forderung gestellt werden:

Qui si convien lasciare ogni sospetto
Ogni viltà convien che qui sia morta.

London, im Januar 1859

KARL MARX

Das Kapital. Kritik der politischen Oekonomie Erster Band Buch 1: Der Produktionsproceß des Kapitals

Erster Abschnitt. Waare und Geld

Erstes Kapitel. Die Waare

1) Die zwei Factoren der Waare: Gebrauchswerth und Werth (Werthsubstanz, Werthgröße)

Der Reichthum der Gesellschaften, in welchen kapitalistische Produktionsweise herrscht, erscheint als eine »ungeheure Waarensammlung«[1], die einzelne Waare als seine Elementarform. Unsere Untersuchung beginnt daher mit der Analyse der Waare.

Die Waare ist zunächst ein äußerer Gegenstand, ein Ding, das durch seine Eigenschaften menschliche Bedürfnisse irgend einer Art befriedigt. Die Natur dieser Bedürfnisse, ob sie z. B. dem Magen oder der Phantasie entspringen, ändert nichts an der Sache[2]. Es handelt sich hier auch nicht darum, wie die Sache das menschliche Bedürfniß be-

---

1 *Karl Marx:* »Zur Kritik der Politischen Oekonomie. Berlin 1859«, pag. 3.

2 »Desire implies want; it is the appetite of the mind, and as natural as hunger to the body … the greatest number (of things) have

friedigt, ob unmittelbar als Lebensmittel, d. h. als Gegenstand des Genusses, oder auf einem Umweg, als Produktionsmittel.

Jedes nützliche Ding, wie Eisen, Papier u. s. w., ist unter doppeltem Gesichtspunkt zu betrachten, nach Qualität und Quantität. Jedes solches Ding ist ein Ganzes vieler Eigenschaften und kann daher nach verschiedenen Seiten nützlich sein. Diese verschiedenen Seiten und daher die mannigfachen Gebrauchsweisen der Dinge zu entdecken, ist geschichtliche That[3]. So die Findung gesellschaftlicher Maße für die Quantität der nützlichen Dinge. Die Verschiedenheit der Waarenmaße entspringt theils aus der verschiedenen Natur der zu messenden Gegenstände, theils aus Konvention.

Die Nützlichkeit eines Dings macht es zum Gebrauchswerth[4]. Aber diese Nützlichkeit schwebt nicht in der Luft. Durch die Eigenschaften des Waarenkörpers bedingt, existirt sie nicht ohne denselben. Der Waarenkörper selbst,

---

their value from supplying the wants of the mind.« *Nicholas Barbon:* »A Discourse on coining the new money lighter, in answer to Mr. *Locke's* Considerations etc. London 1696«, p. 2, 3.

3 »Things have an intrinsick vertue (dieß bei Barbon die specifische Bezeichnung für Gebrauchswerth), which in all places have the same vertue; as the loadstone to attract iron« (l. c. p. 6). Die Eigenschaft des Magnets, Eisen anzuziehn, wurde erst nützlich, sobald man vermittelst derselben die magnetische Polarität entdeckt hatte.

4 »The natural worth of anything consists in its fitness to supply the necessities, or serve the conveniences of human life.« (*John Locke:* »Some Considerations of the Consequences of the Lowering of Interest. 1691« in »Works edit. Lond. 1777«. V. II. p. 28.) Im 17. Jahrhundert finden wir noch häufig bei englischen Schriftstellern »Worth« für Gebrauchswerth und »Value« für Tauschwerth, ganz im Geist einer Sprache, die es liebt, die unmittelbare Sache germanisch und die reflektirte Sache romanisch auszudrücken.

wie Eisen, Weizen, Diamant u. s. w. ist daher ein Gebrauchswerth oder Gut. Dieser sein Charakter hängt nicht davon ab, ob die Aneignung seiner Gebrauchseigenschaften dem Menschen viel oder wenig Arbeit kostet. Bei Betrachtung der Gebrauchswerthe wird stets ihre quantitative Bestimmtheit vorausgesetzt, wie Dutzend Uhren, Elle Leinwand, Tonne Eisen u. s. w. Die Gebrauchswerthe der Waaren liefern das Material einer eignen Disciplin, der Waarenkunde[5]. Der Gebrauchswerth verwirklicht sich nur im Gebrauch oder der Konsumtion. Gebrauchswerthe bilden den stofflichen Inhalt des Reichthums, welches immer seine gesellschaftliche Form sei. In der von uns zu betrachtenden Gesellschaftsform bilden sie zugleich die stofflichen Träger des – Tauschwerths.

Der Tauschwerth erscheint zunächst als das quantitative Verhältniß, die Proportion, worin sich Gebrauchswerthe einer Art gegen Gebrauchswerthe anderer Art austauschen[6], ein Verhältniß, das beständig mit Zeit und Ort wechselt. Der Tauschwerth scheint daher etwas Zufälliges und rein Relatives, ein der Waare innerlicher, immanenter Tauschwerth (valeur intrinsèque) also eine contradictio in adjecto[7]. Betrachten wir die Sache näher.

Eine gewisse Waare, ein Quarter Weizen z. B. tauscht sich mit x Stiefelwichse, oder mit y Seide, oder mit z Gold

---

5 In der bürgerlichen Gesellschaft herrscht die fictio juris, daß jeder Mensch als Waarenkäufer eine encyklopädische Waarenkenntniß besitzt.

6 »La valeur consiste dans le rapport d'échange qui se trouve entre telle chose et telle autre, entre telle mesure d'une production et telle mesure d'une autre.« (Le Trosne: »De l'Intérêt Social«. Physiocrates, éd. Daire. Paris 1846. p. 889.)

7 »Nothing can have an intrinsick value« (*N. Barbon* l. c. p. 6), oder wie *Butler* sagt:

»The value of a thing
Is just as much as it will bring.«

u. s. w., kurz mit andern Waaren in den verschiedensten Proportionen. Mannigfache Tauschwerthe also hat der Weizen statt eines einzigen. Aber da x Stiefelwichse, ebenso y Seide, ebenso z Gold u. s. w. der Tauschwerth von einem Quarter Weizen ist, müssen x Stiefelwichse, y Seide, z Gold u. s. w. durcheinander ersetzbare oder einander gleich große Tauschwerthe sein. Es folgt daher erstens: Die gültigen Tauschwerthe derselben Waare drücken ein Gleiches aus. Zweitens aber: Der Tauschwerth kann überhaupt nur die Ausdrucksweise, die »Erscheinungsform« eines von ihm unterscheidbaren Gehalts sein.

Nehmen wir ferner zwei Waaren, z. B. Weizen und Eisen. Welches immer ihr Austauschverhältniß, es ist stets darstellbar in einer Gleichung, worin ein gegebenes Quantum Weizen irgend einem Quantum Eisen gleichgesetzt wird, z. B. 1 Quarter Weizen = a Ctr. Eisen. Was besagt diese Gleichung? Daß ein Gemeinsames von derselben Größe in zwei verschiednen Dingen existirt, in 1 Quarter Weizen und ebenfalls in a Ctr. Eisen. Beide sind also gleich einem Dritten, das an und für sich weder das eine, noch das andere ist. Jedes der beiden, soweit es Tauschwerth, muß also auf dieß Dritte reducirbar sein.

Ein einfaches geometrisches Beispiel veranschauliche dieß. Um den Flächeninhalt aller gradlinigen Figuren zu bestimmen und zu vergleichen, löst man sie in Dreiecke auf. Das Dreieck selbst reducirt man auf einen von seiner sichtbaren Figur ganz verschiednen Ausdruck – das halbe Produkt seiner Grundlinie mit seiner Höhe. Ebenso sind die Tauschwerthe der Waaren zu reduciren auf ein Gemeinsames, wovon sie ein Mehr oder Minder darstellen.

Dieß Gemeinsame kann nicht eine geometrische, physikalische, chemische oder sonstige natürliche Eigenschaft der Waaren sein. Ihre körperlichen Eigenschaften kommen überhaupt nur in Betracht, soweit selbe sie nutzbar machen, also zu Gebrauchswerthen. Andererseits aber ist es grade die Abstraktion von ihren Gebrauchswerthen, was das Austauschverhältniß der Waaren augenscheinlich charakterisirt. Innerhalb desselben gilt ein Gebrauchswerth grade so viel wie jeder andre, wenn er nur in gehöriger Proportion vorhanden ist. Oder, wie der alte *Barbon* sagt: »Die eine Waarensorte ist so gut wie die andre, wenn ihr Tauschwerth gleich groß ist. Da existirt keine Verschiedenheit oder Unterscheidbarkeit zwischen Dingen von gleich großem Tauschwerth«[8]. Als Gebrauchswerthe sind die Waaren vor allem verschiedner Qualität, als Tauschwerthe können sie nur verschiedner Quantität sein, enthalten also kein Atom Gebrauchswerth.

Sieht man nun vom Gebrauchswerth der Waarenkörper ab, so bleibt ihnen nur noch eine Eigenschaft, die von Arbeitsprodukten. Jedoch ist uns auch das Arbeitsprodukt bereits in der Hand verwandelt. Abstrahiren wir von seinem Gebrauchswerth, so abstrahiren wir auch von den körperlichen Bestandtheilen und Formen, die es zum Gebrauchswerth machen. Es ist nicht länger Tisch oder Haus oder Garn oder sonst ein nützlich Ding. Alle seine sinnlichen Beschaffenheiten sind ausgelöscht. Es ist auch nicht länger das Produkt der Tischlerarbeit oder der Bauarbeit oder der Spinnarbeit oder sonst einer bestimmten produktiven Arbeit. Mit dem nützlichen Charakter der Arbeitsprodukte verschwindet der nützliche Charakter der in ihnen dargestellten Arbeiten, es verschwinden also auch die verschiednen konkreten Formen dieser Arbeiten, sie unterscheiden sich nicht länger, sondern sind allzusammt reducirt auf gleiche menschliche Arbeit, abstrakt menschliche Arbeit.

Betrachten wir nun das Residuum der Arbeitsprodukte.

---

8 »One sort of wares are as good as another, if the value be equal. There is no difference or distinction in things of equal value ... One hundred pounds worth of lead or iron, is of as great a value as one hundred pounds worth of silver and gold.« (*N. Barbon* l. c. p. 53 u. 7.)

Es ist nichts von ihnen übrig geblieben als dieselbe gespenstige Gegenständlichkeit, eine bloße Gallerte unterschiedsloser menschlicher Arbeit, d. h. der Verausgabung menschlicher Arbeitskraft ohne Rücksicht auf die Form ihrer Verausgabung. Diese Dinge stellen nur noch dar, daß in ihrer Produktion menschliche Arbeitskraft verausgabt, menschliche Arbeit aufgehäuft ist. Als Krystalle dieser ihnen gemeinschaftlichen gesellschaftlichen Substanz sind sie Werthe – Waarenwerthe.

Im Austauschverhältniß der Waaren selbst erschien uns ihr Tauschwerth als etwas von ihren Gebrauchswerthen durchaus unabhängiges. Abstrahirt man nun wirklich vom Gebrauchswerth der Arbeitsprodukte, so enthält man ihren Werth wie er eben bestimmt ward. Das Gemeinsame, was sich im Austauschverhältniß oder Tauschwerth der Waare darstellt, ist also ihr Werth. Der Fortgang der Untersuchung wird uns zurückführen zum Tauschwerth als der nothwendigen Ausdrucksweise oder Erscheinungsform des Werths, welcher zunächst jedoch unabhängig von dieser Form zu betrachten ist.

Ein Gebrauchswerth oder Gut hat also nur einen Werth, weil abstrakt menschliche Arbeit in ihm vergegenständlicht oder materialisirt ist. Wie nun die Größe seines Werths messen? Durch das Quantum der in ihm enthaltenen »werthbildenden Substanz«, der Arbeit. Die Quantität der Arbeit selbst mißt sich an ihrer Zeitdauer und die Arbeitszeit besitzt wieder ihren Maßstab an bestimmten Zeittheilen, wie Stunde, Tag u. s. w.

Es könnte scheinen, daß, wenn der Werth einer Waare durch das während ihrer Produktion verausgabte Arbeitsquantum bestimmt ist, je fauler oder ungeschickter ein Mann, desto werthvoller seine Waare, weil er desto mehr Zeit zu ihrer Verfertigung braucht. Die Arbeit jedoch, welche die Substanz der Werthe bildet, ist gleich menschliche Arbeit, Verausgabung derselben menschlichen Arbeitskraft. Die gesammte Arbeitskraft der Gesellschaft, die sich in den Werthen der Waarenwelt darstellt, gilt hier als eine und dieselbe menschliche Arbeitskraft, obgleich sie aus zahllosen individuellen Arbeitskräften besteht. Jede dieser individuellen Arbeitskräfte ist dieselbe menschliche Arbeitskraft wie die andere, soweit sie den Charakter einer gesellschaftlichen Durchschnitts-Arbeitskraft besitzt und als solche gesellschaftliche Durchschnitts-Arbeitskraft wirkt, also in der Produktion einer Waare auch nur die im Durchschnitt nothwendige oder gesellschaftlich nothwendige Arbeitszeit braucht. Gesellschaftlich nothwendige Arbeitszeit ist Arbeitszeit, erheischt um irgend einen Gebrauchswerth mit den vorhandenen gesellschaftlich-normalen Produktionsbedingungen und dem gesellschaftlichen Durchschnittsgrad von Geschick und Intensität der Arbeit darzustellen. Nach der Einführung des Dampfwebstuhls in England z. B. genügte vielleicht halb so viel Arbeit als vorher, um ein gegebenes Quantum Garn in Gewebe zu verwandeln. Der englische Handweber brauchte zu dieser Verwandlung in der That nach wie vor dieselbe Arbeitszeit, aber das Produkt seiner individuellen Arbeitsstunde stellte jetzt nur noch eine halbe gesellschaftliche Arbeitsstunde dar und fiel daher auf die Hälfte seines frühern Werths.

Es ist also nur das Quantum gesellschaftlich nothwendiger Arbeit oder die zur Herstellung eines Gebrauchswerths gesellschaftlich nothwendige Arbeitszeit, welche seine Werthgröße bestimmt[9]. Die einzelne Waare gilt hier

---

9 Note zur 2. Ausg. »The value of them (the necessaries of life) when they are exchanged the one for another, is regulated by the quantity of labour necessarily required, and commonly taken in producing them«. »Der Werth von Gebrauchsgegenständen, sobald sie gegen einander umgetauscht werden, ist bestimmt durch das Quantum der zu ihrer Production nothwendig erheischten und gewöhnlich angewandten Arbeit.« (»Some Thoughts on the Interest of Money in general, and particularly

überhaupt als Durchschnittsexemplar ihrer Art[10]. Waaren, worin gleich große Arbeitsquanta enthalten sind, oder die in derselben Arbeitszeit hergestellt werden können, haben daher dieselbe Werthgröße. Der Werth einer Waare verhält sich zum Werth jeder andren Waare, wie die zur Produktion der einen nothwendige Arbeitszeit zu der für die Produktion der andren nothwendigen Arbeitszeit. »Als Werthe sind alle Waaren nur bestimmte Maße festgeronnener Arbeitszeit«[11].

Die Werthgröße einer Waare bliebe daher konstant, wäre die zu ihrer Produktion erheischte Arbeitszeit konstant. Letztere wechselt aber mit jedem Wechsel in der Produktivkraft der Arbeit. Die Produktivkraft der Arbeit ist durch mannigfache Umstände bestimmt, unter anderen durch den Durchschnittsgrad des Geschickes der Arbeiter, die Entwicklungsstufe der Wissenschaft und ihrer technologischen Anwendbarkeit, die gesellschaftliche Kombination des Produktionsprocesses, den Umfang und die Wirkungsfähigkeit der Produktionsmittel, und durch Naturverhältnisse. Dasselbe Quantum Arbeit stellt sich z. B. mit günstiger Jahreszeit in 8 Bushel Weizen dar, mit ungünstiger in nur 4. Dasselbe Quantum Arbeit liefert mehr Metalle in reichhaltigen, als in armen Minen u. s. w. Diamanten kommen selten in der Erdrinde vor und ihre Findung kostet daher im Durchschnitt viel Arbeitszeit. Folglich stellen sie in wenig Volumen viel Arbeit dar. Jacob bezweifelt, daß Gold jemals seinen vollen

---

in the Public Funds etc.«. London, p. 36, 37). Diese merkwürdige anonyme Schrift des vorigen Jahrhunderts trägt kein Datum. Es geht jedoch aus ihrem Inhalt hervor, daß sie unter Georg II., etwa 1739 oder 1740 erschienen ist.

10 »Toutes les productions d'un même genre ne forment proprement qu'une masse, dont le prix se détermine en général et sans égard aux circonstances particulières.« (Le Trosne l. c. p. 893.)

11 K. Marx l. c. p. 6.

Werth bezahlt hat. Noch mehr gilt dies vom Diamant. Nach Eschwege hatte 1823 die achtzigjährige Gesammtausbeute der brasilischen Diamantgruben noch nicht den Preis des $1^1/_2$jährigen Durchschnittsprodukts der brasilischen Zucker- oder Kaffeepflanzungen erreicht, obgleich sie viel mehr Arbeit darstellte, also mehr Werth. Mit reichhaltigeren Gruben würde dasselbe Arbeitsquantum sich in mehr Diamanten darstellen und ihr Werth sinken. Gelingt es mit wenig Arbeit Kohle in Diamant zu verwandeln, so kann sein Werth unter den von Ziegelsteinen fallen. Allgemein: Je größer die Produktivkraft der Arbeit, desto kleiner die zur Herstellung eines Artikels erheischte Arbeitszeit, desto kleiner die in ihm krystallisirte Arbeitsmasse, desto kleiner sein Werth. Umgekehrt, je kleiner die Produktivkraft der Arbeit, desto größer die zur Herstellung eines Artikels nothwendige Arbeitszeit, desto größer sein Werth. Die Werthgröße einer Waare wechselt also direkt wie das Quantum und umgekehrt wie die Produktivkraft der sich in ihr verwirklichenden Arbeit.

Ein Ding kann Gebrauchswerth sein, ohne Werth zu sein. Es ist dieß der Fall, wenn sein Nutzen für den Menschen nicht durch Arbeit vermittelt ist. So Luft, jungfräulicher Boden, natürliche Wiesen, wildwachsendes Holz u. s. w. Ein Ding kann nützlich und Produkt menschlicher Arbeit sein, ohne Waare zu sein. Wer durch sein Produkt sein eigenes Bedürfniß befriedigt, schafft zwar Gebrauchswerth, aber nicht Waare. Um Waare zu produciren, muß er nicht nur Gebrauchswerth produciren, sondern Gebrauchswerth für andre, gesellschaftlichen Gebrauchswerth. (Und nicht nur für andre schlechthin. Der mittelalterliche Bauer producirte das Zinskorn für den Feudalherrn, das Zehntkorn für den Pfaffen. Aber weder Zinskorn noch Zehntkorn wurden dadurch Waare, daß sie für andre producirt waren. Um Waare zu werden, muß das Produkt dem andern, dem er als Gebrauchswerth dient, durch den Austausch übertragen werden.)[11a] Endlich kann kein Ding Werth sein, ohne Gebrauchsgegenstand zu sein. Ist es nutzlos, so ist auch die in ihm enthaltene Arbeit nutzlos, zählt nicht als Arbeit und bildet daher keinen Werth.

2) Doppelcharakter der in den Waaren dargestellten Arbeit

Ursprünglich erschien uns die Waare als ein Zwieschlächtiges, Gebrauchswerth und Tauschwerth. Später zeigte sich, daß auch die Arbeit, soweit sie im Werth ausgedrückt ist, nicht mehr dieselben Merkmale besitzt, die ihr als Erzeugerin von Gebrauchswerthen zukommen. Diese zwieschlächtige Natur der in der Waare enthaltenen Arbeit ist zuerst von mir kritisch nachgewiesen worden[12]. Da dieser Punkt der Springpunkt ist, um den sich das Verständniß der politischen Oekonomie dreht, soll er hier näher beleuchtet werden.

Nehmen wir zwei Waaren, etwa einen Rock und 10 Ellen Leinwand. Der erstere habe den zweifachen Werth der letzteren, so daß, wenn 10 Ellen Leinwand = W, der Rock = 2 W.

Der Rock ist ein Gebrauchswerth, der ein besonderes Bedürfniß befriedigt. Um ihn hervorzubringen, bedarf es einer bestimmten Art produktiver Thätigkeit. Sie ist bestimmt durch ihren Zweck, Operationsweise, Gegenstand, Mittel und Resultat. Die Arbeit, deren Nützlichkeit sich so im Gebrauchswerth ihres Produkts oder darin darstellt, daß ihr Produkt ein Gebrauchswerth ist, nennen wir

---

11a Note zur 4. Aufl. – Ich schiebe das Eingeklammerte ein, weil durch dessen Weglassung sehr häufig das Mißverständniß entstanden, jedes Produkt, das von einem andern als dem Producenten konsumirt wird, gelte bei Marx als Waare. – F. E.

12 l. c. p. 12, 13 und passim.

kurzweg nützliche Arbeit. Unter diesem Gesichtspunkt wird sie stets betrachtet mit Bezug auf ihren Nutzeffekt.

Wie Rock und Leinwand qualitativ verschiedne Gebrauchswerthe, so sind die ihr Dasein vermittelnden Arbeiten qualitativ verschieden – Schneiderei und Weberei. Wären jene Dinge nicht qualitativ verschiedne Gebrauchswerthe und daher Produkte qualitativ verschiedner nützlicher Arbeiten, so könnten sie sich überhaupt nicht als Waaren gegenübertreten. Rock tauscht sich nicht aus gegen Rock, derselbe Gebrauchswerth nicht gegen denselben Gebrauchswerth.

In der Gesammtheit der verschiedenartigen Gebrauchswerthe oder Waarenkörper erscheint eine Gesammtheit ebenso mannigfaltiger, nach Gattung, Art, Familie, Unterart, Varietät verschiedner nützlicher Arbeiten – eine gesellschaftliche Theilung der Arbeit. Sie ist Existenzbedingung der Waarenproduktion, obgleich Waarenproduktion nicht umgekehrt die Existenzbedingung gesellschaftlicher Arbeitstheilung. In der altindischen Gemeinde ist die Arbeit gesellschaftlich getheilt, ohne daß die Produkte zu Waaren werden. Oder, ein näher liegendes Beispiel, in jeder Fabrik ist die Arbeit systematisch getheilt, aber diese Theilung nicht dadurch vermittelt, daß die Arbeiter ihre individuellen Produkte austauschen. Nur Produkte selbständiger und von einander unabhängiger Privatarbeiten treten einander als Waaren gegenüber.

Man hat also gesehn: in dem Gebrauchswerth jeder Waare steckt eine bestimmte zweckmäßig produktive Thätigkeit oder nützliche Arbeit. Gebrauchswerthe können sich nicht als Waaren gegenübertreten, wenn nicht qualitativ verschiedne nützliche Arbeiten in ihnen stecken. In einer Gesellschaft, deren Produkte allgemein die Form der Waare annehmen, d. h. in einer Gesellschaft von Waarenproducenten, entwickelt sich dieser qualitative Unterschied der nützlichen Arbeiten, welche unabhängig von einander als Privatgeschäfte selbstständiger Producenten betrieben werden, zu einem vielgliedrigen System, zu einer gesellschaftlichen Theilung der Arbeit.

Dem Rock ist es übrigens gleichgültig, ob er vom Schneider oder vom Kunden des Schneiders getragen wird. In beiden Fällen wirkt er als Gebrauchswerth. Ebensowenig ist das Verhältniß zwischen dem Rock und der ihn producirenden Arbeit an und für sich dadurch verändert, daß die Schneiderei besondre Profession wird, selbstständiges Glied der gesellschaftlichen Theilung der Arbeit. Wo ihn das Kleidungsbedürfniß zwang, hat der Mensch Jahrtausende lang geschneidert, bevor aus einem Menschen ein Schneider ward. Aber das Dasein von Rock, Leinwand, jedem nicht von Natur vorhandnen Element des stofflichen Reichthums, mußte immer vermittelt sein durch eine specielle, zweckmäßig produktive Thätigkeit, die besondere Naturstoffe besondren menschlichen Bedürfnissen assimilirt. Als Bildnerin von Gebrauchswerthen, als nützliche Arbeit, ist die Arbeit daher eine von allen Gesellschaftsformen unabhängige Existenzbedingung des Menschen, ewige Naturnothwendigkeit, um den Stoffwechsel zwischen Mensch und Natur, also das menschliche Leben zu vermitteln.

Die Gebrauchswerthe Rock, Leinwand u. s. w., kurz die Waarenkörper, sind Verbindungen von zwei Elementen, Naturstoff und Arbeit. Zieht man die Gesammtsumme aller verschiednen nützlichen Arbeiten ab, die in Rock, Leinwand u. s. w. stecken, so bleibt stets ein materielles Substrat zurück, das ohne Zuthun des Menschen von Natur vorhanden ist. Der Mensch kann in seiner Produktion nur verfahren, wie die Natur selbst, d. h. nur die Formen der Stoffe ändern[13]. Noch mehr. In dieser Arbeit der For-

---

13 »Tutti i fenomeni dell' universo, sieno essi prodotti dalla mano dell' uomo, ovvero dalle universali leggi della fisica, non ci danno idea di attuale creazione, ma unicamente di una modificazione della materia. Accostare e separare sono gli unici elemen-

mung selbst wird er beständig unterstützt von Naturkräften. Arbeit ist also nicht die einzige Quelle der von ihr producirten Gebrauchswerthe, des stofflichen Reichthums. Die Arbeit ist sein Vater, wie William Petty sagt, und die Erde seine Mutter.

Gehn wir nun von der Waare, so weit sie Gebrauchsgegenstand, über zum Waaren-Werth.

Nach unsrer Unterstellung hat der Rock den doppelten Werth der Leinwand. Dieß ist aber nur ein quantitativer Unterschied, der uns zunächst noch nicht interessirt. Wir erinnern daher, daß, wenn der Werth eines Rockes doppelt so groß als der von 10 Ellen Leinwand, 20 Ellen Leinwand dieselbe Werthgröße haben wie ein Rock. Als Werthe sind Rock und Leinwand Dinge von gleicher Substanz, objektive Ausdrücke gleichartiger Arbeit. Aber Schneiderei und Weberei sind qualitativ verschiedne Arbeiten. Es giebt jedoch Gesellschaftszustände, worin derselbe Mensch abwechselnd schneidert und webt, diese beiden verschiednen Arbeitsweisen daher nur Modifikationen der Arbeit desselben Individuums und noch nicht besondre feste Funktionen verschiedner Individuen sind, ganz wie der Rock, den unser Schneider heute, und die Hosen, die er morgen macht, nur Variationen derselben individuellen Arbeit voraussetzen. Der Augenschein lehrt ferner, daß in unsrer kapitalistischen Gesellschaft, je nach der wechselnden Richtung der Arbeitsnachfrage, eine gegebene Portion

---

ti che l'ingegno umano ritrova analizzando l'idea della riproduzione; e tanto è riproduzione di valore (Gebrauchswerth, obgleich Verri hier in seiner Polemik gegen die Physiokraten selbst nicht recht weiß, von welcher Sorte Werth er spricht) e di ricchezza se la terra, l'aria e l'acqua ne' campi si trasmutino in grano, come se colla mano dell' uomo il glutine di un insetto si trasmuti in velluto ovvero alcuni pezzetti di metallo si organizzino a formare una ripetizione.« (Pietro Verri: »Meditazioni sulla Economia Politica« (zuerst gedruckt 1771) in der Ausgabe der italienischen Oekonomen von Custodi, Parte Moderna, t. XV p. 21, 22.)

menschlicher Arbeit abwechselnd in der Form von Schneiderei oder in der Form von Weberei zugeführt wird. Dieser Formwechsel der Arbeit mag nicht ohne Friction abgehn, aber er muß gehn. Sieht man ab von der Bestimmtheit der produktiven Thätigkeit und daher vom nützlichen Charakter der Arbeit, so bleibt das an ihr, daß sie eine Verausgabung menschlicher Arbeitskraft ist. Schneiderei und Weberei, obgleich qualitativ verschiedne produktive Thätigkeiten, sind beide produktive Verausgabung von menschlichem Hirn, Muskel, Nerv, Hand u. s. w., und in diesem Sinn beide menschliche Arbeit. Es sind nur zwei verschiedne Formen, menschliche Arbeitskraft zu verausgaben. Allerdings muß die menschliche Arbeitskraft selbst mehr oder minder entwickelt sein, um in dieser oder jener Form verausgabt zu werden. Der Werth der Waare aber stellt menschliche Arbeit schlechthin dar, Verausgabung menschlicher Arbeit überhaupt. Wie nun in der bürgerlichen Gesellschaft ein General oder Banquier eine große, der Mensch schlechthin dagegen eine sehr schäbige Rolle spielt[14], so steht es auch hier mit der menschlichen Arbeit. Sie ist Verausgabung einfacher Arbeitskraft, die im Durchschnitt jeder gewöhnliche Mensch, ohne besondere Entwicklung, in seinem leiblichen Organismus besitzt. *Die einfache Durchschnittsarbeit* selbst wechselt zwar in verschiednen Ländern und Kulturepochen ihren Charakter, ist aber in einer vorhandnen Gesellschaft gegeben. Komplicirtere Arbeit gilt nur als *potenzirte* oder vielmehr *multiplicirte* einfache Arbeit, so daß ein kleineres Quantum komplicirter Arbeit gleich einem größeren Quantum einfacher Arbeit. Daß diese Reduktion beständig vorgeht, zeigt die Erfahrung. Eine Waare mag das Produkt der komplicirtesten Arbeit sein, ihr *Werth* setzt sie dem Produkt einfacher Arbeit gleich und

---

14 Vgl. »Hegel, Philosophie des Rechts«. Berlin 1840, p. 250, § 190.

stellt daher selbst nur ein bestimmtes Quantum einfacher Arbeit dar[15]. Die verschiednen Proportionen, worin verschiedne Arbeitsarten auf einfache Arbeit als ihre Maßeinheit reducirt sind, werden durch einen gesellschaftlichen Proceß hinter dem Rücken der Producenten festgesetzt und scheinen ihnen daher durch das Herkommen gegeben. Der Vereinfachung halber gilt uns im Folgenden jede Art Arbeitskraft unmittelbar für einfache Arbeitskraft, wodurch nur die Mühe der Reduktion erspart wird.

Wie also in den Werthen Rock und Leinwand von dem Unterschied ihrer Gebrauchswerthe abstrahirt ist, so in den Arbeiten, die sich in diesen Werthen darstellen, von dem Unterschied ihrer nützlichen Formen, der Schneiderei und Weberei. Wie die Gebrauchswerthe Rock und Leinwand Verbindungen zweckbestimmter, produktiver Thätigkeiten mit Tuch und Garn sind, die Werthe Rock und Leinwand dagegen bloße gleichartige Arbeitsgallerten, so gelten auch die in diesen Werthen enthaltenen Arbeiten nicht durch ihr produktives Verhalten zu Tuch und Garn, sondern nur als Verausgabungen menschlicher Arbeitskraft. Bildungselemente der Gebrauchswerthe Rock und Leinwand sind Schneiderei und Weberei eben durch ihre verschiednen Qualitäten; Substanz des Rockwerths und Leinwandwerths sind sie nur, soweit von ihrer besondren Qualität abstrahirt wird und beide gleiche Qualität besitzen, die Qualität menschlicher Arbeit.

Rock und Leinwand sind aber nicht nur Werthe überhaupt, sondern Werthe von bestimmter Größe und nach unsrer Unterstellung ist der Rock doppelt so viel werth, als 10 Ellen Leinwand. Woher diese Verschiedenheit ihrer

---

15 Der Leser muß aufmerken, daß hier nicht vom Lohn oder Werth die Rede ist, den der Arbeiter für etwa einen Arbeitstag erhält, sondern vom Waarenwerth, worin sich sein Arbeitstag vergegenständlicht. Die Kategorie des Arbeitslohns existirt überhaupt noch nicht auf dieser Stufe unsrer Darstellung.

Werthgrößen? Daher daß die Leinwand nur halb so viel Arbeit enthält, als der Rock, so daß zur Produktion des letzteren die Arbeitskraft während doppelt soviel Zeit verausgabt werden muß als zur Produktion der erstern.

Wenn also mit Bezug auf den Gebrauchswerth die in der Waare enthaltene Arbeit nur qualitativ gilt, gilt sie mit Bezug auf die Werthgröße nur quantitativ, nachdem sie bereits auf menschliche Arbeit ohne weitere Qualität reducirt ist. Dort handelt es sich um das Wie und Was der Arbeit, hier um ihr Wie Viel, ihre Zeitdauer. Da die Werthgröße einer Waare nur das Quantum der in ihr enthaltenen Arbeit darstellt, müssen Waaren in gewisser Proportion stets gleich große Werthe sein.

Bleibt die Produktivkraft, sage aller zur Produktion eines Rocks erheischten nützlichen Arbeiten unverändert, so steigt die Werthgröße der Röcke mit ihrer eignen Quantität. Wenn 1 Rock x, stellen 2 Röcke 2 x Arbeitstage dar u. s. w. Nimm aber an, die zur Produktion eines Rocks nothwendige Arbeit steige auf das Doppelte oder falle um die Hälfte. Im ersten Fall hat ein Rock so viel Werth, als vorher zwei Röcke, im letztern Fall haben zwei Röcke nur so viel Werth, als vorher einer, obgleich in beiden Fällen ein Rock nach wie vor dieselben Dienste leistet und die in ihm enthaltene nützliche Arbeit nach wie vor von derselben Güte bleibt. Aber das in seiner Produktion verausgabte Arbeitsquantum hat sich verändert.

Ein größres Quantum Gebrauchswerth bildet an und für sich größren stofflichen Reichthum, zwei Röcke mehr als einer. Mit zwei Röcken kann man zwei Menschen kleiden, mit einem Rock nur einen Menschen u. s. w. Dennoch kann der steigenden Masse des stofflichen Reichthums ein gleichzeitiger Fall seiner Werthgröße entsprechen. Diese gegensätzliche Bewegung entspringt aus dem zwieschlächtigen Charakter der Arbeit. Produktivkraft ist natürlich stets Produktivkraft nützlicher, konkreter Arbeit, und bestimmt in der That nur den Wirkungsgrad zweckmäßiger produktiver Thätigkeit in gegebnem Zeitraum. Die nützliche Arbeit wird daher reichere oder dürftigere Produktenquelle im direkten Verhältniß zum Steigen oder Fallen ihrer Produktivkraft. Dagegen trifft ein Wechsel der Produktivkraft die im Werth dargestellte Arbeit an und für sich gar nicht. Da die Produktivkraft der konkreten nützlichen Form der Arbeit angehört, kann sie natürlich die Arbeit nicht mehr berühren, sobald von ihrer konkreten nützlichen Form abstrahirt wird. Dieselbe Arbeit ergiebt daher in denselben Zeiträumen stets dieselbe Werthgröße, wie immer die Produktivkraft wechsle. Aber sie liefert in demselben Zeitraum verschiedene Quanta Gebrauchswerthe, mehr, wenn die Produktivkraft steigt, weniger, wenn sie sinkt. Derselbe Wechsel der Produktivkraft, der die Fruchtbarkeit der Arbeit und daher die Masse der von ihr gelieferten Gebrauchswerthe vermehrt, vermindert also die Werthgröße dieser vermehrten Gesammtmasse, wenn er die Summe der zu ihrer Produktion nothwendigen Arbeitszeit abkürzt. Ebenso umgekehrt.

Alle Arbeit ist einerseits Verausgabung menschlicher Arbeitskraft im physiologischen Sinn und in dieser Eigenschaft gleicher menschlicher oder abstrakt menschlicher Arbeit bildet sie den Waarenwerth. Alle Arbeit ist andrerseits Verausgabung menschlicher Arbeitskraft in besondrer zweckbestimmter Form und in dieser Eigenschaft konkreter nützlicher Arbeit producirt sie Gebrauchswerthe[16].

---

16 Note zur 2. Ausg. Um zu beweisen, »daß die Arbeit allein das endgültige und reale Maß ist, woran der Werth aller Waaren zu allen Zeiten geschätzt und verglichen werden kann«, sagt *A. Smith:* »Gleiche Quantitäten Arbeit müssen zu allen Zeiten und an allen Orten für den Arbeiter selbst denselben Werth haben. In seinem normalen Zustand von Gesundheit, Kraft und Thätigkeit, und mit dem Durchschnittsgrad von Geschicklich-

3) Die Werthform oder der Tauschwerth

Waaren kommen zur Welt in der Form von Gebrauchswerthen oder Waarenkörpern, als Eisen, Leinwand, Weizen u. s. w. Es ist dieß ihre hausbackene Naturalform. Sie sind jedoch nur Waaren, weil Doppeltes, Gebrauchsgegenstände und zugleich Werthträger. Sie erscheinen daher nur als Waaren oder besitzen nur die Form von Waaren, sofern sie Doppelform besitzen, Naturalform und Werthform.

Die Werthgegenständlichkeit der Waaren unterscheidet

---

keit, die er besitzen mag, muß er immer die nämliche Portion seiner Ruhe, seiner Freiheit und seines Glücks hingeben.« (Wealth of Nations, b. I. ch. V.) Einerseits verwechselt A. Smith hier (nicht überall) die Bestimmung des Werths durch das in der Produktion der Waare verausgabte Arbeitsquantum mit der Bestimmung der Waarenwerthe durch den Werth der Arbeit und sucht daher nachzuweisen, daß gleiche Quantitäten Arbeit stets denselben Werth haben. Andrerseits ahnt er, daß die Arbeit, soweit sie sich im Werth der Waaren darstellt, nur als Verausgabung von Arbeitskraft gilt, faßt diese Verausgabung aber wieder bloß als Opfer von Ruhe, Freiheit und Glück, nicht auch als normale Lebensbethätigung. Allerdings hat er den modernen Lohnarbeiter vor Augen. – Viel treffender sagt der Note 9 citirte anonyme Vorgänger von A. Smith: »One man has employed himself a week in providing this necessary of life ... and he that gives him some other in exchange, cannot make a better estimate of what is a proper equivalent, than by computing what cost him just as much labour and time: which in effect is no more than exchanging one man's labour in one thing for a time certain for another man's labour in another thing for the same time.« (l. c. p. 39.) – (Zur 4. Auflage: Die englische Sprache hat den Vorzug, zwei verschiedne Worte für diese zwei verschiednen Aspekte der Arbeit zu haben. Die Arbeit, die Gebrauchswerthe schafft und qualitativ bestimmt ist, heißt Work, im Gegensatz zu Labour; die Arbeit, die Werth schafft und nur quantitativ gemessen wird, heißt Labour, im Gegensatz zu Work. Siehe Note zur engl. Übersetzung p. 14. – F. E.)

sich dadurch von der Wittib Hurtig, daß man nicht weiß, wo sie zu haben ist. Im graden Gegentheil zur sinnlich groben Gegenständlichkeit der Waarenkörper geht kein Atom Naturstoff in ihre Werthgegenständlichkeit ein. Man mag daher eine einzelne Waare drehen und wenden wie man will, sie bleibt unfaßbar als Werthding. Erinnern wir uns jedoch, daß die Waaren nur Werthgegenständlichkeit besitzen, sofern sie Ausdrücke derselben gesellschaftlichen Einheit, menschlicher Arbeit, sind, daß ihre Werthgegenständlichkeit also rein gesellschaftlich ist, so versteht sich auch von selbst, daß sie nur im gesellschaftlichen Verhältniß von Waare zu Waare erscheinen kann. Wir gingen in der That vom Tauschwerth oder Austauschverhältniß der Waaren aus, um ihrem darin versteckten Werth auf die Spur zu kommen. Wir müssen jetzt zu dieser Erscheinungsform des Werthes zurückkehren.

Jedermann weiß, wenn er auch sonst nichts weiß, daß die Waaren eine mit den bunten Naturalformen ihrer Gebrauchswerthe höchst frappant kontrastirende, gemeinsame Werthform besitzen – die Geldform. Hier gilt es jedoch zu leisten, was von der bürgerlichen Oekonomie nicht einmal versucht ward, nämlich die Genesis dieser Geldform nachzuweisen, also die Entwicklung des im Werthverhältniß der Waaren enthaltenen Werthausdrucks von seiner einfachsten unscheinbarsten Gestalt bis zur blendenden Geldform zu verfolgen. Damit verschwindet zugleich das Geldräthsel.

Das einfachste Werthverhältniß ist offenbar das Werthverhältniß einer Waare zu einer einzigen verschiedenartigen Waare, gleichgültig welcher. Das Werthverhältniß zweier Waaren liefert daher den einfachsten Werthausdruck für eine Waare.

A. Einfache, einzelne oder zufällige Werthform

x Waare A = y Waare B oder: x Waare A ist y Waare B werth.

(20 Ellen Leinwand = 1 Rock oder: 20 Ellen Leinwand sind 1 Rock werth.)

1) Die beiden Pole des Werthausdrucks: Relative Werthform und Aequivalentform

Das Geheimniß aller Werthform steckt in dieser einfachen Werthform. Ihre Analyse bietet daher die eigentliche Schwierigkeit.

Es spielen hier zwei verschiedenartige Waaren A und B, in unsrem Beispiel Leinwand und Rock, offenbar zwei verschiedene Rollen. Die Leinwand drückt ihren Werth aus im Rock, der Rock dient zum Material dieses Werthausdrucks. Die erste Waare spielt eine aktive, die zweite eine passive Rolle. Der Werth der ersten Waare ist als relativer Werth dargestellt oder sie befindet sich in relativer Werthform. Die zweite Waare funktionirt als Aequivalent oder befindet sich in Aequivalentform.

Relative Werthform und Aequivalentform sind zu einander gehörige, sich wechselseitig bedingende, unzertrennliche Momente, aber zugleich einander ausschließende oder entgegengesetzte Extreme, d. h. Pole desselben Werthausdrucks; sie vertheilen sich stets auf die verschiedenen Waaren, die der Werthausdruck auf einander bezieht. Ich kann z. B. den Werth der Leinwand nicht in Leinwand ausdrücken. 20 Ellen Leinwand = 20 Ellen Leinwand ist kein Werthausdruck. Die Gleichung sagt vielmehr umgekehrt: 20 Ellen Leinwand sind nichts andres als 20 Ellen Leinwand, ein bestimmtes Quantum des Gebrauchsgegenstandes Leinwand. Der Werth der Leinwand kann also nur relativ ausgedrückt werden, d. h. in andrer Waare. Die relative Werthform der Leinwand unterstellt daher, daß irgend eine andre Waare sich ihr gegenüber in der Aequivalentform befindet. Andrerseits, diese andre Waare, die als Aequivalent figurirt, kann sich nicht gleichzeitig in relativer Werthform befinden. Nicht sie drückt ihren Werth aus. Sie liefert nur dem Werthausdruck andrer Waare das Material.

Allerdings schließt der Ausdruck: 20 Ellen Leinwand = 1 Rock oder 20 Ellen Leinwand sind 1 Rock werth, auch die Rückbeziehungen ein: 1 Rock = 20 Ellen Leinwand oder 1 Rock ist 20 Ellen Leinwand werth. Aber so muß ich doch die Gleichung umkehren, um den Werth des Rocks relativ auszudrücken, und sobald ich das thue, wird die Leinwand Aequivalent statt des Rockes. Dieselbe Waare kann also in demselben Werthausdruck nicht gleichzeitig in beiden Formen auftreten. Diese schließen sich vielmehr polarisch aus.

Ob eine Waare sich nun in relativer Werthform befindet oder in der entgegengesetzten Aequivalentform, hängt ausschließlich ab von ihrer jedesmaligen Stelle im Werthausdruck, d. h. davon, ob sie die Waare ist, deren Werth, oder aber die Waare, worin Werth ausgedrückt wird.

2) Die relative Werthform

a) Gehalt der relativen Werthform

Um herauszufinden, wie der einfache Werthausdruck einer Waare im Werthverhältniß zweier Waaren steckt, muß man letzteres zunächst ganz unabhängig von seiner quantitativen Seite betrachten. Man verfährt meist grade umgekehrt und sieht im Werthverhältniß nur die Proportion, worin bestimmte Quanta zweier Waarensorten einander gleichgelten. Man übersieht, daß die Größen verschiedner Dinge erst quantitativ vergleichbar werden nach ihrer Reduktion auf dieselbe Einheit. Nur als Ausdrücke derselben Einheit sind sie gleichnamige, daher kommensurable Größen[17].

Ob 20 Ellen Leinwand = 1 Rock oder = 20 oder = x Röcke, d. h., ob ein gegebenes Quantum Leinwand viele oder wenige Röcke werth ist, jede solche Proportion schließt stets ein, daß Leinwand und Röcke als Werthgrößen Ausdrücke derselben Einheit, Dinge von derselben Natur sind. Leinwand = Rock ist die Grundlage der Gleichung.

Aber die zwei qualitativ gleichgesetzten Waaren spielen nicht dieselbe Rolle. Nur der Werth der Leinwand wird ausgedrückt. Und wie? Durch ihre Beziehung auf den Rock als ihr »Aequivalent« oder mit ihr »Austauschbares«. In diesem Verhältniß gilt der Rock als Existenzform von Werth, als Werthding, denn nur als solches ist er dasselbe wie die Leinwand. Andrerseits kommt das eigne Werthsein der Leinwand zum Vorschein oder erhält einen selbstständigen Ausdruck, denn nur als Werth ist sie auf den Rock als Gleichwerthiges oder mit ihr Austauschbares bezüglich. So ist die Buttersäure ein vom Propylformat verschiedner Körper. Beide bestehn jedoch aus denselben chemischen Substanzen – Kohlenstoff (C) Wasserstoff (H) und Sauerstoff (O) und zwar in gleicher procentiger Zusammensetzung, nämlich $C_4H_8O_2$. Würde nun der Buttersäure das Propylformat gleichgesetzt, so gälte in diesem Verhältniß erstens das Propylformat bloß als Existenzform von $C_4H_8O_2$ und zweitens wäre gesagt, daß auch die

17 Die wenigen Oekonomen, die sich, wie S. Bailey, mit der Analyse der Werthform beschäftigt haben, konnten zu keinem Resultat kommen, einmal, weil sie Werthform und Werth verwechseln, zweitens, weil sie, unter dem rohen Einfluß des praktischen Bürgers, von vorn herein ausschließlich die quantitative Bestimmtheit ins Auge fassen. »The command of quantity … constitutes value.« (»Money and its Vicissitudes«. Lond. 1837, p. 11). Verfasser S. Bailey.

Buttersäure aus $C_4H_8O_2$ besteht. Durch die Gleichsetzung des Propylformats mit der Buttersäure wäre also ihre chemische Substanz im Unterschied von ihrer Körperform ausgedrückt.

Sagen wir: Als Werthe sind die Waaren bloße Gallerten menschlicher Arbeit, so reducirt unsre Analyse dieselben auf die Werthabstraktion, giebt ihnen aber keine von ihren Naturalformen verschiedne Werthform. Anders im Werthverhältniß einer Waare zur andern. Ihr Werthcharakter tritt hier hervor durch ihre eigne Beziehung zu der andern Waare.

Indem z. B. der Rock als Werthding der Leinwand gleichgesetzt wird, wird die in ihm steckende Arbeit der in ihr steckenden Arbeit gleichgesetzt. Nun ist zwar die Schneiderei, die den Rock macht, eine von der Weberei, die die Leinwand macht, verschiedenartige konkrete Arbeit. Aber die Gleichsetzung mit der Weberei reducirt die Schneiderei thatsächlich auf das in beiden Arbeiten wirklich Gleiche, auf ihren gemeinsamen Charakter menschlicher Arbeit. Auf diesem Umweg ist dann gesagt, daß auch die Weberei, sofern sie Werth webt, keine Unterscheidungsmerkmale von der Schneiderei besitzt, also abstrakt menschliche Arbeit ist. Nur der Aequivalenzausdruck verschiedenartiger Waaren bringt den specifischen Charakter der werthbildenden Arbeit zum Vorschein, indem er die in den verschiedenartigen Waaren steckenden, verschiedenartigen Arbeiten thatsächlich auf ihr Gemeinsames reducirt, auf menschliche Arbeit überhaupt.[17a]

Es genügt indeß nicht, den specifischen Charakter der Arbeit auszudrücken, woraus der Werth der Leinwand

---

17a Note zur 2. Ausgabe. Einer der ersten Oekonomen, der nach William Petty die Natur des Werths durchschaut hat, der berühmte Franklin, sagt: »Da der Handel überhaupt nichts ist als der Austausch einer Arbeit gegen andre Arbeit, wird der Werth aller Dinge am richtigsten geschätzt in Arbeit.«

besteht. Menschliche Arbeitskraft im flüssigen Zustand oder menschliche Arbeit bildet Werth, aber ist nicht Werth. Sie wird Werth in geronnenem Zustand, in gegenständlicher Form. Um den Leinwandwerth als Gallerte menschlicher Arbeit auszudrücken, muß er als eine »Gegenständlichkeit« ausgedrückt werden, welche von der Leinwand selbst dinglich verschieden und ihr zugleich mit andrer Waare gemeinsam ist. Die Aufgabe ist bereits gelöst.

Im Werthverhältniß der Leinwand gilt der Rock als ihr qualitativ Gleiches, als Ding von derselben Natur, weil er ein Werth ist. Er gilt hier daher als ein Ding, worin Werth erscheint, oder welches in seiner handgreiflichen Naturalform Werth darstellt. Nun ist zwar der Rock, der Körper der Rockwaare, ein bloßer Gebrauchswerth. Ein Rock drückt eben so wenig Werth aus als das erste beste Stück Leinwand. Dieß beweist nur, daß er innerhalb des Werthverhältnisses zur Leinwand mehr bedeutet als außerhalb desselben, wie so mancher Mensch innerhalb eines galonirten Rockes mehr bedeutet als außerhalb desselben.

In der Produktion des Rockes ist thatsächlich, unter der Form der Schneiderei, menschliche Arbeitskraft verausgabt worden. Es ist also menschliche Arbeit in ihm aufgehäuft. Nach dieser Seite hin ist der Rock »Träger von Werth«, obgleich diese seine Eigenschaft selbst durch seine größte Fadenscheinigkeit nicht durchblickt. Und im Werthverhältniß der Leinwand gilt er nur nach dieser Sei-

---

(»The Works of B. Franklin etc., edited by Sparks«, Boston 1836, v. II, p. 267.) Franklin ist sich nicht bewußt, daß, indem er den Werth aller Dinge »in Arbeit« schätzt, er von der Verschiedenheit der ausgetauschten Arbeiten abstrahirt – und sie so auf gleiche menschliche Arbeit reducirt. Was er nicht weiß, sagt er jedoch. Er spricht erst von »der einen Arbeit«, dann »von der andren Arbeit«, schließlich von »Arbeit« ohne weitere Bezeichnung als Substanz des Werths aller Dinge.

te, daher als verkörperter Werth, als Werthkörper. Trotz seiner zugeknöpften Erscheinung hat die Leinwand in ihm die stammverwandte schöne Werthseele erkannt. Der Rock kann ihr gegenüber jedoch nicht Werth darstellen, ohne daß für sie gleichzeitig der Werth die Form eines Rockes annimmt. So kann sich das Individuum A nicht zum Individuum B als einer Majestät verhalten, ohne daß für A die Majestät zugleich die Leibesgestalt von B annimmt und daher Gesichtszüge, Haare und manches andre noch mit dem jedesmaligen Landesvater wechselt.

Im Werthverhältniß, worin der Rock das Aequivalent der Leinwand bildet, gilt also die Rockform als Werthform. Der Werth der Waare Leinwand wird daher ausgedrückt im Körper der Waare Rock, der Werth einer Waare im Gebrauchswerth der andren. Als Gebrauchswerth ist die Leinwand ein vom Rock sinnlich verschiednes Ding, als Werth ist sie »Rockgleiches« und sieht daher aus wie ein Rock. So erhält sie eine von ihrer Naturalform verschiedne Werthform. Ihr Werthsein erscheint in ihrer Gleichheit mit dem Rock, wie die Schafsnatur des Christen in seiner Gleichheit mit dem Lamm Gottes.

Man sieht, alles was uns die Analyse des Waarenwerths vorher sagte, sagt die Leinwand selbst, sobald sie in Umgang mit andrer Waare, dem Rock, tritt. Nur verräth sie ihre Gedanken in der ihr allein geläufigen Sprache, der Waarensprache. Um zu sagen, daß die Arbeit in der abstrakten Eigenschaft menschlicher Arbeit ihren eignen Werth bildet, sagt sie, daß der Rock, so weit er ihr gleichgilt, also Werth ist, aus derselben Arbeit besteht wie die Leinwand. Um zu sagen, daß ihre sublime Werthgegenständlichkeit von ihrem steifleinenen Körper verschieden ist, sagt sie, daß Werth aussieht wie ein Rock und daher sie selbst als Werthding dem Rock gleicht wie ein Ei dem andern. Nebenbei bemerkt hat auch die Waarensprache, außer dem Hebräischen, noch viele andre mehr oder minder korrekte Mundarten. Das deutsche »Werthsein« drückt

z. B. minder schlagend aus als das romanische Zeitwort valere, valer, valoir, daß die Gleichsetzung der Waare B mit der Waare A, der eigne Werthausdruck der Waare A ist. Paris vaut bien une messe!

Vermittelst des Werthverhältnisses wird also die Naturalform der Waare B zur Werthform der Waare A oder der Körper der Waare B zum Werthspiegel der Waare A[18]. Indem sich die Waare A auf die Waare B als Werthkörper bezieht, als Materiatur menschlicher Arbeit, macht sie den Gebrauchswerth B zum Material ihres eignen Werthausdrucks. Der Werth der Waare A, so ausgedrückt im Gebrauchswerth der Waare B, besitzt die Form des relativen Werths.

b) Quantitative Bestimmtheit der relativen Werthform

Jede Waare, deren Werth ausgedrückt werden soll, ist ein Gebrauchsgegenstand von gegebnem Quantum, 15 Scheffel Weizen, 100 Pfd. Kaffee u. s. w. Dieses gegebne Waarenquantum enthält ein bestimmtes Quantum menschlicher Arbeit. Die Werthform hat also nicht nur Werth überhaupt, sondern quantitativ bestimmten Werth oder Werthgröße auszudrücken. Im Werthverhältniß der Waare A zur Waare B, der Leinwand zum Rocke, wird daher die Waarenart Rock nicht nur als Werthkörper überhaupt der Leinwand qualitativ gleich gesetzt, sondern einem bestimmten Leinwandquantum, z. B. 20 Ellen Leinwand, ein bestimmtes Quantum des Werthkörpers oder Aequivalents, z. B. 1 Rock.

---

18 In gewisser Art geht's dem Menschen wie der Waare. Da er weder mit einem Spiegel auf die Welt kommt, noch als Fichtescher Philosoph: Ich bin ich, bespiegelt sich der Mensch zuerst in einem andren Menschen. Erst durch die Beziehung auf den Menschen Paul als seinesgleichen, bezieht sich der Mensch Peter auf sich selbst als Mensch. Damit gilt ihm aber auch der Paul mit Haut und Haaren, in seiner paulinischen Leiblichkeit, als Erscheinungsform des genus Mensch.

Die Gleichung: »20 Ellen Leinwand = 1 Rock oder: 20 Ellen Leinwand sind 1 Rock werth« setzt voraus, daß in 1 Rock gerade so viel Werthsubstanz steckt als in 20 Ellen Leinwand, daß beide Waarenquanta also gleich viel Arbeit kosten oder gleich große Arbeitszeit. Die zur Produktion von 20 Ellen Leinwand oder 1 Rock nothwendige Arbeitszeit wechselt aber mit jedem Wechsel in der Produktivkraft der Weberei oder der Schneiderei. Der Einfluß solcher Wechsel auf den relativen Ausdruck der Werthgröße soll nun näher untersucht werden.

I. Der Werth der Leinwand wechsle[19], während der Rockwerth konstant bleibt. Verdoppelt sich die zur Produktion der Leinwand nothwendige Arbeitszeit, etwa in Folge zunehmender Unfruchtbarkeit des flachstragenden Bodens, so verdoppelt sich ihr Werth. Statt 20 Ellen Leinwand = 1 Rock, hätten wir 20 Ellen Leinwand = 2 Röcke, da 1 Rock jetzt nur halb so viel Arbeitszeit enthält als 20 Ellen Leinwand. Nimmt dagegen die zur Produktion der Leinwand nothwendige Arbeitszeit um die Hälfte ab, etwa in Folge verbesserter Webstühle, so sinkt der Leinwandwerth um die Hälfte. Demgemäß jetzt: 20 Ellen Leinwand = $^1/_2$ Rock. Der relative Werth der Waare A, d. h. ihr Werth ausgedrückt in der Waare B, steigt und fällt also direkt wie der Werth der Waare A, bei gleichbleibendem Werth der Waare B.

II. Der Werth der Leinwand bleibe konstant, während der Rockwerth wechsle. Verdoppelt sich unter diesen Umständen die zur Produktion des Rockes nothwendige Arbeitszeit, etwa in Folge ungünstiger Wollschur, so haben wir statt 20 Ellen Leinwand = 1 Rock jetzt: 20 Ellen Leinwand = $^1/_2$ Rock. Fällt dagegen der Werth des Rockes um die Hälfte, so 20 Ellen Leinwand = 2 Röcke. Bei

19 Der Ausdruck »Werth« wird hier, wie beiläufig schon früher stellenweis geschah, für quantitativ bestimmten Werth, also für Werthgröße gebraucht.

gleichbleibendem Werth der Waare A, fällt oder steigt daher ihr relativer, in der Waare B ausgedrückter Werth im umgekehrten Verhältnis zum Werthwechsel von B.

Vergleicht man die verschiednen Fälle sub I und II, so ergiebt sich, daß derselbe Größenwechsel des relativen Werths aus ganz entgegengesetzten Ursachen entspringen kann. So wird aus: 20 Ellen Leinwand = 1 Rock: 1) die Gleichung 20 Ellen Leinwand = 2 Röcke, entweder, weil der Werth der Leinwand sich verdoppelt oder der Werth der Röcke um die Hälfte fällt, und 2) die Gleichung 20 Ellen Leinwand = $^1/_2$ Rock, entweder weil der Werth der Leinwand um die Hälfte sinkt oder der Werth des Rockes auf das Doppelte steigt.

III. Die zur Produktion von Leinwand und Rock nothwendigen Arbeitsquanta mögen gleichzeitig, in derselben Richtung und derselben Proportion wechseln. In diesem Falle nach wie vor 20 Ellen Leinwand = 1 Rock, wie immer ihre Werthe verändert seien. Man entdeckt ihren Werthwechsel sobald man sie mit einer dritten Waare vergleicht, deren Werth konstant blieb. Stiegen oder fielen die Werthe aller Waaren gleichzeitig und in derselben Proportion, so würden ihre relativen Werthe unverändert bleiben. Ihren wirklichen Werthwechsel ersähe man daraus, daß in derselben Arbeitszeit nun allgemein ein größeres oder kleineres Waarenquantum als vorher geliefert würde.

IV. Die zur Produktion von Leinwand und Rock resp. nothwendigen Arbeitszeiten, und daher ihre Werthe, mögen gleichzeitig in derselben Richtung wechseln, aber in ungleichem Grad, oder in entgegengesetzter Richtung u. s. w. Der Einfuß aller möglichen derartigen Kombinationen auf den relativen Werth einer Waare ergiebt sich einfach durch Anwendung der Fälle I., II. und III.

Wirkliche Wechsel der Werthgröße spiegeln sich also weder unzweideutig noch erschöpfend wieder in ihrem relativen Ausdruck oder in der Größe des relativen Werths. Der relative Werth einer Waare kann wechseln, obgleich ihr

Werth konstant bleibt. Ihr relativer Werth kann konstant bleiben, obgleich ihr Werth wechselt, und endlich brauchen gleichzeitige Wechsel in ihrer Werthgröße und im relativen Ausdruck dieser Werthgröße sich keineswegs zu decken[20].

3) Die Aequivalentform

Man hat gesehn: Indem eine Waare A (die Leinwand) ihren Werth im Gebrauchswerth einer verschiedenartigen Waare B (dem Rock) ausdrückt, drückt sie letzterer selbst

---

20 Note zur 2. Ausg. Diese Inkongruenz zwischen der Werthgröße und ihrem relativen Ausdruck ist von der Vulgärökonomie mit gewohntem Scharfsinn ausgebeutet worden. Z. B.: »Gebt einmal zu, daß A fällt, weil B, womit es ausgetauscht wird, steigt, obgleich unterdessen nicht weniger Arbeit auf A verausgabt wird, und euer allgemeines Werthprincip fällt zu Boden. … Wenn zugegeben wird, daß, weil der Werth von A relativ zu B steigt, der Werth von B relativ zu A fällt, ist der Grund unter den Füßen weggeschnitten, worauf Ricardo seinen großen Satz aufstellt, daß der Werth einer Waare stets bestimmt ist durch das Quantum der ihr einverleibten Arbeit, denn wenn ein Wechsel in den Kosten von A nicht nur seinen eignen Werth im Verhältniß zu B, womit es ausgetauscht wird, verändert, sondern auch den Werth von B relativ zu dem von A, obgleich kein Wechsel stattgefunden hat in dem zur Produktion von B erheischten Arbeitsquantum, dann fällt nicht nur die Doktrin zu Boden, die versichert, daß die auf einen Artikel verausgabte Quantität Arbeit seinen Werth regulirt, sondern auch die Doktrin, daß die Produktionskosten eines Artikels seinen Werth reguliren.« (J. Broadhurst: »Political Economy«, London 1842, p. 11, 14.)
Herr Broadhurst konnte eben so gut sagen: man sehe sich einmal die Zahlenverhältnisse $^{10}/_{20}$, $^{10}/_{50}$, $^{10}/_{100}$ u. s. w. an. Die Zahl 10 bleibt unverändert, und dennoch nimmt ihre proportionelle Größe, ihre Größe relativ zu den Nennern 20, 50, 100, beständig ab. Also fällt das große Princip zu Boden, daß die Größe einer ganzen Zahl wie 10 z. B. durch die Anzahl der in ihr enthaltenen Einer »regulirt« ist.

eine eigenthümliche Werthform auf, die des Aequivalents. Die Leinwandwaare bringt ihr eignes Werthsein dadurch zum Vorschein, daß ihr der Rock, ohne Annahme einer von seiner Körperform verschiednen Werthform, gleichgilt. Die Leinwand drückt also in der That ihr eignes Werthsein dadurch aus, daß der Rock unmittelbar mit ihr austauschbar ist. Die Aequivalentform einer Waare ist folglich die Form ihrer unmittelbaren Austauschbarkeit mit anderer Waare.

Wenn eine Waarenart, wie Röcke, einer andren Waarenart, wie Leinwand, zum Aequivalent dient, Röcke daher die charakteristische Eigenschaft erhalten, sich in unmittelbar austauschbarer Form mit Leinwand zu befinden, so ist damit in keiner Weise die Proportion gegeben, worin Röcke und Leinwand austauschbar sind. Sie hängt, da die Werthgröße der Leinwand gegeben ist, von der Werthgröße der Röcke ab. Ob der Rock als Aequivalent und die Leinwand als relativer Werth, oder umgekehrt die Leinwand als Aequivalent und der Rock als relativer Werth ausgedrückt sei, seine Werthgröße bleibt nach wie vor durch die zu seiner Produktion nothwendige Arbeitszeit, also unabhängig von seiner Werthform bestimmt. Aber sobald die Waarenart Rock im Werthausdruck die Stelle des Aequivalents einnimmt, erhält ihre Werthgröße keinen Ausdruck als Werthgröße. Sie figurirt in der Werthgleichung vielmehr nur als bestimmtes Quantum einer Sache.

Z. B.: 40 Ellen Leinwand sind »werth« – was? 2 Röcke. Weil die Waarenart Rock hier die Rolle des Aequivalents spielt, der Gebrauchswerth Rock der Leinwand gegenüber als Werthkörper gilt, genügt auch ein bestimmtes Quantum Röcke, um ein bestimmtes Werthquantum Leinwand auszudrücken. Zwei Röcke können daher die Werthgröße von 40 Ellen Leinwand, aber sie können nie ihre eigne Werthgröße, die Werthgröße von Röcken, ausdrücken. Die oberflächliche Auffassung dieser Thatsache, daß das Aequivalent in der Werthgleichung stets nur die Form eines einfachen Quantums einer Sache, eines Gebrauchswerthes, besitzt, hat Bailey, wie viele seiner Vorgänger und Nachfolger, verleitet, im Werthausdruck ein nur quantitatives Verhältniß zu sehn. Die Aequivalentform einer Waare enthält vielmehr keine quantitative Werthbestimmung.

Die erste Eigenthümlichkeit, die bei Betrachtung der Aequivalentform auffällt, ist diese: Gebrauchswerth wird zur Erscheinungsform seines Gegentheils, des Werths.

Die Naturalform der Waare wird zur Werthform. Aber, notabene, dieß quid pro quo ereignet sich für eine Waare B (Rock oder Weizen oder Eisen u. s. w.) nur innerhalb des Werthverhältnisses, worin eine beliebige andre Waare A (Leinwand etc.) zu ihr tritt, nur innerhalb dieser Beziehung. Da keine Waare sich auf sich selbst als Aequivalent beziehn, also auch nicht ihre eigne Naturalhaut zum Ausdruck ihres eignen Werths machen kann, muß sie sich auf andre Waare als Aequivalent beziehn oder die Naturalhaut einer andren Waare zu ihrer eignen Werthform machen.

Dieß veranschauliche uns das Beispiel eines Maßes, welches den Waarenkörpern als Waarenkörpern zukommt, d. h. als Gebrauchswerthen. Ein Zuckerhut, weil Körper, ist schwer, und hat daher Gewicht, aber man kann keinem Zuckerhut sein Gewicht ansehn oder anfühlen. Wir nehmen nun verschiedne Stücke Eisen, deren Gewicht vorher bestimmt ist. Die Körperform des Eisens, für sich betrachtet, ist eben so wenig Erscheinungsform der Schwere als die des Zuckerhuts. Dennoch, um den Zuckerhut als Schwere auszudrücken, setzen wir ihn in ein Gewichtsverhältniß zum Eisen. In diesem Verhältniß gilt das Eisen als ein Körper, der nichts darstellt außer Schwere. Eisenquanta dienen daher zum Gewichtsmaß des Zuckers und repräsentiren dem Zuckerkörper gegenüber bloße Schwergestalt, Erscheinungsform von Schwere. Diese Rolle spielt das Eisen nur innerhalb dieses Verhältnisses, worin der Zucker, oder irgend ein anderer Körper, dessen Gewicht gefunden werden soll, zu ihm tritt. Wären beide

Dinge nicht schwer, so könnten sie nicht in dieses Verhältniß treten und das Eine daher nicht zum Ausdruck der Schwere des Andren dienen. Werfen wir beide auf die Wagschale, so sehn wir in der That, daß sie als Schwere dasselbe, und daher in bestimmter Proportion auch von demselben Gewicht sind. Wie der Eisenkörper, als Gewichtsmaß dem Zuckerhut gegenüber nur Schwere; so vertritt in unsrem Werthausdruck der Rockkörper der Leinwand gegenüber nur Werth.

Hier hört jedoch die Analogie auf. Das Eisen vertritt im Gewichtsausdruck des Zuckerhuts eine beiden Körpern gemeinsame Natureigenschaft, ihre Schwere –, während der Rock im Werthausdruck der Leinwand eine übernatürliche Eigenschaft beider Dinge vertritt: ihren Werth, etwas rein Gesellschaftliches.

Indem die relative Werthform einer Waare, z. B. der Leinwand, ihr Werthsein als etwas von ihrem Körper und seinen Eigenschaften durchaus Unterschiedenes ausdrückt, z. B. als Rockgleiches, deutet dieser Ausdruck selbst an, daß er ein gesellschaftliches Verhältniß verbirgt. Umgekehrt mit der Aequivalentform. Sie besteht ja gerade darin, daß ein Waarenkörper, wie der Rock, dieß Ding wie es geht und steht, Werth ausdrückt, also von Natur Werthform besitzt. Zwar gilt dieß nur innerhalb des Werthverhältnisses, worin die Leinwandwaare auf die Rockwaare als Aequivalent bezogen ist[21]. Da aber Eigenschaften eines Dings nicht aus seinem Verhältniß zu andern Dingen entspringen, sich vielmehr in solchem Verhältniß nur bethätigen, scheint auch der Rock seine Aequivalentform, seine Eigenschaft unmittelbarer Austauschbarkeit, ebenso sehr von Natur zu besitzen wie sei-

---

21 Es ist mit solchen Reflexionsbestimmungen überhaupt ein eigenes Ding. Dieser Mensch ist z. B. nur König, weil sich andre Menschen als Unterthanen zu ihm verhalten. Sie glauben umgekehrt Unterthanen zu sein, weil er König ist.

ne Eigenschaft schwer zu sein oder warm zu halten. Daher das Räthselhafte der Aequivalentform, das den bürgerlich rohen Blick des politischen Oekonomen erst schlägt, sobald diese Form ihm fertig gegenübertritt im Geld. Dann sucht er den mystischen Charakter von Gold und Silber wegzuklären, indem er ihnen minder blendende Waaren unterschiebt und mit stets erneutem Vergnügen den Katalog all des Waarenpöbels ableiert, der seiner Zeit die Rolle des Waarenaequivalents gespielt hat. Er ahnt nicht, daß schon der einfachste Werthausdruck, wie 20 Ellen Leinwand = 1 Rock, das Räthsel der Aequivalentform zu lösen giebt.

Der Körper der Waare, die zum Aequivalent dient, gilt stets als Verkörperung abstrakt menschlicher Arbeit und ist stets das Produkt einer bestimmten nützlichen, konkreten Arbeit. Diese konkrete Arbeit wird also zum Ausdruck abstrakt menschlicher Arbeit. Gilt der Rock z. B. als bloße Verwirklichung, so die Schneiderei, die sich thatsächlich in ihm verwirklicht, als bloße Verwirklichungsform abstrakt menschlicher Arbeit. Im Werthausdruck der Leinwand besteht die Nützlichkeit der Schneiderei nicht darin, daß sie Kleider, also auch Leute, sondern daß sie einen Körper macht, dem man es ansieht, daß er Werth ist, also Gallerte von Arbeit, die sich durchaus nicht unterscheidet von der im Leinwandwerth vergegenständlichten Arbeit. Um solch einen Werthspiegel zu machen, muß die Schneiderei selbst nichts wiederspiegeln außer ihrer abstrakten Eigenschaft, menschliche Arbeit zu sein.

In der Form der Schneiderei wie in der Form der Weberei wird menschliche Arbeitskraft verausgabt. Beide besitzen daher die allgemeine Eigenschaft menschlicher Arbeit und mögen daher in bestimmten Fällen, z. B. bei der Werthproduktion, nur unter diesem Gesichtspunkt in Betracht kommen. All das ist nicht mysteriös. Aber im Werthausdruck der Waare wird die Sache verdreht. Um z. B. auszudrücken, daß das Weben nicht in seiner konkreten

Form als Weben, sondern in seiner allgemeinen Eigenschaft als menschliche Arbeit den Leinwandwerth bildet, wird ihm die Schneiderei, die konkrete Arbeit, die das Leinwand-Aequivalent producirt, gegenübergestellt als die handgreifliche Verwirklichungsform abstrakt menschlicher Arbeit.

Es ist also eine zweite Eigenthümlichkeit der Aequivalentform, daß konkrete Arbeit zur Erscheinungsform ihres Gegentheils, abstrakt menschlicher Arbeit wird.

Indem aber diese konkrete Arbeit, die Schneiderei, als bloßer Ausdruck unterschiedsloser menschlicher Arbeit gilt, besitzt sie die Form der Gleichheit mit andrer Arbeit, der in der Leinwand steckenden Arbeit, und ist daher, obgleich Privatarbeit, wie alle andre, Waaren producirende Arbeit, dennoch Arbeit in unmittelbar gesellschaftlicher Form. Eben deßhalb stellt sie sich dar in einem Produkt, das unmittelbar austauschbar mit andrer Waare ist. Es ist also eine dritte Eigenthümlichkeit der Aequivalentform, daß Privatarbeit zur Form ihres Gegentheils wird, zu Arbeit in unmittelbar gesellschaftlicher Form.

Die beiden zuletzt entwickelten Eigenthümlichkeiten der Aequivalentform werden noch faßbarer, wenn wir zu dem großen Forscher zurückgehn, der die Werthform, wie so viele Denkformen, Gesellschaftsformen und Naturformen zuerst analysirt hat. Es ist dieß Aristoteles.

Zunächst spricht Aristoteles klar aus, daß die Geldform der Waare nur die weiter entwickelte Gestalt der einfachen Werthform ist, d. h. des Ausdrucks des Werths einer Waare in irgend einer beliebigen andren Waare, denn er sagt:

»5 Polster = 1 Haus« (»Κλῖναι πέντε ἀντὶ οἰκίας«)

»unterscheidet sich nicht« von:

»5 Polster = so und so viel Geld«

(»Κλῖναι πέντε ἀντὶ … ὅσου αἱ πέντε κλῖναι«)

Er sieht ferner ein, daß das Werthverhältniß, worin dieser Werthausdruck steckt, seinerseits bedingt, daß das Haus dem Polster qualitativ gleichgesetzt wird, und daß diese sinnlich verschiednen Dinge ohne solche Wesensgleichheit nicht als kommensurable Größen auf einander beziehbar wären. »Der Austausch«, sagt er, »kann nicht sein ohne die Gleichheit, die Gleichheit aber nicht ohne die Kommensurabilität« (»οὔτ' ἰσότης μὴ οὔσης συμμετρίας«). Hier aber stutzt er und giebt die weitere Analyse der Werthform auf. »Es ist aber in Wahrheit unmöglich (»τῇ μὲν οὖν ἀληθείᾳ ἀδύνατον«), daß so verschiedenartige Dinge kommensurabel«, d. h. qualitativ gleich seien. Diese Gleichsetzung kann nur etwas der wahren Natur der Dinge Fremdes sein, also nur »Nothbehelf für das praktische Bedürfniß«.

Aristoteles sagt uns also selbst, woran seine weitere Analyse scheitert, nämlich am Mangel des Werthbegriffs. Was ist das Gleiche, d. h. die gemeinschaftliche Substanz, die das Haus für den Polster im Werthausdruck des Polsters vorstellt? So etwas kann »in Wahrheit nicht existiren«, sagt Aristoteles. Warum? Das Haus stellt dem Polster gegenüber ein Gleiches vor, soweit es das in Beiden, dem Polster und dem Haus, wirklich Gleiche vorstellt. Und das ist – menschliche Arbeit.

Daß aber in der Form der Waarenwerthe alle Arbeiten als gleiche menschliche Arbeit und daher als gleichgeltend ausgedrückt sind, konnte Aristoteles nicht aus der Werthform selbst herauslesen, weil die griechische Gesellschaft auf der Sklavenarbeit beruhte, daher die Ungleichheit der Menschen und ihrer Arbeitskräfte zur Naturbasis hatte. Das Geheimniß des Werthausdrucks, die Gleichheit und gleiche Gültigkeit aller Arbeiten, weil und insofern sie menschliche Arbeit überhaupt sind, kann nur entziffert werden, sobald der Begriff der menschlichen Gleichheit bereits die Festigkeit eines Volksvorurtheils besitzt. Das ist aber erst möglich in einer Gesellschaft, worin die Waarenform die allgemeine Form des Arbeitsprodukts, also auch das Verhältniß der Menschen zu einander als Waarenbesitzer das herrschende gesellschaftliche Verhältniß ist. Das Genie des Aristoteles glänzt grade darin, daß er im Werthausdruck der Waaren ein Gleichheitsverhältniß entdeckt. Nur die historische Schranke der Gesellschaft, worin er lebte, verhindert ihn herauszufinden, worin denn »in Wahrheit« dies Gleichheitsverhältniß besteht.

4) Das Ganze der einfachen Werthform

Die einfache Werthform einer Waare ist enthalten in ihrem Werthverhältniß zu einer verschiedenartigen Waare oder im Austauschverhältniß mit derselben. Der Werth der Waare A wird qualitativ ausgedrückt durch die unmittelbare Austauschbarkeit der Waare B mit der Waare A. Er wird quantitativ ausgedrückt durch die Austauschbarkeit eines bestimmten Quantums der Waare B mit dem gegebenen Quantum der Waare A. In andren Worten: Der Werth einer Waare ist selbständig ausgedrückt durch seine Darstellung als »Tauschwerth«. Wenn es im Eingang dieses Kapitels in der gäng und gäben Manier hieß: Die Waare ist Gebrauchswerth und Tauschwerth, so war dieß, genau gesprochen, falsch. Die Waare ist Gebrauchswerth oder Gebrauchsgegenstand und »Werth«. Sie stellt sich dar als dieß Doppelte was sie ist, sobald ihr Werth eine eigne, von ihrer Naturalform verschiedene Erscheinungsform besitzt, die des Tauschwerths, und sie besitzt diese Form niemals isolirt betrachtet, sondern stets nur im Werth- oder Austauschverhältniß zu einer zweiten, verschiedenartigen Waare. Weiß man das jedoch einmal, so thut jene Sprechweise keinen Harm, sondern dient zur Abkürzung.

Unsere Analyse bewies, daß die Werthform oder der Werthausdruck der Waare aus der Natur des Waarenwerths entspringt, nicht umgekehrt Werth und Werthgröße aus ihrer Ausdrucksweise als Tauschwerth. Dieß ist jedoch der Wahn sowohl der Merkantilisten und ihrer modernen Aufwärmer wie Ferrier, Ganilh u. s. w.[22], als auch ihrer Antipoden, der modernen Freihandels-Commis-Voyageurs, wie Bastiat und Konsorten. Die Merkantilisten legen das Hauptgewicht auf die qualitative Seite des Werthausdrucks, daher auf die Aequivalentform der Waare, die im Geld ihre fertige Gestalt besitzt, – die modernen Freihandelshausirer dagegen, die ihre Waare um jeden Preis losschlagen müssen, auf die quantitative Seite der relativen Werthform. Für sie existirt folglich weder Werth noch Werthgröße der Waare außer in dem Ausdruck durch das Austauschverhältniß, daher nur im Zettel des täglichen Preiskurants. Der Schotte MacLeod, in seiner Funktion die kreuzverwirrten Vorstellungen von Lombardstreet möglichst gelehrt heraus zu putzen, bildet die gelungene Synthese zwischen den abergläubigen Merkantilisten und den aufgeklärten Freihandelshausirern.

Die nähere Betrachtung des im Werthverhältniß zur Waare B enthaltenen Werthausdrucks der Waare A hat gezeigt, daß innerhalb desselben die Naturalform der Waare A nur als Gestalt von Gebrauchswerth, die Naturalform der Waare B nur als Werthform oder Werthgestalt gilt. Der in der Waare eingehüllte innere Gegensatz von Gebrauchswerth und Werth wird also dargestellt durch einen äußeren Gegensatz, d. h. durch das Verhältniß zweier Waaren, worin die eine Waare, *deren* Werth ausgedrückt werden soll, unmittelbar nur als Gebrauchswerth, die andre Waare hingegen, *worin* Werth ausgedrückt wird, unmittelbar nur als Tauschwerth gilt. Die einfache Werthform einer Waare ist also die einfache Erscheinungsform des in ihr enthaltenen Gegensatzes von Gebrauchswerth und Werth.

---

22 Note zur 2. Ausg. F. L. A. Ferrier (sous-inspecteur des douanes): »Du Gouvernement considéré dans ses rapports avec le commerce. Paris 1805« und Charles Ganilh: »Des Systèmes de l'Économie Politique. 2ème éd. Paris 1821«.

Das Arbeitsprodukt ist in allen gesellschaftlichen Zuständen Gebrauchsgegenstand, aber nur eine historisch bestimmte Entwicklungsepoche, welche die in der Produktion eines Gebrauchsdings verausgabte Arbeit als seine »gegenständliche« Eigenschaft darstellt, d. h. als seinen Werth, verwandelt das Arbeitsprodukt in Waare. Es folgt daher, daß die einfache Werthform der Waare zugleich die einfache Waarenform des Arbeitsprodukts ist, daß also auch die Entwicklung der Waarenform mit der Entwicklung der Werthform zusammenfällt.

Der erste Blick zeigt das Unzulängliche der einfachen Werthform, dieser Keimform, die erst durch eine Reihe von Metamorphosen zur Preisform heranreift.

Der Ausdruck in irgend welcher Waare B unterscheidet den Werth der Waare A nur von ihrem eignen Gebrauchswerth und setzt sie daher auch nur in ein Austauschverhältniß zu irgend einer einzelnen von ihr selbst verschiednen Waarenart, statt ihre qualitative Gleichheit und quantitative Proportionalität mit allen andren Waaren darzustellen. Der einfachen relativen Werthform einer Waare entspricht die einzelne Aequivalentform einer andren Waare. So besitzt der Rock, im relativen Werthausdruck der Leinwand, nur Aequivalentform oder Form unmittelbarer Austauschbarkeit mit Bezug auf diese einzelne Waarenart Leinwand.

Indeß geht die einzelne Werthform von selbst in eine vollständigere Form über. Vermittelst derselben wird der Werth einer Waare A zwar in nur einer Waare von andrer Art ausgedrückt. Welcher Art aber diese zweite Waare, ob Rock, ob Eisen, ob Weizen u. s. w., ist durchaus gleichgültig. Je nachdem sie also zu dieser oder jener andren Waarenart in ein Werthverhältniß tritt, entstehn verschiedne einfache Werthausdrücke einer und derselben Waare[22a].

22a Note zur 2. Aufl. Z. B. bei Homer wird der Werth eines Dings in einer Reihe verschiedner Dinge ausgedrückt.

Die Anzahl ihrer möglichen Werthausdrücke ist nur beschränkt durch die Anzahl von ihr verschiedner Waarenarten. Ihr vereinzelter Werthausdruck verwandelt sich daher in die stets verlängerbare Reihe ihrer verschiednen einfachen Werthausdrücke.

B. Totale oder entfaltete Werthform

z Waare A = u Waare B oder = v Waare C oder = w Waare D oder = x Waare E oder = etc.

(20 Ellen Leinwand = 1 Rock oder = 10 Pfd. Thee oder = 40 Pfd. Kaffee oder = 1 Quarter Weizen oder = 2 Unzen Gold oder = $^{1}/_{2}$ Tonnen Eisen oder = etc.)

1. Die entfaltete relative Werthform

Der Werth einer Waare, der Leinwand z. B., ist jetzt ausgedrückt in zahllosen andren Elementen der Waarenwelt. Jeder andre Waarenkörper wird zum Spiegel des Leinwandwerths[23]. So erscheint dieser Werth selbst erst wahrhaft als Gallerte unterschiedsloser menschlicher Arbeit. Denn die ihn bildende Arbeit ist nun ausdrücklich als

---

23 Man spricht deßhalb vom Rockwerth der Leinwand, wenn man ihren Werth in Röcken, von ihrem Kornwerth, wenn man ihn in Korn darstellt etc. Jeder solche Ausdruck besagt, daß es ihr Werth ist, der in den Gebrauchswerthen Rock, Korn u. s. w. erscheint. »The value of any commodity denoting its relation in exchange, we may speak of it as ... corn-value, cloth-value according to the commodity with which it is compared; and then there are a thousand different kinds of value, as many kinds of value as there are commodities in existence, and all are equally real and equally nominal.« (»A Critical Dissertation on the Nature, Measures and Causes of Value: chiefly in reference to the writings of Mr. Ricardo and his followers. By

Arbeit dargestellt, der jede andre menschliche Arbeit gleichgilt, welche Naturalform sie immer besitze, und ob sie sich daher in Rock oder Weizen oder Eisen oder Gold u. s. w. vergegenständliche. Durch ihre Werthform steht die Leinwand daher jetzt auch in gesellschaftlichem Verhältniß nicht mehr zu nur einer einzelnen andren Waarenart, sondern zur Waarenwelt. Als Waare ist sie Bürger dieser Welt. Zugleich liegt in der endlosen Reihe seiner Ausdrücke, daß der Waarenwerth gleichgültig ist gegen die besondre Form des Gebrauchswerths, worin er erscheint.

In der ersten Form: 20 Ellen Leinwand = 1 Rock kann es zufällige Thatsache sein, daß diese zwei Waaren in einem bestimmten quantitativen Verhältnisse austauschbar sind. In der zweiten Form leuchtet dagegen sofort ein von der zufälligen Erscheinung wesentlich unterschiedner und sie bestimmender Hintergrund durch. Der Werth der Leinwand bleibt gleich groß, ob in Rock oder Kaffee oder Eisen etc. dargestellt, in zahllos verschiednen Waaren, den verschiedensten Besitzern angehörig. Das zufällige Verhältniß zweier individueller Waarenbesitzer fällt fort. Es wird offenbar, daß nicht der Austausch die Werthgröße der Waare, sondern umgekehrt die Werthgröße der Waare ihre Austauschverhältnisse regulirt.

---

the Author of Essays on the Formation etc. of Opinions. London 1825«, p. 39.) S. Bailey, der Verfasser dieser anonymen Schrift, die ihrer Zeit viel Lärm in England machte, wähnt durch diesen Hinweis auf die kunterbunten relativen Ausdrücke desselben Waaren-Werths alle Begriffsbestimmung des Werths vernichtet zu haben. Daß er übrigens, trotz eigner Bornirtheit, wunde Flecken der Ricardo'schen Theorie sondirt hatte, bewies die Gereiztheit, womit die Ricardo'sche Schule ihn angriff, z. B. in der Westminster Review.

2. Die besondre Aequivalentform

Jede Waare, Rock, Thee, Weizen, Eisen u. s. w. gilt im Werthausdruck der Leinwand als Aequivalent und daher als Werthkörper. Die bestimmte Naturalform jeder dieser Waaren ist jetzt eine besondre Aequivalentform neben vielen andren. Ebenso gelten die mannigfaltigen in den verschiedenen Waarenkörpern enthaltenen bestimmten, konkreten, nützlichen Arbeitsarten jetzt als eben so viele besondre Verwirklichungs- oder Erscheinungsformen menschlicher Arbeit schlechthin.

3. Mängel der totalen oder entfalteten Werthform

Erstens ist der relative Werthausdruck der Waare unfertig, weil seine Darstellungsreihe nie abschließt. Die Kette, worin eine Werthgleichung sich zur andern fügt, bleibt fortwährend verlängerbar durch jede neu auftretende Waarenart, welche das Material eines neuen Werthausdrucks liefert. Zweitens bildet sie eine bunte Mosaik auseinanderfallender und verschiedenartiger Werthausdrücke. Wird endlich, wie dies geschehn muß, der relative Werth jeder Waare in dieser entfalteten Form ausgedrückt, so ist die relative Werthform jeder Waare eine von der relativen Werthform jeder andren Waare verschiedne endlose Reihe von Werthausdrücken. – Die Mängel der entfalteten relativen Werthform spiegeln sich wieder in der ihr entsprechenden Aequivalentform. Da die Naturalform jeder einzelnen Waarenart hier eine besondre Aequivalentform neben unzähligen andren besonderen Aequivalentformen ist, existiren überhaupt nur beschränkte Aequivalentformen, von denen jede die andre ausschließt. Ebenso ist die in jedem besondren Waarenäquivalent enthaltene bestimmte, konkrete, nützliche Arbeitsart nur besondre, also nicht erschöpfende Erscheinungsform der menschlichen Arbeit. Diese besitzt ihre vollständige oder totale Erscheinungsform zwar in dem Gesammtumkreis jener besondren Erscheinungsformen. Aber so besitzt sie keine einheitliche Erscheinungsform.

Die entfaltete relative Werthform besteht jedoch nur aus einer Summe einfacher relativer Werthausdrücke oder Gleichungen der ersten Form, wie

20 Ellen Leinwand = 1 Rock
20 Ellen Leinwand = 10 Pfd. Thee u. s. w.

Jede dieser Gleichungen enthält aber rückbezüglich auch die identische Gleichung:

1 Rock = 20 Ellen Leinwand
10 Pfd. Thee = 20 Ellen Leinwand u. s. w.

In der That: Wenn ein Mann seine Leinwand mit vielen andren Waaren austauscht und daher ihren Werth in einer Reihe von andren Waaren ausdrückt, so müssen nothwendig auch die vielen andren Waarenbesitzer ihre Waaren mit Leinwand austauschen und daher die Werthe ihrer verschiednen Waaren in derselben dritten Waare ausdrükken, in Leinwand. – Kehren wir also die Reihe: 20 Ellen Leinwand = 1 Rock oder = 10 Pfd. Thee oder = u. s. w. um, d. h. drücken wir die der Sache nach schon in der Reihe enthaltene Rückbeziehung aus, so erhalten wir:

C. Allgemeine Werthform

1 Rock	=	
10 Pfd. Thee	=	
40 Pfd. Kaffee	=	
1 Qrtr. Weizen	=	20 Ellen Leinwand
2 Unzen Gold	=	
$^{1}/_{2}$ Tonne Eisen	=	
x Waare A	=	
u. s. w. Waare	=	

1. Veränderter Charakter der Werthform

Die Waaren stellen ihre Werthe jetzt 1) einfach dar, weil in einer einzigen Waare und 2) einheitlich, weil in derselben Waare. Ihre Werthform ist einfach und gemeinschaftlich, daher allgemein.

Die Formen I und II kamen beide nur dazu, den Werth einer Waare als etwas von ihrem eignen Gebrauchswerth oder ihrem Waarenkörper Unterschiedenes auszudrücken.

Die erste Form ergab Werthgleichungen wie: 1 Rock = 20 Ellen Leinwand, 10 Pfd. Thee = $^1/_2$ Tonne Eisen u. s. w. Der Rockwerth wird als Leinwandgleiches, der Theewert als Eisengleiches u. s. w. ausgedrückt, aber Leinwandgleiches und Eisengleiches, diese Werthausdrücke von Rock und Thee, sind ebenso verschieden wie Leinwand und Eisen. Diese Form kommt offenbar praktisch nur vor in den ersten Anfängen, wo Arbeitsprodukte durch zufälligen und gelegentlichen Austausch in Waaren verwandelt werden.

Die zweite Form unterscheidet vollständiger als die erste den Werth einer Waare von ihrem eignen Gebrauchswerth, denn der Werth des Rocks z. B. tritt jetzt seiner Naturalform in allen möglichen Formen gegenüber, als Leinwandgleiches, Eisengleiches, Theegleiches u. s. w., alles andre, nur nicht Rockgleiches. Andrerseits ist hier jeder gemeinsame Werthausdruck der Waaren direkt ausgeschlossen, denn im Werthausdruck je einer Waare erscheinen jetzt alle andren Waaren nur in der Form von Aequivalenten. Die entfaltete Werthform kommt zuerst thatsächlich vor, sobald ein Arbeitsprodukt, Vieh z. B., nicht mehr ausnahmsweise, sondern schon gewohnheitsmäßig mit verschiednen andren Waaren ausgetauscht wird.

Die neu gewonnene Form drückt die Werthe der Waarenwelt in einer und derselben von ihr abgesonderten Waarenart aus, z. B. in Leinwand, und stellt so die Werthe aller Waaren dar durch ihre Gleichheit mit Leinwand. Als

Leinwandgleiches ist der Werth jeder Waare jetzt nicht nur von ihrem eignen Gebrauchswerth unterschieden, sondern von allem Gebrauchswerth, und eben dadurch als das ihr mit allen Waaren Gemeinsame ausgedrückt. Erst diese Form bezieht daher wirklich die Waaren auf einander als Werthe oder läßt sie einander als Tauschwerthe erscheinen.

Die beiden früheren Formen drücken den Werth je einer Waare, sei es in einer einzigen verschiedenartigen Waare, sei es in einer Reihe vieler von ihr verschiednen Waaren aus. Beidemal ist es so zu sagen das Privatgeschäft der einzelnen Waare sich eine Werthform zu geben, und sie vollbringt es ohne Zuthun der andren Waaren. Diese spielen ihr gegenüber die bloß passive Rolle des Aequivalents. Die allgemeine Werthform entsteht dagegen nur als gemeinsames Werk der Waarenwelt. Eine Waare gewinnt nur allgemeinen Werthausdruck, weil gleichzeitig alle andren Waaren ihren Werth in demselben Aequivalent ausdrücken und jede neu auftretende Waarenart muß das nachmachen. Es kommt damit zum Vorschein, daß die Werthgegenständlichkeit der Waaren, weil sie das bloß »gesellschaftliche Dasein« dieser Dinge ist, auch nur durch ihre allseitige gesellschaftliche Beziehung ausgedrückt werden kann, ihre Werthform daher gesellschaftlich gültige Form sein muß.

In der Form von Leinwandgleichen erscheinen jetzt alle Waaren nicht nur als qualitativ Gleiche, Werthe überhaupt, sondern zugleich als quantitativ vergleichbare Werthgrößen. Weil sie ihre Werthgrößen in einem und demselben Material, in Leinwand bespiegeln, spiegeln sich diese Werthgrößen wechselseitig wieder. Z. B. 10 Pfd. Thee = 20 Ellen Leinwand, und 40 Pfd. Kaffee = 20 Ellen Leinwand. Also 10 Pfd. Thee = 40 Pfd. Kaffee. Oder in 1 Pfd. Kaffee steckt nur $^{1}/_{4}$ so viel Werthsubstanz, Arbeit, als in 1 Pfd. Thee.

Die allgemeine relative Werthform der Waarenwelt

drückt der von ihr ausgeschlossenen Aequivalentwaare, der Leinwand, den Charakter des allgemeinen Aequivalents auf. Ihre eigne Naturalform ist die gemeinsame Werthgestalt dieser Welt, die Leinwand daher mit allen andren Waaren unmittelbar austauschbar. Ihre Körperform gilt als die sichtbare Inkarnation, die allgemeine gesellschaftliche Verpuppung aller menschlichen Arbeit. Die Weberei, die Privatarbeit, welche Leinwand producirt, befindet sich zugleich in allgemein gesellschaftlicher Form, der Form der Gleichheit mit allen andren Arbeiten. Die zahllosen Gleichungen, woraus die allgemeine Werthform besteht, setzen der Reihe nach die in der Leinwand verwirklichte Arbeit jeder in andrer Waare enthaltenen Arbeit gleich und machen dadurch die Weberei zur allgemeinen Erscheinungsform menschlicher Arbeit überhaupt. So ist die im Waarenwerth vergegenständlichte Arbeit nicht nur negativ dargestellt als Arbeit, worin von allen konkreten Formen und nützlichen Eigenschaften der wirklichen Arbeiten abstrahirt wird. Ihre eigne positive Natur tritt ausdrücklich hervor. Sie ist die Reduktion aller wirklichen Arbeiten auf den ihnen gemeinsamen Charakter menschlicher Arbeit, auf die Verausgabung menschlicher Arbeitskraft.

Die allgemeine Werthform, welche die Arbeitsprodukte als bloße Gallerten unterschiedsloser menschlicher Arbeit darstellt, zeigt durch ihr eignes Gerüste, daß sie der gesellschaftliche Ausdruck der Waarenwelt ist. So offenbart sie, daß innerhalb dieser Welt der allgemein menschliche Charakter der Arbeit ihren specifisch gesellschaftlichen Charakter bildet.

2. Entwicklungsverhältniß von relativer Werthform und Aequivalentform

Dem Entwicklungsgrad der relativen Werthform entspricht der Entwicklungsgrad der Aequivalentform. Aber, und dieß ist wohl zu merken, die Entwicklung der Aequivalentform ist nur Ausdruck und Resultat der Entwicklung der relativen Werthform.

Die einfache oder vereinzelte relative Werthform einer Waare macht eine andre Waare zum einzelnen Aequivalent. Die entfaltete Form des relativen Werths, dieser Ausdruck des Werths einer Waare in allen andren Waaren, prägt ihnen die Form verschiedenartiger besonderer Aequivalente auf. Endlich erhält eine besondre Waarenart die allgemeine Aequivalentform, weil alle andren Waaren sie zum Material ihrer einheitlichen, allgemeinen Werthform machen.

In demselben Grad aber, worin sich die Werthform überhaupt entwickelt, entwickelt sich auch der Gegensatz zwischen ihren beiden Polen, der relativen Werthform und Aequivalentform.

Schon die erste Form – 20 Ellen Leinwand = 1 Rock – enthält diesen Gegensatz, fixirt ihn aber nicht. Je nachdem dieselbe Gleichung vorwärts oder rückwärts gelesen wird, befindet sich jedes der beiden Waarenextreme, wie Leinwand und Rock, gleichmäßig bald in der relativen Werthform, bald in der Aequivalentform. Es kostet hier noch Mühe, den polarischen Gegensatz festzuhalten.

In der Form II kann immer nur je eine Waarenart ihren relativen Werth total entfalten oder besitzt sie selbst nur entfaltete Werthform, weil und sofern alle andren Waaren sich ihr gegenüber in der Aequivalentform befinden. Hier kann man nicht mehr die zwei Seiten der Werthgleichung – wie 20 Ellen Leinwand = 1 Rock oder = 10 Pfd. Thee oder = 1 Qrtr. Weizen etc. – umsetzen, ohne ihren Gesammtcharakter zu verändern und sie aus der totalen in die allgemeine Werthform zu verwandeln.

Die letztere Form, Form III, endlich giebt der Waarenwelt allgemein-gesellschaftliche relative Werthform, weil und sofern, mit einer einzigen Ausnahme, alle ihr angehörigen Waaren von der allgemeinen Aequivalentform ausgeschlossen sind. Eine Waare, die Leinwand, befindet sich daher in der Form unmittelbarer Austauschbarkeit mit allen andren Waaren oder in unmittelbar gesellschaftlicher Form, weil und sofern alle andren Waaren sich nicht darin befinden.[24]

Umgekehrt ist die Waare, die als allgemeines Aequivalent figurirt, von der einheitlichen und daher allgemeinen relativen Werthform der Waarenwelt ausgeschlossen. Sollte die Leinwand, d. h. irgend eine in allgemeiner Aequivalentform befindliche Waare, auch zugleich an der allgemeinen relativen Werthform theilnehmen, so müßte sie sich selbst zum Aequivalent dienen. Wir erhielten dann: 20 Ellen Leinwand = 20 Ellen Leinwand, eine Tautologie, worin jeder Werth, noch Werthgröße ausgedrückt ist. Um den relativen Werth des allgemeinen Aequivalents

---

24 Man sieht es der Form allgemeiner unmittelbarer Austauschbarkeit in der That keineswegs an, daß sie eine gegensätzliche Waarenform ist, von der Form nicht unmittelbarer Austauschbarkeit ebenso unzertrennlich wie die Positivität eines Magnetpols von der Negativität des andren. Man mag sich daher einbilden, man könne allen Waaren zugleich den Stempel unmittelbarer Austauschbarkeit aufdrücken, wie man sich einbilden mag, man könne alle Katholiken zu Päbsten machen. Für den Kleinbürger, der in der Waarenproduktion das nec plus ultra menschlicher Freiheit und individueller Unabhängigkeit erblickt, wäre es natürlich sehr wünschenswerth, der mit dieser Form verbundnen Mißstände überhoben zu sein, namentlich auch der nicht unmittelbaren Austauschbarkeit der Waaren. Die Ausmalung dieser Philisterutopie bildet Proudhon's Socialismus, der, wie ich anderswo gezeigt, nicht einmal das Verdienst der Originalität besitzt, vielmehr lange vor ihm von Gray, Bray und Andern, weit besser entwickelt wurde. Dieß verhindert solche Weisheit nicht, heutzutage, in gewissen Kreisen, unter dem Namen der »science« zu grassiren. Nie hat eine Schule mehr als die Proudhon'sche mit dem Wort »science« um sich geworfen, denn

»wo Begriffe fehlen,
Da stellt zur rechten Zeit ein Wort sich ein«.

auszudrücken, müssen wir vielmehr die Form III umkehren. Es besitzt keine mit den andren Waaren gemeinschaftliche relative Werthform, sondern sein Werth drückt sich relativ aus in der endlosen Reihe aller andren Waarenkörper. So erscheint jetzt die entfaltete relative Werthform oder Form II als die specifische relative Werthform der Aequivalentwaare.

3. Uebergang aus der allgemeinen Werthform zur Geldform

Die allgemeine Aequivalentform ist eine Form des Werths überhaupt. Sie kann also jeder Waare zukommen. Andrerseits befindet sich eine Waare nur in allgemeiner Aequivalentform (Form III), weil und sofern sie durch alle andren Waaren als Aequivalent ausgeschlossen wird. Und erst vom Augenblick, wo diese Ausschließung sich endgültig auf eine specifische Waarenart beschränkt, hat die einheitliche relative Werthform der Waarenwelt objective Festigkeit und allgemein gesellschaftliche Gültigkeit gewonnen.

Die specifische Waarenart nun mit deren Naturalform die Aequivalentform gesellschaftlich verwächst, wird zur Geldwaare oder funktionirt als Geld. Es wird ihre specifisch gesellschaftliche Funktion, und daher ihr gesellschaftliches Monopol, innerhalb der Waarenwelt die Rolle des allgemeinen Aequivalents zu spielen. Diesen bevorzugten Platz hat unter den Waaren, welche in Form II als besondre Aequivalente der Leinwand figuriren, und in Form III ihren relativen Werth gemeinsam in Leinwand ausdrücken, eine bestimmte Waare historisch erobert, das Gold. Setzen wir daher in Form III die Waare Gold an die Stelle der Waare Leinwand, so erhalten wir:

D. Geldform

20 Ellen Leinwand	=	2 Unzen Gold.
1 Rock	=	
10 Pfd. Thee	=	
40 Pfd. Kaffee	=	
1 Qrtr. Weizen	=	
$^{1}/_{2}$ Tonne Eisen	=	
x Waare A	=	

Es finden wesentliche Veränderungen statt beim Uebergang von Form I zu Form II, von Form II zu Form III. Dagegen unterscheidet Form IV sich durch nichts von Form III, außer daß jetzt statt Leinwand Gold die allgemeine Aequivalentform besitzt. Gold bleibt in Form IV, was die Leinwand in Form III war – allgemeines Aequivalent. Der Fortschritt besteht nur darin, daß die Form unmittelbarer allgemeiner Austauschbarkeit oder die allgemeine Aequivalentform jetzt durch gesellschaftliche Gewohnheit endgültig mit der specifischen Naturalform der Waare Gold verwachsen ist.

Gold tritt den andren Waaren nur als Geld gegenüber, weil es ihnen bereits zuvor als Waare gegenüberstand. Gleich allen andren Waaren funktionirte es auch als Aequivalent, sei es als einzelnes Aequivalent in vereinzelten Austauschakten, sei es als besondres Aequivalent neben andren Waarenäquivalenten. Nach und nach funktionirte es in engeren oder weiteren Kreisen als allgemeines Aequivalent. Sobald es das Monopol dieser Stelle im Werthausdruck der Waarenwelt erobert hat, wird es Geldwaare, und erst von dem Augenblick, wo es bereits Geldwaare geworden ist, unterscheidet sich Form IV von Form III, oder ist die allgemeine Werthform verwandelt in die Geldform.

Der einfache relative Werthausdruck einer Waare, z. B. der Leinwand, in der bereits als Geldwaare funktionirenden Waare, z. B. dem Gold, ist Preisform. Die »Preisform« der Leinwand daher:

20 Ellen Leinwand = 2 Unzen Gold,

oder, wenn 2 Pfd. St. der Münzname von 2 Unzen Gold,

20 Ellen Leinwand = 2 Pfd. St.

Die Schwierigkeit im Begriff der Geldform beschränkt sich auf das Begreifen der allgemeinen Aequivalentform, also der allgemeinen Werthform überhaupt, der Form III. Form III löst sich rückbezüglich auf in Form II, die entfaltete Werthform, und ihr konstituirendes Element ist Form I: 20 Ellen Leinwand = 1 Rock oder x Waare A = y Waare B. Die einfache Waarenform ist daher der Keim der Geldform.

4. Der Fetischcharakter der Waare und sein Geheimniß

Eine Waare scheint auf den ersten Blick ein selbstverständliches, triviales Ding. Ihre Analyse ergiebt, daß sie ein sehr vertracktes Ding ist, voll metaphysischer Spitzfindigkeit und theologischer Mucken. Soweit sie Gebrauchswerth, ist nichts Mysteriöses an ihr, ob ich sie nun unter dem Gesichtspunkt betrachte, daß sie durch ihre Eigenschaften menschliche Bedürfnisse befriedigt oder diese Eigenschaften erst als Produkt menschlicher Arbeit erhält. Es ist sinnenklar, daß der Mensch durch seine Thätigkeit die Formen der Naturstoffe in einer ihm nützlichen Weise verändert. Die Form des Holzes z. B. wird verändert, wenn man aus ihm einen Tisch macht. Nichtsdestoweniger bleibt der Tisch Holz, ein ordinäres sinnliches Ding. Aber sobald er als Waare auftritt, verwandelt er sich in ein sinnlich übersinnliches Ding. Er steht nicht nur mit seinen Füßen auf dem Boden, sondern er stellt sich allen andren Waaren gegenüber auf den Kopf, und entwickelt aus seinem Holzkopf Grillen, viel wunderlicher, als wenn er aus freien Stücken zu tanzen begänne[25].

Der mystische Charakter der Waare entspringt also nicht aus ihrem Gebrauchswerth. Er entspringt ebensowenig aus dem Inhalt der Werthbestimmungen. Denn erstens, wie verschieden die nützlichen Arbeiten oder produktiven Thätigkeiten sein mögen, es ist eine physiologische Wahrheit, daß sie Funktionen des menschlichen Organismus sind, und daß jede solche Funktion, welches immer ihr Inhalt und ihre Form, wesentlich Verausgabung von menschlichem Hirn, Nerv, Muskel, Sinnesorgan u. s. w. ist. Was zweitens der Bestimmung der Werthgröße zu Grunde liegt, die Zeitdauer jener Verausgabung, oder die Quantität der Arbeit, so ist die Quantität sogar sinnfällig von der Qualität der Arbeit unterscheidbar. In allen Zuständen mußte die Arbeitszeit, welche die Produktion der Lebensmittel kostet, den Menschen interessiren, obgleich nicht gleichmäßig auf verschiedenen Entwicklungsstufen[26]. Endlich, sobald die Menschen in irgend einer Weise für einander arbeiten, erhält ihre Arbeit auch eine gesellschaftliche Form.

Woher entspringt also der räthselhafte Charakter des Arbeitsprodukts, sobald es Waarenform annimmt? Offenbar aus dieser Form selbst. Die Gleichheit der menschlichen Arbeiten erhält die sachliche Form der gleichen Werthgegenständlichkeit der Arbeitsprodukte, daß Maß

---

25 Man erinnert sich, daß China und die Tische zu tanzen anfingen, als alle übrige Welt still zu stehn schien – pour encourager les autres.

26 Note zur 2. Ausg. Bei den alten Germanen wurde die Größe eines Morgens Land nach der Arbeit eines Tages berechnet und daher der Morgen Tagwerk (auch Tagwanne) (jurnale oder jurnalis, terra jurnalis, jornalis oder diurnalis), Mannwerk, Mannskraft, Mannsmaad, Mannshauet u. s. f. benannt. Sieh Georg Ludwig von Maurer: »Einleitung zur Geschichte der Mark-, Hof-, u. s. w. Verfassung«. München 1854, p. 129 sq.

der Verausgabung menschlicher Arbeitskraft durch ihre Zeitdauer erhält die Form der Werthgröße der Arbeitsprodukte, endlich die Verhältnisse der Producenten, worin jene gesellschaftlichen Bestimmungen ihrer Arbeiten bethätigt werden, erhalten die Form eines gesellschaftlichen Verhältnisses der Arbeitsprodukte.

Das Geheimnißvolle der Waarenform besteht also einfach darin, daß sie den Menschen die gesellschaftlichen Charaktere ihrer eignen Arbeit als gegenständliche Charaktere der Arbeitsprodukte selbst, als gesellschaftliche Natureigenschaften dieser Dinge zurückspiegelt, daher auch das gesellschaftliche Verhältniß der Producenten zur Gesammtarbeit als ein außer ihnen existirendes gesellschaftliches Verhältniß von Gegenständen. Durch dies quid pro quo werden die Arbeitsprodukte Waaren, sinnlich übersinnliche oder gesellschaftliche Dinge. So stellt sich der Lichteindruck eines Dings auf den Sehnerv nicht als subjektiver Reiz des Sehnervs selbst, sondern als gegenständliche Form eines Dings außerhalb des Auges dar. Aber beim Sehen wird wirklich Licht von einem Ding, dem äußeren Gegenstand, auf ein andres Ding, das Auge, geworfen. Es ist ein physisches Verhältniß zwischen physischen Dingen. Dagegen hat die Waarenform und das Werthverhältniß der Arbeitsprodukte, worin sie sich darstellt, mit ihrer physischen Natur und den daraus entspringenden dinglichen Beziehungen absolut nichts zu schaffen. Es ist nur das bestimmte gesellschaftliche Verhältniß der Menschen selbst, welches hier für sie die phantasmagorische Form eines Verhältnisses von Dingen annimmt. Um daher eine Analogie zu finden, müssen wir in die Nebelregion der religiösen Welt flüchten. Hier scheinen die Produkte des menschlichen Kopfes mit eignem Leben begabte, unter einander und mit den Menschen in Verhältniß stehende selbstständige Gestalten. So in der Waarenwelt die Produkte der menschlichen Hand. Dieß nenne ich den Fetischismus, der den Arbeitsprodukten anklebt, sobald sie als Waaren producirt werden, und der daher von der Waarenproduktion unzertrennlich ist.

Dieser Fetischcharakter der Waarenwelt entspringt, wie die vorhergehende Analyse bereits gezeigt hat, aus dem eigenthümlichen gesellschaftlichen Charakter der Arbeit, welche Waaren producirt.

Gebrauchsgegenstände werden überhaupt nur Waaren, weil sie Produkte von einander unabhängig betriebner Privatarbeiten sind. Der Komplex dieser Privatarbeiten bildet die gesellschaftliche Gesammtarbeit. Da die Producenten erst in gesellschaftlichen Kontakt treten durch den Austausch ihrer Arbeitsprodukte, erscheinen auch die specifisch gesellschaftlichen Charaktere ihrer Privatarbeiten erst innerhalb dieses Austausches. Oder die Privatarbeiten bethätigen sich in der That erst als Glieder der gesellschaftlichen Gesammtarbeit durch die Beziehungen, worin der Austausch die Arbeitsprodukte und vermittelst derselben die Producenten versetzt. Den letzteren erscheinen daher die gesellschaftlichen Beziehungen ihrer Privatarbeiten als das was sie sind, d. h. nicht als unmittelbar gesellschaftliche Verhältnisse der Personen in ihren Arbeiten selbst, sondern vielmehr als sachliche Verhältnisse der Personen und gesellschaftliche Verhältnisse der Sachen.

Erst innerhalb ihres Austauschs erhalten die Arbeitsprodukte eine von ihrer sinnlich verschiednen Gebrauchsgegenständlichkeit getrennte, gesellschaftlich gleiche Werthgegenständlichkeit. Diese Spaltung des Arbeitsprodukts in nützliches Ding und Werthding bethätigt sich nur praktisch, sobald der Austausch bereits hinreichende Ausdehnung und Wichtigkeit gewonnen hat, damit nützliche Dinge für den Austausch producirt werden, der Werthcharakter der Sachen also schon bei ihrer Produktion selbst in Betracht kommt. Von diesem Augenblick erhalten die Privatarbeiten der Producenten thatsächlich einen doppelten gesellschaftlichen Charakter. Sie müssen einerseits als bestimmte nützliche Arbeiten ein bestimmtes gesellschaftliches Bedürfniß befriedigen und sich so als Glieder der Gesammtarbeit, des naturwüchsigen Systems der gesellschaftlichen Theilung der Arbeit, bewähren. Sie befriedigen andrerseits nur die mannigfachen Bedürfnisse ihrer eignen Producenten, sofern jede besondre nützliche Privatarbeit mit jeder andren nützlichen Art Privatarbeit austauschbar ist, also ihr gleichgilt. Die Gleichheit toto coelo verschiedner Arbeiten kann nur in einer Abstraktion von ihrer wirklichen Ungleichheit bestehn, in der Reduktion auf den gemeinsamen Charakter, den sie als Verausgabung menschlicher Arbeitskraft, abstrakt menschliche Arbeit, besitzen. Das Gehirn der Privatproducenten spiegelt diesen doppelten gesellschaftlichen Charakter ihrer Privatarbeiten nur wieder in den Formen, welche im praktischen Verkehr, im Produktenaustausch erscheinen – den gesellschaftlich nützlichen Charakter ihrer Privatarbeiten also in der Form, daß das Arbeitsprodukt nützlich sein muß, und zwar für andre – den gesellschaftlichen Charakter der Gleichheit der verschiedenartigen Arbeiten in der Form des gemeinsamen Werthcharakters dieser materiell verschiednen Dinge, der Arbeitsprodukte.

Die Menschen beziehen also ihre Arbeitsprodukte nicht auf einander als Werthe, weil diese Sachen ihnen als bloß sachliche Hüllen gleichartig menschlicher Arbeit gelten. Umgekehrt. Indem sie ihre verschiedenartigen Produkte einander im Austausch als Werthe gleichsetzen, setzen sie ihre verschiednen Arbeiten einander als menschliche Arbeit gleich. Sie wissen das nicht, aber sie thun es.[27] Es steht daher dem Werthe nicht auf der Stirn geschrieben, was er

---

27 Note zur 2. Ausg. Wenn daher Galiani sagt: Der Werth ist ein Verhältniß zwischen Personen – »La Riechezza è una ragione tra due persone« –, so hätte er hinzusetzen müssen: unter dinglicher Hülle verstecktes Verhältniß. (Galiani: Della Moneta, p. 221, v. III von Custodi's Sammlung der »Scrittori Classici Italiani di Economia Politica«. Parte Moderna. Milano 1803.)

ist. Der Werth verwandelt vielmehr jedes Arbeitsprodukt in eine gesellschaftliche Hieroglyphe. Später suchen die Menschen den Sinn der Hieroglyphe zu entziffern, hinter das Geheimniß ihres eignen gesellschaftlichen Produkts zu kommen, denn die Bestimmung der Gebrauchsgegenstände als Werthe ist ihr gesellschaftliches Produkt so gut wie die Sprache. Die späte wissenschaftliche Entdeckung, daß die Arbeitsprodukte, so weit sie Werthe, bloß sachliche Ausdrücke der in ihrer Produktion verausgabten menschlichen Arbeit sind, macht Epoche in der Entwicklungsgeschichte der Menschheit, aber verscheucht keineswegs den gegenständlichen Schein der gesellschaftlichen Charaktere der Arbeit. Was nur für diese besondre Produktionsform, die Waarenproduktion, gültig ist, daß nämlich der specifisch gesellschaftliche Charakter der von einander unabhängigen Privatarbeiten in ihrer Gleichheit als menschliche Arbeit besteht und die Form des Werthcharakters der Arbeitsprodukte annimmt, erscheint, vor wie nach jener Entdeckung, den in den Verhältnissen der Waarenproduktion Befangenen ebenso endgültig, als daß die wissenschaftliche Zersetzung der Luft in ihre Elemente die Luftform als eine physikalische Körperform fortbestehn läßt.

Was die Produktenaustauscher zunächst praktisch interessirt, ist die Frage, wie viel fremde Produkte sie für das eigne Produkt erhalten, in welchen Proportionen sich also die Produkte austauschen. Sobald diese Proportionen zu einer gewissen gewohnheitsmäßigen Festigkeit herangereift sind, scheinen sie aus der Natur der Arbeitsprodukte zu entspringen, so daß z. B. eine Tonne Eisen und 2 Unzen Gold gleichwerthig, wie ein Pfund Gold und ein Pfund Eisen trotz ihrer verschiednen physikalischen und chemischen Eigenschaften gleich schwer sind. In der That befestigt sich der Werthcharakter der Arbeitsprodukte erst durch ihre Bethätigung als Werthgrößen. Die letzteren wechseln beständig, unabhängig vom Willen, Vorwissen und Thun der Austauschenden. Ihre eigne gesellschaftliche Bewegung besitzt für sie die Form einer Bewegung von Sachen, unter deren Kontrole sie stehen, statt sie zu kontroliren. Es bedarf vollständig entwickelter Waarenproduktion, bevor aus der Erfahrung selbst die wissenschaftliche Einsicht herauswächst, daß die unabhängig von einander betriebenen, aber als naturwüchsige Glieder der gesellschaftlichen Theilung der Arbeit allseitig von einander abhängigen Privatarbeiten fortwährend auf ihr gesellschaftlich proportionelles Maß reducirt werden, weil sich in den zufälligen und stets schwankenden Austauschverhältnissen ihrer Produkte die zu deren Produktion gesellschaftlich nothwendige Arbeitszeit als regelndes Naturgesetz gewaltsam durchsetzt, wie etwa das Gesetz der Schwere, wenn einem das Haus über dem Kopf zusammenpurzelt[28]. Die Bestimmung der Werthgröße durch die Arbeitszeit ist daher ein unter den erscheinenden Bewegungen der relativen Waarenwerthe verstecktes Geheimniß. Seine Entdeckung hebt den Schein der bloß zufälligen Bestimmung der Werthgrößen der Arbeitsprodukte auf, aber keineswegs ihre sachliche Form.

Das Nachdenken über die Formen des menschlichen Lebens, also auch ihre wissenschaftliche Analyse, schlägt überhaupt einen der wirklichen Entwicklung entgegengesetzten Weg ein. Es beginnt post festum und daher mit den fertigen Resultaten des Entwicklungsprocesses. Die Formen, welche Arbeitsprodukte zu Waaren stempeln und daher der Waarencirkulation vorausgesetzt sind, besitzen bereits die Festigkeit von Naturformen des gesellschaftlichen Lebens, bevor die Menschen sich Rechen-

---

28 »Was soll man von einem Gesetze denken, das sich nur durch periodische Revolutionen durchsetzen kann? Es ist eben ein Naturgesetz, das auf der Bewußtlosigkeit der Betheiligten beruht.« (Friedrich Engels: »Umrisse zu einer Kritik der Nationalökonomie« in Deutsch-französische Jahrbücher, herausg. von Arnold Ruge und Karl Marx. Paris 1844.)

schaft zu geben suchen, nicht über den historischen Charakter dieser Formen, die ihnen vielmehr bereits als unwandelbar gelten, sondern über deren Gehalt. So war es nur die Analyse der Waarenpreise, die zur Bestimmung der Werthgröße, nur der gemeinschaftliche Geldausdruck der Waaren, der zur Fixirung ihres Werthcharakters führte. Es ist aber eben diese fertige Form – die Geldform – der Waarenwelt, welche den gesellschaftlichen Charakter der Privatarbeiten und daher die gesellschaftlichen Verhältnisse der Privatarbeiter, sachlich verschleiert, statt sie zu offenbaren. Wenn ich sage, Rock, Stiefel u. s. w. beziehen sich auf Leinwand als die allgemeine Verkörperung abstrakter menschlicher Arbeit, so springt die Verrücktheit dieses Ausdrucks in's Auge. Aber wenn die Producenten von Rock, Stiefel u. s. w. diese Waaren auf Leinwand – oder auf Gold und Silber, was nichts an der Sache ändert – als allgemeines Aequivalent beziehn, erscheint ihnen die Beziehung ihrer Privatarbeiten zu der gesellschaftlichen Gesammtarbeit genau in dieser verrückten Form.

Derartige Formen bilden eben die Kategorien der bürgerlichen Oekonomie. Es sind gesellschaftlich gültige, also objective Gedankenformen für die Produktionsverhältnisse dieser historisch bestimmten gesellschaftlichen Produktionsweise, der Waarenproduktion. Aller Mysticismus der Waarenwelt, all der Zauber und Spuk, welcher Arbeitsprodukte auf Grundlage der Waarenproduktion umnebelt, verschwindet daher sofort, sobald wir zu andren Produktionsformen flüchten.

Da die politische Oekonomie Robinsonaden liebt[29], erscheine zuerst Robinson auf seiner Insel. Bescheiden, wie er von Haus aus ist, hat er doch verschiedenartige Bedürfnisse zu befriedigen und muß daher nützliche Arbeiten

---

29 Note zur 2. Ausgabe. Auch Ricardo ist nicht ohne seine Robinsonade. »Den Urfischer und den Urjäger läßt er sofort als Waarenbesitzer Fisch und Wild austauschen, im Verhältniß der

verschiedner Art verrichten, Werkzeuge machen, Möbel fabriciren, Lama zähmen, fischen, jagen u. s. w. Vom Beten u. dgl. sprechen wir hier nicht, da unser Robinson daran sein Vergnügen findet und derartige Thätigkeit als Erholung betrachtet. Trotz der Verschiedenheit seiner produktiven Funktionen weiß er, daß sie nur verschiedne Bethätigungsformen desselben Robinson, also nur verschiedne Weisen menschlicher Arbeit sind. Die Noth selbst zwingt ihn, seine Zeit genau zwischen seinen verschiednen Funktionen zu vertheilen. Ob die eine mehr, die andre weniger Raum in seiner Gesammtthätigkeit einnimt, hängt ab von der größeren oder geringeren Schwierigkeit, die zur Erzielung des bezweckten Nutzeffects zu überwinden ist. Die Erfahrung lehrt ihn das, und unser Robinson, der Uhr, Hauptbuch, Tinte und Feder aus dem Schiffbruch gerettet, beginnt als guter Engländer bald Buch über sich selbst zu führen. Sein Inventarium enthält ein Verzeichniß der Gebrauchsgegenstände, die er besitzt, der verschiednen Verrichtungen, die zu ihrer Produktion erheischt sind, endlich der Arbeitszeit, die ihm bestimmte Quanta dieser verschiednen Produkte im Durchschnitt kosten. Alle Beziehungen zwischen Robinson und den Dingen, die seinen selbstgeschaffnen Reichthum bilden, sind hier so einfach und durchsichtig, daß selbst Herr M. Wirth sie ohne besondre Geistesanstrengung verstehn dürfte. Und dennoch sind darin alle wesentlichen Bestimmungen des Werths enthalten.

Versetzen wir uns nun von Robinson's lichter Insel in

---

in diesen Tauschwerthen vergegenständlichten Arbeitszeit. Bei dieser Gelegenheit fällt er in den Anachronismus, daß Urfischer und Urjäger zur Berechnung ihrer Arbeitsinstrumente die 1817 auf der Londoner Börse gangbaren Annuitätentabellen zu Rathe ziehn. Die ›Parallelogramme des Herrn Owen‹ scheinen die einzige Gesellschaftsform, die er außer der bürgerlichen kannte.« (Karl Marx: Zur Kritik etc. p. 38, 39.)

das finstre europäische Mittelalter. Statt des unabhängigen Mannes finden wir hier Jedermann abhängig – Leibeigne und Grundherrn, Vasallen und Lehnsgeber, Laien und Pfaffen. Persönliche Abhängigkeit charakterisirt ebensosehr die gesellschaftlichen Verhältnisse der materiellen Produktion als die auf ihr aufgebauten Lebenssphären. Aber eben weil persönliche Abhängigkeitsverhältnisse die gegebne gesellschaftliche Grundlage bilden, brauchen Arbeiten und Produkte nicht eine von ihrer Realität verschiedne phantastische Gestalt anzunehmen. Sie gehn als Naturaldienste und Naturalleistungen in das gesellschaftliche Getriebe ein. Die Naturalform der Arbeit, ihre Besonderheit, und nicht, wie auf Grundlage der Waarenproduktion, ihre Allgemeinheit, ist hier ihre unmittelbar gesellschaftliche Form. Die Frohnarbeit ist ebenso gut durch die Zeit gemessen wie die Waaren producirende Arbeit, aber jeder Leibeigne weiß, daß es ein bestimmtes Quantum seiner persönlichen Arbeitskraft ist, die er im Dienst seines Herrn verausgabt. Der dem Pfaffen zu leistende Zehnten ist klarer als der Segen des Pfaffen. Wie man daher immer die Charaktermasken beurtheilen mag, worin sich die Menschen hier gegenübertreten, die gesellschaftlichen Verhältnisse der Personen in ihren Arbeiten erscheinen jedenfalls als ihre eignen persönlichen Verhältnisse, und sind nicht verkleidet in gesellschaftliche Verhältnisse der Sachen, der Arbeitsprodukte.

Für die Betrachtung gemeinsamer, d. h. unmittelbar vergesellschafteter Arbeit brauchen wir nicht zurückzugehn zu der naturwüchsigen Form derselben, welche uns an der Geschichtsschwelle aller Kulturvölker begegnet[30]. Ein nä-

30 Note zur 2. Ausgabe. »Es ist ein lächerliches Vorurtheil in neuester Zeit verbreitet, daß die Form des naturwüchsigen Gemeineigenthums specifisch slavische, sogar ausschließlich russische Form sei. Sie ist die Urform, die wir bei Römern, Germanen, Celten nachweisen können, von der aber eine ganze Mu-

her liegendes Beispiel bildet die ländlich patriarchalische Industrie einer Bauernfamilie, die für den eignen Bedarf Korn, Vieh, Garn, Leinwand, Kleidungstücke u. s. w. producirt. Diese verschiednen Dinge treten der Familie als verschiedne Produkte ihrer Familienarbeit gegenüber, aber nicht sich selbst wechselseitig als Waaren. Die verschiednen Arbeiten, welche diese Produkte erzeugen, Ackerbau, Viehzucht, Spinnen, Weben, Schneiderei u. s. w. sind in ihrer Naturalform gesellschaftliche Funktionen, weil Funktionen der Familie, die ihre eigne, naturwüchsige Theilung der Arbeit besitzt, so gut wie die Waarenproduktion. Geschlechts- und Altersunterschiede, wie die mit dem Wechsel der Jahreszeit wechselnden Naturbedingungen der Arbeit, regeln ihre Vertheilung unter die Familie und die Arbeitszeit der einzelnen Familienglieder. Die durch die Zeitdauer gemeßne Verausgabung der individuellen Arbeitskräfte erscheint hier aber von Haus aus als gesellschaftliche Bestimmung der Arbeiten selbst, weil die individuellen Arbeitskräfte von Haus aus nur als Organe der gemeinsamen Arbeitskraft der Familie wirken.

Stellen wir uns endlich, zur Abwechslung, einen Verein freier Menschen vor, die mit gemeinschaftlichen Produktionsmitteln arbeiten und ihre vielen individuellen Arbeitskräfte selbstbewußt als eine gesellschaftliche Arbeitskraft verausgaben. Alle Bestimmungen von Robinson's Arbeit wiederholen sich hier, nur gesellschaftlich, statt individu-

---

sterkarte mit mannigfachen Proben sich noch immer, wenn auch zum Theil ruinenweise, bei den Indiern vorfindet. Ein genaueres Studium der asiatischen, speciell der indischen Gemeineigenthumsformen würde nachweisen, wie aus den verschiednen Formen des naturwüchsigen Gemeineigenthums sich verschiedne Formen seiner Auflösung ergeben. So lassen sich z. B. die verschiednen Originaltypen von römischem und germanischem Privateigenthum aus verschiednen Formen des indischen Gemeineigenthums ableiten.« (Karl Marx: Zur Kritik etc. p. 10.)

ell. Alle Produkte Robinson's waren sein ausschließlich persönliches Produkt und daher unmittelbar Gebrauchsgegenstände für ihn. Das Gesammtprodukt des Vereins ist ein gesellschaftliches Produkt. Ein Theil dieses Produkts dient wieder als Produktionsmittel. Er bleibt gesellschaftlich. Aber ein anderer Theil wird als Lebensmittel von den Vereinsgliedern verzehrt. Er muß daher unter sie vertheilt werden. Die Art dieser Vertheilung wird wechseln mit der besondren Art des gesellschaftlichen Produktionsorganismus selbst und der entsprechenden geschichtlichen Entwicklungshöhe der Producenten. Nur zur Parallele mit der Waarenproduktion setzen wir voraus, der Antheil jedes Producenten an den Lebensmitteln sei bestimmt durch seine Arbeitszeit. Die Arbeitszeit würde also eine doppelte Rolle spielen. Ihre gesellschaftlich planmäßige Vertheilung regelt die richtige Proportion der verschiednen Arbeitsfunktionen zu den verschiednen Bedürfnissen. Andrerseits dient die Arbeitszeit zugleich als Maß des individuellen Antheils des Producenten an der Gemeinarbeit und daher auch an dem individuell verzehrbaren Theil des Gemeinprodukts. Die gesellschaftlichen Beziehungen der Menschen zu ihren Arbeiten und ihren Arbeitsprodukten bleiben hier durchsichtig einfach in der Produktion sowohl als in der Distribution.

Für eine Gesellschaft von Waarenproducenten, deren allgemein gesellschaftliches Produktionsverhältniß darin besteht, sich zu ihren Produkten als Waaren, also als Werthen zu verhalten, und in dieser sachlichen Form ihre Privatarbeiten auf einander zu beziehn als gleiche menschliche Arbeit, ist das Christenthum, mit seinem Kultus des abstrakten Menschen, namentlich in seiner bürgerlichen Entwicklung, dem Protestantismus, Deismus u. s. w., die entsprechendste Religionsform. In den altasiatischen, antiken u. s. w. Produktionsweisen spielt die Verwandlung des Produkts in Waare, und daher das Dasein der Menschen als Waarenproducenten, eine untergeordnete Rolle, die jedoch um so bedeutender wird, je mehr die Gemeinwesen in das Stadium ihres Untergangs treten. Eigentliche Handelsvölker existiren nur in den Intermundien der alten Welt, wie Epikurs Götter, oder wie Juden in den Poren der polnischen Gesellschaft. Jene alten gesellschaftlichen Produktionsorganismen sind außerordentlich viel einfacher und durchsichtiger als der bürgerliche, aber sie beruhen entweder auf der Unreife des individuellen Menschen, der sich von der Nabelschnur des natürlichen Gattungszusammenhangs mit Andren noch nicht losgerissen hat, oder auf unmittelbaren Herrschafts- und Knechtschaftsverhältnissen. Sie sind bedingt durch eine niedrige Entwicklungsstufe der Produktivkräfte der Arbeit und entsprechend befangene Verhältnisse der Menschen innerhalb ihres materiellen Lebenserzeugungsprocesses, daher zu einander und zur Natur. Diese wirkliche Befangenheit spiegelt sich ideell wieder in den alten Natur- und Volksreligionen. Der religiöse Wiederschein der wirklichen Welt kann überhaupt nur verschwinden, sobald die Verhältnisse des praktischen Werkeltagslebens den Menschen tagtäglich durchsichtig vernünftige Beziehungen zu einander und zur Natur darstellen. Die Gestalt des gesellschaftlichen Lebensprocesses, d. h. des materiellen Produktionsprocesses, streift nur ihren mystischen Nebelschleier ab, sobald sie als Produkt frei vergesellschafteter Menschen unter deren bewußter planmäßiger Kontrole steht. Dazu ist jedoch eine materielle Grundlage der Gesellschaft erheischt oder eine Reihe materieller Existenzbedingungen, welche selbst wieder das naturwüchsige Produkt einer langen und qualvollen Entwicklungsgeschichte sind.

Die politische Oekonomie hat nun zwar, wenn auch unvollkommen[31], Werth und Werthgröße analysirt und

---

31 Das Unzulängliche in Ricardo's Analyse der Werthgröße – und es ist die beste – wird man aus dem dritten und vierten Buch dieser Schrift ersehn. Was aber den Werth überhaupt betrifft, so

den in diesen Formen versteckten Inhalt entdeckt. Sie hat niemals auch nur die Frage gestellt, warum dieser Inhalt jene Form annimmt, warum sich also die Arbeit im Werth und das Maß der Arbeit durch ihre Zeitdauer in der

---

unterscheidet die klassische politische Oekonomie nirgendwo ausdrücklich und mit klarem Bewußtsein die Arbeit, wie sie sich im Werth, von derselben Arbeit, soweit sie sich im Gebrauchswerth ihres Produkts darstellt. Sie macht natürlich den Unterschied thatsächlich, da sie die Arbeit das einemal quantitativ, das andremal qualitativ betrachtet. Aber es fällt ihr nicht ein, daß bloß quantitativer Unterschied der Arbeiten ihre qualitative Einheit oder Gleichheit voraussetzt, also ihre Reduktion auf abstrakt menschliche Arbeit. Ricardo z. B. erklärt sich einverstanden mit Destutt de Tracy, wenn dieser sagt: »As it is certain that our physical and moral faculties are alone our original riches, the employment of those faculties, labour of some kind, is our original treasure, and that it is always from this employment – that all those things are created which we call riches ... It is certain too, that all those things only represent the labour which has created them, and if they have a value, or even two distinct values, they can only derive them from that (the value) of the labour from which they emanate.« (Ricardo: »The principles of Pol. Econ. 3. ed. Lond. 1821«, p. 334.) Wir deuten nur an, daß Ricardo dem Destutt seinen eignen tieferen Sinn unterschiebt. Destutt sagt in der That zwar einerseits, daß alle Dinge, die den Reichthum bilden, »die Arbeit repräsentiren, die sie geschaffen hat«, aber andrerseits, daß sie ihre »zwei verschiedenen Werthe« (Gebrauchswerth und Tauschwerth) vom »Werth der Arbeit« erhalten. Er fällt damit in die Flachheit der Vulgärökonomie, die den Werth einer Waare (hier der Arbeit) voraussetzt, um dadurch hinterher den Werth der andren Waaren zu bestimmen. Ricardo liest ihn so, daß sowohl im Gebrauchswerth als Tauschwerth sich Arbeit (nicht Werth der Arbeit) darstellt. Er selbst aber scheidet so wenig den zwieschlächtigen Charakter der Arbeit, die doppelt dargestellt ist, daß er in dem ganzen Kapitel: »Value and Riches, Their Distinctive Properties« sich mühselig mit den Trivialitäten eines J. B. Say herumschlagen muß. Am Ende ist er daher auch ganz erstaunt, daß Destutt zwar mit ihm selbst über Arbeit als Werthquelle und dennoch andrerseits mit Say über den Werthbegriff harmonire.

Werthgröße des Arbeitsprodukts darstellt[32]? Formeln, denen es auf der Stirn geschrieben steht, daß sie einer Gesellschaftsformation angehören, worin der Produktionsproceß die Menschen, der Mensch noch nicht den Produktionsproceß bemeistert, gelten ihrem bürgerlichen Bewußtsein für eben so selbstverständliche Naturnothwendigkeit als die produktive Arbeit selbst. Vorbürgerliche Formen

32 Es ist einer der Grundmängel der klassischen politischen Oekonomie, daß es ihr nie gelang, aus der Analyse der Waare und specieller des Waarenwerths die Form des Werths, die ihn eben zum Tauschwerth macht, herauszufinden. Grade in ihren besten Repräsentanten, wie A. Smith und Ricardo, behandelt sie die Werthform als etwas ganz Gleichgültiges oder der Natur der Waare selbst Aeußerliches. Der Grund ist nicht allein, daß die Analyse der Werthgröße ihre Aufmerksamkeit ganz absorbirt. Er liegt tiefer. Die Werthform des Arbeitsprodukts ist die abstrakteste, aber auch allgemeinste Form der bürgerlichen Produktionsweise, die hierdurch als eine besondere Art gesellschaftlicher Produktion und damit zugleich historisch charakterisirt wird. Versieht man sie daher für die ewige Naturform gesellschaftlicher Produktion, so übersieht man nothwendig auch das Specifische der Werthform, also der Waarenform, weiter entwikkelt der Geldform, Kapitalform u. s. w. Man findet daher bei Oekonomen, welche über das Maß der Werthgröße durch Arbeitszeit durchaus übereinstimmen, die kunterbuntesten und widersprechendsten Vorstellungen von Geld, d. h. der fertigen Gestalt des allgemeinen Aequivalents. Dieß tritt schlagend hervor z. B. bei der Behandung des Bankwesens, wo mit den gemeinplätzlichen Definitionen des Geldes nicht mehr ausgereicht wird. Im Gegensatz entsprang daher ein restaurirtes Merkantilsystem (Ganilh u. s. w.), welches im Werth nur die gesellschaftliche Form sieht oder vielmehr nur ihren substanzlosen Schein. – Um es ein für allemal zu bemerken, verstehe ich unter klassischer politischer Oekonomie alle Oekonomie seit W. Petty, die den innern Zusammenhang der bürgerlichen Produktionsverhältnisse erforscht im Gegensatz zur Vulgärökonomie, die sich nur innerhalb des scheinbaren Zusammenhangs herumtreibt, für eine plausible Verständlichmachung

des gesellschaftlichen Produktionsorganismus werden daher von ihr behandelt, wie etwa von den Kirchenvätern vorchristliche Religionen[33].

Wie sehr ein Theil der Oekonomen von dem der Waarenwelt anklebenden Fetischismus oder dem gegenständli-

---

der so zu sagen gröbsten Phänomene und den bürgerlichen Hausbedarf das von der wissenschaftlichen Oekonomie längst gelieferte Material stets von neuem wiederkaut, im Uebrigen aber sich darauf beschränkt, die banalen und selbstgefälligen Vorstellungen der bürgerlichen Produktionsagenten von ihrer eignen besten Welt zu systematisiren, pedantisiren und als ewige Wahrheiten zu proklamiren.

33 »Les économistes ont une singulière manière de procéder. Il n'y a pour eux que deux sortes d'institution, celles de l'art et celles de la nature. Les institutions de la féodalité sont des institutions artificielles, celles de la bourgeoisie sont des institutions naturelles. Ils ressemblent en ceci aux théologiens, qui eux aussi établissent deux sortes de religion. Toute religion qui n'est pas la leur est une invention des hommes, tandis que leur propre religion est une émanation de dieu. – Ainsi il y a eu de l'histoire, mais il n'y en a plus.« (Karl Marx: »Misère de la Philosophie. Réponse à la Philosophie de la Misère de M. Proudhon. 1847«, p. 113.) Wahrhaft drollig ist Herr Bastiat, der sich einbildet, die alten Griechen und Römer hätten nur von Raub gelebt. Wenn man aber viele Jahrhunderte durch von Raub lebt, muß doch beständig etwas zu rauben da sein oder der Gegenstand des Raubes sich fortwährend reproduciren. Es scheint daher, daß auch Griechen und Römer einen Productionsproceß hatten, also eine Oekonomie, welche ganz so die materielle Grundlage ihrer Welt bildete, wie die bürgerliche Oekonomie die der heutigen Welt. Oder meint Bastiat etwa, daß eine Produktionsweise, die auf der Sklavenarbeit beruht, auf einem Raubsystem ruht? Er stellt sich dann auf gefährlichen Boden. Wenn ein Denkriese wie Aristoteles in seiner Würdigung der Sklavenarbeit irrte, warum sollte ein Zwergökonom, wie Bastiat, in seiner Würdigung der Lohnarbeit richtig gehn? – Ich ergreife diese Gelegenheit, um einen Einwand, der mir beim Erscheinen meiner Schrift »Zur Kritik der Pol. Oekonomie 1859«

chen Schein der gesellschaftlichen Arbeitsbestimmungen getäuscht wird, beweist u. a. der langweilig abgeschmackte Zank über die Rolle der Natur in der Bildung des Tauschwerths. Da Tauschwerth eine bestimmte gesellschaftliche Manier ist, die auf ein Ding verwandte Arbeit auszudrükken, kann er nicht mehr Naturstoff enthalten als etwa der Wechselkurs.

Da die Waarenform die allgemeinste und unentwickeltste Form der bürgerlichen Produktion ist, weßwegen sie früh auftritt, obgleich nicht in derselben herrschenden, also charakteristischen Weise wie heut zu Tag, scheint ihr Fetischcharakter noch relativ leicht zu durchschauen. Bei

---

von einem deutsch-amerikanischen Blatte gemacht wurde, kurz abzuweisen. Es sagte, meine Ansicht, daß die bestimmte Produktionsweise und die ihr jedesmal entsprechenden Produktionsverhältnisse, kurz »die ökonomische Struktur der Gesellschaft die reale Basis sei, worauf sich ein juristischer und politischer Ueberbau erhebe, und welcher bestimmte gesellschaftliche Bewußtseinsformen entsprächen«, daß »die Produktionsweise des materiellen Lebens den socialen, politischen und geistigen Lebensproceß überhaupt bedinge«, – alles dieß sei zwar richtig für die heutige Welt, wo die materiellen Interessen, aber weder für das Mittelalter, wo der Katholicismus, noch für Athen und Rom, wo die Politik herrschte. Zunächst ist es befremdlich, daß Jemand vorauszusetzen beliebt, diese weltbekannten Redensarten über Mittelalter und antike Welt seien irgend Jemand unbekannt geblieben. So viel ist klar, daß das Mittelalter nicht vom Katholicismus und die antike Welt nicht von der Politik leben konnte. Die Art und Weise, wie sie ihr Leben gewannen, erklärt umgekehrt, warum dort die Politik, hier der Katholicismus die Hauptrolle spielte. Es gehört übrigens wenig Bekanntschaft z. B. mit der Geschichte der römischen Republik dazu, um zu wissen, daß die Geschichte des Grundeigenthums ihre Geheimgeschichte bildet. Andrerseits hat schon Don Quixote den Irrthum gebüßt, daß er die fahrende Ritterschaft mit allen ökonomischen Formen der Gesellschaft gleich verträglich wähnte.

konkreteren Formen verschwindet selbst dieser Schein der Einfachheit. Woher die Illusionen des Monetarsystems? Es sah dem Gold und Silber nicht an, daß sie als Geld ein gesellschaftliches Produktionsverhältniß darstellen, aber in der Form von Naturdingen mit sonderbar gesellschaftlichen Eigenschaften. Und die moderne Oekonomie, die vornehm auf das Monetarsystem herabgrinst, wird ihr Fetischismus nicht handgreiflich, sobald sie das Kapital behandelt? Seit wie lange ist die physiokratische Illusion verschwunden, daß die Grundrente aus der Erde wächst, nicht aus der Gesellschaft?

Um jedoch nicht vorzugreifen, genüge hier noch ein Beispiel bezüglich der Waarenform selbst. Könnten die Waaren sprechen, so würden sie sagen, unser Gebrauchswerth mag den Menschen interessiren. Er kömmt uns nicht als Dingen zu. Was uns aber dinglich zukömmt, ist unser Werth. Unser eigner Verkehr als Waarendinge beweist das. Wir beziehn uns nur als Tauschwerthe auf einander. Man höre nun, wie der Oekonom aus der Waarenseele heraus spricht: »Werth (Tauschwerth) ist Eigenschaft der Dinge, Reichthum (Gebrauchswerth) des Menschen. Werth in diesem Sinn schließt nothwendig Austausch ein, Reichthum nicht«[34]. »Reichthum (Gebrauchswerth) ist ein Attribut des Menschen, Werth ein Attribut der Waaren. Ein Mensch oder ein Gemeinwesen ist reich; eine Perle oder ein Diamant ist werthvoll ...« Eine Perle oder ein Diamant hat Werth als Perle oder Diamant[35]. Bisher hat

---

34 »Value is a property of things, riches of man. Value, in this sense, necessarily implies exchanges, riches do not.« »Observations on some verbal disputes in Pol. Econ., particularly relating to value and to supply and demand. Lond. 1821«, p. 16.

35 »Riches are the attribute of man, value is the attribute of commodities. A man or a community is rich, a pearl or a diamond is valuable ...« A pearl or a diamond is valuable as a pearl or diamond. S. Bailey l. c. p. 165.

noch kein Chemiker Tauschwerth in Perle oder Diamant entdeckt. Die ökonomischen Entdecker dieser chemischen Substanz, die besondren Anspruch auf kritische Tiefe machen, finden aber, daß der Gebrauchswerth der Sachen unabhängig von ihren sachlichen Eigenschaften, dagegen ihr Werth ihnen als Sachen zukömmt. Was sie hierin bestätigt, ist der sonderbare Umstand, daß der Gebrauchswerth der Dinge sich für den Menschen ohne Austausch realisirt, also im unmittelbaren Verhältniß zwischen Ding und Mensch, ihr Werth umgekehrt nur im Austausch, d. h. in einem gesellschaftlichen Proceß. Wer erinnert sich hier nicht des guten Dogberry, der den Nachtwächter Seacoal belehrt: »Ein gut aussehender Mann zu sein, ist eine Gabe der Umstände, aber Lesen und Schreiben zu können, kömmt von Natur«[36].

[...]

---

36 Der Verfasser der »Observations« und S. Bailey beschuldigen Ricardo, er habe den Tauschwerth aus einem nur Relativen in etwas Absolutes verwandelt. Umgekehrt. Er hat die Scheinrelativität, die diese Dinge, Diamant und Perlen z. B., als Tauschwerthe besitzen, auf das hinter dem Schein verborgene wahre Verhältniß reducirt, auf ihre Relativität als bloße Ausdrücke menschlicher Arbeit. Wenn die Ricardianer dem Bailey grob, aber nicht schlagend antworten, so nur, weil sie bei Ricardo selbst keinen Aufschluß über den inneren Zusammenhang zwischen Werth und Werthform oder Tauschwerth fanden.

Zweiter Abschnitt
Die Verwandlung von Geld in Kapital

Viertes Kapitel. Verwandlung von Geld in Kapital

1) Die allgemeine Formel des Kapitals

Die Waarencirkulation ist der Ausgangspunkt des Kapitals. Waarenproduktion und entwickelte Waarencirkulation, Handel, bilden die historischen Voraussetzungen, unter denen es entsteht. Welthandel und Weltmarkt eröffnen im 16. Jahrhundert die moderne Lebensgeschichte des Kapitals.

Sehn wir ab vom stofflichen Inhalt der Waarencirkulation, vom Austausch der verschiednen Gebrauchswerthe, und betrachten wir nur die ökonomischen Formen, die dieser Prozeß erzeugt, so finden wir als sein letztes Produkt das Geld. Dies letzte Produkt der Waarencirkulation ist die erste Erscheinungsform des Kapitals.

Historisch tritt das Kapital dem Grundeigenthum überall zunächst in der Form von Geld gegenüber, als Geldvermögen, Kaufmannskapital und Wucherkapital[1]. Jedoch bedarf es nicht des Rückblicks auf die Entstehungsgeschichte des Kapitals, um das Geld als seine erste Erscheinungsform zu erkennen. Dieselbe Geschichte spielt täglich vor unsren Augen. Jedes neue Kapital betritt in erster Instanz die Bühne, d. h. den Markt, Waarenmarkt, Arbeitsmarkt oder Geldmarkt, immer noch als Geld, Geld,

---

1 Der Gegensatz zwischen der auf persönlichen Knechtschafts- und Herrschaftsverhältnissen beruhenden Macht des Grundeigenthums und der unpersönlichen Macht des Geldes ist klar gefaßt in den zwei französischen Sprichworten: »Nulle terre sans seigneur.« »L'argent n'a pas de maître.«

das sich durch bestimmte Processe in Kapital verwandeln soll.

Geld als Geld und Geld als Kapital unterscheiden sich zunächst nur durch ihre verschiedne Cirkulationsform.

Die unmittelbare Form der Waarencirkulation ist W-G-W, Verwandlung von Waare in Geld und Rückverwandlung von Geld in Waare, verkaufen um zu kaufen. Neben dieser Form finden wir aber eine zweite, specifisch unterschiedne vor, die Form G-W-G, Verwandlung von Geld in Waare und Rückverwandlung von Waare in Geld, kaufen um zu verkaufen. Geld, das in seiner Bewegung diese letztre Cirkulation beschreibt, verwandelt sich in Kapital, wird Kapital und ist schon seiner Bestimmung nach Kapital.

Sehn wir uns die Cirkulation G-W-G näher an. Sie durchläuft, gleich der einfachen Waarencirkulation, zwei entgegengesetzte Phasen. In der ersten Phase, G-W, Kauf, wird das Geld in Waare verwandelt. In der zweiten Phase, W-G, Verkauf, wird die Waare in Geld rückverwandelt. Die Einheit beider Phasen aber ist die Gesammtbewegung, welche Geld gegen Waare und dieselbe Waare wieder gegen Geld austauscht, Waare kauft um sie zu verkaufen, oder wenn man die formellen Unterschiede von Kauf und Verkauf vernachlässigt, mit dem Geld Waare und mit der Waare Geld kauft[2]. Das Resultat, worin der ganze Proceß erlischt, ist Austausch von Geld gegen Geld, G-G. Wenn ich für 100 Pfd. St. 2000 Pfd. Baumwolle kaufe und die 2000 Pfd. Baumwolle wieder für 110 Pfd. St. verkaufe, so habe ich schließlich 100 Pfd. St. gegen 110 Pfd. St. ausgetauscht, Geld gegen Geld.

Es ist nun zwar augenscheinlich, daß der Cirkulationsproceß G-W-G abgeschmackt und inhaltlos wäre, wollte

---

2 »Avec de l'argent on achète des marchandises, et avec des marchandises on achète de l'argent.« (Mercier de la Rivière: »L'ordre naturel et essentiel des sociétés politiques«, p. 543.)

man vermittelst seines Umwegs denselben Geldwerth gegen denselben Geldwerth, also z. B. 100 Pfd. St. gegen 100 Pfd. St. austauschen. Ungleich einfacher und sichrer bliebe die Methode des Schatzbildners, der seine 100 Pfd. St. festhält, statt sie der Cirkulationsgefahr preiszugeben. Andrerseits, ob der Kaufmann die mit 100 Pfd. St. gekaufte Baumwolle wieder verkauft zu 110 Pfd. St., oder ob er sie zu 100 Pfd. St. und selbst zu 50 Pfd. St. losschlagen muß, unter allen Umständen hat sein Geld eine eigenthümliche und originelle Bewegung beschrieben, durchaus andrer Art als in der einfachen Waarencirkulation, z. B. in der Hand des Bauern, der Korn verkauft und mit dem so gelösten Geld Kleider kauft. Es gilt also zunächst die Charakteristik der Formunterschiede zwischen den Kreisläufen G-W-G und W-G-W. Damit wird sich zugleich der inhaltliche Unterschied ergeben, der hinter diesen Formunterschieden lauert.

Sehn wir zunächst, was beiden Formen gemeinsam.

Beide Kreisläufe zerfallen in dieselben zwei entgegengesetzten Phasen, W-G, Verkauf, und G-W, Kauf. In jeder der beiden Phasen stehn sich dieselben zwei sachlichen Elemente gegenüber, Waare und Geld, – und zwei Personen in denselben ökonomischen Charaktermasken, ein Käufer und ein Verkäufer. Jeder der beiden Kreisläufe ist die Einheit derselben entgegengesetzten Phasen und beidemal wird diese Einheit vermittelt durch das Auftreten von drei Kontrahenten, wovon der eine nur verkauft, der andre nur kauft, der dritte aber abwechselnd kauft und verkauft.

Was jedoch die beiden Kreisläufe W-G-W und G-W-G von vornherein scheidet, ist die umgekehrte Reihenfolge derselben entgegengesetzten Cirkulationsphasen. Die einfache Waarencirkulation beginnt mit dem Verkauf und endet mit dem Kauf, die Cirkulation des Geldes als Kapital beginnt mit dem Kauf und endet mit dem Verkauf. Dort bildet die Waare, hier das Geld den Ausgangspunkt und

Schlußpunkt der Bewegung. In der ersten Form vermittelt das Geld, in der andren umgekehrt die Waare den Gesammtverlauf.

In der Cirkulation W-G-W wird das Geld schließlich in Waare verwandelt, die als Gebrauchswerth dient. Das Geld ist also definitiv ausgegeben. In der umgekehrten Form G-W-G giebt der Käufer dagegen Geld aus, um als Verkäufer Geld einzunehmen. Er wirft, beim Kauf der Waare, Geld in die Cirkulation, um es ihr wieder zu entziehn durch den Verkauf derselben Waare. Er entläßt das Geld nur mit der hinterlistigen Absicht, seiner wieder habhaft zu werden. Es wird daher nur vorgeschossen[3].

In der Form W-G-W wechselt dasselbe Geldstück zweimal die Stelle. Der Verkäufer erhält es vom Käufer und zahlt es weg an einen andren Verkäufer. Der Gesammtproceß, der mit der Einnahme von Geld für Waare beginnt, schließt ab mit der Weggabe von Geld für Waare. Umgekehrt in der Form G-W-G. Nicht dasselbe Geldstück wechselt hier zweimal die Stelle, sondern dieselbe Waare. Der Käufer erhält sie aus der Hand des Verkäufers und giebt sie weg in die Hand eines andren Käufers. Wie in der einfachen Waarencirkulation der zweimalige Stellenwechsel desselben Geldstücks sein definitives Uebergehn aus einer Hand in die andre bewirkt, so hier der zweimalige Stellenwechsel derselben Waare den Rückfluß des Geldes zu seinem ersten Ausgangspunkt.

Der Rückfluß des Geldes zu seinem Ausgangspunkt hängt nicht davon ab, ob die Waare theurer verkauft wird als sie gekauft war. Dieser Umstand beeinflußt nur die Größe der rückfließenden Geldsumme. Das Phänomen

3 »When a thing is bought, in order to be sold again, the sum employed is called money advanced; when it is bought not to be sold, it may be said to be expended.« (James Steuart: »Works etc. edited by General Sir James Steuart, his son«. Lond. 1805, v. I, p. 274.)

des Rückflusses selbst findet statt, sobald die gekaufte Waare wieder verkauft, also der Kreislauf G-W-G vollständig beschrieben wird. Es ist dieß also ein sinnlich wahrnehmbarer Unterschied zwischen der Cirkulation des Geldes als Kapital und seiner Cirkulation als bloßem Geld.

Der Kreislauf W-G-W ist vollständig zurückgelegt, sobald der Verkauf einer Waare Geld bringt, welches der Kauf andrer Waare wieder entzieht. Erfolgt dennoch Rückfluß des Geldes zu seinem Ausgangspunkt, so nur durch die Erneuerung oder Wiederholung des ganzen Kursus. Wenn ich ein Quarter Korn verkaufe für 3 Pfd. St. und mit diesen 3 Pfd. St. Kleider kaufe, sind die 3 Pfd. St. für mich definitiv verausgabt. Ich habe nichts mehr mit ihnen zu schaffen. Sie sind des Kleiderhändlers. Verkaufe ich nun ein zweites Quarter Korn, so fließt Geld zu mir zurück, aber nicht in Folge der ersten Transaktion, sondern nur in Folge ihrer Wiederholung. Es entfernt sich wieder von mir, sobald ich die zweite Transaktion zu Ende führe und von neuem kaufe. In der Cirkulation W-G-W hat also die Verausgabung des Geldes nichts mit seinem Rückfluß zu schaffen. In G-W-G dagegen ist der Rückfluß des Geldes durch die Art seiner Verausgabung selbst bedingt. Ohne diesen Rückfluß ist die Operation mißglückt oder der Proceß unterbrochen und noch nicht fertig, weil seine zweite Phase, der den Kauf ergänzende und abschließende Verkauf fehlt.

Der Kreislauf W-G-W geht aus von dem Extrem einer Waare und schließt ab mit dem Extrem einer andren Waare, die aus der Cirkulation heraus und der Konsumtion anheimfällt. Konsumtion, Befriedigung von Bedürfnissen, mit einem Wort, Gebrauchswerth ist daher sein Endzweck. Der Kreislauf G-W-G geht dagegen aus von dem Extrem des Geldes und kehrt schließlich zurück zu demselben Extrem. Sein treibendes Motiv und bestimmender Zweck ist daher der Tauschwerth selbst.

In der einfachen Waarencirkulation haben beide Extreme dieselbe ökonomische Form. Sie sind beide Waare. Sie sind auch Waaren von derselben Werthgröße. Aber sie sind qualitativ verschiedne Gebrauchswerthe, z. B. Korn und Kleider. Der Produktenaustausch, der Wechsel der verschiednen Stoffe, worin sich die gesellschaftliche Arbeit darstellt, bildet hier den Inhalt der Bewegung. Anders in der Cirkulation G-W-G. Sie scheint auf den ersten Blick inhaltslos, weil tautologisch. Beide Extreme haben dieselbe ökonomische Form. Sie sind beide Geld, also keine qualitativ unterschiedne Gebrauchswerthe, denn Geld ist eben die verwandelte Gestalt der Waaren, worin ihre besondren Gebrauchswerthe ausgelöscht sind. Erst 100 Pfd. St. gegen Baumwolle und dann wieder dieselbe Baumwolle gegen 100 Pfd. St. austauschen, also auf einem Umweg Geld gegen Geld, dasselbe gegen dasselbe, scheint eine ebenso zwecklose als abgeschmackte Operation[4]. Eine Geldsumme kann sich von der andren Geldsumme überhaupt nur durch ihre Größe unterscheiden. Der Proceß G-W-G schuldet seinen Inhalt daher keinem qualitati-

---

4 »On n'échange pas de l'argent contre de l'argent,« ruft Mercier de la Rivière den Merkantilisten zu. (l. c. p. 486.) In einem Werke, welches ex professo vom »Handel« und der »Spekulation« handelt, liest man: »Aller Handel besteht im Austausch von Dingen verschiedner Art; und der Vortheil (für den Kaufmann?) entspringt eben aus dieser Verschiedenheit. Ein Pfund Brod gegen ein Pfund Brod austauschen, wäre ohne allen Vortheil ... daher der vortheilhafte Kontrast zwischen Handel und Spiel, welches nur Austausch von Geld gegen Geld ist.« (Th. Corbet: »An Inquiry into the Causes and Modes of the Wealth of Individuals; or the Principles of Trade and Speculation explained. London, 1841«, p. 5.) Obgleich Corbet nicht sieht, daß G-G, Geld gegen Geld austauschen, die charakteristische Cirkulationsform, nicht nur des Handelskapitals, sondern alles Kapitals ist, giebt er wenigstens zu, daß diese Form einer Art des Handels, der Spekulation, mit dem Spiel gemein sei, aber dann

ven Unterschied seiner Extreme, denn sie sind beide Geld, sondern nur ihrer quantitativen Verschiedenheit. Schließlich wird der Cirkulation mehr Geld entzogen als Anfangs hineingeworfen ward. Die zu 100 Pfd. St. gekaufte Baumwolle wird z. B. wieder verkauft zu 100 + 10 Pfd. St. oder 110 Pfd. St. Die vollständige Form dieses Processes ist daher G-W-G´, wo G´ = G + ΔG, d. h. gleich der ursprünglich vorgeschossenen Geldsumme plus einem Inkrement. Dieses Inkrement oder den Ueberschuß über den ursprünglichen Werth nenne ich – Mehrwerth (surplus value). Der ursprünglich vorgeschoßne Werth erhält sich daher nicht nur in der Cirkulation, sondern in ihr verändert er seine Werthgröße, setzt einen Mehrwerth zu, oder verwerthet sich. Und diese Bewegung verwandelt ihn in Kapital.

Es ist zwar auch möglich, daß in W-G-W die beiden Extreme, W, W, z. B. Korn und Kleider, quantitativ verschiedne Werthgrößen sind. Der Bauer kann sein Korn über dem Werth verkaufen oder die Kleider unter ihrem Werth kaufen. Er kann seinerseits vom Kleiderhändler geprellt werden. Solche Werthverschiedenheit bleibt jedoch für diese Cirkulationsform selbst rein zufällig. Sinn und Verstand verliert sie nicht schier, wie der Proceß G-W-G, wenn die beiden Extreme, Korn und Kleider z. B., Aequi-

---

kommt MacCulloch und findet, daß Kaufen um zu verkaufen Spekuliren ist, und der Unterschied zwischen Spekulation und Handel also wegfällt. »Every transaction in which an individual buys produce in order to sell it again, is, in fact, a speculation.« (Mac Culloch: A Dictionary practical etc. of Commerce. London 1847, p. 1058.) Ungleich naiver Pinto, der Pindar der Amsterdamer Börse: »Le commerce est un jeu (dieser Satz entlehnt aus Locke), et ce n'est pas avec des gueux qu'on peut gagner. Si l'on gagnait long-temps en tout avec tous, il faudrait rendre de bon accord les plus grandes parties du profit, pour recommencer le jeu.« (Pinto: Traité de la Circulation et du Crédit. Amsterdam, 1771, p. 231.)

valente sind. Ihr Gleichwerth ist hier vielmehr Bedingung des normalen Verlaufs.

Die Wiederholung oder Erneuerung des Verkaufs um zu kaufen findet, wie dieser Proceß selbst, Maß und Ziel an einem außer ihm liegenden Endzwecke, der Konsumtion, der Befriedigung bestimmter Bedürfnisse. Im Kauf für den Verkauf dagegen sind Anfang und Ende dasselbe, Geld, Tauschwerth, und schon dadurch ist die Bewegung endlos. Allerdings ist aus G, G + ΔG geworden, aus den 100 Pfd. St., 100 + 10. Aber bloß qualitativ betrachtet, sind 110 Pfd. St. dasselbe wie 100 Pfd. St., nämlich Geld. Und quantitativ betrachtet, sind 110 Pfd. St. eine beschränkte Werthsumme wie 100 Pfd. St. Würden die 110 Pfd. St. als Geld verausgabt, so fielen sie aus ihrer Rolle. Sie hörten auf Kapital zu sein. Der Cirkulation entzogen, versteinern sie zum Schatz und kein Farthing wächst ihnen an, ob sie bis zum jüngsten Tage fortlagern. Handelt es sich also einmal um Verwerthung des Werths, so besteht dasselbe Bedürfniß für die Verwerthung von 110 Pfd. St. wie für die von 100 Pfd. St., da beide beschränkte Ausdrücke des Tauschwerths sind, beide also denselben Beruf haben sich dem Reichthum schlechthin durch Größenausdehnung anzunähern. Zwar unterscheidet sich für einen Augenblick der ursprünglich vorgeschossene Werth 100 Pfd. St. von dem in der Cirkulation ihm zuwachsenden Mehrwerth von 10 Pfd. St., aber dieser Unterschied zerfließt sofort wieder. Es kommt am Ende des Processes nicht auf der einen Seite der Originalwerth von 100 Pfd. St. und auf der andren Seite der Mehrwerth von 10 Pfd. St. heraus. Was herauskommt ist Ein Werth von 110 Pfd. St., der sich ganz in derselben entsprechenden Form befindet, um den Verwerthungsproceß zu beginnen, wie die ursprünglichen 100 Pfd. St. Geld kommt am Ende der Bewegung wieder als ihr Anfang heraus[5]. Das

---

5 »Das Kapital theilt sich ... in das ursprüngliche Kapital und den Gewinn, den Zuwachs des Kapitals ... obwohl die Praxis selbst

Ende jedes einzelnen Kreislaufs, worin sich der Kauf für den Verkauf vollzieht, bildet daher von selbst den Anfang eines neuen Kreislaufs. Die einfache Waarencirkulation – der Verkauf für den Kauf – dient zum Mittel für einen außerhalb der Cirkulation liegenden Endzweck, die Aneignung von Gebrauchswerthen, die Befriedigung von Bedürfnissen. Die Cirkulation des Geldes als Kapital ist dagegen Selbstzweck, denn die Verwerthung des Werths existirt nur innerhalb dieser stets erneuerten Bewegung. Die Bewegung des Kapitals ist daher maßlos[6].

Als bewußter Träger dieser Bewegung wird der Geldbesitzer Kapitalist. Seine Person, oder vielmehr seine Tasche, ist der Ausgangspunkt und der Rückkehrpunkt des Geldes. Der objektive Inhalt jener Cirkulation – die Verwer-

---

diesen Gewinn sogleich wieder zum Kapital schlägt und mit diesem in Fluß setzt.« (F. Engels: »Umrisse zu einer Kritik der Nationalökonomie« in »Deutsch-Französische Jahrbücher, herausgegeben von Arnold Ruge und Karl Marx.« Paris 1844, p. 99.)

6 Aristoteles stellt der Chrematistik die Oekonomik entgegen. Er geht von der Oekonomik aus. Soweit sie Erwerbskunst, beschränkt sie sich auf die Verschaffung der zum Leben nothwendigen und für das Haus oder den Staat nützlichen Güter. »Der wahre Reichthum (ὁ ἀληθινὸς πλοῦτος) besteht aus solchen Gebrauchswerthen; denn das zum guten Leben genügende Maß dieser Art von Besitz ist nicht unbegrenzt. Es giebt aber eine zweite Art der Erwerbskunst, die vorzugsweise und mit Recht Chrematistik heißt, in Folge deren keine Grenze des Reichthums und Besitzes zu existiren scheint. Der Waarenhandel (ἡ καπηλική heißt wörtlich Kramhandel und Aristoteles nimmt diese Form, weil in ihr der Gebrauchswerth vorherrscht) gehört von Natur nicht zur Chrematistik, denn hier bezieht sich der Austausch nur auf das für sie selbst (Käufer und Verkäufer) Nöthige.« Daher, entwickelt er weiter, war auch die ursprüngliche Form des Waarenhandels der Tauschhandel, aber mit seiner Ausdehnung entstand nothwendig das Geld. Mit der Erfindung des Geldes mußte sich der Tauschhandel nothwendig zur καπηλική, zum Waarenhandel entwickeln, und dieser, im Wider-

thung des Werths – ist sein subjektiver Zweck, und nur soweit wachsende Aneignung des abstrakten Reichthums das allein treibende Motiv seiner Operationen, funktionirt er als Kapitalist oder personificirtes, mit Willen und Bewußtsein begabtes Kapital. Der Gebrauchswerth ist also nie als unmittelbarer Zweck des Kapitalisten zu behandeln[7]. Auch nicht der einzelne Gewinn, sondern nur die rastlose Bewegung des Gewinnens[8]. Dieser absolute Berei-

---

spruch zu seiner ursprünglichen Tendenz, bildete sich zur Chrematistik aus, zur Kunst Geld zu machen. Die Chrematistik nun unterscheidet sich von der Oekonomik dadurch, daß, »für sie die Cirkulation die Quelle des Reichthums ist (ποιητικὴ χϱημάτων … διὰ χϱημάτων μεταβολῆς). Und um das Geld scheint sie sich zu drehen, denn das Geld ist der Anfang und das Ende dieser Art von Austausch (τὸ γὰϱ νόμισμα στοιχεῖον καὶ πέϱας τῆς ἀλλαγῆς ἐστίν). Daher ist auch der Reichthum, wie ihn die Chrematistik anstrebt, unbegrenzt. Wie nämlich jede Kunst, der ihr Ziel nicht als Mittel, sondern als letzter Endzweck gilt, unbegrenzt in ihrem Streben ist, denn sie sucht sich ihm stets mehr zu nähern, während die Künste, die nur Mittel zum Zwecke verfolgen, nicht unbegrenzt sind, da der Zweck selbst ihnen die Grenze setzt, so giebt es auch für diese Chrematistik keine Schranke ihres Ziels, sondern ihr Ziel ist absolute Bereicherung. Die Oekonomik, nicht die Chrematistik, hat eine Grenze … die erstere bezweckt ein vom Gelde selbst Verschiednes, die andere seine Vermehrung … Die Verwechslung beider Formen, die in einander überspielen, veranlaßt Einige die Erhaltung und Vermehrung des Geldes ins Unendliche als Endziel der Oekonomik zu betrachten«. (Aristoteles: De Rep. edit. Bekker, lib. I, c. 8 und 9 passim.)

7 »Commodities (hier im Sinn von Gebrauchswerthen) are not the terminating object of the trading capitalist … money is his terminating object.« (Th. Chalmers: On Politic. Econ. etc. 2nd edit. Glasgow 1832, p. 165, 166.)

8 »Il mercante non conta quasi per niente il lucro fatto, ma mira sempre al futuro.« (A. Genovesi: Lezioni die Economia Civile (1765). Ausgabe der italienischen Oekonomen von Custodi, Parte Moderna, t. VIII, p. 139).

cherungstrieb, diese leidenschaftliche Jagd auf den Werth[9] ist dem Kapitalisten mit dem Schatzbildner gemein, aber während der Schatzbildner nur der verrückte Kapitalist, ist der Kapitalist der rationelle Schatzbildner. Die rastlose Vermehrung des Werths, die der Schatzbildner anstrebt, indem er das Geld vor der Cirkulation zu retten sucht[10], erreicht der klügere Kapitalist, indem er es stets von neuem der Cirkulation preisgiebt[10a].

Die selbständigen Formen, die Geldformen, welche der Werth der Waaren in der einfachen Cirkulation annimmt, vermitteln nur den Waarenaustausch und verschwinden im Endresultat der Bewegung. In der Cirkulation G-W-G funktioniren dagegen beide, Waare und Geld, nur als verschiedne Existenzweisen des Werths selbst, das Geld seine allgemeine, die Waare seine besondre, so zu sagen nur verkleidete Existenzweise[11]. Er geht beständig aus der einen Form in die andre über, ohne sich in dieser Bewegung zu verlieren, und verwandelt sich so in ein automatisches

---

9 »Die unauslöschliche Leidenschaft für den Gewinn, die auri sacra fames bestimmt stets den Kapitalisten.« (MacCulloch: The Principles of Polit. Econ. London 1830, p. 179.) Diese Einsicht verhindert denselben MacCulloch und Consorten natürlich nicht, in theoretischen Verlegenheiten, z. B. bei Behandlung der Ueberproduktion, denselben Kapitalisten in einen guten Bürger zu verwandeln, dem es sich nur um den Gebrauchswerth handelt und der sogar einen wahren Wehrwolfsheißhunger entwikkelt für Stiefel, Hüte, Eier, Kattune und andere höchst familiäre Sorten von Gebrauchswerth.

10 »Σώζειν« ist einer der charakteristischen Ausdrücke der Griechen für das Schatzbilden. Ebenso bedeutet »to save« zugleich retten und sparen.

10a »Questo infinito che le cose non hanno in progresso, hanno in giro.« (Galiani.)

11 »Ce n'est pas la matière qui fait le capital, mais la valeur de ces matières.« (J. B. Say: Traité d'Econ. Polit. 3ème éd. Paris 1817, t. II, p. 429.)

Subjekt. Fixirt man die besondren Erscheinungsformen, welche der sich verwerthende Werth im Kreislauf seines Lebens abwechselnd annimmt, so erhält man die Erklärungen: Kapital ist Geld, Kapital ist Waare[12]. In der That aber wird der Werth hier das Subjekt eines Processes, worin er unter dem beständigen Wechsel der Formen von Geld und Waare, seine Größe selbst verändert, sich als Mehrwerth von sich selbst als ursprünglichem Werth abstößt, sich selbst verwerthet. Denn die Bewegung, worin er Mehrwerth zusetzt, ist seine eigne Bewegung, seine Verwerthung also Selbstverwerthung. Er hat die okkulte Qualität erhalten, Werth zu setzen, weil er Werth ist. Er wirft lebendige Junge oder legt wenigstens goldne Eier.

Als das übergreifende Subjekt eines solchen Processes, worin er Geldform und Waarenform bald annimmt, bald abstreift, sich aber in diesem Wechsel erhält und ausreckt, bedarf der Werth vor allem einer selbständigen Form, wodurch seine Identität mit sich selbst konstatirt wird. Und diese Form besitzt er nur im Gelde. Dieß bildet daher Ausgangspunkt und Schlußpunkt jedes Verwerthungsprocesses. Er war 100 Pfd. St., er ist jetzt 110 Pfd. St. u. s. w. Aber das Geld selbst gilt hier nur als eine Form des Werths, denn er hat deren zwei. Ohne die Annahme der Waarenform wird das Geld nicht Kapital. Das Geld tritt hier also nicht polemisch gegen die Waare auf, wie in der Schatzbildung. Der Kapitalist weiß, daß alle Waaren, wie lumpig sie immer aussehn oder wie schlecht sie immer riechen, im Glauben und in der Wahrheit Geld, innerlich beschnittne Juden sind, und zudem wunderthätige Mittel, um aus Geld mehr Geld zu machen.

Wenn in der einfachen Cirkulation der Werth der Waa-

---

12 »Currency (!) employed to productive purposes is capital.« (MacLeod: »The Theory and Practice of Banking. London 1855«, v. I, c. I.) »Capital is commodities.« (James Mill: »Elements of Pol. Econ. Lond. 1821«, p. 74.)

ren ihrem Gebrauchswerth gegenüber höchstens die selbständige Form des Geldes erhält, so stellt er sich hier plötzlich dar als eine processirende, sich selbst bewegende Substanz, für welche Waare und Geld beide bloße Formen. Aber noch mehr. Statt Waarenverhältnisse darzustellen, tritt er jetzt so zu sagen in ein Privatverhältniß zu sich selbst. Er unterscheidet sich als ursprünglicher Werth von sich selbst als Mehrwerth, als Gott Vater von sich selbst als Gott Sohn, und beide sind vom selben Alter, und bilden in der That nur eine Person, denn nur durch den Mehrwerth von 10 Pfd. St. werden die vorgeschossenen 100 Pfd. St. Kapital, und sobald sie dieß geworden, sobald der Sohn, und durch den Sohn der Vater erzeugt, verschwindet ihr Unterschied wieder und sind beide Eins, 110 Pfd. St.

Der Werth wird also processirender Werth, processirendes Geld und als solches Kapital. Er kommt aus der Cirkulation her, geht wieder in sie ein, erhält und vervielfältigt sich in ihr, kehrt vergrößert aus ihr zurück und beginnt denselben Kreislauf stets wieder von neuem[13]. G-G', geldheckendes Geld – money which begets money – lautet die Beschreibung des Kapitals im Munde seiner ersten Dolmetscher, der Merkantilisten.

Kaufen um zu verkaufen, oder vollständiger, kaufen um theurer zu verkaufen, G-W-G', scheint zwar nur einer Art des Kapitals, dem Kaufmannskapital, eigenthümliche Form. Aber auch das industrielle Kapital ist Geld, das sich in Waare verwandelt und durch den Verkauf der Waare in mehr Geld rückverwandelt. Akte, die etwa zwischen dem Kauf und dem Verkaufe, außerhalb der Cirkulationssphäre vorgehn, ändern nichts an dieser Form der Bewegung. In dem zinstragenden Kapital endlich stellt sich die Cirkulation G-W-G' abgekürzt dar, in ihrem Resultat ohne

---

13 »Kapital ... permanenter sich vervielfältigender Werth.« (Sismondi: Nouveaux Principes d'Econ. Polit., t. I, p. 88, 89.)

die Vermittlung, so zu sagen im Lapidarstil, als G-G', Geld, das gleich mehr Geld, Werth, der größer als er selbst ist.

In der That also ist G-W-G' die allgemeine Formel des Kapitals, wie es unmittelbar in der Cirkulationssphäre erscheint.

2) Widersprüche der allgemeinen Formel

Die Cirkulationsform, worin sich das Geld zum Kapital entpuppt, widerspricht allen früher entwickelten Gesetzen über die Natur der Waare, des Werths, des Geldes und der Cirkulation selbst. Was sie von der einfachen Waarencirkulation unterscheidet, ist die umgekehrte Reihenfolge derselben zwei entgegengesetzten Processe, Verkauf und Kauf. Und wie sollte solcher rein formelle Unterschied die Natur dieser Processe umzaubern?

Noch mehr. Diese Umkehrung existirt nur für einen der drei Geschäftsfreunde, die mit einander handeln. Als Kapitalist kaufe ich Waare von A und verkaufe sie wieder an B, während ich als einfacher Waarenbesitzer Waare an B verkaufe und dann Waare von A kaufe. Für die Geschäftsfreunde A und B existirt dieser Unterschied nicht. Sie treten nur als Käufer oder Verkäufer von Waaren auf. Ich selbst stehe ihnen jedesmal gegenüber als einfacher Geldbesitzer oder Waarenbesitzer, Käufer oder Verkäufer, und zwar trete ich in beiden Reihenfolgen der einen Person nur als Käufer und der andren nur als Verkäufer gegenüber, der einen als nur Geld, der andren als nur Waare, keiner von beiden als Kapital oder Kapitalist oder Repräsentant von irgend etwas, das mehr als Geld oder Waare wäre, oder eine andre Wirkung außer der des Geldes oder der Waare ausüben könnte. Für mich bilden Kauf von A und Verkauf an B eine Reihenfolge. Aber der Zusammenhang zwischen diesen beiden Akten existirt nur für mich. A scheert sich nicht um meine Transaktion mit B, und B nicht um meine Transaktion mit A. Wollte ich ihnen etwa das besondre Verdienst klar machen, das ich mir durch die Umkehrung der Reihenfolge erwerbe, so würden sie mir beweisen, daß ich mich in der Reihenfolge selbst irre und daß die Gesammttransaktion nicht mit einem Kauf begann und einem Verkauf endete, sondern umgekehrt mit einem Verkauf begann und mit einem Kauf abschloß. In der That, mein erster Akt, der Kauf, war von A's Standpunkt ein Verkauf, und mein zweiter Akt, der Verkauf, war von B's Standpunkt ein Kauf. Nicht zufrieden damit, werden A und B erklären, daß die ganze Reihenfolge überflüssig und Hokus Pokus war. A wird die Waare direkt an B verkaufen und B sie direkt von A kaufen. Damit verschrumpft die ganze Transaktion in einen einseitigen Akt der gewöhnlichen Waarencirkulation, vom Standpunkt A's bloßer Verkauf und vom Standpunkt B's bloßer Kauf. Wir sind also durch die Umkehrung der Reihenfolge nicht über die Sphäre der einfachen Waarencirkulation hinausgekommen und müssen vielmehr zusehn, ob sie ihrer Natur nach Verwerthung der in sie eingehenden Werthe und daher Bildung von Mehrwerth gestattet.

Nehmen wir den Cirkulationsproceß in einer Form, worin er sich als bloßer Waarenaustausch darstellt. Dieß ist stets der Fall, wenn beide Waarenbesitzer Waaren von einander kaufen und die Bilanz ihrer wechselseitigen Geldforderungen sich am Zahlungstag ausgleicht. Das Geld dient hier als Rechengeld, um die Werthe der Waaren in ihren Preisen auszudrücken, tritt aber nicht den Waaren selbst dinglich gegenüber. Soweit es sich um den Gebrauchswerth handelt, ist es klar, daß beide Austauscher gewinnen können. Beide veräußern Waaren, die ihnen als Gebrauchswerth nutzlos, und erhalten Waaren, deren sie zum Gebrauch bedürfen. Und dieser Nutzen mag nicht der einzige sein. A, der Wein verkauft und Getreide kauft, producirt vielleicht mehr Wein als Getreidebauer B in derselben Arbeitszeit produciren könnte, und Getreidebauer

B in derselben Arbeitszeit mehr Getreide als Weinbauer A produciren könnte. A erhält also für denselben Tauschwerth mehr Getreide und B mehr Wein als wenn jeder von den beiden, ohne Austausch, Wein und Getreide für sich selbst produciren müßte. Mit Bezug auf den Gebrauchswerth also kann gesagt werden, daß »der Austausch eine Transaktion ist, worin beide Seiten gewinnen«[14]. Anders mit dem Tauschwerth. »Ein Mann, der viel Wein und kein Getreide besitzt, handelt mit einem Mann, der viel Getreide und keinen Wein besitzt und zwischen ihnen wird ausgetauscht Weizen zum Werth von 50 gegen einen Werth von 50 in Wein. Dieser Austausch ist keine Vermehrung des Tauschwerths weder für den einen, noch für den andren; denn bereits vor dem Austausch besaß jeder von ihnen einen Werth gleich dem, den er sich vermittelst dieser Operation verschafft hat[15].« Es ändert nichts an der Sache, wenn das Geld als Cirkulationsmittel zwischen die Waaren tritt und die Akte des Kaufs und Verkaufs sinnlich auseinanderfallen[16]. Der Werth der Waaren ist in ihren Preisen dargestellt, bevor sie in die Cirkulation treten, also Voraussetzung und nicht Resultat derselben[17].

Abstrakt betrachtet, d. h. abgesehn von Umständen, die nicht aus den immanenten Gesetzen der einfachen Waarencirkulation hervorfließen, geht außer dem Ersatz eines Gebrauchswerths durch einen andren nichts in ihr vor als eine Metamorphose, ein bloßer Formwechsel der Waare.

---

14 »L'échange est une transaction admirable dans laquelle les deux contractants gagnent – toujours (!).« (Destutt de Tracy: Traité de la Volonté et de ses effets. Paris 1826, p. 68.) Dasselbe Buch erschien 1823 als »Traité d'Ec. Pol.«

15 Mercier de la Rivière l. c. p. 544.

16 »Que l'une de ces deux valeurs soit argent, ou qu'elles soient toutes deux marchandises usuelles, rien de plus indifférent en soi.« (Mercier de la Rivière l. c. p. 543.)

17 »Ce ne sont pas les contractants qui prononcent sur la valeur; elle est décidée avant la convention.« (Le Trosne p. 906.)

Derselbe Werth, d. h. dasselbe Quantum vergegenständlichter gesellschaftlicher Arbeit, bleibt in der Hand desselben Waarenbesitzers in Gestalt erst seiner Waare, dann des Geldes, worin sie sich verwandelt, endlich der Waare, worin sich dies Geld rückverwandelt. Dieser Formwechsel schließt keine Aenderung der Werthgröße ein. Der Wechsel aber, den der Werth der Waare selbst in diesem Proceß durchläuft, beschränkt sich auf einen Wechsel seiner Geldform. Sie existirt erst als Preis der zum Verkauf angebotenen Waare, dann als eine Geldsumme, die aber schon im Preise ausgedrückt war, endlich als der Preis einer äquivalenten Waare. Dieser Formwechsel schließt an und für sich eben so wenig eine Aenderung der Werthgröße ein, wie das Auswechseln einer Fünfpfundnote gegen Sovereigns, halbe Sovereigns und Schillinge. Sofern also die Cirkulation der Waare nur einen Formwechsel ihres Werths bedingt, bedingt sie, wenn das Phänomen rein vorgeht, Austausch von Aequivalenten. Die Vulgärökonomie selbst, so wenig sie ahnt, was der Werth ist, unterstellt daher, so oft sie in ihrer Art das Phänomen rein betrachten will, daß Nachfrage und Zufuhr sich decken, d. h. daß ihre Wirkung überhaupt aufhört. Wenn also mit Bezug auf den Gebrauchswerth beide Austauscher gewinnen können, können sie nicht beide gewinnen an Tauschwerth. Hier heißt es vielmehr: »Wo Gleichheit ist, ist kein Gewinn«[18]. Waaren können zwar zu Preisen verkauft werden, die von ihren Werthen abweichen, aber diese Abweichung erscheint als Verletzung des Gesetzes des Waarenaustausches[19]. In seiner reinen Gestalt ist er ein Austausch von

---

18 »Dove è egualità, non è lucro.« (Galiani: »Della Moneta«, in Custodi: Parte Moderna, t. IV, p. 244.)

19 »L'échange devient désavantageux pour l'une des parties, lorsque quelque chose étrangère vient diminuer ou exagérer le prix: alors l'égalité est blessée, mais la lésion procède de cette cause et non de l'échange.« (Le Trosne l. c. p. 904.)

Aequivalenten, also kein Mittel, sich an Werth zu bereichern[20].

Hinter den Versuchen, die Waarencirkulation als Quelle von Mehrwerth darzustellen, lauert daher meist ein quid pro quo, eine Verwechslung von Gebrauchswerth und Tauschwerth. So z. B. bei Condillac: »Es ist falsch, daß man im Waarenaustausch gleichen Werth gegen gleichen Werth austauscht. Umgekehrt. Jeder der beiden Kontrahenten giebt immer einen kleineren für einen größeren Werth ... Tauschte man in der That immer gleiche Werthe aus, so wäre kein Gewinn zu machen für irgend einen Kontrahenten. Aber alle beide gewinnen oder sollten doch gewinnen. Warum? Der Werth der Dinge besteht bloß in ihrer Beziehung auf unsre Bedürfnisse. Was für den einen mehr, ist für den andren weniger, und umgekehrt ... Man setzt nicht voraus, daß wir für unsre Konsumtion unentbehrliche Dinge zum Verkauf ausbieten ... Wir wollen eine uns nutzlose Sache weggeben, um eine uns nothwendige zu erhalten; wir wollen weniger für mehr geben ... Es war natürlich zu urtheilen, daß man im Austausch gleichen Werth für gleichen Werth gebe, so oft jedes der ausgetauschten Dinge an Werth demselben Quantum Geld gleich war ... Aber eine andre Betrachtung muß noch in die Rechnung eingehn; es fragt sich, ob wir beide einen Ueberfluß gegen etwas Nothwendiges austauschen[21].« Man sieht, wie Condillac nicht nur Gebrauchswerth und Tauschwerth durcheinander wirft, sondern wahrhaft kindlich einer Gesellschaft mit entwickelter Waarenproduktion

---

20 »L'échange est de sa nature un contrat d'égalité qui se fait de valeur pour valeur égale. Il n'est donc pas un moyen de s'enrichir, puisque l'on donne autant que l'on reçoit.« (Le Trosne l. c. p. 903, 904.)

21 Condillac: »Le Commerce et le Gouvernement« (1776). Edit. Daire et Molinari in den »Mélanges d'Économie Politique. Paris 1847«, p. 267, 291.

einen Zustand unterschiebt, worin der Producent seine Subsistenzmittel selbst producirt und nur den Ueberschuß über den eignen Bedarf, den Ueberfluß, in die Cirkulation wirft[22]. Dennoch wird Condillac's Argument häufig bei modernen Oekonomen wiederholt, namentlich wenn es gilt, die entwickelte Gestalt des Waarenaustausches, den Handel, als produktiv von Mehrwerth darzustellen. »Der Handel«, heißt es z. B. »fügt den Produkten Werth zu, denn dieselben Produkte haben mehr Werth in den Händen des Konsumenten als in den Händen des Producenten und er muß daher wörtlich (strictly) als Produktionsakt betrachtet werden[23].« Aber man zahlt die Waaren nicht doppelt, das einemal ihren Gebrauchswerth und das andremal ihren Werth. Und wenn der Gebrauchswerth der Waare dem Käufer nützlicher als dem Verkäufer, ist ihre Geldform dem Verkäufer nützlicher als dem Käufer. Würde er sie sonst verkaufen? Und so könnte ebensowohl gesagt werden, daß der Käufer wörtlich (strictly) einen »Produktionsakt« vollbringt, indem er z. B. die Strümpfe des Kaufmanns in Geld verwandelt.

Werden Waaren oder Waaren und Geld von gleichem Tauschwerth, also Aequivalente ausgetauscht, so zieht offenbar keiner mehr Werth aus der Cirkulation heraus als er in sie hineinwirft. Es findet dann keine Bildung von Mehrwerth statt. In seiner reinen Form aber bedingt der

---

22 Le Trosne antwortet daher seinem Freunde Condillac sehr richtig: »Dans la société formée il n'y a pas de surabondant en aucun genre.« Zugleich neckt er ihn mit der Glosse, daß »wenn beide Austauscher gleich viel mehr für gleich viel weniger erhalten, sie beide gleich viel erhalten«. Weil Condillac noch nicht die geringste Ahnung von der Natur des Tauschwerths besitzt, ist er der passende Gewährsmann des Herrn Prof. Wilhelm Roscher für seine eignen Kinderbegriffe. Sieh dessen: »Die Grundlagen der Nationalökonomie. Dritte Auflage. 1858«.

23 S. P. Newman: »Elements of Polit. Econ. Andover and New-York 1835«, p. 175.

Cirkulationsproceß der Waaren Austausch von Aequivalenten. Jedoch gehn die Dinge in der Wirklichkeit nicht rein zu. Unterstellen wir daher Austausch von Nicht-Aequivalenten.

Jedenfalls steht auf dem Waarenmarkt nur Waarenbesitzer dem Waarenbesitzer gegenüber, und die Macht, die diese Personen über einander ausüben, ist nur die Macht ihrer Waaren. Die stoffliche Verschiedenheit der Waaren ist das stoffliche Motiv des Austausches und macht die Waarenbesitzer wechselseitig von einander abhängig, indem keiner von ihnen den Gegenstand seines eignen Bedürfnisses und jeder von ihnen den Gegenstand des Bedürfnisses des Andren in seiner Hand hält. Außer dieser stofflichen Verschiedenheit ihrer Gebrauchswerthe besteht nur noch ein Unterschied unter den Waaren, der Unterschied zwischen ihrer Naturalform und ihrer verwandelten Form, zwischen Waare und Geld. Und so unterscheiden sich die Waarenbesitzer nur als Verkäufer, Besitzer von Waare, und als Käufer, Besitzer von Geld.

Gesetzt nun, es sei durch irgend ein unerklärliches Privilegium dem Verkäufer gegeben, die Waare über ihrem Werthe zu verkaufen, zu 110, wenn sie 100 werth ist, also mit einem nominellen Preisaufschlage von 10 %. Der Verkäufer kassirt also einen Mehrwerth von 10 ein. Aber nachdem er Verkäufer war, wird er Käufer. Ein dritter Waarenbesitzer begegnet ihm jetzt als Verkäufer und genießt seinerseits das Privilegium, die Waare 10 % zu theuer zu verkaufen. Unser Mann hat als Verkäufer 10 gewonnen, um als Käufer 10 zu verlieren[24]. Das Ganze kommt in der That darauf hinaus, daß alle Waarenbesitzer ihre Waaren einander 10 % über dem Werth verkaufen, was durch-

---

24 »By the augmentation of the nominal value of the produce ... sellers not enriched ... since what they gain as sellers, they precisely expend in the quality of buyers.« (»The Essential Principles of the Wealth of Nations etc. London 1797«, p. 66.)

aus dasselbe ist, als ob sie die Waaren zu ihren Werthen verkauften. Ein solcher allgemeiner nomineller Preisaufschlag der Waaren bringt dieselbe Wirkung hervor, als ob die Waarenwerthe z. B. in Silber statt in Gold geschätzt würden. Die Geldnamen, d. h. die Preise der Waaren würden anschwellen, aber ihre Werthverhältnisse unverändert bleiben.

Unterstellen wir umgekehrt, es sei das Privilegium des Käufers, die Waaren unter ihrem Werth zu kaufen. Hier ist es nicht einmal nöthig zu erinnern, daß der Käufer wieder Verkäufer wird. Er war Verkäufer, bevor er Käufer ward. Er hat bereits 10 % als Verkäufer verloren, bevor er 10 % als Käufer gewinnt[25]. Alles bleibt wieder beim Alten.

Die Bildung von Mehrwerth und daher die Verwandlung von Geld in Kapital, kann also weder dadurch erklärt werden, daß die Verkäufer die Waaren über ihrem Werthe verkaufen, noch dadurch, daß die Käufer sie unter ihrem Werthe kaufen[26].

Das Problem wird in keiner Weise dadurch vereinfacht, daß man fremde Beziehungen einschmuggelt, also etwa mit Oberst Torrens sagt: »Die effektive Nachfrage besteht in dem Vermögen und der Neigung (!) der Konsumenten, sei es durch unmittelbaren oder vermittelten Austausch, für Waaren eine gewisse größere Portion von allen Ingredienzien des Kapitals zu geben, als ihre Produktion ko-

---

25 »Si l'on est forcé de donner pour 18 livres une quantité de telle production qui en valait 24, lorsqu'on employera ce même argent à acheter, on aura également pour 18 l. ce que l'on payait 24.« (Le Trosne l. c. p. 897.)

26 »Chaque vendeur ne peut donc parvenir à renchérir habituellement ses marchandises, qu'en se soumettant aussi à payer habituellement plus cher les marchandises des autres vendeurs; et par la même raison, chaque consommateur ne peut payer habituellement moins cher ce qu'il achète, qu'en se soumettant aussi à une diminution semblable sur le prix des choses qu'il vend.« (Mercier de la Rivière l. c. p. 555.)

stet[27].« In der Cirkulation stehn sich Producenten und Konsumenten nur als Verkäufer und Käufer gegenüber. Behaupten, der Mehrwerth für den Producenten entspringe daraus, daß die Konsumenten die Waare über den Werth zahlen, heißt nur den einfachen Satz maskiren: Der Waarenbesitzer besitzt als Verkäufer das Privilegium zu theuer zu verkaufen. Der Verkäufer hat die Waare selbst producirt oder vertritt ihren Producenten, aber der Käufer hat nicht minder die in seinem Gelde dargestellte Waare selbst producirt oder vertritt ihren Producenten. Es steht also Producent dem Producenten gegenüber. Was sie unterscheidet, ist daß der eine kauft und der andre verkauft. Es bringt uns keinen Schritt weiter, daß der Waarenbesitzer unter dem Namen Producent die Waare über ihrem Werthe verkauft und unter dem Namen Konsument sie zu theuer zahlt[28].

Die konsequenten Vertreter der Illusion, daß der Mehrwerth aus einem nominellen Preiszuschlag entspringt, oder aus dem Privilegium des Verkäufers die Waare zu theuer zu verkaufen, unterstellen daher eine Klasse, die nur kauft ohne zu verkaufen, also auch nur konsumirt ohne zu produciren. Die Existenz einer solchen Klasse ist von unsrem bisher erreichten Standpunkt, dem der einfachen Cirkulation noch unerklärlich. Aber greifen wir vor. Das Geld, womit eine solche Klasse beständig kauft, muß ihr beständig, ohne Austausch, umsonst, auf beliebige Rechts- und Gewaltstitel hin, von den Waarenbesitzern selbst zufließen. Dieser Klasse die Waaren über dem Werth verkaufen, heißt nur, umsonst weggegebenes Geld sich zum Theil wieder zurück-

---

27 R. Torrens: »An Essay on the Production of Wealth«. London 1821, p. 349.

28 »The idea of profits being paid by the consumers, is, assuredly, very absurd. Who are the consumers?« (G. Ramsay: »An Essay on the Distribution of Wealth. Edinburgh 1836«, p. 183.)

schwindeln[29]. So zahlten die kleinasiatischen Städte jährlichen Geldtribut an das alte Rom. Mit diesem Geld kaufte Rom Waaren von ihnen und kaufte sie zu theuer. Die Kleinasiaten prellten die Römer, indem, sie den Eroberern einen Theil des Tributs wieder abluchsten auf dem Wege des Handels. Aber dennoch blieben die Kleinasiaten die Geprellten. Ihre Waaren wurden ihnen nach wie vor mit ihrem eignen Gelde gezahlt. Es ist dieß keine Methode der Bereicherung oder der Bildung von Mehrwerth.

Halten wir uns also innerhalb der Schranken des Waarenaustausches, wo Verkäufer Käufer und Käufer Verkäufer sind. Unsre Verlegenheit stammt vielleicht daher, daß wir die Personen nur als personificirte Kategorien, nicht individuell, gefaßt haben.

Waarenbesitzer A mag so pfiffig sein seine Collegen B oder C übers Ohr zu hauen, während sie trotz des besten Willens die Revanche schuldig bleiben. A verkauft Wein zum Werth von 40 Pfd. St. an B und erwirbt im Austausch Getreide zum Werth von 50 Pfd. St. A hat eine 40 Pfd. St. in 50 Pfd. St. verwandelt, mehr Geld aus weniger Geld gemacht und seine Waare in Kapital verwandelt. Sehn wir näher zu. Vor dem Austausch hatten wir für 40 Pfd. St. Wein in der Hand von A und für 50 Pfd. St. Getreide in der Hand von B, Gesammtwerth von 90 Pfd. St. Nach dem Austausch haben wir denselben Gesammtwerth von 90 Pfd. St. Der cirkulirende Werth hat sich um kein Atom vergrößert, seine Ver-

---

29 »When a man is in want of demand, does Mr. Malthus recommend him to pay some other person to take off his goods?«, fragt ein entrüsteter Ricardianer den Malthus, der wie sein Schüler, der Pfaffe Chalmers, die Klasse von bloßen Käufern oder Konsumenten ökonomisch verherrlicht. Sieh: »An Inquiry into those principles respecting the Nature of Demand and the Necessity of Consumption, lately advocated by Mr. Malthus« etc. London 1821, p. 55.

theilung zwischen A und B hat sich verändert. Auf der einen Seite erscheint als Mehrwerth, was auf der andren Minderwerth ist, auf der einen Seite als Plus, was auf der andren als Minus. Derselbe Wechsel hätte sich ereignet, wenn A, ohne die verhüllende Form des Austausches, dem B 10 Pfd. direkt gestohlen hätte. Die Summe der cirkulirenden Werthe kann offenbar durch keinen Wechsel in ihrer Vertheilung vermehrt werden, so wenig wie ein Jude die Masse der edlen Metalle in einem Lande dadurch vermehrt, daß er einen Farthing aus der Zeit der Königin Anna für eine Guinee verkauft. Die Gesammtheit der Kapitalistenklasse eines Landes kann sich nicht selbst übervortheilen[30].

Man mag sich also drehen und wenden wie man will, das Facit bleibt dasselbe. Werden Aequivalente ausgetauscht, so entsteht kein Mehrwerth, und werden Nicht-Aequivalente ausgetauscht, so entsteht auch kein Mehrwerth[31]. Die Cirkulation oder der Waarenaustausch schafft keinen Werth[32].

---

30 Destutt de Tracy, obgleich – vielleicht weil – Membre de l'Institut, war umgekehrter Ansicht. Die industriellen Kapitalisten, sagt er, machen dadurch ihre Profite, daß »sie alles theurer verkaufen als es gekostet hat zu produciren. Und an wen verkaufen sie? Erstens an einander«. (l. c. p. 239.)

31 »L'échange qui se fait de deux valeurs égales n'augmente ni ne diminue la masse des valeurs subsistantes dans la société. L'échange de deux valeurs inégales ... ne change rien non plus à la somme des valeurs sociales, bien qu'il ajoute à la fortune de l'un ce qu'il ôte de la fortune de l'autre.« (J. B. Say l. c. t. II, p. 443, 444.) Say, natürlich unbekümmert um die Consequenzen dieses Satzes, entlehnt ihn ziemlich wörtlich den Physiokraten. Die Art, wie er ihre zu seiner Zeit verschollenen Schriften zur Vermehrung seines eigenen »Werthes« ausgebeutet hat, zeige folgendes Beispiel. Der »berühmteste« Satz des Monsieur Say: »On n'achète des produits qu'avec des produits« (l. c. t. I, p. 438) lautet im physiokratischen Original: »Les productions ne se paient qu'avec des productions.« (Le Trosne l. c. p. 899.)

32 »Exchange confers no value at all upon products.« (F. Wayland: »The Elements of Pol. Econ. Boston 1843«, p. 169.)

Man versteht daher, warum in unsrer Analyse der Grundform des Kapitals, der Form, worin es die ökonomische Organisation der modernen Gesellschaft bestimmt, seine populären und so zu sagen antediluvianischen Gestalten, Handelskapital und Wucherkapital, zunächst gänzlich unberücksichtigt bleiben.

Im eigentlichen Handelskapital erscheint die Form G-W-G', kaufen um theurer zu verkaufen, am reinsten. Andrerseits geht seine ganze Bewegung innerhalb der Cirkulationssphäre vor. Da es aber unmöglich ist aus der Cirkulation selbst die Verwandlung von Geld in Kapital, die Bildung von Mehrwerth zu erklären, erscheint das Handelskapital unmöglich, sobald Aequivalente ausgetauscht werden[33], daher nur ableitbar aus der doppelseitigen Uebervortheilung der kaufenden und verkaufenden Waarenproducenten durch den sich parasitisch zwischen sie schiebenden Kaufmann. In diesem Sinn sagt Franklin: »Krieg ist Raub, Handel ist Prellerei[34].« Soll die Verwerthung des Handelskapitals nicht aus bloßer Prellerei der Waarenproducenten erklärt werden, so gehört dazu eine lange Reihe von Mittelgliedern, die hier, wo die Waarencirkulation und ihre einfachen Momente unsre einzige Voraussetzung bilden, noch gänzlich fehlt.

Was vom Handelskapital, gilt noch mehr vom Wucherkapital. Im Handelskapital sind die Extreme, das Geld, das auf den Markt geworfen und das vermehrte Geld, das dem Markt entzogen wird, wenigstens vermittelt durch Kauf

---

33 »Under the rule of invariable equivalents commerce would be impossible.« (G. Opdyke: »A Treatise on polit. Economy. New-York 1851«, p. 67.) »Dem Unterschiede zwischen Realwerth und Tauschwerth liegt eine Thatsache zum Grunde – nämlich daß der Werth einer Sache verschieden ist von dem im Handel für sie gegebenen sogenannten Aequivalent, d. h. daß dieß Aequivalent kein Aequivalent ist.« (F. Engels l. c. p. 95, 96.)

34 Benjamin Franklin: Works, vol. II, edit. Sparks in: »Positions to be examined concerning National Wealth«.

und Verkauf, durch die Bewegung der Cirkulation. Im Wucherkapital ist die Form G-W-G´ abgekürzt auf die unvermittelten Extreme G-G´, Geld, das sich gegen mehr Geld austauscht, eine der Natur des Geldes widersprechende und daher vom Standpunkt des Waarenaustausches unerklärliche Form. Daher Aristoteles: »da die Chrematistik eine doppelte ist, die eine zum Handel, die andre zur Oekonomik gehörig, die letztere nothwendig und lobenswerth, die erstere auf die Cirkulation gegründet und mit Recht getadelt (denn sie beruht nicht auf der Natur, sondern auf wechselseitiger Prellerei), so ist der Wucher mit vollstem Recht verhaßt, weil das Geld selbst hier die Quelle des Erwerbs und nicht dazu gebraucht wird, wozu es erfunden ward. Denn für den Waarenaustausch entstand es, der Zins aber macht aus Geld mehr Geld. Daher auch sein Name (τόκος Zins und Geborenes). Denn die Geborenen sind den Erzeugern ähnlich. Der Zins aber ist Geld von Geld, so daß von allen Erwerbszeigen dieser der naturwidrigste[35].«

Wie das Handelskapital werden wir das zinstragende Kapital im Verlauf unsrer Untersuchung als abgeleitete Formen vorfinden und zugleich sehn, warum sie historisch vor der modernen Grundform des Kapitals erscheinen.

Es hat sich gezeigt, daß der Mehrwerth nicht aus der Cirkulation entspringen kann, bei seiner Bildung also etwas hinter ihrem Rücken vorgehn muß, das in ihr selbst unsichtbar ist[36]. Kann aber der Mehrwerth anders woher entspringen als aus der Cirkulation? Die Cirkulation ist die Summe aller Waarenbeziehungen der Waarenbesitzer. Außerhalb derselben steht der Waarenbesitzer nur noch in Beziehung zu seiner eignen Waare. Was ihren Werth angeht,

---

35 Arist. l. c. c. 10.

36 »Profit, in the usual condition of the market, is not made by exchanging. Had it not existed before, neither could it after that transaction.« (Ramsay l. c. p. 184.)

beschränkt sich das Verhältniß darauf, daß sie ein nach bestimmten gesellschaftlichen Gesetzen gemessenes Quantum seiner eignen Arbeit enthält. Dieß Quantum Arbeit drückt sich aus in der Werthgröße seiner Waare und da sich Werthgröße in Rechengeld darstellt, in einem Preise von z. B. 10 Pfd. St. Aber seine Arbeit stellt sich nicht dar im Werthe der Waare und einem Ueberschuß über ihrem eignen Werth, nicht in einem Preise von 10, der zugleich ein Preis von 11, nicht in einem Werth, der größer als er selbst ist. Der Waarenbesitzer kann durch seine Arbeit Werthe bilden, aber keine sich verwerthenden Werthe. Er kann den Werth einer Waare erhöhn, indem er vorhandnem Werth neuen Werth durch neue Arbeit zusetzt, z. B. aus Leder Stiefel macht. Derselbe Stoff hat jetzt mehr Werth, weil er ein größeres Arbeitsquantum enthält. Der Stiefel hat daher mehr Werth als das Leder, aber der Werth des Leders ist geblieben, was er war. Er hat sich nicht verwerthet, nicht während der Stiefelfabrikation einen Mehrwerth angesetzt. Es ist also unmöglich, daß der Waarenproducent außerhalb der Cirkulationssphäre, ohne mit andren Waarenbesitzern in Berührung zu treten, Werth verwerthe und daher Geld oder Waare in Kapital verwandle.

Kapital kann also nicht aus der Cirkulation entspringen und es kann eben so wenig aus der Cirkulation nicht entspringen. Es muß zugleich in ihr und nicht in ihr entspringen.

Ein doppeltes Resultat hat sich also ergeben.

Die Verwandlung des Geldes in Kapital ist auf Grundlage dem Waarenaustausch immanenter Gesetze zu entwickeln, so daß der Austausch von Aequivalenten als Ausgangspunkt gilt[37]. Unser nur noch als Kapitalistenraupe vorhandner Geldbesitzer muß die Waaren zu ihrem

---

37 Nach der gegebenen Auseinandersetzung versteht der Leser, daß dieß nur heißt: Die Kapitalbildung muß möglich sein, auch

Werth kaufen, zu ihrem Werth verkaufen, und dennoch am Ende des Processes mehr Werth herausziehn als er hineinwarf. Seine Schmetterlingsentfaltung muß in der Cirkulationssphäre und muß nicht in der Cirkulationssphäre vorgehn. Dies sind die Bedingungen des Problems. Hic Rhodus, hic salta!

3) Kauf und Verkauf der Arbeitskraft

Die Werthveränderung des Geldes, das sich in Kapital verwandeln soll, kann nicht an diesem Geld selbst vorgehn, denn als Kaufmittel und als Zahlungsmittel realisirt

---

wenn der Waarenpreis gleich dem Waarenwerth. Sie kann nicht aus der Abweichung der Waarenpreise von den Waarenwerthen erklärt werden. Weichen die Preise von den Werthen wirklich ab, so muß man sie erst auf die letzteren reduciren, d. h. von diesem Umstande als einem zufälligen absehn, um das Phänomen der Kapitalbildung auf Grundlage des Waarenaustauschs rein vor sich zu haben und in seiner Beobachtung nicht durch störende und dem eigentlichen Verlauf fremde Nebenumstände verwirrt zu werden. Man weiß übrigens, daß diese Reduktion keineswegs eine bloß wissenschaftliche Procedur ist. Die beständigen Oscillationen der Marktpreise, ihr Steigen und Sinken, kompensiren sich, heben sich wechselseitig auf und reduciren sich selbst zum Durchschnittspreis als ihrer inneren Regel. Diese bildet den Leitstern z. B. des Kaufmanns oder des Industriellen in jeder Unternehmung, die längeren Zeitraum umfaßt. Er weiß also daß, eine längere Periode im Ganzen betrachtet, die Waaren wirklich weder unter, noch über, sondern zu ihrem Durchschnittspreis verkauft werden. Wäre interesseloses Denken also überhaupt sein Interesse, so müßte er sich das Problem der Kapitalbildung so stellen: Wie kann Kapital entstehn bei der Reglung der Preise durch den Durchschnittspreis, d. h. in letzter Instanz durch den Werth der Waare? Ich sage »in letzter Instanz«, weil die Durchschnittspreise nicht direkt mit den Werthgrößen der Waaren zusammenfallen, wie A. Smith, Ricardo u. s. w. glauben.

es nur den Preis der Waare, die es kauft oder zahlt, während es, in seiner eignen Form verharrend, zum Petrefakt von gleichbleibender Werthgröße erstarrt[38]. Eben so wenig kann die Veränderung aus dem zweiten Cirkulationsakt, dem Wiederverkauf der Waare, entspringen, denn dieser Akt verwandelt die Waare bloß aus der Naturalform zurück in die Geldform. Die Veränderung muß sich also zutragen mit der Waare, die im ersten Akt G-W gekauft wird, aber nicht mit ihrem Werth, denn es werden Aequivalente ausgetauscht, die Waare wird zu ihrem Werthe bezahlt. Die Veränderung kann also nur entspringen aus ihrem Gebrauchswerth als solchem, d. h. aus ihrem Verbrauch. Um aus dem Verbrauch einer Waare Werth herauszuziehn, müßte unser Geldbesitzer so glücklich sein innerhalb der Cirkulationssphäre, auf dem Markt, eine Waare zu entdecken, deren Gebrauchswerth selbst die eigenthümliche Beschaffenheit besäße, Quelle von Werth zu sein, deren wirklicher Verbrauch also selbst Vergegenständlichung von Arbeit wäre, daher Werthschöpfung. Und der Geldbesitzer findet auf dem Markt eine solche specifische Waare vor – das Arbeitsvermögen oder die Arbeitskraft.

Unter Arbeitskraft oder Arbeitsvermögen verstehen wir den Inbegriff der physischen und geistigen Fähigkeiten, die in der Leiblichkeit, der lebendigen Persönlichkeit eines Menschen existiren und die er in Bewegung setzt, so oft er Gebrauchswerthe irgend einer Art producirt.

Damit jedoch der Geldbesitzer die Arbeitskraft als Waare auf dem Markt vorfinde, müssen verschiedne Bedingungen erfüllt sein. Der Waarenaustausch schließt an und für sich keine andren Abhängigkeitsverhältnisse ein als die aus seiner eignen Natur entspringenden. Unter dieser Voraussetzung kann die Arbeitskraft als Waare nur auf

---

38 »In the form of money ... capital is productive of no profit.« (Ricardo: Princ. of Pol. Econ. p. 267.)

dem Markt erscheinen, sofern und weil sie von ihrem eignen Besitzer, der Person, deren Arbeitskraft sie ist, als Waare feilgeboten oder verkauft wird. Damit ihr Besitzer sie als Waare verkaufe, muß er über sie verfügen können, also freier Eigenthümer seines Arbeitsvermögens, seiner Person sein[39]. Er und der Geldbesitzer begegnen sich auf dem Markt und treten in Verhältniß zu einander als ebenbürtige Waarenbesitzer, nur dadurch unterschieden, daß der eine Käufer, der andre Verkäufer, beide also juristisch gleiche Personen sind. Die Fortdauer dieses Verhältnisses erheischt, daß der Eigenthümer der Arbeitskraft sie stets nur für bestimmte Zeit verkaufe, denn verkauft er sie in Bausch und Bogen, ein für allemal, so verkauft er sich selbst, verwandelt sich aus einem Freien in einen Sklaven, aus einem Waarenbesitzer in eine Waare. Er als Person muß sich beständig zu seiner Arbeitskraft als seinem Eigenthum und daher seiner eignen Waare verhalten und das kann er nur, so weit er sie dem Käufer stets nur vorübergehend, für einen bestimmten Zeittermin, zur Verfügung stellt, zum Verbrauch überläßt, also durch ihre Veräußerung nicht auf sein Eigenthum an ihr verzichtet[40].

Die zweite wesentliche Bedingung, damit der Geldbe-

---

39 In Realencyklopädien des klassischen Alterthums kann man den Unsinn lesen, daß in der antiken Welt das Kapital völlig entwickelt war, »außer daß der freie Arbeiter und das Kreditwesen fehlten«. Auch Herr Mommsen in seiner »Römischen Geschichte« begeht ein quid pro quo über das andre.

40 Verschiedne Gesetzgebungen setzen daher ein Maximum für den Arbeitskontrakt fest. Alle Gesetzbücher bei Völkern freier Arbeit regeln Kündigungsbedingungen des Kontrakts. In verschiednen Ländern, namentlich in Mexiko, (vor dem amerikanischen Bürgerkrieg auch in den von Mexiko losgerissenen Territorien, und der Sache nach bis zu Kusa's Umwälzung in den Donauprovinzen) ist die Sklaverei unter der Form von Peonage versteckt. Durch Vorschüsse, die in Arbeit abzutragen, und sich von Generation zu Generation fortwälzen, wird

sitzer die Arbeitskraft auf dem Markt als Waare vorfinde, ist die, daß ihr Besitzer, statt Waaren verkaufen zu können, worin sich seine Arbeit vergegenständlicht hat, vielmehr seine Arbeitskraft selbst, die nur in seiner lebendigen Leiblichkeit existirt, als Waare feilbieten muß.

Damit Jemand von seiner Arbeitskraft unterschiedne Waaren verkaufe, muß er natürlich Produktionsmittel besitzen, z. B. Rohstoffe, Arbeitsinstrumente u. s. w. Er kann keine Stiefel machen ohne Leder. Er bedarf außerdem Lebensmittel. Niemand, selbst kein Zukunftsmusikant, kann von Produkten der Zukunft zehren, also auch nicht von Gebrauchswerthen, deren Produktion noch unfertig, und wie am ersten Tag seiner Erscheinung auf der Erdbühne, muß der Mensch noch jeden Tag konsumiren, bevor und während er producirt. Werden die Produkte als Waaren producirt, so müssen sie verkauft werden, nachdem sie producirt sind und können die Bedürfnisse des Producenten erst nach dem Verkauf befriedigen. Zur Produktionszeit kömmt die für den Verkauf nöthige Zeit hinzu.

---

nicht nur der einzelne Arbeiter, sondern seine Familie, thatsächlich das Eigenthum andrer Personen und ihrer Familien. Juarez hatte die Peonage abgeschafft. Der sogenannte Kaiser Maximilian führte sie wieder ein durch ein Dekret, das im Repräsentantenhaus zu Washington treffend als Dekret zur Wiedereinführung der Sklaverei in Mexiko denuncirt ward. »Von meinen besondren körperlichen und geistigen Geschicklichkeiten und Möglichkeiten der Thätigkeit kann ich ... einen in der Zeit beschränkten Gebrauch an einen Andren veräußern, weil sie nach dieser Beschränkung ein äußerliches Verhältniß zu meiner Totalität und Allgemeinheit erhalten. Durch die Veräußerung meiner ganzen durch die Arbeit konkreten Zeit und der Totalität meiner Produktion würde ich das Substantielle derselben, meine allgemeine Thätigkeit und Wirklichkeit, meine Persönlichkeit zum Eigenthum eines Andren machen.« Hegel: »Philosophie des Rechts. Berlin 1840«, p. 104, §. 67.

Zur Verwandlung von Geld in Kapital muß der Geldbesitzer also den freien Arbeiter auf dem Waarenmarkt vorfinden, frei in dem Doppelsinn, daß er als freie Person über seine Arbeitskraft als seine Waare verfügt, daß er andrerseits andre Waaren nicht zu verkaufen hat, los und ledig, frei ist von allen zur Verwirklichung seiner Arbeitskraft nöthigen Sachen.

Die Frage, warum dieser freie Arbeiter ihm in der Cirkulationssphäre gegenübertritt, interessirt den Geldbesitzer nicht, der den Arbeitsmarkt als eine besondre Abtheilung des Waarenmarkts vorfindet. Und einstweilen interessirt sie uns eben so wenig. Wir halten theoretisch an der Thatsache fest, wie der Geldbesitzer praktisch. Eins jedoch ist klar. Die Natur producirt nicht auf der einen Seite Geld- oder Waarenbesitzer und auf der andren bloße Besitzer der eignen Arbeitskräfte. Dieß Verhältniß ist kein naturgeschichtliches und eben so wenig ein gesellschaftliches, das allen Geschichtsperioden gemein wäre. Es ist offenbar selbst das Resultat einer vorhergegangenen historischen Entwicklung, das Produkt vieler ökonomischer Umwälzungen, des Untergangs einer ganzen Reihe älterer Formationen der gesellschaftlichen Produktion.

Auch die ökonomischen Kategorien, die wir früher betrachtet, tragen ihre geschichtliche Spur. Im Dasein des Produkts als Waare sind bestimmte historische Bedingungen eingehüllt. Um Waare zu werden, darf das Produkt nicht als unmittelbares Subsistenzmittel für den Producenten selbst producirt werden. Hätten wir weiter geforscht: Unter welchen Umständen nehmen alle oder nimmt auch nur die Mehrzahl der Produkte die Form der Waare an, so hätte sich gefunden, daß dieß nur auf Grundlage einer ganz spezifischen, der kapitalistischen Produktionsweise, geschieht. Eine solche Untersuchung lag jedoch der Analyse der Waare fern. Waarenproduktion und Waarencirkulation können stattfinden, obgleich die weit überwiegende Produktenmasse, unmittelbar auf den Selbstbedarf gerichtet, sich nicht in Waare verwandelt, der gesellschaftliche Produktionsproceß also noch lange nicht in seiner ganzen Breite und Tiefe vom Tauschwerth beherrscht ist. Die Darstellung des Produkts als Waare bedingt eine so weit entwickelte Theilung der Arbeit innerhalb der Gesellschaft, daß die Scheidung zwischen Gebrauchswerth und Tauschwerth, die im unmittelbaren Tauschhandel erst beginnt, bereits vollzogen ist. Eine solche Entwicklungsstufe ist aber den geschichtlich verschiedensten ökonomischen Gesellschaftsformationen gemein.

Oder betrachten wir das Geld, so setzt es eine gewisse Höhe des Waarenaustausches voraus. Die besondren Geldformen, bloßes Waarenäquivalent, oder Cirkulationsmittel, oder Zahlungsmittel, Schatz und Weltgeld, deuten, je nach dem verschiednen Umfang und dem relativen Vorwiegen einer oder der andren Funktion, auf sehr verschiedne Stufen des gesellschaftlichen Produktionsprocesses. Dennoch genügt erfahrungsmäßig eine relativ schwach entwickelte Waarencirkulation zur Bildung aller dieser Formen. Anders mit dem Kapital. Seine historischen Existenzbedingungen sind durchaus nicht da mit der Waaren- und Geldcirkulation. Es entsteht nur, wo der Besitzer von Produktions- und Lebensmitteln den freien Arbeiter als Verkäufer seiner Arbeitskraft auf dem Markt vorfindet, und diese eine historische Bedingung umschließt eine Weltgeschichte. Das Kapital kündigt daher von vorn herein eine Epoche des gesellschaftlichen Produktionsprocesses an[41].

Diese eigenthümliche Waare, die Arbeitskraft, ist nun

---

41 Was also die kapitalistische Epoche charakterisirt, ist daß die Arbeitskraft für den Arbeiter selbst die Form einer ihm gehörigen Waare, seine Arbeit daher die Form der Lohnarbeit erhält. Andrerseits verallgemeinert sich erst von diesem Augenblick die Waarenform der Arbeitsprodukte.

näher zu betrachten. Gleich allen andren Waaren besitzt sie einen Werth[42]. Wie wird er bestimmt?

Der Werth der Arbeitskraft, gleich dem jeder andren Waare, ist bestimmt durch die zur Produktion, also auch Reproduktion, dieses specifischen Artikels nothwendige Arbeitszeit. Soweit sie Werth, repräsentirt die Arbeitskraft selbst nur ein bestimmtes Quantum in ihr vergegenständlichter gesellschaftlicher Durchschnittsarbeit. Die Arbeitskraft existirt nur als Anlage des lebendigen Individuums. Ihre Produktion setzt also seine Existenz voraus. Die Existenz des Individuums gegeben, besteht die Produktion der Arbeitskraft in seiner eignen Reproduktion oder Erhaltung. Zu seiner Erhaltung bedarf das lebendige Individuum einer gewissen Summe von Lebensmitteln. Die zur Produktion der Arbeitskraft nothwendige Arbeitszeit löst sich also auf in die zur Produktion dieser Lebensmittel nothwendige Arbeitszeit, oder der Werth der Arbeitskraft ist der Werth der zur Erhaltung ihres Besitzers nothwendigen Lebensmittel. Die Arbeitskraft verwirklicht sich jedoch nur durch ihre Aeußerung, bethätigt sich nur in der Arbeit. Durch ihre Bethätigung, die Arbeit, wird aber ein bestimmtes Quantum von menschlichem Muskel, Nerv, Hirn u. s. w. verausgabt, das wieder ersetzt werden muß. Diese vermehrte Ausgabe bedingt eine vermehrte Einnahme[43]. Wenn der Eigenthümer der Arbeitskraft heute gearbeitet hat, muß er denselben Proceß morgen unter denselben Bedingungen von Kraft und Gesundheit wiederholen können. Die Summe der Lebensmittel muß also hinreichen,

---

42 »The Value or Worth of a man, is as of all other things, his price: that is to say, so much as would be given for the use of his power.« Th. Hobbes: »Leviathan« in »Works edit. Molesworth. London 1839–44«, v. III, p. 76.

43 Der altrömische villicus, als Wirthschafter an der Spitze der Ackerbausklaven, empfing daher, »weil er leichtere Arbeit hat als die Knechte, knapperes Maß als diese«. (Th. Mommsen: »Röm. Geschichte 1856«, p. 810.)

das arbeitende Individuum als arbeitendes Individuum in seinem normalen Lebenszustand zu erhalten. Die natürlichen Bedürfnisse selbst, wie Nahrung, Kleidung, Heizung, Wohnung u. s. w. sind verschieden je nach den klimatischen und andren natürlichen Eigenthümlichkeiten eines Landes. Andrerseits ist der Umfang s. g. nothwendiger Bedürfnisse, wie die Art ihrer Befriedigung, selbst ein historisches Produkt und hängt daher großentheils von der Kulturstufe eines Landes, unter andrem auch wesentlich davon ab, unter welchen Bedingungen, und daher mit welchen Gewohnheiten und Lebensansprüchen die Klasse der freien Arbeiter sich gebildet hat[44]. Im Gegensatz zu den andren Waaren enthält also die Werthbestimmung der Arbeitskraft ein historisches und moralisches Element. Für ein bestimmtes Land, zu einer bestimmten Periode jedoch, ist der Durchschnitts-Umkreis der nothwendigen Lebensmittel gegeben.

Der Eigenthümer der Arbeitskraft ist sterblich. Soll also seine Erscheinung auf dem Markt eine kontinuirliche sein, wie die kontinuirliche Verwandlung von Geld in Kapital voraussetzt, so muß der Verkäufer der Arbeitskraft sich verewigen, »wie jedes lebendige Individuum sich verewigt, durch Fortpflanzung[45]«. Die durch Abnutzung und Tod dem Markt entzogenen Arbeitskräfte müssen zum allermindesten durch eine gleiche Zahl neuer Arbeitskräfte beständig ersetzt werden. Die Summe der zur Produktion der Arbeitskraft nothwendigen Lebensmittel schließt also die Lebensmittel der Ersatzmänner ein, d. h. der Kinder der Arbeiter, so daß sich diese Race eigenthümlicher Waarenbesitzer auf dem Waarenmarkte verewigt[46].

Um die allgemein menschliche Natur so zu modificiren,

---

44 Vgl. »Over-population and its Remedy. London 1846« von W. Th. Thornton.

45 Petty.

46 »Its (labour's) natural price ... consists in such a quantity of necessaries, and comforts of life, as, from the nature of the cli-

daß sie Geschick und Fertigkeit in einem bestimmten Arbeitszweig erlangt, entwickelte und specifische Arbeitskraft wird, bedarf es einer bestimmten Bildung oder Erziehung, welche ihrerseits eine größere oder geringere Summe von Waarenäquivalenten kostet. Je nach dem mehr oder minder vermittelten Charakter der Arbeitskraft, sind ihre Bildungskosten verschieden. Diese Erlernungskosten, verschwindend klein für die gewöhnliche Arbeitskraft, gehn also ein in den Umkreis der zu ihrer Produktion verausgabten Werthe.

Der Werth der Arbeitskraft löst sich auf in den Werth einer bestimmten Summe von Lebensmitteln. Er wechselt daher auch mit dem Werth dieser Lebensmittel, d. h. der Größe der zu ihrer Produktion erheischten Arbeitszeit.

Ein Theil der Lebensmittel, z. B. Nahrungsmittel, Heizungsmittel u. s. w., werden täglich neu verzehrt, und müssen täglich neu ersetzt werden. Andre Lebensmittel, wie Kleider, Möbel u. s. w. verbrauchen sich in längeren Zeiträumen, und sind daher nur in längeren Zeiträumen zu ersetzen. Waaren einer Art müssen täglich, andre wöchentlich, vierteljährlich u. s. f. gekauft oder gezahlt werden. Wie sich die Summe dieser Ausgaben aber immer während eines Jahres z. B. vertheilen möge, sie muß gedeckt sein durch die Durchschnittseinnahme Tag ein, Tag aus. Wäre die Masse der täglich zur Produktion der Arbeitskraft erheischten Waaren = A, die der wöchentlich erheischten = B, die der vierteljährlich erheischten = C u. s. w., so wäre der tägliche Durchschnitt dieser Waaren $= \frac{365\,A + 52\,B + 4\,C + \text{u. s. w.}}{365}$. Gesetzt in dieser für den Durchschnitts-Tag nöthigen Waarenmasse steckten 6 Stun-

---

mate, and the habits of the country, are necessary to support the labourer, and to enable him to rear such a family as may preserve, in the market, an undiminished supply of labour.« R. Torrens: »An Essay on the external Corn Trade. London 1815« p. 62. Das Wort Arbeit steht hier fälschlich für Arbeitskraft.

den gesellschaftlicher Arbeit, so vergegenständlicht sich in der Arbeitskraft täglich ein halber Tag gesellschaftlicher Durchschnittsarbeit, oder ein halber Arbeitstag ist zur täglichen Produktion der Arbeitskraft erheischt. Dieß zu ihrer täglichen Produktion erheischte Arbeitsquantum bildet den Tageswerth der Arbeitskraft, oder den Werth der täglich reproducirten Arbeitskraft. Wenn sich ein halber Tag gesellschaftlicher Durchschnittsarbeit ebenfalls in einer Goldmasse von 3 sh. oder einem Thaler darstellt, so ist Ein Thaler der dem Tageswerth der Arbeitskraft entsprechende Preis. Bietet der Besitzer der Arbeitskraft sie feil für Einen Thaler täglich, so ist ihr Verkaufspreis gleich ihrem Werth und, nach unsrer Voraussetzung, zahlt der auf Verwandlung seiner Thaler in Kapital erpichte Geldbesitzer diesen Werth.

Die letzte Grenze oder Minimalgrenze des Werths der Arbeitskraft wird gebildet durch den Werth einer Waarenmasse, ohne deren tägliche Zufuhr der Träger der Arbeitskraft, der Mensch, seinen Lebensproceß nicht erneuern kann, also durch den Werth der physisch unentbehrlichen Lebensmittel. Sinkt der Preis der Arbeitskraft auf dieses Minimum, so sinkt er unter ihren Werth, denn sie kann sich so nur in verkümmerter Form erhalten und entwikkeln. Der Werth jeder Waare ist aber bestimmt durch die Arbeitszeit, erfordert um sie in normaler Güte zu liefern.

Es ist eine außerordentlich wohlfeile Sentimentalität, diese aus der Natur der Sache fließende Werthbestimmung der Arbeitskraft grob zu finden und etwa mit Rossi zu jammern: »Das Arbeitsvermögen (puissance de travail) begreifen, während man von den Subsistenzmitteln der Arbeit während des Produktionsprocesses abstrahirt, heißt ein Hirngespinst (être de raison) begreifen. Wer Arbeit sagt, wer Arbeitsvermögen sagt, sagt zugleich Arbeiter und Subsistenzmittel, Arbeiter und Arbeitslohn[47].« Wer

47 Rossi: »Cours d'Écon. Polit. Bruxelles 1843«, p. 370, 371.

Arbeitsvermögen sagt, sagt nicht Arbeit, so wenig als wer Verdauungsvermögen sagt, Verdauen sagt. Zum letztren Proceß ist bekanntlich mehr als ein guter Magen erfordert. Wer Arbeitsvermögen sagt, abstrahirt nicht von den zu seiner Subsistenz nothwendigen Lebensmitteln. Ihr Werth ist vielmehr ausgedrückt in seinem Werth. Wird es nicht verkauft, so nützt es dem Arbeiter nichts, so empfindet er es vielmehr als eine grausame Naturnothwendigkeit, daß sein Arbeitsvermögen ein bestimmtes Quantum Subsistenzmittel zu seiner Produktion erheischt hat und stets wieder von neuem zu seiner Reproduktion erheischt. Er entdeckt dann mit Sismondi: »das Arbeitsvermögen ... ist Nichts, wenn es nicht verkauft wird[48].«

Die eigenthümliche Natur dieser specifischen Waare, der Arbeitskraft, bringt es mit sich, daß mit der Abschließung des Kontrakts zwischen Käufer und Verkäufer ihr Gebrauchswerth noch nicht wirklich in die Hand des Käufers übergegangen ist. Ihr Werth, gleich dem jeder andren Waare, war bestimmt, bevor sie in die Cirkulation trat, denn ein bestimmtes Quantum gesellschaftlicher Arbeit ward zur Produktion der Arbeitskraft verausgabt, aber ihr Gebrauchswerth besteht erst in der nachträglichen Kraftäußerung. Die Veräußerung der Kraft und ihre wirkliche Aeußerung, d. h. ihr Dasein als Gebrauchswerth, fallen daher der Zeit nach aus einander. Bei solchen Waaren aber[49], wo die formelle Veräußerung des Gebrauchswerths durch den Verkauf und seine wirkliche

---

48 Sismondi: »Nouv. Princ. etc.«, t. I, p. 114.

49 »All labour is paid, after it has ceased.« (»An Inquiry into those Principles respecting the Nature of Demand etc.«, p. 104). »Le crédit commercial a dû commencer au moment où l'ouvrier, premier artisan de la production, a pu, au moyen de ses économies, attendre le salaire de son travail jusqu'à la fin de la semaine, de la quinzaine, du mois, du trimestre etc.« (Ch. Ganilh: »Des Systèmes de l'Écon. Polit. 2ème édit. Paris 1821«, t. II, p. 150.)

Überlassung an den Käufer der Zeit nach auseinander fallen, funktionirt das Geld des Käufers meist als Zahlungsmittel. In allen Ländern kapitalistischer Produktionsweise wird die Arbeitskraft erst gezahlt, nachdem sie bereits während des im Kaufkontrakt festgesetzten Termins funktionirt hat, z. B. am Ende jeder Woche. Ueberall schießt daher der Arbeiter dem Kapitalisten den Gebrauchswerth der Arbeitskraft vor; er läßt sie vom Käufer konsumiren, bevor er ihren Preis bezahlt erhält, überall kreditirt daher der Arbeiter dem Kapitalisten. Daß dies Kreditiren kein leerer Wahn ist, zeigt nicht nur der gelegentliche Verlust des kreditirten Lohns beim Bankerott des Kapitalisten[50], sondern auch eine Reihe mehr nachhaltiger Wirkungen[51]. Indeß ändert es an der Natur des Waarenaustausches selbst nichts, ob das Geld als Kaufmittel oder als Zah-

---

50 »L'ouvrier prête son industrie«, aber setzt Storch schlau hinzu: er »riskirt nichts« außer »de perdre son salaire ... l'ouvrier ne transmet rien de matériel«. (Storch: »Cours d'Écon. Polit. Pétersbourg 1815«, t. II. p. 36, 37.)

51 Ein Beispiel. In London existiren zweierlei Sorten von Bäkkern, die »full priced«, die das Brod zu seinem vollen Werthe verkaufen, und die »undersellers«, die es unter diesem Werthe verkaufen. Letztere Klasse bildet über $^3/_4$ der Gesammtzahl der Bäcker. (p. XXXII–XXXIV im »Report« des Regierungskommissairs H. S. Tremenheere über die »Grievances complained of by the journeymen bakers etc. London 1862.«) Diese undersellers verkaufen, fast ausnahmslos, Brod, das verfälscht ist durch Beimischung von Alaun, Seife, Perlasche, Kalk, Derbyshire Steinmehl und ähnlichen angenehmen, nahrhaften und gesunden Ingredienzien. (Sieh das oben citirte Blaubuch, ebenso den Bericht des »Committee of 1855 on the Adulteration of Bread« and Dr. Hassall's: »Adulterations Detected«. 2nd edit. London 1861.) Sir John Gordon erklärte vor dem Comite von 1855, daß, »in Folge dieser Fälschungen der Arme, der von zwei Pfund Brod täglich lebt, jetzt nicht den vierten Theil des Nahrungsstoffes wirklich erhält, abgesehn von den schädlichen Wirkungen auf seine Gesundheit.« Als Grund, warum »ein

lungsmittel funktionirt. Der Preis der Arbeitskraft ist kontraktlich festgesetzt, obgleich er erst hinterher realisirt wird, wie der Miethpreis eines Hauses. Die Arbeitskraft ist verkauft, obgleich sie erst hinterher bezahlt wird. Für die reine Auffassung des Verhältnisses ist es jedoch nützlich, einstweilen vorauszusetzen, daß der Besitzer der Arbeitskraft mit ihrem Verkauf jedesmal auch sogleich den kontraktlich stipulirten Preis erhält.

Wir kennen nun die Art und Weise der Bestimmung des Werths, welcher dem Besitzer dieser eigenthümlichen Waare, der Arbeitskraft, vom Geldbesitzer gezahlt wird. Der Gebrauchswerth, den letztrer seinerseits im Austausch erhält, zeigt sich erst im wirklichen Verbrauch, im Konsumtionsproceß der Arbeitskraft. Alle zu diesem Proceß nöthigen Dinge, wie Rohmaterial u. s. w., kauft der Geldbesitzer auf dem Waarenmarkt und zahlt sie zum

---

sehr großer Theil der Arbeiterklasse«, obgleich wohlunterrichtet über die Fälschungen, dennoch Alaun, Steinmehl etc. mit in den Kauf nimmt, führt Tremenheere (l. c. p. XLVIII) an, daß es für sie »ein Ding der Nothwendigkeit ist, von ihrem Bäcker oder dem chandler's shop das Brod zu nehmen, wie man es ihnen zu geben beliebt.« Da sie erst Ende der Arbeitswoche bezahlt werden, können sie auch »das während der Woche von ihren Familien verzehrte Brod erst Ende der Woche zahlen«; und, fügt Tremenheere mit Anführung der Zeugenaussagen hinzu: »es ist notorisch, daß mit solchen Mixturen bereitetes Brod expreß für diese Art Kunden gemacht wird.« (»It is notorious that bread composed of those mixtures, is made expressly for sale in this manner.«) »In vielen englischen Agrikulturdistrikten (aber noch mehr in schottischen) wird der Arbeitslohn vierzehntägig und selbst monatlich gezahlt. Mit diesen langen Zahlungsfristen muß der Agrikulturarbeiter seine Waaren auf Kredit kaufen ... Er hat höhere Preise zu zahlen und ist thatsächlich an die Boutique gebunden, die ihm pumpt. So kostet ihm z. B. zu Horningsham in Wilts, wo die Löhnung monatlich, dasselbe Mehl 2 sh. 4 d. per stone, das er sonstwo mit 1 sh. 10 d. zahlt.« (»Sixth Report« on »Public Health« by »The

vollen Preis. Der Konsumtionsproceß der Arbeitskraft ist zugleich der Produktionsproceß von Waare und von Mehrwerth. Die Konsumtion der Arbeitskraft, gleich der Konsumtion jeder andren Waare, vollzieht sich außerhalb des Markts oder der Cirkulationssphäre. Diese geräuschvolle, auf der Oberfläche hausende und Aller Augen zugängliche Sphäre verlassen wir daher, zusammen mit Geldbesitzer und Arbeitskraftbesitzer, um beiden nachzufolgen in die verborgne Stätte der Produktion, an deren Schwelle zu lesen steht: No admittance except on business. Hier wird sich zeigen, nicht nur wie das Kapital producirt, sondern auch wie man es selbst producirt, das Kapital. Das Geheimniß der Plusmacherei muß sich endlich enthüllen.

Die Sphäre der Cirkulation oder des Waarenaustausches, innerhalb deren Schranken Kauf und Verkauf der Arbeitskraft sich bewegt, war in der That ein wahres Eden der angebornen Menschenrechte. Was allein hier herrscht, ist Freiheit, Gleichheit, Eigenthum, und Bentham. Frei-

---

Medical Officer of the Privy Council etc. 1864«, p. 264.) »Die Kattun-Handdrucker von Paisley und Kilmarnock (Westschottland) erzwangen 1853 durch einen Strike die Herabsetzung des Zahlungstermins von einem Monat auf 14 Tage.« (»Reports of the Inspectors of Factories for 31st Oct. 1853«, p. 34.) Als eine weitere artige Entwicklung des Kredits, den der Arbeiter dem Kapitalisten gibt, kann man die Methode vieler englischer Kohlenbergwerksbesitzer betrachten, wonach der Arbeiter erst Ende des Monats bezahlt wird, und in der Zwischenzeit Vorschüsse vom Kapitalisten erhält, oft in Waaren, die er über ihren Marktpreis zahlen muß (Trucksystem). »It is a common practice with the coal masters to pay once a month, and advance cash to their workmen at the end of each intermediate week. The cash is given in the shop (nämlich dem tommy shop oder dem Meister selbst gehörigen Kramladen); the men take it on one side and lay it out on the other.« (»Children's Employment Commission, III. Report. Lond. 1864«, p. 38. n. 192.)

heit! denn Käufer und Verkäufer einer Waare, z. B. der Arbeitskraft, sind nur durch ihren freien Willen bestimmt. Sie kontrahiren als freie, rechtlich ebenbürtige Personen. Der Kontrakt ist das Endresultat, worin sich ihre Willen einen gemeinsamen Rechtsausdruck geben. Gleichheit! Denn sie beziehen sich nur als Waarenbesitzer auf einander und tauschen Aequivalent für Aequivalent. Eigenthum! Denn jeder verfügt nur über das Seine. Bentham! Denn jedem von den beiden ist es nur um sich zu thun. Die einzige Macht, die sie zusammen und in ein Verhältniß bringt, ist die ihres Eigennutzes, ihres Sondervortheils, ihrer Privatinteressen. Und eben weil so jeder nur für sich und keiner für den andren kehrt, vollbringen alle, in Folge einer prästabilirten Harmonie der Dinge, oder unter den Auspicien einer allpfiffigen Vorsehung, nur das Werk ihres wechselseitigen Vortheils, des Gemeinnutzens, des Gesammtinteresses.

Beim Scheiden von dieser Sphäre der einfachen Cirkulation oder des Waarenaustausches, woraus der Freihändler vulgaris Anschauungen, Begriffe und Maßstab für sein Urtheil über die Gesellschaft des Kapitals und der Lohnarbeit entlehnt, verwandelt sich, so scheint es, schon in etwas die Physiognomie unsrer dramatis personae. Der ehemalige Geldbesitzer schreitet voran als Kapitalist, der Arbeitskraftbesitzer folgt ihm nach als sein Arbeiter; der Eine bedeutungsvoll schmunzelnd und geschäftseifrig, der Andre scheu, widerstrebsam, wie Jemand, der seine eigne Haut zu Markt getragen und nun nichts andres zu erwarten hat als die – Gerberei.

Dritter Abschnitt. Die Produktion des absoluten Mehrwerths

Fünftes Kapitel. Arbeitsproceß und Verwerthungsproceß

1) Arbeitsproceß

Der Gebrauch der Arbeitskraft ist die Arbeit selbst. Der Käufer der Arbeitskraft konsumirt sie, indem er ihren Verkäufer arbeiten läßt. Letztrer wird hierdurch actu sich bethätigende Arbeitskraft, Arbeiter, was er früher nur potentia war. Um seine Arbeit in Waaren darzustellen, muß er sie vor allem in Gebrauchswerthen darstellen, Sachen, die zur Befriedigung von Bedürfnissen irgend einer Art dienen. Es ist also ein besondrer Gebrauchswerth, ein bestimmter Artikel, den der Kapitalist vom Arbeiter anfertigen läßt. Die Produktion von Gebrauchswerthen, oder Gütern, ändert ihre allgemeine Natur nicht dadurch, daß sie für den Kapitalisten und unter seiner Kontrole vorgeht. Der Arbeitsproceß ist daher zunächst unabhängig von jeder bestimmten gesellschaftlichen Form zu betrachten.

Die Arbeit ist zunächst ein Proceß zwischen Mensch und Natur, ein Proceß, worin der Mensch seinen Stoffwechsel mit der Natur durch seine eigne That vermittelt, regelt und kontrolirt. Er tritt dem Naturstoff selbst als eine Naturmacht gegenüber. Die seiner Leiblichkeit angehörigen Naturkräfte, Arme und Beine, Kopf und Hand, setzt er in Bewegung, um sich den Naturstoff in einer für sein eignes Leben brauchbaren Form anzueignen. Indem er durch diese Bewegung auf die Natur außer ihm wirkt und sie verändert, verändert er zugleich seine eigne Natur. Er entwickelt die in ihr schlummernden Potenzen und unterwirft das Spiel ihrer Kräfte seiner eignen Botmäßigkeit. Wir haben es hier nicht mit den ersten thierartig instinktmäßigen Formen der Arbeit zu thun. Dem Zustand, worin der Arbeiter als Verkäufer seiner eignen Arbeitskraft auf dem Waarenmarkt auftritt, ist in urzeitlichen Hintergrund der Zustand entrückt, worin die menschliche Arbeit ihre erste instinktartige Form noch nicht abgestreift hatte. Wir unterstellen die Arbeit in einer Form, worin sie dem Menschen ausschließlich angehört. Eine Spinne verrichtet Operationen, die denen des Webers ähneln, und eine Biene beschämt durch den Bau ihrer Wachszellen manchen menschlichen Baumeister. Was aber von vorn herein den schlechtesten Baumeister vor der besten Biene auszeichnet, ist, daß er die Zelle in seinem Kopf gebaut hat, bevor er sie in Wachs baut. Am Ende des Arbeitsprocesses kommt ein Resultat heraus, das beim Beginn desselben schon in der Vorstellung des Arbeiters, also schon ideell vorhanden war. Nicht daß er nur eine Formveränderung des Natürlichen bewirkt; er verwirklicht im Natürlichen zugleich seinen Zweck, den er weiß, der die Art und Weise seines Thuns als Gesetz bestimmt und dem er seinen Willen unterordnen muß. Und diese Unterordnung ist kein vereinzelter Akt. Außer der Anstrengung der Organe, die arbeiten, ist der zweckmäßige Wille, der sich als Aufmerksamkeit äußert, für die ganze Dauer der Arbeit erheischt, und um so mehr, je weniger sie durch den eignen Inhalt und die Art und Weise ihrer Ausführung den Arbeiter mit sich fortreißt, je weniger er sie daher als Spiel seiner eignen körperlichen und geistigen Kräfte genießt.

Die einfachen Momente des Arbeitsprocesses sind die zweckmäßige Thätigkeit oder die Arbeit selbst, ihr Gegenstand und ihr Mittel.

Die Erde (worunter ökonomisch auch das Wasser einbegriffen), wie sie den Menschen ursprünglich mit Proviant, fertigen Lebensmitteln ausrüstet[1], findet sich ohne sein Zuthun als der allgemeine Gegenstand der menschlichen Arbeit vor. Alle Dinge, welche die Arbeit nur von ihrem unmittelbaren Zusammenhang mit dem Erdganzen loslöst, sind von Natur vorgefundne Arbeitsgegenstände. So der Fisch, der von seinem Lebenselement, dem Wasser, getrennt, gefangen wird, das Holz, das im Urwald gefällt, das Erz, das aus seiner Ader losgebrochen wird. Ist der Arbeitsgegenstand dagegen selbst schon sozusagen durch frühere Arbeit filtrirt, so nennen wir ihn Rohmaterial. Z. B. das bereits losgebrochene Erz, das nun ausgewaschen wird. Alles Rohmaterial ist Arbeitsgegenstand, aber nicht jeder Arbeitsgegenstand ist Rohmaterial. Rohmaterial ist der Arbeitsgegenstand nur, sobald er bereits eine durch Arbeit vermittelte Veränderung erfahren hat.

Das Arbeitsmittel ist ein Ding oder ein Komplex von Dingen, die der Arbeiter zwischen sich und den Arbeitsgegenstand schiebt, und die ihm als Leiter seiner Thätigkeit auf diesen Gegenstand dienen. Er benutzt die mechanischen, physikalischen, chemischen Eigenschaften der Dinge, um sie als Machtmittel auf andre Dinge, seinem Zweck gemäß, wirken zu lassen[2]. Der Gegenstand, dessen sich der Arbeiter unmittelbar bemächtigt – abgesehn von

---

1 »The earth's spontaneous productions being in small quantity, and quite independent of man, appear, as it were, to be furnished by nature, in the same way as a small sum is given to a young man, in order to put him in a way of industry, and of making his fortune.« (James Steuart: »Principles of Polit. Econ. edit. Dublin 1770«, v. I, p. 116.)

2 »Die Vernunft ist eben so listig als mächtig. Die List besteht überhaupt in der vermittelnden Thätigkeit, welche, indem sie die Objekte ihrer eigenen Natur gemäß auf einander einwirken und sich zu einander abarbeiten läßt, ohne sich unmittelbar in diesen Proceß einzumischen, gleichwohl nur ihren Zweck zur Ausführung bringt.« (Hegel: »Encyklopädie. Erster Theil. Die Logik. Berlin 1840«, p. 382.)

der Ergreifung fertiger Lebensmittel, der Früchte z. B., wobei seine eignen Leibesorgane allein als Arbeitsmittel dienen – ist nicht der Arbeitsgegenstand, sondern das Arbeitsmittel. So wird das Natürliche selbst zum Organ seiner Thätigkeit, ein Organ, das er seinen eignen Leibesorganen hinzufügt, seine natürliche Gestalt verlängernd, trotz der Bibel. Wie die Erde seine ursprüngliche Proviantkammer, ist sie sein ursprüngliches Arsenal von Arbeitsmitteln. Sie liefert ihm z. B. den Stein, womit er wirft, reibt, drückt, schneidet u. s. w. Die Erde selbst ist ein Arbeitsmittel, setzt jedoch zu ihrem Dienst als Arbeitsmittel in der Agrikultur wieder eine ganze Reihe andrer Arbeitsmittel und eine schon relativ hohe Entwicklung der Arbeitskraft voraus[3]. Sobald überhaupt der Arbeitsproceß nur einigermaßen entwickelt ist, bedarf er bereits bearbeiteter Arbeitsmittel. In den ältesten Menschenhöhlen finden wir Steinwerkzeuge und Steinwaffen. Neben bearbeitetem Stein, Holz, Knochen und Muscheln spielt im Anfang der Menschengeschichte das gezähmte, also selbst schon durch Arbeit veränderte, gezüchtete Thier die Hauptrolle als Arbeitsmittel[4]. Der Gebrauch und die Schöpfung von Arbeitsmitteln, obgleich im Keim schon gewissen Thierarten eigen, charakterisiren den specifisch menschlichen Arbeitsproceß und Franklin definirt daher den Menschen als »a toolmaking animal«, ein Werkzeuge fabricirendes Thier. Dieselbe Wichtigkeit, welche der Bau von Knochenreliquien für die Erkenntniß der Organisation untergegangner Thiergeschlechter, haben Reliquien

---

3 In der sonst elenden Schrift: »Théorie de l'Écon. Polit. Paris 1815«, zählt Ganilh den Physiokraten gegenüber treffend die große Reihe von Arbeitsprocessen auf, welche die Voraussetzung der eigentlichen Agrikultur bilden.

4 In den »Réflexions sur la Formation et la Distribution des Richesses« (1766) entwickelt Turgot gut die Wichtigkeit des gezähmten Thiers für die Anfänge der Kultur.

von Arbeitsmitteln für die Beurtheilung untergegangner ökonomischer Gesellschaftsformationen. Nicht was gemacht wird, sondern wie, mit welchen Arbeitsmitteln gemacht wird, unterscheidet die ökonomischen Epochen[5]. Die Arbeitsmittel sind nicht nur Gradmesser der Entwicklung der menschlichen Arbeitskraft, sondern auch Anzeiger der gesellschaftlichen Verhältnisse, worin gearbeitet wird. Unter den Arbeitsmitteln selbst bieten die mechanischen Arbeitsmittel, deren Gesammtheit man das Knochen- und Muskelsystem der Produktion nennen kann, viel entscheidendere Charaktermerkmale einer gesellschaftlichen Produktionsepoche, als solche Arbeitsmittel, die nur zu Behältern des Arbeitsgegenstandes dienen, und deren Gesammtheit ganz allgemein als das Gefäßsystem der Produktion bezeichnet werden kann, wie z. B. Röhren, Fässer, Körbe, Krüge u. s. w. Erst in der chemischen Fabrikation spielen sie eine bedeutungsvolle Rolle[5a].

Im weitren Sinn zählt der Arbeitsproceß unter seine Mittel außer den Dingen, welche die Wirkung der Arbeit auf ihren Gegenstand vermitteln, und daher in einer oder der andren Weise als Leiter der Thätigkeit dienen, alle gegenständlichen Bedingungen, die überhaupt erheischt sind, damit der Proceß stattfinde. Sie gehn nicht direkt in ihn ein, aber er kann ohne sie gar nicht oder nur unvollkommen vorgehn. Das allgemeine Arbeitsmittel dieser Art ist wieder die Erde selbst, denn sie giebt dem Arbeiter den

5 Von allen Waaren sind eigentliche Luxuswaaren die unbedeutendsten für die technologische Vergleichung verschiedner Produktionsepochen.

5a Note zur 2. Ausg. So wenig die bisherige Geschichtsschreibung die Entwicklung der materiellen Produktion, also die Grundlage alles gesellschaftlichen Lebens und daher aller wirklichen Geschichte kennt, hat man wenigstens die vorhistorische Zeit auf Grundlage naturwissenschaftlicher, nicht sog. historischer Forschungen, nach dem Material der Werkzeuge und Waffen in Steinalter, Bronzealter und Eisenalter abgetheilt.

locus standi und seinem Proceß den Wirkungsraum (field of employment). Durch die Arbeit schon vermittelte Arbeitsmittel dieser Art sind z. B. Arbeitsgebäude, Kanäle, Straßen u. s. w.

Im Arbeitsproceß bewirkt also die Thätigkeit des Menschen durch das Arbeitsmittel eine von vorn herein bezweckte Veränderung des Arbeitsgegenstandes. Der Proceß erlischt im Produkt. Sein Produkt ist ein Gebrauchswerth, ein durch Formveränderung menschlichen Bedürfnissen angeeigneter Naturstoff. Die Arbeit hat sich mit ihrem Gegenstand verbunden. Sie ist vergegenständlicht und der Gegenstand ist verarbeitet. Was auf Seiten des Arbeiters in der Form der Unruhe erschien, erscheint nun als ruhende Eigenschaft, in der Form des Seins, auf Seiten des Produkts. Es hat gesponnen und das Produkt ist ein Gespinst.

Betrachtet man den ganzen Proceß vom Standpunkt seines Resultats, des Produkts, so erscheinen beide, Arbeitsmittel und Arbeitsgegenstand, als Produktionsmittel[6] und die Arbeit selbst als produktive Arbeit[7].

Wenn ein Gebrauchswerth als Produkt aus dem Arbeitsproceß herauskommt, gehn andre Gebrauchswerthe, Produkte früherer Arbeitsprocesse, als Produktionsmittel in ihn ein. Derselbe Gebrauchswerth, der das Produkt dieser, bildet das Produktionsmittel jener Arbeit. Produkte sind daher nicht nur Resultat, sondern zugleich Bedingung des Arbeitsprocesses.

Mit Ausnahme der extraktiven Industrie, die ihren Ar-

---

6 Es scheint paradox z. B. den Fisch, der noch nicht gefangen ist, ein Produktionsmittel für den Fischfang zu nennen. Bisher ist aber noch nicht die Kunst erfunden, Fische in Gewässern zu fangen, in denen sie sich nicht vorfinden.

7 Diese Bestimmung produktiver Arbeit, wie sie sich vom Standpunkt des einfachen Arbeitsprocesses ergibt, reicht keineswegs hin für den kapitalistischen Produktionsproceß.

beitsgegenstand von Natur vorfindet, wie Bergbau, Jagd, Fischfang u. s. w., (der Ackerbau nur, soweit er in erster Instanz die jungfräuliche Erde selbst aufbricht), behandeln alle Industriezweige einen Gegenstand, der Rohmaterial, d. h. bereits durch die Arbeit filtrirter Arbeitsgegenstand, selbst schon Arbeitsprodukt ist. So z. B. der Samen in der Agrikultur. Thiere und Pflanzen, die man als Naturprodukte zu betrachten pflegt, sind nicht nur Produkte vielleicht der Arbeit vom vorigen Jahr, sondern, in ihren jetzigen Formen, Produkte einer durch viele Generationen, unter menschlicher Kontrole, vermittelst menschlicher Arbeit, fortgesetzten Umwandlung. Was aber die Arbeitsmittel insbesondre betrifft, so zeigt ihre ungeheure Mehrzahl dem oberflächlichsten Blick die Spur vergangner Arbeit.

Das Rohmaterial kann die Hauptsubstanz eines Produkts bilden, oder nur als Hülfsstoff in seine Bildung eingehn. Der Hülfsstoff wird vom Arbeitsmittel konsumirt, wie Kohle von der Dampfmaschine, Oel vom Rade, Heu vom Zugpferd, oder dem Rohmaterial zugesetzt, um darin eine stoffliche Veränderung zu bewirken, wie Chlor zur ungebleichten Leinwand, Kohle zum Eisen, Farbe zur Wolle, oder er unterstützt die Verrichtung der Arbeit selbst, wie z. B. zur Beleuchtung und Heizung des Arbeitslokals verwandte Stoffe. Der Unterschied zwischen Hauptstoff und Hülfsstoff verschwimmt in der eigentlich chemischen Fabrikation, weil keines der angewandten Rohmaterialien als die Substanz des Produkts wieder erscheint.[8]

Da jedes Ding vielerlei Eigenschaften besitzt und daher verschiedner Nutzanwendung fähig ist, kann dasselbe Produkt das Rohmaterial sehr verschiedner Arbeitspro-

---

8 Storch unterscheidet das eigentliche Rohmaterial als »matière« von den Hülfsstoffen als »matériaux«; Cherbuliez bezeichnet die Hülfsstoffe als »matières instrumentales«.

cesse bilden. Korn z. B. ist Rohmaterial für Müller, Stärkefabrikant, Destillateur, Viehzüchter u. s. w. Es wird Rohmaterial seiner eignen Produktion als Samen. So geht die Kohle als Produkt aus der Minenindustrie hervor und als Produktionsmittel in sie ein.

Dasselbe Produkt mag in demselben Arbeitsproceß als Arbeitsmittel und Rohmaterial dienen. Bei der Viehmast z. B. wo das Vieh, das bearbeitete Rohmaterial, zugleich Mittel der Düngerbereitung ist.

Ein Produkt, das in einer für die Konsumtion fertigen Form existirt, kann von neuem zum Rohmaterial eines andren Produkts werden, wie die Traube zum Rohmaterial des Weins. Oder die Arbeit entläßt ihr Produkt in Formen, worin es nur wieder als Rohmaterial brauchbar ist. Rohmaterial in diesem Zustand heißt Halbfabrikat und hieße besser Stufenfabrikat, wie z. B. Baumwolle, Faden, Garn u. s. w. Obgleich selbst schon Produkt, mag das ursprüngliche Rohmaterial eine ganze Staffel verschiedner Processe zu durchlaufen haben, worin es in stets veränderter Gestalt stets von neuem als Rohmaterial funktionirt bis zum letzten Arbeitsproceß, der es als fertiges Lebensmittel oder fertiges Arbeitsmittel von sich abstößt.

Man sieht: ob ein Gebrauchswerth als Rohmaterial, Arbeitsmittel oder Produkt erscheint, hängt ganz und gar ab von seiner bestimmten Funktion im Arbeitsprocesse, von der Stelle, die er in ihm einnimmt, und mit dem Wechsel dieser Stelle wechseln jene Bestimmungen.

Durch ihren Eintritt als Produktionsmittel in neue Arbeitsprocesse verlieren Produkte daher den Charakter des Produkts. Sie funktioniren nur noch als gegenständliche Faktoren der lebendigen Arbeit. Der Spinner behandelt die Spindel nur als Mittel womit, den Flachs nur als Gegenstand, den er spinnt. Allerdings kann man nicht spinnen ohne Spinnmaterial und Spindel. Das Vorhandensein dieser Produkte ist daher vorausgesetzt beim Beginn des

Spinnens. In diesem Proceß selbst aber ist es eben so gleichgültig, daß Flachs und Spindel Produkte vergangner Arbeit sind, wie es im Akt der Ernährung gleichgültig ist, daß Brod das Produkt der vergangnen Arbeiten von Bauer, Müller, Bäcker u. s. w. Umgekehrt. Machen Produktionsmittel im Arbeitsproceß ihren Charakter als Produkte vergangner Arbeit geltend, so durch ihre Mängel. Ein Messer, das nicht schneidet, Garn, das beständig zerreißt u. s. w. erinnern lebhaft an Messerschmied A und Garnwichser E. Im gelungnen Produkt ist die Vermittlung seiner Gebrauchseigenschaften durch vergangne Arbeit ausgelöscht.

Eine Maschine, die nicht im Arbeitsproceß dient, ist nutzlos. Außerdem verfällt sie der zerstörenden Gewalt des natürlichen Stoffwechsels. Das Eisen verrostet, das Holz verfault. Garn, das nicht verwebt oder verstrickt wird, ist verdorbne Baumwolle. Die lebendige Arbeit muß diese Dinge ergreifen, sie von den Todten erwecken, sie aus nur möglichen in wirkliche und wirkende Gebrauchswerthe verwandeln. Vom Feuer der Arbeit beleckt, als Leiber derselben angeeignet, zu ihren begriffs- und berufsmäßigen Funktionen im Proceß begeistet, werden sie zwar auch verzehrt, aber zweckvoll, als Bildungselemente neuer Gebrauchswerthe, neuer Produkte, die fähig sind als Lebensmittel in die individuelle Konsumtion oder als Produktionsmittel in neuen Arbeitsproceß einzugehn.

Wenn also vorhandne Produkte nicht nur Resultate, sondern auch Existenzbedingungen des Arbeitsprocesses sind, ist andrerseits ihr Hineinwerfen in ihn, also ihr Kontakt mit lebendiger Arbeit, das einzige Mittel um diese Produkte vergangner Arbeit als Gebrauchswerthe zu erhalten und zu verwirklichen.

Die Arbeit verbraucht ihre stofflichen Elemente, ihren Gegenstand und ihr Mittel, verspeist dieselben, und ist also Konsumtionsproceß. Diese produktive Konsumtion unterscheidet sich dadurch von der individuellen Konsumtion, daß letztere die Produkte als Lebensmittel des lebendigen Individuums, erstere sie als Lebensmittel der Arbeit, seiner sich bethätigenden Arbeitskraft, verzehrt. Das Produkt der individuellen Konsumtion ist daher der Konsument selbst, das Resultat der produktiven Konsumtion ein vom Konsumenten unterschiednes Produkt.

Sofern ihr Mittel und ihr Gegenstand selbst schon Produkte sind, verzehrt die Arbeit Produkte um Produkte zu schaffen oder vernutzt Produkte als Produktionsmittel von Produkten. Wie der Arbeitsproceß aber ursprünglich nur zwischen dem Menschen und der ohne sein Zuthun vorhandnen Erde vorgeht, dienen in ihm immer noch auch solche Produktionsmittel, die von Natur vorhanden, keine Verbindung von Naturstoff und menschlicher Arbeit darstellen.

Der Arbeitsproceß, wie wir ihn in seinen einfachen und abstrakten Momenten dargestellt haben, ist zweckmäßige Thätigkeit zur Herstellung von Gebrauchswerthen, Aneignung des Natürlichen für menschliche Bedürfnisse, allgemeine Bedingung des Stoffwechsels zwischen Mensch und Natur, ewige Naturbedingung des menschlichen Lebens und daher unabhängig von jeder Form dieses Lebens, vielmehr allen seinen Gesellschaftsformen gleich gemeinsam. Wir hatten daher nicht nöthig, den Arbeiter im Verhältniß zu andren Arbeitern darzustellen. Der Mensch und seine Arbeit auf der einen, die Natur und ihre Stoffe auf der andren Seite, genügten. So wenig man dem Weizen anschmeckt, wer ihn gebaut hat, so wenig sieht man diesem Proceß an, unter welchen Bedingungen er vorgeht, ob unter der brutalen Peitsche des Sklavenaufsehers oder unter dem ängstlichen Auge des Kapitalisten, ob Cincinnatus ihn verrichtet in der Bestellung seiner paar jugera, oder der Wilde, der mit einem Stein eine Bestie erlegt[9].

---

9 Aus diesem höchst logischen Grund entdeckt wohl Oberst Torrens in dem Stein des Wilden – den Ursprung des Kapitals. »In

Kehren wir zu unsrem Kapitalisten in spe zurück. Wir verließen ihn, nachdem er auf dem Waarenmarkt alle zu einem Arbeitsproceß nothwendigen Faktoren gekauft hatte, die gegenständlichen Faktoren oder die Produktionsmittel, den persönlichen Faktor oder die Arbeitskraft. Er hat mit schlauem Kennerblick die für sein besondres Geschäft, Spinnerei, Stiefelfabrikation u. s. w. passenden Produktionsmittel und Arbeitskräfte ausgewählt. Unser Kapitalist setzt sich also daran, die von ihm gekaufte Waare, die Arbeitskraft, zu konsumiren, d. h. er läßt den Träger der Arbeitskraft, den Arbeiter, die Produktionsmittel durch seine Arbeit konsumiren. Die allgemeine Natur des Arbeitsprocesses ändert sich natürlich nicht dadurch, daß der Arbeiter ihn für den Kapitalisten, statt für sich selbst verrichtet. Aber auch die bestimmte Art und Weise wie man Stiefel macht oder Garn spinnt, kann sich zunächst nicht ändern durch die Dazwischenkunft des Kapitalisten. Er muß die Arbeitskraft zunächst nehmen, wie er sie auf dem Markt vorfindet, also auch ihre Arbeit, wie sie in einer Periode entsprang, wo es noch keine Kapitalisten gab. Die Verwandlung der Produktionsweise selbst durch die Unterordnung der Arbeit unter das Kapital kann sich erst später ereignen und ist daher erst später zu betrachten.

Der Arbeitsproceß, wie er als Konsumtionsproceß der Arbeitskraft durch den Kapitalisten vorgeht, zeigt nun zwei eigenthümliche Phänomene.

---

dem ersten Stein, den der Wilde auf die Bestie wirft, die er verfolgt, in dem ersten Stock, den er ergreift, um die Frucht niederzuziehn, die er nicht mit den Händen fassen kann, sehn wir die Aneignung eines Artikels zum Zweck der Erwerbung eines andren und entdecken so – den Ursprung des Kapitals.« (R. Torrens: »An Essay on the Production of Wealth etc.« p. 70, 71.) Aus jenem ersten Stock ist wahrscheinlich auch zu erklären, warum stock im Englischen synonym mit Kapital ist.

Der Arbeiter arbeitet unter der Kontrole des Kapitalisten, dem seine Arbeit gehört. Der Kapitalist paßt auf, daß die Arbeit ordentlich von statten geht und die Produktionsmittel zweckmäßig verwandt werden, also kein Rohmaterial vergeudet und das Arbeitsinstrument geschont, d. h. nur so weit zerstört wird, als sein Gebrauch in der Arbeit ernöthigt.

Zweitens aber: das Produkt ist Eigenthum des Kapitalisten, nicht des unmittelbaren Producenten, des Arbeiters. Der Kapitalist zahlt z. B. den Tageswerth der Arbeitskraft. Ihr Gebrauch, wie der jeder andren Waare, z. B. eines Pferdes, das er für einen Tag gemiethet, gehört ihm also für den Tag. Dem Käufer der Waare gehört der Gebrauch der Waare, und der Besitzer der Arbeitskraft gibt in der That nur den von ihm verkauften Gebrauchswerth, indem er seine Arbeit gibt. Von dem Augenblicke, wo er in die Werkstätte des Kapitalisten trat, gehörte der Gebrauchswerth seiner Arbeitskraft, also ihr Gebrauch, die Arbeit, dem Kapitalisten. Der Kapitalist hat durch den Kauf der Arbeitskraft die Arbeit selbst als lebendigen Gährungsstoff den todten ihm gleichfalls gehörigen Bildungselementen des Produkts einverleibt. Von seinem Standpunkt ist der Arbeitsproceß nur die Konsumtion der von ihm gekauften Waare Arbeitskraft, die er jedoch nur konsumiren kann, indem er ihr Produktionsmittel zusetzt. Der Arbeitsproceß ist ein Proceß zwischen Dingen, die der Kapitalist gekauft hat, zwischen ihm gehörigen Dingen. Das Produkt dieses Processes gehört ihm daher ganz eben so sehr als das Produkt des Gährungsprocesses in seinem Weinkeller[10].

---

10 »Die Produkte sind appropriirt, bevor sie in Kapital verwandelt werden; diese Verwandlung entzieht sie nicht jener Appropriation.« (Cherbuliez: »Riche ou Pauvre, édit. Paris 1841«, p. 54.)

2) Verwerthungsproceß

Das Produkt – das Eigenthum des Kapitalisten – ist ein Gebrauchswerth, Garn, Stiefel u. s. w. Aber obgleich Stiefel z. B. gewissermaßen die Basis des gesellschaftlichen Fortschritts bilden und unser Kapitalist ein entschiedner Fortschrittsmann ist, fabricirt er die Stiefel nicht ihrer selbst wegen. Der Gebrauchswerth ist überhaupt nicht das Ding »qu'on aime pour lui-même« in der Waarenproduktion. Gebrauchswerthe werden hier überhaupt nur producirt, weil und sofern sie materielles Substrat, Träger des Tauschwerths sind. Und unsrem Kapitalisten handelt es sich um zweierlei. Erstens will er einen Gebrauchswerth produciren, der einen Tauschwerth hat, einem zum Verkauf bestimmten Artikel, eine Waare. Und zweitens will er eine Waare produciren, deren Werth höher als die Werthsumme der zu ihrer Produktion erheischten Waaren, der Produktionsmittel und der Arbeitskraft, für die er sein gutes Geld auf dem Waarenmarkt vorschoß. Er will

---

»Indem der Proletarier seine Arbeit gegen ein bestimmtes Quantum Lebensmittel (approvisionnement) verkauft, verzichtet er vollständig auf jeden Antheil am Produkt. Die Appropriation der Produkte bleibt dieselbe wie vorher; sie ist in keiner Weise durch die erwähnte Konvention verändert. Das Produkt gehört ausschließlich dem Kapitalisten, der die Rohstoffe und das Approvisionnement geliefert hat. Es ist dies eine strenge Konsequenz des Gesetzes der Appropriation, dessen Fundamentalprincip umgekehrt das ausschließliche Eigenthumsrecht jedes Arbeiters an seinem Produkte war.« (ibid. p. 58.) James Mill: »Elements of Pol. Econ. etc.« p. 70, 71: »Wenn die Arbeiter für Arbeitslohn arbeiten, ist der Kapitalist Eigenthümer nicht nur des Kapitals (meint hier die Produktionsmittel), sondern auch der Arbeit (of the labour also). Wenn man das, was für Arbeitslohn gezahlt wird, wie dies gebräuchlich, in den Begriff Kapital einschließt, ist es abgeschmackt, von der Arbeit getrennt vom Kapital zu sprechen. Das Wort Kapital in diesem Sinn schließt beides ein, Kapital und Arbeit.«

nicht nur einen Gebrauchswerth produciren, sondern eine Waare, nicht nur Gebrauchswerth, sondern Werth, und nicht nur Werth, sondern auch Mehrwerth.

In der That, da es sich hier um Waarenproduktion handelt, haben wir bisher offenbar nur eine Seite des Processes betrachtet. Wie die Waare selbst Einheit von Gebrauchswerth und Werth, muß ihr Produktionsproceß Einheit von Arbeitsproceß und Werthbildungsproceß sein.

Betrachten wir den Produktionsproceß nun auch als Werthbildungsproceß.

Wir wissen, daß der Werth jeder Waare bestimmt ist durch das Quantum der in ihrem Gebrauchswerth materialisirten Arbeit, durch die zu ihrer Produktion gesellschaftlich nothwendige Arbeitszeit. Dieß gilt auch für das Produkt, das sich unsrem Kapitalisten als Resultat des Arbeitsprocesses ergab. Es ist also zunächst die in diesem Produkt vergegenständlichte Arbeit zu berechnen.

Es sei z. B. Garn.

Zur Herstellung des Garns war zuerst sein Rohmaterial nöthig, z. B. 10 Pfund Baumwolle. Was der Werth der Baumwolle, ist nicht erst zu untersuchen, denn der Kapitalist hat sie auf dem Markt zu ihrem Werth, z. B. zu 10 sh. gekauft. In dem Preise der Baumwolle ist die zu ihrer Produktion erheischte Arbeit schon als allgemein gesellschaftliche Arbeit dargestellt. Wir wollen ferner annehmen, daß die in der Verarbeitung der Baumwolle verzehrte Spindelmasse, die uns alle andren aufgewandten Arbeitsmittel repräsentirt, einen Werth von 2 sh. besitzt. Ist eine Goldmasse von 12 sh. das Produkt von 24 Arbeitsstunden oder zwei Arbeitstagen, so folgt zunächst, daß im Garn zwei Arbeitstage vergegenständlicht sind.

Der Umstand, daß die Baumwolle ihre Form verändert hat und die aufgezehrte Spindelmasse ganz verschwunden ist, darf nicht beirren. Nach dem allgemeinen Werthgesetz sind z. B. 10 ℔ Garn ein Aequivalent für 10 ℔ Baumwolle und $^1/_4$ Spindel, wenn der Werth von 40 ℔ Garn = Werth von 40 ℔ Baumwolle + dem Werth einer ganzen Spindel, d. h. wenn dieselbe Arbeitszeit erfordert ist um beide Seiten dieser Gleichung zu produciren. In diesem Fall stellt sich dieselbe Arbeitszeit, das einemal in dem Gebrauchswerth Garn, das andremal in den Gebrauchswerthen Baumwolle und Spindel dar. Der Werth ist also gleichgültig dagegen, ob er in Garn, Spindel oder Baumwolle erscheint. Daß Spindel und Baumwolle, statt ruhig neben einander zu liegen, im Spinnprocesse eine Verbindung eingehn, welche ihre Gebrauchsformen verändert, sie in Garn verwandelt, berührt ihren Werth eben so wenig, als wenn sie durch einfachen Austausch gegen ein Aequivalent von Garn umgesetzt worden wären.

Die zur Produktion der Baumwolle erheischte Arbeitszeit ist Theil der zur Produktion des Garns, dessen Rohmaterial sie bildet, erheischten Arbeitszeit und deßhalb im Garn enthalten. Ebenso verhält es sich mit der Arbeitszeit, die zur Produktion der Spindelmasse erheischt ist, ohne deren Verschleiß oder Konsum die Baumwolle nicht versponnen werden kann[11].

So weit also der Werth des Garns, die zu seiner Herstellung erheischte Arbeitszeit, in Betrachtung kommt, können die verschiednen besondren, der Zeit und dem Raum nach getrennten Arbeitsprocesse, die durchlaufen werden müssen, um die Baumwolle selbst und die vernutzte Spindelmasse zu produciren, endlich aus Baumwolle und Spindel Garn zu machen, als verschiedne auf einander folgende Phasen eines und desselben Arbeitsprocesses betrachtet werden. Alle im Garn enthaltne Arbeit ist vergangne Arbeit. Daß die zur Produktion seiner Bildungselemente er-

---

11 »Not only the labour applied immediately to commodities affect their value, but the labour also which is bestowed on the implements, tools, and buildings with which such labour is assisted.« Ricardo l. c. p. 16.

heischte Arbeitszeit früher vergangen ist, im Plusquamperfectum steht, dagegen die zum Schlußproceß, dem Spinnen, unmittelbar verwandte Arbeit dem Präsens näher, im Perfectum steht, ist ein durchaus gleichgültiger Umstand. Ist eine bestimmte Masse Arbeit, z. B. von 30 Arbeitstagen, zum Bau eines Hauses nöthig, so ändert es nichts am Gesammtquantum der dem Hause einverleibten Arbeitszeit, daß der 30. Arbeitstag 29 Tage später in die Produktion einging als der erste Arbeitstag. Und so kann die im Arbeitsmaterial und Arbeitsmittel enthaltne Arbeitszeit ganz so betrachtet werden, als wäre sie nur in einem früheren Stadium des Spinnprocesses verausgabt worden, vor der zuletzt unter der Form des Spinnens zugesetzten Arbeit.

Die Werthe der Produktionsmittel, der Baumwolle und der Spindel, ausgedrückt in dem Preise von 12 sh., bilden also Bestandtheile des Garnwerths, oder des Werths des Produkts.

Nur sind zwei Bedingungen zu erfüllen. Einmal müssen Baumwolle und Spindel wirklich zur Produktion eines Gebrauchswerths gedient haben. Es muß in unsrem Fall Garn aus ihnen geworden sein. Welcher Gebrauchswerth ihn trägt, ist dem Werth gleichgültig, aber ein Gebrauchswerth muß ihn tragen. Zweitens ist vorausgesetzt, daß nur die unter den gegebnen gesellschaftlichen Produktionsbedingungen nothwendige Arbeitszeit verwandt wurde. Wäre also nur 1 Pfund Baumwolle nöthig, um 1 Pfund Garn zu spinnen, so darf nur 1 Pfund Baumwolle verzehrt sein in der Bildung von 1 Pfund Garn. Ebenso verhält es sich mit der Spindel. Hat der Kapitalist die Phantasie goldne statt eiserner Spindeln anzuwenden, so zählt im Garnwerth dennoch nur die gesellschaftlich nothwendige Arbeit, d. h. die zur Produktion eiserner Spindeln nothwendige Arbeitszeit.

Wir wissen jetzt, welchen Theil des Garnwerths die Produktionsmittel, Baumwolle und Spindel, bilden. Er ist gleich 12 sh., oder die Materiatur von zwei Arbeitstagen. Es handelt sich also nun um den Werththeil, welchen die Arbeit des Spinners selbst der Baumwolle zusetzt.

Wir haben diese Arbeit jetzt von einem ganz andren Gesichtspunkte zu betrachten, als während des Arbeitsprocesses. Dort handelte es sich um die zweckmäßige Thätigkeit, Baumwolle in Garn zu verwandeln. Je zweckmäßiger die Arbeit, desto besser das Garn, alle andren Umstände als gleichbleibend vorausgesetzt. Die Arbeit des Spinners war specifisch verschieden von andren produktiven Arbeiten, und die Verschiedenheit offenbarte sich subjektiv und objektiv, im besondren Zweck des Spinnens, seiner besondren Operationsweise, der besondren Natur seiner Produktionsmittel, dem besondren Gebrauchswerth seines Produkts. Baumwolle und Spindel dienen als Lebensmittel der Spinnarbeit, aber man kann mit ihnen keine gezogenen Kanonen machen. Sofern die Arbeit des Spinners dagegen werthbildend ist, d. h. Werthquelle, ist sie durchaus nicht verschieden von der Arbeit des Kanonenbohrers, oder, was uns hier näher liegt, von den in den Produktionsmitteln des Garns verwirklichten Arbeiten des Baumwollpflanzers und des Spindelmachers. Nur wegen dieser Identität können Baumwollpflanzen, Spindelmachen und Spinnen bloß quantitativ verschiedne Theile desselben Gesammtwerths, des Garnwerths, bilden. Es handelt sich hier nicht mehr um die Qualität, die Beschaffenheit und den Inhalt der Arbeit, sondern nur noch um ihre Quantität. Diese ist einfach zu zählen. Wir nehmen an, daß die Spinnarbeit einfache Arbeit, gesellschaftliche Durchschnittsarbeit ist. Man wird später sehn, daß die gegentheilige Annahme nichts an der Sache ändert.

Während des Arbeitsprocesses setzt sich die Arbeit beständig aus der Form der Unruhe in die des Seins, aus der Form der Bewegung in die der Gegenständlichkeit um. Am Ende einer Stunde ist die Spinnbewegung in einem gewissen Quantum Garn dargestellt, also ein bestimmtes Quantum Arbeit, eine Arbeitsstunde, in der Baumwolle vergegenständlicht. Wir sagen Arbeitsstunde, d. h. die Verausgabung der Lebenskraft des Spinners während einer Stunde, denn die Spinnarbeit gilt hier nur, so weit sie Verausgabung von Arbeitskraft, nicht so weit sie die specifische Arbeit des Spinnens ist.

Es ist nun entscheidend wichtig, daß während der Dauer des Processes, d. h. der Verwandlung von Baumwolle in Garn, nur die gesellschaftlich nothwendige Arbeitszeit verzehrt wird. Müssen unter normalen, d. h. durchschnittlichen gesellschaftlichen Produktionsbedingungen, a Pfund Baumwolle während einer Arbeitsstunde in b Pfund Garn verwandelt sein, so gilt nur der Arbeitstag als Arbeitstag von 12 Stunden, der 12 × a Pfund Baumwolle in 12 × b Pfund Garn verwandelt. Denn nur die gesellschaftlich nothwendige Arbeitszeit zählt als werthbildend.

Wie die Arbeit selbst, so erscheint hier auch Rohmaterial und Produkt in einem ganz andren Licht als vom Standpunkt des eigentlichen Arbeitsprocesses. Das Rohmaterial gilt hier nur als Aufsauger eines bestimmten Quantums Arbeit. Durch diese Aufsaugung verwandelt es sich in der That in Garn, weil die Arbeitskraft in der Form der Spinnerei verausgabt und ihm zugesetzt wurde. Aber das Produkt, das Garn, ist jetzt nur noch Gradmesser der von der Baumwolle eingesaugten Arbeit. Wird in einer Stunde $1^2/_3$ ℔ Baumwolle versponnen oder in $1^2/_3$ ℔ Garn verwandelt, so zeigen 10 ℔ Garn 6 eingesaugte Arbeitsstunden an. Bestimmte und erfahrungsmäßig festgestellte Quanta Produkt stellen jetzt nichts dar als bestimmte Quanta Arbeit, bestimmte Masse festgeronnener Arbeitszeit. Sie sind nur noch Materiatur von einer Stunde, zwei Stunden, einem Tag gesellschaftlicher Arbeit.

Daß die Arbeit grade Spinnarbeit, ihr Material Baumwolle und ihr Produkt Garn, wird hier eben so gleichgültig, als daß der Arbeitsgegenstand selbst schon Produkt, also Rohmaterial ist. Wäre der Arbeiter, statt in der Spinnerei, in der Kohlengrube beschäftigt, so wäre der Arbeitsgegenstand, die Kohle, von Natur vorhanden. Dennoch stellte ein bestimmtes Quantum aus dem Bett losgebrochener Kohle, z. B. ein Centner, ein bestimmtes Quantum aufgesaugter Arbeit dar.

Beim Verkauf der Arbeitskraft ward unterstellt, daß ihr Tageswerth = 3 sh., und in den letztren 6 Arbeitsstunden verkörpert sind, dieß Arbeitsquantum also erheischt ist, um die Durchschnittssumme der täglichen Lebensmittel des Arbeiters zu produciren. Verwandelt unser Spinner nun während einer Arbeitsstunde $1^2/_3$ ℔ Baumwolle in $1^2/_3$ ℔ Garn[12], so in 6 Stunden 10 ℔ Baumwolle in 10 ℔ Garn. Während der Dauer des Spinnprocesses saugt die Baumwolle also 6 Arbeitsstunden ein. Dieselbe Arbeitszeit stellt sich in einem Goldquantum von 3 sh. dar. Der Baumwolle wird also durch das Spinnen selbst ein Werth von 3 sh. zugesetzt.

Sehn wir uns nun den Gesammtwerth des Produkts, der 10 ℔ Garn, an. In ihnen sind $2^1/_2$ Arbeitstage vergegenständlicht, 2 Tage enthalten in Baumwolle und Spindelmasse, $^1/_2$ Tag Arbeit eingesaugt während des Spinnprocesses. Dieselbe Arbeitszeit stellt sich in einer Goldmasse von 15 sh. dar. Der dem Werth der 10 ℔ Garn adäquate Preis beträgt also 15 sh., der Preis eines ℔ Garn 1 sh. 6 d.

Unser Kapitalist stutzt. Der Werth des Produkts ist gleich dem Werth des vorgeschossenen Kapitals. Der vorgeschossene Werth hat sich nicht verwerthet, keinen Mehrwerth erzeugt, Geld sich also nicht in Kapital verwandelt. Der Preis der 10 ℔ Garn ist 15 sh. und 15 sh. wurden verausgabt auf dem Waarenmarkt für die Bildungselemente des Produkts oder, was dasselbe, die Faktoren des Arbeitsprocesses: 10 sh. für Baumwolle, 2 sh. für die verzehrte Spindelmasse, und 3 sh. für Arbeitskraft. Der aufgeschwollne Werth des Garns hilft nichts, denn sein Werth ist nur die Summe der früher auf Baumwolle,

---

12 Die Zahlen hier sind ganz willkürlich.

Spindel und Arbeitskraft vertheilten Werthe, und aus einer solchen bloßen Addition vorhandner Werthe kann nun und nimmermehr ein Mehrwerth entspringen[13]. Diese Werthe sind jetzt alle auf ein Ding koncentrirt, aber so waren sie in der Geldsumme von 15 sh., bevor diese sich durch drei Waarenkäufe zersplitterte.

An und für sich ist dieß Resultat nicht befremdlich. Der Werth eines ℔ Garn ist 1 sh. 6 d. und für 10 ℔ Garn müßte unser Kapitalist daher auf dem Waarenmarkt 15 sh. zahlen. Ob er sein Privathaus fertig auf dem Markt kauft, oder es selbst bauen läßt, keine dieser Operationen wird das im Erwerb des Hauses ausgelegte Geld vermehren.

Der Kapitalist, der in der Vulgärökonomie Bescheid weiß, sagt vielleicht, er habe sein Geld mit der Absicht vorgeschossen, mehr Geld daraus zu machen. Der Weg zur Hölle ist jedoch mit guten Absichten gepflastert und er konnte eben so gut der Absicht sein, Geld zu machen, ohne zu produciren[14]. Er droht. Man werde ihn

---

13 Dieß ist der Fundamentalsatz, worauf die Lehre der Physiokraten von der Unproduktivität aller nicht agrikolen Arbeit beruht, und er ist unumstößlich für den Oekonomen – von Fach. »Cette façon d'imputer à une seule chose la valeur de plusieurs autres (par exemple au lin la consommation du tisserand), d'appliguer, pour ainsi dire, couche sur couche, plusieurs valeurs sur une seule, fait que celle-ci grossit d'autant ... Le terme d'addition peint très-bien la manière dont se forme le prix des ouvrages de main d'œuvre; ce prix n'est qu'un total de plusieurs valeurs consommées et additionnées ensemble; or, additionner n'est pas multiplier.« (Mercier de la Rivière l. c. p. 599.)

14 So z. B. entzog er 1844–47 Theil seines Kapitals dem produktiven Geschäft, um es in Eisenbahnaktien zu verspekuliren. So, zur Zeit des amerikanischen Bürgerkriegs, schloß er die Fabrik und warf den Fabrikarbeiter auf's Pflaster, um auf der Liverpooler Baumwollbörse zu spielen.

nicht wieder ertappen. Künftig werde er die Waare fertig auf dem Markt kaufen, statt sie selbst zu fabriciren. Wenn aber alle seine Brüder Kapitalisten deßgleichen thun, wo soll er Waare auf dem Markt finden? Und Geld kann er nicht essen. Er katechisirt. Man soll seine Abstinenz bedenken. Er konnte seine 15 sh. verprassen. Statt dessen hat er sie produktiv konsumirt und Garn daraus gemacht. Aber dafür ist er ja im Besitz von Garn statt von Gewissensbissen. Er muß bei Leibe nicht in die Rolle des Schatzbildners zurückfallen, der uns zeigte, was bei der Ascetik herauskommt. Außerdem, wo nichts ist, hat der Kaiser sein Recht verloren. Welches immer das Verdienst seiner Entsagung, es ist nichts da, um sie extra zu zahlen, da der Werth des Produkts, der aus dem Proceß herauskommt, nur gleich der Summe der hineingeworfenen Waarenwerthe. Er beruhige sich also dabei, daß Tugend der Tugend Lohn. Statt dessen wird er zudringlich. Das Garn ist ihm unnütz. Er hat es für den Verkauf producirt. So verkaufe er es, oder, noch einfacher, producire in Zukunft nur Dinge für seinen eignen Bedarf, ein Recept, das ihm bereits sein Hausarzt MacCulloch als probates Mittel gegen die Epidemie der Ueberproduktion verschrieben hat. Er stellt sich trutzig auf die Hinterbeine. Sollte der Arbeiter mit seinen eignen Gliedmaßen in der blauen Luft Arbeitsgebilde schaffen, Waaren produciren? Gab er ihm nicht den Stoff, womit und worin er allein seine Arbeit verleiblichen kann? Da nun der größte Theil der Gesellschaft aus solchen Habenichtsen besteht, hat er nicht der Gesellschaft durch seine Produktionsmittel, seine Baumwolle und seine Spindel, einen unermeßlichen Dienst erwiesen, nicht dem Arbeiter selbst, den er obendrein noch mit Lebensmitteln versah? Und soll er den Dienst nicht berechnen? Hat der Arbeiter ihm aber nicht den Gegendienst erwiesen, Baumwolle und Spindel in Garn zu verwandeln? Außerdem handelt es sich hier nicht um

Dienste[15]. Ein Dienst ist nichts als die nützliche Wirkung eines Gebrauchswerths, sei es der Waare, sei es der Arbeit[16]. Hier aber gilt's den Tauschwerth. Er zahlte dem Arbeiter den Werth von 3 sh. Der Arbeiter gab ihm ein exaktes Aequivalent zurück in dem der Baumwolle zugesetzten Werth von 3 sh., Werth für Werth. Unser Freund, eben noch so kapitalübermüthig, nimmt plötzlich die anspruchslose Haltung seines eignen Arbeiters an. Hat er nicht selbst gearbeitet? nicht die Arbeit der Ueberwachung, der Oberaufsicht über den Spinner verrichtet? Bildet diese seine Arbeit nicht auch Werth? Sein eigner overlooker und sein manager zucken die Achseln. Unterdeß hat er aber bereits mit heitrem Lächeln seine alte Physiognomie wieder angenommen. Er foppte uns mit der ganzen Litanei. Er giebt keinen Deut darum. Er überläßt diese und ähnliche faule Aus-

---

15 »Las du rhümen, schmücken und putzen … Wer aber mehr oder besseres nimpt (als er gibt), das ist Wucher, und heisst, nicht Dienst, sondern Schaden gethan seinem Nehesten, als mit stelen und rauben geschieht. Es ist nicht alles Dienst und wolgethan dem Nehesten, was man heisst, Dienst und wolgethan. Denn eine Ehebrecherin und Ehebrecher thun einander grossen Dienst und wolgefallen. Ein Reuter thut einem Mordbrenner grossen reuterdienst, das er im hilfft auff der strassen rauben, Land und Leute bevehden. Die Papisten thun den unsern grossen Dienst, das sie nicht alle ertrenken, verbrennen, ermorden, im Gefengniss verfaulen lassen, sondern lassen doch etliche leben, und verjagen sie, oder nemen jenen was sie haben. Der Teuffel thut selber seinen Dienern grossen, unermesslichen Dienst … Summa, die Welt ist voll grosser, trefflicher, teglicher Dienst und wolthaten.« (Martin Luther: »An die Pfarrherrn, wider den Wucher zu predigen etc. Wittemberg 1540«.)

16 Ich bemerke darüber in »Zur Kritik der Pol. Oek.« p. 14. u. a.: »Man begreift, welchen ›Dienst‹ die Kategorie ›Dienst‹ (service) einer Sorte Oekonomen wie J. B. Say und F. Bastiat leisten muß.«

flüchte und hohle Flausen den dafür eigens bezahlten Professoren der politischen Oekonomie. Er selbst ist ein praktischer Mann, der zwar nicht immer bedenkt, was er außerhalb des Geschäfts sagt, aber stets weiß, was er im Geschäft thut.

Sehn wir näher zu. Der Tageswerth der Arbeitskraft betrug 3 sh., weil in ihr selbst ein halber Arbeitstag vergegenständlicht ist, d. h. weil die täglich zur Produktion der Arbeitskraft nöthigen Lebensmittel einen halben Arbeitstag kosten. Aber die vergangne Arbeit, die in der Arbeitskraft steckt, und die lebendige Arbeit, die sie leisten kann, ihre täglichen Erhaltungskosten und ihre tägliche Verausgabung, sind zwei ganz verschiedne Größen. Die erstere bestimmt ihren Tauschwerth, die andre bildet ihren Gebrauchswerth. Daß ein halber Arbeitstag nöthig, um ihn während 24 Stunden am Leben zu erhalten, hindert den Arbeiter keineswegs einen ganzen Tag zu arbeiten. Der Werth der Arbeitskraft und ihre Verwerthung im Arbeitsproceß sind also zwei verschiedne Größen. Diese Werthdifferenz hatte der Kapitalist im Auge, als er die Arbeitskraft kaufte. Ihre nützliche Eigenschaft, Garn oder Stiefel zu machen, war nur eine conditio sine qua non, weil Arbeit in nützlicher Form verausgabt werden muß, um Werth zu bilden. Was aber entschied, war der specifische Gebrauchswerth dieser Waare, Quelle von Werth zu sein und von mehr Werth als sie selbst hat. Dieß ist der specifische Dienst, den der Kapitalist von ihr erwartet. Und er verfährt dabei den ewigen Gesetzen des Waarenaustausches gemäß. In der That, der Verkäufer der Arbeitskraft, wie der Verkäufer jeder andren Waare, realisirt ihren Tauschwerth und veräußert ihren Gebrauchswerth. Er kann den einen nicht erhalten, ohne den andren wegzugeben. Der Gebrauchswerth der Arbeitskraft, die Arbeit selbst, gehört ebensowenig ihrem Verkäufer, wie der Gebrauchswerth des verkauften Oels dem Oelhändler. Der Geldbesitzer hat den Tageswerth der Arbeitskraft gezahlt;

ihm gehört daher ihr Gebrauch während des Tages, die tagelange Arbeit. Der Umstand, daß die tägliche Erhaltung der Arbeitskraft nur einen halben Arbeitstag kostet, obgleich die Arbeitskraft einen ganzen Tag wirken, arbeiten kann, daß daher der Werth, den ihr Gebrauch während eines Tags schafft, doppelt so groß ist als ihr eigner Tageswerth, ist ein besondres Glück für den Käufer, aber durchaus kein Unrecht gegen den Verkäufer.

Unser Kapitalist hat den Casus, der ihn lachen macht, vorgesehn. Der Arbeiter findet daher in der Werkstätte die nöthigen Produktionsmittel nicht nur für einen sechsstündigen, sondern für einen zwölfstündigen Arbeitsproceß. Saugten 10 ℔ Baumwolle 6 Arbeitsstunden ein und verwandelten sich in 10 ℔ Garn, so werden 20 ℔ Baumwolle 12 Arbeitsstunden einsaugen und in 20 ℔ Garn verwandelt. Betrachten wir das Produkt des verlängerten Arbeitsprocesses. In den 20 ℔ Garn sind jetzt 5 Arbeitstage vergegenständlicht, 4 in der verzehrten Baumwoll- und Spindelmasse, 1 von der Baumwolle eingesaugt während des Spinnprocesses. Der Goldausdruck von 5 Arbeitstagen ist aber 30 sh. oder 1 Pfd. St. 10 sh. Dieß also der Preis der 20 ℔ Garn. Das Pfund Garn kostet nach wie vor 1 sh. 6 d. Aber die Werthsumme der in den Proceß geworfenen Waaren betrug 27 sh. Der Werth des Garns beträgt 30 sh. Der Werth des Produkts ist um $^{1}/_{9}$ gewachsen über den zu seiner Produktion vorgeschoßnen Werth. So haben sich 27 sh. in 30 sh. verwandelt. Sie haben einen Mehrwerth von 3 sh. gesetzt. Das Kunststück ist endlich gelungen. Geld ist in Kapital verwandelt.

Alle Bedingungen des Problems sind gelöst und die Gesetze des Waarenaustausches in keiner Weise verletzt. Aequivalent wurde gegen Aequivalent ausgetauscht. Der Kapitalist zahlte als Käufer jede Waare zu ihrem Werth, Baumwolle, Spindelmasse, Arbeitskraft. Er that dann, was jeder andre Käufer von Waaren thut. Er konsumirte ihren Gebrauchswerth. Der Konsumtionsproceß der Arbeitskraft, der zugleich Produktionsproceß der Waare, ergab ein Produkt von 20 ℔ Garn mit einem Werth von 30 sh. Der Kapitalist kehrt nun zum Markt zurück und verkauft Waare, nachdem er Waare gekauft hat. Er verkauft das Pfund Garn zu 1 sh. 6 d., keinen Deut über oder unter seinem Werth. Und doch zieht er 3 sh. mehr aus der Cirkulation heraus als er ursprünglich in sie hineinwarf. Dieser ganze Verlauf, die Verwandlung seines Geldes in Kapital, geht in der Cirkulationssphäre vor und geht nicht in ihr vor. Durch die Vermittlung der Cirkulation, weil bedingt durch den Kauf der Arbeitskraft auf dem Waarenmarkt. Nicht in der Cirkulation, denn sie leitet nur den Verwerthungsproceß ein, der sich in der Produktionssphäre zuträgt. Und so ist »tout pour le mieux dans le meilleur des mondes possibles«.

Indem der Kapitalist Geld in Waaren verwandelt, die als Stoffbildner eines neuen Produkts oder als Faktoren des Arbeitsprocesses dienen, indem er ihrer todten Gegenständlichkeit lebendige Arbeitskraft einverleibt, verwandelt er Werth, vergangne, vergegenständlichte, todte Arbeit in Kapital, sich selbst verwerthenden Werth, ein beseeltes Ungeheuer, das zu »arbeiten« beginnt, als hätt' es Lieb' im Leibe.

Vergleichen wir nun Werthbildungsproceß und Verwerthungsproceß, so ist der Verwerthungsproceß nichts als ein über einen gewissen Punkt hinaus verlängerter Werthbildungsproceß. Dauert der letztre nur bis zu dem Punkt, wo der vom Kapital gezahlte Werth der Arbeitskraft durch ein neues Aequivalent ersetzt ist, so ist er einfacher Werthbildungsproceß. Dauert der Werthbildungsproceß über diesen Punkt hinaus, so wird er Verwerthungsproceß.

Vergleichen wir ferner den Werthbildungsproceß mit dem Arbeitsproceß, so besteht der letztre in der nützlichen Arbeit, die Gebrauchswerthe producirt. Die Bewegung wird hier qualitativ betrachtet, in ihrer besondren Art und Weise, nach Zweck und Inhalt. Derselbe Arbeitsproceß stellt sich im Werthbildungsproceß nur von seiner quantitativen Seite dar. Es handelt sich nur noch um die Zeit, welche die Arbeit zu ihrer Operation braucht, oder um die Dauer, während deren die Arbeitskraft nützlich verausgabt wird. Hier gelten auch die Waaren, die in den Arbeitsproceß eingehn, nicht mehr als funktionell bestimmte, stoffliche Faktoren der zweckmäßig wirkenden Arbeitskraft. Sie zählen nur noch als bestimmte Quanta vergegenständlichter Arbeit. Ob in den Produktionsmitteln enthalten oder durch die Arbeitskraft zugesetzt, die Arbeit zählt nur noch nach ihrem Zeitmaß. Sie beträgt so viel Stunden, Tage u. s. w.

Sie zählt jedoch nur, so weit die zur Produktion des Gebrauchswerths verbrauchte Zeit gesellschaftlich nothwendig ist. Es umfaßt dieß Verschiednes. Die Arbeitskraft muß unter normalen Bedingungen funktioniren. Ist die Spinnmaschine das gesellschaftlich herrschende Arbeitsmittel für die Spinnerei, so darf dem Arbeiter nicht ein Spinnrad in die Hand gegeben werden. Statt Baumwolle von normaler Güte muß er nicht Schund erhalten, der jeden Augenblick reißt. In beiden Fällen würde er mehr als die gesellschaftlich nothwendige Arbeitszeit zur Produktion eines Pfundes Garn verbrauchen, diese überschüssige Zeit aber nicht Werth oder Geld bilden. Der normale Charakter der gegenständlichen Arbeitsfaktoren hängt jedoch nicht vom Arbeiter, sondern vom Kapitalisten ab. Fernere Bedingung ist der normale Charakter der Arbeitskraft selbst. In dem Fach, worin sie verwandt wird, muß sie das herrschende Durchschnittsmaß von Geschick, Fertigkeit und Raschheit besitzen. Aber unser Kapitalist kaufte auf dem Arbeitsmarkt Arbeitskraft von normaler Güte. Diese Kraft muß in dem gewöhnlichen Durchschnittsmaß der Anstrengung, mit dem gesellschaftlich üblichen Grad von Intensität verausgabt werden. Darüber wacht der Kapitalist eben so ängstlich, als daß keine Zeit ohne Arbeit vergeudet wird. Er hat die Arbeitskraft für bestimmte Zeitfrist gekauft. Er hält darauf das Seine zu haben. Er will nicht bestohlen sein. Endlich – und hierfür hat derselbe Herr einen eignen code pénal – darf kein zweckwidriger Konsum von Rohmaterial und Arbeitsmitteln stattfinden, weil vergeudetes Material oder Arbeitsmittel überflüssig verausgabte Quanta vergegenständlichter Arbeit darstellen, also nicht zählen und nicht in das Produkt der Werthbildung eingehn[17].

Man sieht: der früher aus der Analyse der Waare gewonnene Unterschied zwischen der Arbeit, soweit sie Gebrauchswerth, und derselben Arbeit, soweit sie Werth

---

17 Dieß ist einer der Umstände, die auf Sklaverei gegründete Produktion vertheuern. Der Arbeiter soll sich hier, nach dem treffenden Ausdruck der Alten, nur als instrumentum vocale von dem Thier als instrumentum semivocale und dem todten Arbeitszeug als instrumentum mutum unterscheiden. Er selbst aber läßt Thier und Arbeitszeug fühlen, daß er nicht Ihresgleichen, sondern ein Mensch ist. Er verschafft sich das Selbstgefühl seines Unterschieds von ihnen, in dem er sie mißhandelt und con amore verwüstet. Es gilt daher als ökonomisches Princip in dieser Produktionsweise, nur die rohesten, schwerfälligsten, aber grade wegen ihrer unbehülflichen Plumpheit schwer zu ruinirenden Arbeitsinstrumente anzuwenden. Bis zum Ausbruch des Bürgerkrieges fand man daher in den am Meerbusen von Mexiko liegenden Sklavenstaaten Pflüge altchinesischer Konstruktion, die den Boden aufwühlen wie ein Schwein oder Maulwurf, aber ihn nicht spalten und wenden. Vgl. J. E. Cairnes: »The Slave Power. London 1862«, p. 46 sqq. In seinem »Sea Bord Slave States« erzählt Olmsted u. A.: »I am here shewn tools that no man in his senses, with us, would allow a labourer, for whom he was paying wages, to be encumbered with; and the excessive weight and clumsiness of which, I would judge, would make work at least ten per cent greater than with those ordinarily used with us. And I am assured that, in the careless and clumsy way they must be used by the slaves, anything lighter or less rude could not be furnished them with good economy, and that such tools as we constantly give our labourers, and find our profit

schafft, hat sich jetzt als Unterscheidung der verschiednen Seiten des Produktionsprocesses dargestellt.

Als Einheit von Arbeitsproceß und Werthbildungsproceß ist der Produktionsproceß Produktionsproceß von Waaren; als Einheit von Arbeitsproceß und Verwerthungsproceß ist er kapitalistischer Produktionsproceß, kapitalistische Form der Waarenproduktion.

Es wurde früher bemerkt, daß es für den Verwerthungsproceß durchaus gleichgültig, ob die vom Kapitalisten angeeignete Arbeit einfache, gesellschaftliche Durchschnittsarbeit, oder komplicirtere Arbeit, Arbeit von höherem specifischen Gewicht ist. Die Arbeit, die als höhere, komplicirtere Arbeit gegenüber der gesellschaftlichen Durchschnittsarbeit gilt, ist die Aeußerung einer Arbeitskraft, worin höhere Bildungskosten eingehn, deren Produktion mehr Arbeitszeit kostet und die daher einen höheren Werth hat als die einfache Arbeitskraft. Ist der Werth dieser Kraft höher, so äußert sie sich daher auch in höherer Arbeit und vergegenständlicht sich daher, in denselben Zeiträumen, in verhältnißmäßig höheren Werthen. Welches jedoch immer der Gradunterschied zwischen Spinnarbeit und Juwelierarbeit, die Portion Arbeit, wodurch

---

in giving them, would not last out a day in a Virginia cornfield – much lighter and more free from stones though it be than ours. So, too, when I ask why mules are so universally substituted for horses on the farm, the first reason given, and confessedly the most conclusive one, is that horses cannot bear the treatment that they always must get from the negroes; horses are always soon foundered or crippled by them, while mules will bear cudgelling, or lose a meal or two now and then, and not be materially injured, and they do not take cold or get sick, if neglected or overworked. But I do not need to go further than to the window of the room in which I am writing, to see at almost any time, treatment of cattle that would insure the immediate discharge of the driver by almost any farmer owning them in the North.«

der Juwelenarbeiter nur den Werth seiner eignen Arbeitskraft ersetzt, unterscheidet sich qualitativ in keiner Weise von der zusätzlichen Portion Arbeit, wodurch er Mehrwerth schafft. Nach wie vor kommt der Mehrwerth nur heraus durch einen quantitativen Ueberschuß von Arbeit, durch die verlängerte Dauer desselben Arbeitsprocesses, in dem einen Fall Proceß der Garnproduktion, in dem andren Fall Proceß der Juwelenproduktion[18].

Andrerseits muß in jedem Werthbildungsproceß die höhere Arbeit stets auf gesellschaftliche Durchschnittsarbeit reducirt werden, z. B. ein Tag höherer Arbeit auf x Tage

---

18 Der Unterschied zwischen höherer und einfacher Arbeit, »skilled« und »unskilled labour«, beruht zum Theil auf bloßen Illusionen, oder wenigstens Unterschieden, die längst aufgehört haben reell zu sein und nur noch in traditioneller Konvention fortleben; zum Theil auf der hülfloseren Lage gewisser Schichten der Arbeiterklasse, die ihnen minder als andren erlaubt, den Werth ihrer Arbeitskraft zu ertrotzen. Zufällige Umstände spielen dabei so große Rolle, daß dieselben Arbeitsarten den Platz wechseln. Wo z. B. die physische Substanz der Arbeiterklasse abgeschwächt und relativ erschöpft ist, wie in allen Ländern entwickelter kapitalistischer Produktion, verkehren sich im Allgemeinen brutale Arbeiten, die viel Muskelkraft erfordern, in höhere gegenüber viel feineren Arbeiten, die auf die Stufe einfacher Arbeit herabsinken, wie z. B. die Arbeit eines bricklayer (Maurer) in England eine viel höhere Stufe einnimmt, als die eines Damastwirkers. Auf der andren Seite figurirt die Arbeit eines fustian cutter (Baumwollsammtscheerers), obgleich sie viel körperliche Anstrengung kostet und obendrein sehr ungesund ist, als »einfache« Arbeit. Uebrigens muß man sich nicht einbilden, daß die sogenannte »skilled labour« einen quantitativ bedeutenden Umfang in der Nationalarbeit einnimmt. Laing rechnet, daß in England (und Wales) die Existenz von über 11 Millionen auf einfacher Arbeit beruht. Nach Abzug einer Million von Aristokraten und anderthalb Millionen Paupers, Vagabunden, Verbrecher, Prostituirte u. s. w. von den 18 Millionen der Bevölkerungszahl, zur Zeit seiner Schrift,

einfacher Arbeit.[19]. Man erspart also eine überflüssige Operation und vereinfacht die Analyse durch die Annahme, daß der vom Kapital verwandte Arbeiter einfache gesellschaftliche Durchschnittsarbeit verrichtet.

[...]

Siebentes Kapitel. Die Rate des Mehrwerths

1) Der Exploitationsgrad der Arbeitskraft

Der Mehrwerth, den das vorgeschoßne Kapital C im Produktionsproceß erzeugt hat, oder die Verwerthung des vorgeschoßnen Kapitalwerths C stellt sich zunächst dar als Ueberschuß des Werths des Produkts über die Werthsumme seiner Produktionselemente.

Das Kapital C zerfällt in zwei Theile, eine Geldsumme c, die für Produktionsmittel, und eine andre Geldsumme v, die für Arbeitskraft verausgabt wird; c stellt den in kon-

---

bleiben 4650000 Mittelklasse mit Einschluß kleinerer Rentner, Beamten, Schriftsteller, Künstler, Schulmeister u. s. w. Um diese $4^{2}/_{3}$ Millionen herauszubekommen, zählt er zum arbeitenden Theil der Mittelklasse, außer Banquiers u. s. w. alle besser bezahlten »Fabrikarbeiter«! Auch die bricklayers fehlen nicht unter den »potenzirten Arbeitern«. Bleiben ihm dann die besagten 11 Millionen. (S. Laing: »National Distress etc. London 1844.«) »The great class, who have nothing to give for food but ordinary labour, are the great bulk of the people.« (James Mill in Art. »Colony«. Supplement to the Encyclop. Brit. 1824.)

19 »Where reference is made to labour as a measure of value, it necessarily implies labour of one particular kind ... the proportion which the other kinds bear to it being easily ascertained.« (»Outlines of Polit. Economy. London 1832«, p. 22, 23.)

stantes, v den in variables Kapital verwandelten Werththeil vor. Ursprünglich ist also C = c + v, z. B. das vorgeschoßne Kapital von 500 Pfd. St. = $\overset{c}{\smile}$ $\overset{}{410}$ Pfd. St. + $\overset{v}{90}$ Pfd. St. Am Ende des Produktionsprocesses kommt Waare heraus, deren Werth = $\overbrace{c + v} + m$, wo m der Mehrwerth, z. B. $\overset{c}{410}$ l. + $\overset{v}{90}$ l. + $\overset{m}{90}$ l. Das ursprüngliche Kapital C hat sich in C' verwandelt, aus 500 Pfd. St. in 590 Pfd. St. Die Differenz zwischen beiden ist = m, einem Mehrwerth von 90. Da der Werth der Produktionselemente gleich dem Werth des vorgeschoßnen Kapitals, so ist es in der That eine Tautologie, daß der Ueberschuß des Produktionswerths über den Werth seiner Produktionselemente gleich der Verwerthung des vorgeschoßnen Kapitals oder gleich dem producirten Mehrwerth.

Indeß erfordert diese Tautologie eine nähere Bestimmung. Was mit dem Produktenwerth verglichen wird, ist der Werth der in seiner Bildung aufgezehrten Produktionselemente. Nun haben wir aber gesehn, daß der aus Arbeitsmitteln bestehende Theil des angewandten konstanten Kapitals nur ein Stück seines Werths an das Produkt abgibt, während ein andres Stück in seiner alten Existenzform fortdauert. Da das letztre keine Rolle in der Werthbildung spielt, ist hier davon zu abstrahiren. Sein Hineinziehen in die Rechnung würde nichts ändern. Nimm an, c = 410 l. bestehe aus Rohmaterial zu 312 l., Hülfsstoffen zu 44 l. und im Proceß verschleißender Maschinerie von 54 l., der Werth der wirklich angewandten Maschinerie betrage aber 1054 l. Als vorgeschossen zur Erzeugung des Produktenwerths berechnen wir nur den Werth von 54 l., den die Maschinerie durch ihre Funktion verliert und daher dem Produkt abgibt. Rechneten wir die 1000 Pfd. St. mit, die in ihrer alten Form fortexistiren als Dampfmaschine u. s. w., so müßten wir sie auf beiden Seiten mitrechnen, auf Seite des vorgeschoßnen Werths und auf Seite des Produktenwerths[26a], und erhielten so resp. 1500 Pfd. St. und 1590 Pfd. St. Die Differenz oder der Mehrwerth wäre nach wie vor 90 Pfd. St. Unter dem zur Werthproduktion vorgeschoßnen konstanten Kapital verstehn wir daher, wo das Gegentheil nicht aus dem Zusammenhang erhellt, stets nur den Werth der in der Produktion verzehrten Produktionsmittel.

Dieß vorausgesetzt, kehren wir zurück zur Formel $C = c + v$, die sich in $C' = \widehat{c + v} + m$ und eben dadurch C in C' verwandelt. Man weiß, daß der Werth des konstanten Kapitals im Produkt nur wieder erscheint. Das im Proceß wirklich neu erzeugte Werthprodukt ist also verschieden von dem aus dem Proceß erhaltnen Produktenwerth, daher nicht, wie es auf den ersten Blick scheint, $\widehat{c + v} + m$ oder $\overset{c}{410\ l.} + \overset{v}{90\ l.} + \overset{m}{90}$, sondern $v + m$ oder $\overset{v}{90\ l.} + \overset{m}{90\ l.}$, nicht 590 l., sondern 180 l. Wäre c, das konstante Kapital, = 0, in andren Worten, gäbe es Industriezweige, worin der Kapitalist keine producirten Produktionsmittel, weder Rohmaterial, noch Hülfsstoffe, noch Arbeitsinstrumente, sondern nur von Natur vorhandne Stoffe und Arbeitskraft anzuwenden hätte, so wäre kein konstanter Werththeil auf das Produkt zu übertragen. Dieß Element des Produktenwerths, in unsrem Beispiel 410 Pfd. St., fiele fort, aber das Werthprodukt von 180 Pfd. St., welches 90 Pfd. St. Mehrwerth enthält, bliebe ganz ebenso groß als ob c die größte Werthsumme darstellte. Wir hätten $C = \widehat{0 + v} = v$, und C', das verwerthete Kapital, $= v + m$, $C' - C$ nach wie vor $= m$. Wäre umgekehrt $m = 0$,

---

26a »If we reckon the value of the fixed capital employed as a part of the advances, we must reckon the remaining value of such capital at the end of the year as a part of the annual returns.« (Malthus: »Princ. of Pol. Econ. 2nd ed. London 1836«, p. 269.)

in andren Worten, hätte die Arbeitskraft, deren Werth im variablen Kapital vorgeschossen wird, nur ein Aequivalent producirt, so $C = c + v$ und C' (der Produktenwerth) = $\widehat{c + v} + 0$, daher $C = C'$. Das vorgeschoßne Kapital hätte sich nicht verwerthet.

Wir wissen in der That bereits, daß der Mehrwerth bloß Folge der Werthveränderung ist, die mit v, dem in Arbeitskraft umgesetzten Kapitaltheil vorgeht, daß also $v + m = v + \Delta v$ (v plus Inkrement von v) ist. Aber die wirkliche Werthveränderung und das Verhältniß, worin sich der Werth ändert, werden dadurch verdunkelt, daß in Folge des Wachsthums seines variirenden Bestandtheils auch das vorgeschoßne Gesammtkapital wächst. Es war 500 und es wird 590. Die reine Analyse des Processes erheischt also von dem Theil des Produktenwerths, worin nur konstanter Kapitalwerth wieder erscheint, ganz zu abstrahiren, also das konstante Kapital $c = 0$ zu setzen, und damit ein Gesetz der Mathematik anzuwenden, wo sie mit variablen und konstanten Größen operirt, und die konstante Größe nur durch Addition oder Substraktion mit der variablen verbunden ist.

Eine andere Schwierigkeit entspringt aus der ursprünglichen Form des variablen Kapitals. So im obigen Beispiel ist $C' = 410$ £ konstantes Kapital + 90 £ variables Kapital + 90 £ Mehrwerth. Neunzig Pfd. St. sind aber eine gegebne, also konstante Größe und es scheint daher ungereimt sie als variable Größe zu behandeln. Aber $\overset{v}{\widehat{90}}$ £ oder 90 £ variables Kapital ist hier in der That nur Symbol für den Proceß, den dieser Werth durchläuft. Der im Ankauf der Arbeitskraft vorgeschoßne Kapitaltheil ist ein bestimmtes Quantum vergegenständlichter Arbeit, also konstante Werthgröße, wie der Werth der gekauften Arbeitskraft. Im Produktionsproceß selbst aber tritt an die Stelle der vorgeschoßnen 90 Pfd. St. die sich bethätigende Arbeitskraft, an die Stelle todter, lebendige Arbeit, an die Stelle einer ruhenden eine fließende Größe, an die Stelle einer konstanten eine variable. Das Resultat ist die Reproduktion von v plus Inkrement von v. Vom Standpunkt der kapitalistischen Produktion ist dieser ganze Verlauf Selbstbewegung des in Arbeitskraft umgesetzten, ursprünglich konstanten Werths. Ihm wird der Proceß und sein Resultat zu gut geschrieben. Erscheint die Formel 90 £ variables Kapital oder sich verwerthender Werth daher widerspruchsvoll, so drückt sie nur einen der kapitalistischen Produktion immanenten Widerspruch aus.

Die Gleichsetzung des konstanten Kapitals mit 0 befremdet auf den ersten Blick. Indeß vollzieht man sie beständig im Alltagsleben. Will Jemand z. B. Englands Gewinn an der Baumwollindustrie berechnen, so zieht er vor allem den an die Vereinigten Staaten, Indien, Aegypten u. s. w. gezahlten Baumwollpreis ab; d. h. er setzt im Produktenwerth nur wiedererscheinenden Kapitalwerth = 0.

Allerdings hat das Verhältniß des Mehrwerths, nicht nur zum Kapitaltheil, woraus er unmittelbar entspringt und dessen Werthveränderung er darstellt, sondern auch zum vorgeschoßnen Gesammtkapital seine große ökonomische Bedeutung. Wir behandeln dieß Verhältniß daher ausführlich im dritten Buch. Um einen Theil des Kapitals durch seinen Umsatz in Arbeitskraft zu verwerthen, muß ein andrer Theil des Kapitals in Produktionsmittel verwandelt werden. Damit das variable Kapital funktionire, muß konstantes Kapital in entsprechenden Proportionen, je nach dem bestimmten technischen Charakter des Arbeitsprocesses, vorgeschossen werden. Der Umstand jedoch, daß man zu einem chemischen Proceß Retorten und andre Gefäße braucht, verhindert nicht bei der Analyse von der Retorte selbst zu abstrahiren. Sofern Werthschöpfung und Werthveränderung für sich selbst, d. h. rein betrachtet werden, liefern die Produktionsmittel, diese stofflichen Gestalten des konstanten Kapitals, nur den Stoff, worin sich die flüssige, werthbildende Kraft fixiren soll. Die Natur dieses Stoffes ist daher auch gleichgültig, ob Baumwolle oder Eisen. Auch der Werth dieses Stoffes ist gleichgültig. Er muß nur in hinreichender Masse vorhanden sein, um das während des Produktionsprocesses zu verausgabende Arbeitsquantum einsaugen zu können. Diese Masse gegeben, mag ihr Werth steigen, oder fallen, oder sie mag werthlos sein, wie Erde und Meer, der Proceß der Werthschöpfung und Werthverändrung wird nicht davon berührt[27].

Wir setzen also zunächst den konstanten Kapitaltheil gleich Null. Das vorgeschoßne Kapital reducirt sich daher von $c + v$ auf v, und der Produktenwerth $\widehat{c + v} + m$ auf das Werthprodukt $\widehat{v + m}$. Gegeben das Werthprodukt = 180 Pfd. St., worin sich die während der ganzen Dauer des Produktionsprocesses fließende Arbeit darstellt, so haben wir den Werth des variablen Kapitals = 90 Pfd. St. abzuziehn, um den Mehrwerth = 90 Pfd. St. zu erhalten. Die Zahl 90 Pfd. St. = m drückt hier die absolute Größe des producirten Mehrwerths aus. Seine proportionelle Größe aber, also das Verhältniß, worin das variable Kapital sich verwerthet hat, ist offenbar bestimmt durch das Verhältniß des Mehrwerths zum variablen Kapital, oder ist ausgedrückt in $\frac{m}{v}$. Im obigen Beispiel also in $^{90}/_{90}$ = 100 %. Diese verhältnißmäßige Verwerthung des variablen Kapitals, oder die verhältnißmäßige Größe des Mehrwerths, nenne ich Rate des Mehrwerths[28].

---

27 Note zur 2. Ausg. Es versteht sich von selbst mit Lucretius »nil posse creari de nihilo«. Aus nichts wird nichts. »Werthschöpfung« ist Umsatz von Arbeitskraft in Arbeit. Ihrerseits ist die Arbeitskraft vor allem in menschlichen Organismus umgesetzter Naturstoff.

28 In derselben Weise, wie der Engländer »rate of profits«, »rate of interest«, u. s. w. braucht. Man wird aus Buch III sehen,

Wir haben gesehn, daß der Arbeiter während eines Abschnitts des Arbeitsprocesses nur den Werth seiner Arbeitskraft producirt, d. h. den Werth seiner nothwendigen Lebensmittel. Da er in einem auf gesellschaftlicher Theilung der Arbeit beruhenden Zustand producirt, producirt er seine Lebensmittel nicht direkt, sondern, in Form einer besondren Waare, des Garns z. B., einen Werth gleich dem Werth seiner Lebensmittel, oder dem Geld, womit er sie kauft. Der Theil seines Arbeitstags, den er hierzu verbraucht, ist größer oder kleiner, je nach dem Werth seiner durchschnittlichen täglichen Lebensmittel, also je nach der zu ihrer Produktion erheischten durchschnittlichen täglichen Arbeitszeit. Wenn der Werth seiner täglichen Lebensmittel im Durchschnitt 6 vergegenständlichte Arbeitsstunden darstellt, so muß der Arbeiter im Durchschnitt täglich 6 Stunden arbeiten, um ihn zu produciren. Arbeitete er nicht für den Kapitalisten, sondern für sich selbst, unabhängig, so müßte er, unter sonst gleichbleibenden Umständen, nach wie vor im Durchschnitt denselben aliquoten Theil des Tags arbeiten, um den Werth seiner Arbeitskraft zu produciren, und dadurch die zu seiner eignen Erhaltung oder beständigen Reproduktion nöthigen Lebensmittel zu gewinnen. Da er aber in dem Theil des Arbeitstags, worin er den Tageswerth der Arbeitskraft, sage 3 sh., producirt, nur ein Aequivalent für ihren vom Kapitalisten bereits gezahlten[28a] Werth producirt, also durch den neu geschaffnen Werth nur den vorgeschoßnen variablen Kapitalwerth er-

---

daß die Profitrate leicht zu begreifen, sobald man die Gesetze des Mehrwerths kennt. Auf dem umgekehrten Weg begreift man ni l'un, ni l'autre.

28a (Note zur 3. Aufl. Der Verfasser gebraucht hier die landläufige ökonomische Sprache. Man erinnert sich, daß auf S. 137 nachgewiesen, wie in Wirklichkeit nicht der Kapitalist dem Arbeiter, sondern der Arbeiter dem Kapitalisten »vorschießt«. – F. E.)

setzt, erscheint diese Produktion von Werth als bloße Reproduktion. Den Theil des Arbeitstags also, worin diese Reproduktion vorgeht, nenne ich nothwendige Arbeitszeit, die während derselben verausgabten Arbeit nothwendige Arbeit[29]. Nothwendig für den Arbeiter, weil unabhängig von der gesellschaftlichen Form seiner Arbeit. Nothwendig für das Kapital und seine Welt, weil das beständige Dasein des Arbeiters ihre Basis.

Die zweite Periode des Arbeitsprocesses, die der Arbeiter über die Grenzen der nothwendigen Arbeit hinausschanzt, kostet ihm zwar Arbeit, Verausgabung von Arbeitskraft, bildet aber keinen Werth für ihn. Sie bildet Mehrwerth, der den Kapitalisten mit allem Reiz einer Schöpfung aus Nichts anlacht. Diesen Theil des Arbeitstags nenne ich Surplusarbeitszeit, und die in ihr verausgabte Arbeit: Mehrarbeit (surplus labour). So entscheidend es für die Erkenntniß des Werths überhaupt, ihn als bloße Gerinnung von Arbeitszeit, als bloß vergegenständlichte Arbeit, so entscheidend ist es für die Erkenntniß des Mehrwerths, ihn als bloße Gerinnung von Surplusarbeitszeit, als bloß vergegenständlichte Mehrarbeit zu begreifen. Nur die Form, worin diese Mehrarbeit dem unmittelbaren Producenten, dem Arbeiter, abgepreßt wird, unterscheidet die ökonomischen Gesellschaftsformationen, z. B. die Gesellschaft der Sklaverei von der der Lohnarbeit[30].

Da der Werth des variablen Kapitals = Werth der von

---

29 Wir haben bisher in dieser Schrift das Wort »nothwendige Arbeitszeit« angewandt für die zur Produktion einer Waare überhaupt gesellschaftlich nothwendige Arbeitszeit. Wir brauchen es von jetzt ab auch für die zur Produktion der specifischen Waare Arbeitskraft nothwendige Arbeitszeit. Der Gebrauch derselben termini technici in verschiednem Sinn ist mißlich, aber in keiner Wissenschaft ganz zu vermeiden. Man vergleiche z. B. die höheren und niedren Theile der Mathematik.

30 Mit wahrhaft Gottsched'scher Genialität entdeckt Herr Wilhelm Thucydides Roscher, daß wenn die Bildung von Mehr-

ihm gekauften Arbeitskraft, da der Werth dieser Arbeitskraft den nothwendigen Theil des Arbeitstags bestimmt, der Mehrwerth seinerseits aber bestimmt ist durch den überschüssigen Theil des Arbeitstags, so folgt: Der Mehrwerth verhält sich zum variablen Kapital, wie die Mehrarbeit zur nothwendigen, oder die Rate des Mehrwerths $\frac{m}{v} = \frac{\text{Mehrarbeit}}{\text{Nothwendige Arbeit}}$. Beide Proportionen drücken dasselbe Verhältniß in verschiedner Form aus, das einemal in der Form vergegenständlichter, das andremal in der Form flüssiger Arbeit.

Die Rate des Mehrwerths ist daher der exakte Ausdruck für den Exploitationsgrad der Arbeitskraft durch das Kapital oder des Arbeiters durch den Kapitalisten[30a].

---

werth oder Mehrprodukt, und die damit verbundne Akkumulation, heutigen Tags der »Sparsamkeit« des Kapitalisten geschuldet, der dafür »z. B. Zins verlangt«, dagegen »auf den niedrigsten Kulturstufen ... die Schwächeren von den Stärkeren zur Sparsamkeit gezwungen werden«. (l. c. p. 82, 78.) Zur Ersparung von Arbeit? oder nicht vorhandner überschüssiger Produkte? Neben wirklicher Ignoranz ist es apologetische Scheu vor gewissenhafter Analyse des Werths und Mehrwerths, und etwa verfänglich-polizeiwidrigem Resultat, die einen Roscher und Cons. zwingt, die mehr oder minder plausiblen Rechtfertigungsgründe des Kapitalisten für seine Aneignung vorhandner Mehrwerthe in Entstehungsgründe des Mehrwerths zu verdrehen.

30a Note zur 2. Ausg. Obgleich exakter Ausdruck für den Exploitationsgrad der Arbeitskraft, ist die Rate des Mehrwerths kein Ausdruck für die absolute Größe der Exploitation. Z. B. wenn die nothwendige Arbeit = 5 Stunden und die Mehrarbeit = 5 Stunden, ist der Exploitationsgrad = 100 %. Die Größe der Exploitation ist hier gemessen durch 5 Stunden. Ist dagegen die nothwendige Arbeit = 6 Stunden und die Mehrarbeit = 6 Stunden, so bleibt der Exploitationsgrad von 100 % unverändert, während die Größe der Exploitation um 20 % wächst, von 5 auf 6 Stunden.

Nach unsrer Annahme war der Werth des Produkts = $\overset{c}{410\text{ l.}} + \overset{v}{90\text{ l.}} + \overset{m}{90}$, das vorgeschoßne Kapital = 500 l. Da der Mehrwerth = 90 und das vorgeschoßne Kapital = 500, würde man nach der gewöhnlichen Art der Berechnung herausbekommen, daß die Rate des Mehrwerts (die man mit der Profitrate verwechselt) = 18 %, eine Verhältnißzahl, deren Niedrigkeit Herrn Carey und andre Harmoniker rühren möchte. In der That ist die Rate des Mehrwerths nicht = $\frac{m}{C}$ oder $\frac{m}{c + v}$, sondern = $\frac{m}{v}$, also nicht $\frac{90}{500}$, sondern $\frac{90}{90}$ = 100 %, mehr als das Fünffache des scheinbaren Exploitationsgrads. Obgleich wir nun im gegebnen Fall die absolute Größe des Arbeitstags nicht kennen, auch nicht die Periode des Arbeitsprocesses (Tag, Woche u. s. w.), endlich nicht die Anzahl der Arbeiter, die das variable Kapital von 90 l. gleichzeitig in Bewegung setzt, zeigt uns die Rate des Mehrwerths $\frac{m}{v}$ durch ihre Konvertibilität in $\frac{\text{Mehrarbeit}}{\text{Nothwendige Arbeit}}$ Arbeit genau das Verhältniß der zwei Bestandtheile des Arbeitstags zu einander. Es ist 100 %. Also arbeitete der Arbeiter die eine Hälfte des Tags für sich und die andre für den Kapitalisten.

Die Methode zur Berechnung der Rate des Mehrwerths ist also kurzgefaßt diese: Wir nehmen den ganzen Produktenwerth und setzen den darin nur wiedererscheinenden konstanten Kapitalwerth gleich Null. Die übrigbleibende Werthsumme ist das einzige im Bildungsproceß der Waare wirklich erzeugte Werthprodukt. Ist der Mehrwerth gegeben, so ziehn wir ihn von diesem Werthprodukt ab, um das variable Kapital zu finden. Umgekehrt, wenn letztres gegeben und wir den Mehrwerth suchen. Sind beide gegeben, so ist nur noch die Schlußoperation zu verrichten, das Verhältniß des Mehrwerths zum variablen Kapital, $\frac{m}{v}$, zu berechnen.

So einfach die Methode, scheint es doch passend, den Leser in die ihr zu Grunde liegende und ihm ungewohnte Anschauungsweise durch einige Beispiele einzuexerciren.

Zunächst das Beispiel einer Spinnerei von 10,000 Mule-Spindeln, die No. 32 Garn aus amerikanischer Baumwolle spinnt und 1 ℔ Garn wöchentlich per Spindel producirt. Der Abfall ist 6 %. Also werden 10,600 ℔ Baumwolle wöchentlich in 10,000 ℔ Garn und 600 ℔ Abfall verarbeitet. Im April 1871 kostet diese Baumwolle $7^{3}/_{4}$ d. per ℔, also für 10,600 ℔ rund 342 Pfd. St. Die 10,000 Spindeln, inklusive Vorspinnmaschinerie und Dampfmaschine kosten 1 Pfd. St. per Spindel, also 10,000 Pfd. St. Ihr Verschleiß beträgt 10 % = 1000 Pfd. St., oder wöchentlich 20 Pfd. St. Die Miethe des Fabrikgebäudes ist 300 Pfd. St. oder 6 Pfd. St. per Woche. Kohlen (4 Pfd. per Stunde und Pferdekraft, auf 100 Pferdekraft [Indikator], und 60 Stunden per Woche inklusive Heizung des Gebäudes) 11 Tons per Woche, zu 8 sh. 6 d. die Tonne, kosten rund $4^{1}/_{2}$ Pfd. St. per Woche; Gas 1 Pfd. St. per Woche, Oel $4^{1}/_{2}$ Pfd. St. per Woche, also alle Hülfsstoffe 10 Pfd. St. per Woche. Also ist der konstante Werththeil 378 Pfd. St. per Woche. Der Arbeitslohn beträgt 52 Pfd. St. per Woche. Der Garnpreis ist $12^{1}/_{4}$ d. per ℔ oder 10,000 ℔ = 510 Pfd. St., der Mehrwerth also 510 – 430 = 80 Pfd. St. Wir setzen den konstanten Werththeil von 378 Pfd. St. = 0, da er in der wöchentlichen Werthbildung nicht mitspielt. Bleibt das wöchentliche Werthprodukt von $132 = \overset{v}{\smile}\!\!\!\!52 + \overset{m}{\frown}\!\!\!\!80$ Pfd. St. Die Rate des Mehrwerths also = $^{80}/_{52} = 153^{11}/_{13}$ %. Bei zehnstündigem durchschnittlichem Arbeitstag ergiebt dieß: Nothwendige Arbeit = $3^{31}/_{33}$ Stunden und Mehrarbeit = $6^{2}/_{33}$ Stunden[31].

31 Note zur 2. Ausg. Das in der ersten Ausgabe gegebne Beispiel einer Spinnerei für das Jahr 1860 enthielt einige faktische Irr-

Jacob gibt für das Jahr 1815, bei Annahme eines Weizenpreises von 80 sh. per Quarter, und eines Durchschnittsertrags von 22 Bushels per acre, so daß der acre 11 Pfd. St. einbringt, folgende durch vorherige Kompensation verschiedner Posten sehr mangelhafte, aber für unsren Zweck genügende Rechnung.

Werthproduktion per acre

Samen (Weizen)	1 Pfd. St. 9 sh.	Zehnten, Rates, Taxes	1 Pfd. St. 1 sh.
Dünger	2 Pfd. St. 10 sh.	Rente	1 Pfd. St. 8 sh.
Arbeitslohn	3 Pfd. St. 20 sh.	Pächter's Profit u. Zins	1 Pfd. St. 2 sh.
Summa:	7 Pfd. St. 9 sh.	Summa:	3 Pfd. St. 11 sh.

Der Mehrwerth, stets unter der Voraussetzung, daß Preis des Produkts = seinem Werth, wird hier unter die verschiednen Rubriken Profit, Zins, Zehnten u. s. w. vertheilt. Diese Rubriken sind uns gleichgültig. Wir addiren sie zusammen und erhalten einen Mehrwerth von 3 Pfd. 11 sh. Die 3 Pfd. 19 sh. für Samen und Dünger setzen wir als konstanten Kapitaltheil gleich Null. Bleibt vorgeschoßnes variables Kapital von 3 Pfd. 10 sh., an dessen Stelle ein Neuwerth von $\underbrace{\text{3 Pfd 10 sh. + 3 Pfd. 11 sh.}}$ producirt worden ist. Also beträgt $\frac{m}{v} = \frac{\text{3 Pfd. 11 sh.}}{\text{3 Pfd. 10 sh.}}$ mehr als 100 %. Der Arbeiter verwendet mehr als die Hälfte seines Arbeitstags zur Produktion eines Mehrwerths, den verschiedne Personen auf verschiedne Vorwände hin unter sich vertheilen.[31a]

---

thümer. Die im Text gegebnen durchaus genauen Daten sind mir von einem Manchester Fabrikanten geliefert. Es ist zu bemerken, daß in England die alte Pferdekraft nach dem Durchschnitt des Cylinders berechnet wurde, die neue nach der wirklichen Kraft zählt, die der Indikator anzeigt.

31a Die gegebnen Rechnungen gelten nur als Illustration. Es wird nämlich unterstellt, daß die Preise = den Werthen. Man wird in Buch III sehn, daß diese Gleichsetzung, selbst für die Durchschnittspreise, sich nicht in dieser einfachen Weise macht.

KARL MARX

Das Kapital. Kritik der politischen Oekonomie Dritter Band Buch 3: Der Gesamtproceß der kapitalistischen Production

Siebenter Abschnitt. Die Revenuen und ihre Quellen

Achtundvierzigstes Kapitel. Die trinitarische Formel

I.[48]

Kapital – Profit (Unternehmergewinn plus Zins), Boden – Grundrente, Arbeit – Arbeitslohn, dies ist die trinitarische Form, die alle Geheimnisse des gesellschaftlichen Productionsprocesses einbegreift.

Da ferner, wie früher gezeigt, der Zins als das eigentliche, charakteristische Produkt des Kapitals, und der Unternehmergewinn im Gegensatz dazu als vom Kapital unabhängiger Arbeitslohn erscheint, reducirt sich jene trinitarische Form näher auf diese:

Kapital – Zins, Boden – Grundrente, Arbeit – Arbeitslohn, wo der Profit, die die kapitalistische Produktionsweise specifisch charakterisirende Form des Mehrwerths, glücklich beseitigt ist.

Sieht man sich nun diese ökonomische Dreieinigkeit näher an, so findet man:

---

48 Die folgenden drei Fragmente finden sich an verschiednen Stellen des Ms. zum VI. Abschnitt. – F. E.

Erstens, die angeblichen Quellen des jährlich disponiblen Reichthums gehören ganz disparaten Sphären an und haben nicht die geringste Analogie unter einander. Sie verhalten sich gegenseitig etwa wie Notariatsgebühren, rothe Rüben und Musik.

Kapital, Boden, Arbeit! Aber das Kapital ist kein Ding, sondern ein bestimmtes, gesellschaftliches, einer bestimmten historischen Gesellschaftsformation angehöriges Produktionsverhältniß, das sich an einem Ding darstellt und diesem Ding einen specifischen gesellschaftlichen Charakter gibt. Das Kapital ist nicht die Summe der materiellen und producirten Produktionsmittel. Das Kapital, das sind die in Kapital verwandelten Produktionsmittel, die an sich so wenig Kapital sind, wie Gold oder Silber an sich Geld ist. Es sind die von einem bestimmten Theil der Gesellschaft monopolisirten Produktionsmittel, die der lebendigen Arbeitskraft gegenüber verselbständigten Produkte und Bethätigungs-Bedingungen eben dieser Arbeitskraft, die durch diesen Gegensatz im Kapital personificirt werden. Es sind nicht nur die, in selbständige Mächte verwandelten Produkte der Arbeiter, die Produkte als Beherrscher und Käufer ihrer Producenten, sondern es sind auch die gesellschaftlichen Kräfte und die zukünftige ... [? unleserlich] Form dieser Arbeit, die als Eigenschaften ihres Produkts ihnen gegenübertreten. Also hier haben wir eine bestimmte, auf den ersten Blick sehr mystische, gesellschaftliche Form eines der Faktoren eines historisch fabricirten gesellschaftlichen Produktionsprocesses.

Und nun daneben den Boden, die unorganische Natur als solche, rudis indigestaque moles, in ihrer ganzen Waldursprünglichkeit. Werth ist Arbeit. Mehrwerth kann daher nicht Erde sein. Absolute Fruchtbarkeit des Bodens bewirkt nichts, als daß ein gewisses Quantum Arbeit ein gewisses, von der natürlichen Fruchtbarkeit des Bodens bedingtes Produkt gibt. Die Differenz in der Fruchtbarkeit des Bodens bewirkt, daß dieselben Mengen von Arbeit und Kapital, also derselbe Werth, sich in verschiednen Mengen von Bodenprodukten ausdrückt; daß diese Produkte also verschiedne individuelle Werte haben. Die Ausgleichung dieser individuellen Werthe zu Marktwerthen bewirkt, daß die advantages of fertile over inferior soil ... are transferred from the cultivator or consumer to the landlord. (Ricardo, Principles, p. 6.)

Und endlich als Dritten im Bunde ein bloßes Gespenst – »die« Arbeit, die nichts ist als eine Abstraktion und für sich genommen überhaupt nicht existirt oder wenn wir die ... [unleserlich] nehmen, die produktive Thätigkeit des Menschen überhaupt, wodurch er den Stoffwechsel mit der Natur vermittelt, entkleidet nicht nur jeder gesellschaftlichen Form und Charakterbestimmtheit, sondern selbst in ihrem bloßen Naturdasein, unabhängig von der Gesellschaft, allen Gesellschaften enthoben, und als Lebensäußerung und Lebensbewährung dem überhaupt noch nicht gesellschaftlichen Menschen gemeinsam mit dem irgendwie gesellschaftlich bestimmten.

II.

Kapital – Zins; Grundeigenthum, Privateigenthum am Erdball, und zwar modernes, der kapitalistischen Produktionsweise entsprechendes – Rente; Lohnarbeit – Arbeitslohn. In dieser Form soll also Zusammenhang zwischen den Quellen der Revenue bestehn. Wie das Kapital, so sind Lohnarbeit und Grundeigenthum geschichtlich bestimmte gesellschaftliche Formen; die eine der Arbeit, das andre des monopolisirten Erdballs, und zwar sind sie beide, dem Kapital entsprechende, und derselben ökonomischen Gesellschaftsformation angehörende Formen.

Das erste Auffällige an dieser Formel ist, daß neben dem Kapital, neben dieser, einer bestimmten Produktionsweise, einer bestimmten historischen Gestalt des gesellschaftlichen Produktionsprocesses angehörigen Form eines Produktionselements, neben einem Produktionselement verquickt mit, und dargestellt in einer bestimmten socialen Form, ohne weitres rangirt werden: die Erde auf der einen Seite, die Arbeit auf der andern, zwei Elemente des realen Arbeitsprocesses, die in dieser stofflichen Form allen Produktionsweisen gemeinsam, die die stofflichen Elemente jedes Produktionsprocesses sind, und mit der gesellschaftlichen Form desselben nichts zu schaffen haben.

Zweitens. In der Formel: Kapital – Zins, Erde – Bodenrente, Arbeit – Arbeitslohn, erscheinen Kapital, Erde, Arbeit, respektive als Quellen von Zins (statt Profit), Grundrente und Arbeitslohn als ihren Produkten, Früchten; sie der Grund, jene die Folge, sie die Ursache, jene die Wirkung; und zwar so, daß jede einzelne Quelle auf ihr Produkt als das von ihr Abgestoßne und Producirte bezogen ist. Alle drei Einkommen, Zins (statt Profit), Rente, Arbeitslohn, sind drei Theile vom Werth des Produkts, also überhaupt Werththeile, oder in Geld ausgedrückt, gewisse Geldtheile, Preistheile. Die Formel: Kapital – Zins, ist nun zwar die begriffsloseste Formel des Kapitals, aber sie ist eine Formel desselben. Aber wie soll die Erde einen Werth, d. h. ein gesellschaftlich bestimmtes Quantum Arbeit schaffen und nun gar den besondren Werththeil ihrer eignen Produkte, der die Rente bildet? Die Erde ist z. B. als Produktionsagent bei der Herstellung eines Gebrauchswerths, eines materiellen Produkts, des Weizens, thätig. Aber sie hat nichts zu thun mit der Produktion des *Weizenwerths*. Soweit sich Werth im Weizen darstellt, wird der Weizen nur als ein bestimmtes Quantum vergegenständlichter gesellschaftlicher Arbeit betrachtet, ganz gleichgültig gegen den besondren Stoff worin sich diese Arbeit darstellt, oder den besondren Gebrauchswerth dieses Stoffs. Es widerspricht dem nicht, 1) daß bei sonst gleichen Umständen die Wohlfeilheit oder Theuerkeit des

Weizens von der Produktivität der Erde abhängt. Die Produktivität der agrikolen Arbeit ist an Naturbedingungen geknüpft, und je nach der Produktivität derselben stellt sich dasselbe Quantum Arbeit in viel oder wenig Produkten, Gebrauchswerthen dar. Wie groß das Quantum Arbeit ist, das sich in einem Scheffel darstellt, hängt ab von der Masse der Scheffel, die dasselbe Quantum Arbeit liefert. Es hängt hier von der Produktivität der Erde ab, in welchen Mengen von Produkt der Werth sich darstellt; aber dieser Werth ist gegeben, unabhängig von dieser Vertheilung. Werth stellt sich in Gebrauchswerth dar; und Gebrauchswerth ist eine Bedingung der Werthschöpfung; aber es ist Narrheit einen Gegensatz zu bilden, wo auf der einen Seite ein Gebrauchswerth, die Erde, steht und auf der andern ein Werth, und noch dazu ein besondrer Werththeil. 2) [Hier bricht das Ms. ab.]

III.

Die Vulgärökonomie thut in der That nichts, als die Vorstellungen der in den bürgerlichen Produktionsverhältnissen befangenen Agenten dieser Produktion doktrinär zu verdollmetschen, zu systematisiren und zu apologetisiren. Es darf uns also nicht Wunder nehmen, daß sie gerade in der entfremdeten Erscheinungsform der ökonomischen Verhältnisse, worin diese prima facie abgeschmackt und vollkommene Widersprüche sind – und alle Wissenschaft wäre überflüssig, wenn die Erscheinungsform und das Wesen der Dinge unmittelbar zusammenfielen – wenn gerade hier die Vulgärökonomie sich vollkommen bei sich selbst fühlt, und ihr diese Verhältnisse um so selbstverständlicher erscheinen, je mehr der innere Zusammenhang an ihnen verborgen ist, sie aber der ordinären Vorstellung geläufig sind. Daher hat sie nicht die geringste Ahnung darüber, daß die Trinität von der sie ausgeht: Grund und

Boden – Rente, Kapital – Zins, Arbeit – Arbeitslohn oder Preis der Arbeit drei prima facie unmögliche Kompositionen sind. Erst haben wir den Gebrauchswerth *Boden*, der keinen Werth hat, und den Tauschwerth *Rente*: sodaß ein sociales Verhältniß, als Ding gefaßt, zur Natur in eine Proportion gesetzt ist; also zwei inkommensurable Größen, die ein Verhältniß zu einander haben sollen. Dann *Kapital – Zins*. Wird das Kapital als eine gewisse, in Geld selbständig dargestellte Werthsumme gefaßt, so ist es prima facie Unsinn, daß ein Werth mehr Werth sein soll als er werth ist. Gerade in der Form: Kapital – Zins fällt alle Vermittlung fort, und ist das Kapital auf seine allgemeinste, aber darum auch aus sich selbst unerklärliche und absurde Formel reducirt. Eben darum zieht der Vulgärökonom die Formel Kapital – Zins, mit der okkulten Qualität eines Werths sich selbst ungleich zu sein, der Formel Kapital – Profit vor, weil hier schon dem wirklichen Kapitalverhältniß näher gekommen wird. Dann wieder, in dem unruhigen Gefühl, daß 4 nicht 5 ist, und daher 100 Thaler umöglich 110 Thaler sein können, flüchtet er vom Kapital als Werth zur stofflichen Substanz des Kapitals; zu seinem Gebrauchswerth als Produktionsbedingung der Arbeit, Maschinerie, Rohstoff etc. So gelingt es dann wieder, statt des unbegreiflichen ersten Verhältnisses, wonach 4 = 5, ein ganz inkommensurables herauszubringen zwischen einem Gebrauchswerth, einem Ding auf der einen Seite, und einem bestimmten gesellschaftlichen Produktionsverhältniß, dem Mehrwerth, auf der andern; wie beim Grundeigenthum. Sobald er bei diesem Inkommensurablen angelangt, wird dem Vulgärökonom alles klar, und fühlt er nicht mehr das Bedürfniß weiter nachzudenken. Denn er ist eben beim »Rationale« der Bürgervorstellung angelangt. Endlich, *Arbeit – Arbeitslohn*, Preis der Arbeit, ist wie in Buch I nachgewiesen, ein Ausdruck, der prima facie dem Begriff des Werths widerspricht und ebenso dem des Preises, der allgemein selbst nur ein bestimmter Ausdruck des

Werths ist; und »Preis der Arbeit« ist ebenso irrationell wie ein gelber Logarithmus. Aber hier ist der Vulgärökonom erst recht befriedigt, da er nun bei der tiefen Einsicht des Bürgers angelangt ist, daß er Geld für Arbeit zahlt, und da grade der Widerspruch der Formel gegen den Begriff des Werths ihn der Verpflichtung überhebt den letztren zu begreifen.

Wir[49] haben gesehn, daß der kapitalistische Produktionsproceß eine geschichtlich bestimmte Form des gesellschaftlichen Produktionsprocesses überhaupt ist. Dieser letztere ist sowohl Produktionsproceß der materiellen Existenzbedingungen des menschlichen Lebens, wie ein in specifischen, historisch-ökonomischen Produktionsverhältnissen vor sich gehender, diese Produktionsverhältnisse selbst, und damit die Träger dieses Processes, ihre materiellen Existenzbedingungen und ihre gegenseitigen Verhältnisse, d. h. ihre bestimmte ökonomische Gesellschaftsform producirender und reproducirender Proceß. Denn das Ganze dieser Beziehungen, worin sich die Träger dieser Produktion zur Natur und zu einander befinden, worin sie produciren, dies Ganze ist eben die Gesellschaft, nach ihrer ökonomischen Struktur betrachtet. Wie alle seine Vorgänger, geht der kapitalistische Produktionsproceß unter bestimmten materiellen Bedingungen vor sich, die aber zugleich Träger bestimmter gesellschaftlicher Verhältnisse sind, welche die Individuen im Proceß ihrer Lebensreproduktion eingehn. Jene Bedingungen, wie diese Verhältnisse, sind einerseits Voraussetzungen, andrerseits Resultate und Schöpfungen des kapitalistischen Produktionsprocesses; sie werden von ihm producirt und reproducirt. Wir sahen ferner: das Kapital – und der Kapitalist ist nur das personificirte Kapital, fungirt im Produktionsproceß nur als Träger des Kapitals – also das Kapital pumpt in

49 Anfang von Kap. XLVIII nach dem Ms.

dem ihm entsprechenden gesellschaftlichen Produktionsproceß ein bestimmtes Quantum Mehrarbeit aus den unmittelbaren Producenten oder Arbeitern heraus, Mehrarbeit, die jenes ohne Aequivalent erhält, und die ihrem Wesen nach immer Zwangsarbeit bleibt, wie sehr sie auch als das Resultat freier kontraktlicher Uebereinkunft erscheinen mag. Diese Mehrarbeit stellt sich dar in einem Mehrwerth, und dieser Mehrwerth existirt in einem Mehrprodukt. Mehrarbeit überhaupt, als Arbeit über das Maß der gegebnen Bedürfnisse hinaus, muß immer bleiben. Im kapitalistischen wie im Sklavensystem u. s. w. hat sie nur eine antagonistische Form, und wird ergänzt durch reinen Müßiggang eines Theils der Gesellschaft. Ein bestimmtes Quantum Mehrarbeit ist erheischt durch die Assekuranz gegen Zufälle, durch die nothwendige, der Entwicklung der Bedürfnisse und dem Fortschritt der Bevölkerung entsprechende, progressive Ausdehnung des Reproduktionsprocesses, was vom kapitalistischen Standpunkt aus Akkumulation heißt. Es ist eine der civilisatorischen Seiten des Kapitals, daß es diese Mehrarbeit in einer Weise und unter Bedingungen erzwingt, die der Entwicklung der Produktivkräfte, der gesellschaftlichen Verhältnisse und der Schöpfung der Elemente für eine höhere Neubildung vortheilhafter sind als unter den frühern Formen der Sklaverei, Leibeigenschaft u. s. w. Es führt so einerseits eine Stufe herbei, wo der Zwang und die Monopolisirung der gesellschaftlichen Entwicklung (einschließlich ihrer materiellen und intellektuellen Vortheile) durch einen Theil der Gesellschaft auf Kosten des andern wegfällt; andrerseits schafft sie die materiellen Mittel und den Keim zu Verhältnissen, die in einer höhern Form der Gesellschaft erlauben, diese Mehrarbeit zu verbinden mit einer größern Beschränkung der, der materiellen Arbeit überhaupt gewidmeten Zeit. Denn die Mehrarbeit kann, je nach der Entwicklung der Produktivkraft der Arbeit, groß sein bei kleinem Gesammtarbeitstag, und relativ klein bei großem

Gesammtarbeitstag. Ist die nothwendige Arbeitszeit = 3, und die Mehrarbeit = 3, so ist der Gesammtarbeitstag = 6, und die Rate der Mehrarbeit = 100 %. Ist die nothwendige Arbeit = 9 und die Mehrarbeit = 3, so der Gesammtarbeitstag = 12, und die Rate der Mehrarbeit nur = $33^1/_3$ %. Sodann aber hängt es von der Produktivität der Arbeit ab, wie viel Gebrauchswerth in bestimmter Zeit, also auch in bestimmter Mehrarbeitszeit hergestellt wird. Der wirkliche Reichthum der Gesellschaft, und die Möglichkeit beständiger Erweiterung ihres Reproduktionsprocesses hängt also nicht ab von der Länge der Mehrarbeit, sondern von ihrer Produktivität und von den mehr oder minder reichhaltigen Produktionsbedingungen, worin sie sich vollzieht. Das Reich der Freiheit beginnt in der That erst da, wo das Arbeiten, das durch Noth und äußere Zweckmäßigkeit bestimmt ist, aufhört; es liegt also der Natur der Sache nach jenseits der Sphäre der eigentlichen materiellen Produktion. Wie der Wilde mit der Natur ringen muß, um seine Bedürfnisse zu befriedigen, um sein Leben zu erhalten und zu reproduciren, so muß es der Civilisirte, und er muß es in allen Gesellschaftsformen und unter allen möglichen Produktionsweisen. Mit seiner Entwicklung erweitert sich dies Reich der Naturnothwendigkeit, weil die Bedürfnisse; aber zugleich erweitern sich die Produktivkräfte, die diese befriedigen. Die Freiheit in diesem Gebiet kann nur darin bestehn, daß der vergesellschaftete Mensch, die associirten Producenten, diesen ihren Stoffwechsel mit der Natur rationell regeln, unter ihre gemeinschaftliche Kontrolle bringen, statt von ihm als von einer blinden Macht beherrscht zu werden; ihn mit dem geringsten Kraftaufwand und unter den, ihrer menschlichen Natur würdigsten und adäquatesten Bedingungen vollziehn. Aber es bleibt dies immer ein Reich der Nothwendigkeit. Jenseits desselben beginnt die menschliche Kraftentwicklung, die sich als Selbstzweck gilt, das wahre Reich der Freiheit, das aber nur auf jenem Reich der Nothwendigkeit als seiner Basis aufblühn kann. Die Verkürzung des Arbeitstags ist die Grundbedingung.

In der kapitalistischen Gesellschaft vertheilt sich dieser Mehrwerth oder dies Mehrprodukt – wenn wir von den zufälligen Schwankungen der Vertheilung absehn, und ihr regelndes Gesetz, ihre normirenden Grenzen betrachten – unter den Kapitalisten als Dividende im Verhältniß zu der Quote, die jedem vom gesellschaftlichen Kapital gehört. In dieser Gestalt erscheint der Mehrwerth als der Durchschnittsprofit, der dem Kapital zufällt, ein Durchschnittsprofit, der sich selbst wieder in Unternehmergewinn und Zins spaltet, und unter diesen beiden Kategorien verschiednen Sorten von Kapitalisten zufallen kann. Diese Aneignung und Vertheilung des Mehrwerths resp. Mehrprodukts durch das Kapital besitzt jedoch ihre Schranke im Grundeigenthum. Wie der fungirende Kapitalist die Mehrarbeit, und damit unter der Form des Profits den Mehrwerth und das Mehrprodukt aus dem Arbeiter auspumpt, so pumpt der Grundeigenthümer einen Theil dieses Mehrwerths oder Mehrprodukts wieder dem Kapitalisten aus, unter der Form der Rente, nach früher entwikkelten Gesetzen.

Wenn wir also hier vom Profit als dem, dem Kapital zufallenden, Antheil des Mehrwerths sprechen, so meinen wir den Durchschnittsprofit (gleich Unternehmergewinn plus Zins), der durch den Abzug der Rente vom Gesammtprofit (in seiner Masse identisch mit dem Gesammtmehrwerth) bereits beschränkt ist; der Abzug der Rente ist vorausgesetzt. Kapitalprofit (Unternehmergewinn plus Zins) und Grundrente sind also nichts als besondre Bestandtheile des Mehrwerths, Kategorien worin dieser, je nach seinem Anheimfall an das Kapital oder das Grundeigenthum, unterschieden wird, Rubriken, die aber an seinem Wesen nichts ändern. Zusammenaddirt bilden sie die Summe des gesellschaftlichen Mehrwerths. Das Kapital pumpt die Mehrarbeit, die sich im Mehrwerth und

Mehrprodukt darstellt, direkt aus den Arbeitern aus. Es kann also in diesem Sinn als Producent des Mehrwerths betrachtet werden. Das Grundeigenthum hat mit dem wirklichen Produktionsproceß nichts zu schaffen. Seine Rolle beschränkt sich darauf, einen Theil des producirten Mehrwerths aus der Tasche des Kapitals in seine eigne hinüberzuführen. Jedoch spielt der Grundeigenthümer eine Rolle im kapitalistischen Produktionsproceß, nicht nur durch den Druck, den er auf das Kapital ausübt, auch nicht bloß dadurch, daß großes Grundeigenthum eine Voraussetzung und Bedingung der kapitalistischen Produktion, weil der Expropriation des Arbeiters von den Arbeitsbedingungen ist, sondern speciell dadurch, daß er als Personifikation einer der wesentlichsten Produktionsbedingungen erscheint.

Der Arbeiter endlich, als Eigenthümer und Verkäufer seiner persönlichen Arbeitskraft, erhält unter dem Namen Arbeitslohn einen Theil des Produkts, worin sich der Theil seiner Arbeit darstellt, den wir nothwendige Arbeit nennen, d. h. die zur Erhaltung und Reproduktion dieser Arbeitskraft nothwendige Arbeit, seien die Bedingungen dieser Erhaltung und Reproduktion nun ärmlicher oder reicher, günstiger oder ungünstiger.

So disparat diese Verhältnisse nun sonst erscheinen mögen, sie haben alle eins gemein: Das Kapital wirft jahraus, jahrein dem Kapitalisten Profit ab, der Boden dem Grundeigenthümer Grundrente, und die Arbeitskraft – unter normalen Verhältnissen, und so lange sie eine brauchbare Arbeitskraft bleibt – dem Arbeiter Arbeitslohn. Diese drei Werththeile des jährlich producirten Gesammtwerths, und die ihnen entsprechenden Theile des jährlich producirten Gesammtprodukts können – wir sehn hier zunächst von der Akkumulation ab – von ihren respektiven Besitzern jährlich verzehrt werden, ohne daß die Quelle ihrer Reproduktion versiegt. Sie erscheinen als jährlich zu verzehrende Früchte eines perennirenden

Baums, oder vielmehr dreier Bäume, sie bilden das jährliche Einkommen dreier Klassen, des Kapitalisten, des Grundeigenthümers und des Arbeiters, Revenuen, die der fungirende Kapitalist als der unmittelbare Auspumper der Mehrarbeit und Anwender der Arbeit überhaupt vertheilt. Dem Kapitalisten erscheint sein Kapital, dem Grundeigenthümer sein Boden, und dem Arbeiter seine Arbeitskraft oder vielmehr seine Arbeit selbst (da er die Arbeitskraft nur als sich äußernde wirklich verkauft, und ihm der Preis der Arbeitskraft, wie früher gezeigt, auf Basis der kapitalistischen Produktionsweise sich nothwendig als Preis der Arbeit darstellt) so als drei verschiedne Quellen ihrer specifischen Revenuen, des Profits, der Grundrente und des Arbeitslohns. Sie sind es in der That in dem Sinne, daß das Kapital für den Kapitalisten eine perennirende Pumpmaschine von Mehrarbeit, der Boden für den Grundeigenthümer ein perennirender Magnet zur Anziehung eines Theils des vom Kapital ausgepumpten Mehrwerths, und endlich die Arbeit die beständig sich erneuernde Bedingung und das stets sich erneuernde Mittel ist, um einen Theil des vom Arbeiter geschaffnen Werths, und daher einen durch diesen Werththeil gemeßnen Theil des gesellschaftlichen Produkts, die nothwendigen Lebensmittel, unter dem Titel des Arbeitslohns zu erwerben. Sie sind es ferner in dem Sinn, daß das Kapital einen Theil des Werths und daher des Produkts der jährlichen Arbeit in der Form des Profits, das Grundeigenthum einen andern Theil in der Form der Rente, und die Lohnarbeit einen dritten Theil in der Form des Arbeitslohns fixirt, und grade durch diese Verwandlung umsetzt in die Revenuen des Kapitalisten, des Grundeigenthümers und des Arbeiters, ohne aber die Substanz selbst zu schaffen, die sich in diese verschiednen Kategorien verwandelt. Die Vertheilung setzt vielmehr diese Substanz als vorhanden voraus, nämlich den Gesammtwerth des jährlichen Produkts, der nichts ist als vergegenständlichte gesellschaftliche Arbeit.

Es ist jedoch nicht in dieser Form, daß sich die Sache den Produktionsagenten, den Trägern der verschiednen Funktionen des Produktionsprocesses darstellt, sondern vielmehr in einer verkehrten Form. Warum dies geschieht, werden wir im Fortgang der Untersuchung weiter entwikkeln. Kapital, Grundeigenthum und Arbeit erscheinen jenen Produktionsagenten als drei verschiedne unabhängige Quellen, aus denen als solchen drei verschiedne Bestandtheile des jährlich producirten Werths – und daher des Produkts, worin er existirt – entspringen; aus denen also nicht nur die verschiednen Formen dieses Werths als Revenuen, welche besondren Faktoren des gesellschaftlichen Produktionsprocesses zufallen, sondern dieser Werth selbst entspringt, und damit die Substanz dieser Revenueformen.

[Hier fehlt ein Foliobogen im Ms.]

[...] Differentialrente ist gebunden an die relative Fruchtbarkeit der Ländereien, also an Eigenschaften, die aus dem Boden als solchem entspringen. Aber soweit sie erstens beruht auf den verschiednen individuellen Werthen der Produkte verschiedner Bodenarten, ist es nur die eben erwähnte Bestimmung; soweit sie zweitens beruht auf dem von diesen individuellen Werthen unterschiednen, regulirenden allgemeinen Marktwerth, ist es ein gesellschaftliches, vermittelst der Konkurrenz durchgeführtes Gesetz, das weder mit dem Boden noch mit den verschiednen Graden seiner Fruchtbarkeit etwas zu thun hat.

Es könnte scheinen, als wenn wenigstens in: »Arbeit – Arbeitslohn« ein rationelles Verhältniß ausgesprochen wäre. Aber dies ist ebensowenig der Fall wie mit »Boden – Grundrente«. Soweit die Arbeit werthbildend ist, und sich im Werth der Waaren darstellt, hat sie nichts zu thun mit der Vertheilung dieses Werths unter verschiedne Kategorien. Soweit sie den specifisch gesellschaftlichen Charakter der Lohnarbeit hat, ist sie nicht werthbildend. Es ist überhaupt früher gezeigt worden, daß Arbeitslohn oder Preis der Arbeit nur ein irrationaler Ausdruck für den Werth oder Preis der Arbeitskraft ist; und die bestimmten gesellschaftlichen Bedingungen, unter denen diese Arbeitskraft verkauft wird, haben mit der Arbeit als allgemeinem Produktionsagenten nichts zu schaffen. Die Arbeit vergegenständlicht sich auch in dem Werthbestandteil der Waare, der als Arbeitslohn den Preis der Arbeitskraft bildet; sie schafft diesen Theil ebensogut wie die andern Theile des Produkts; aber sie vergegenständlicht sich in diesem Theil nicht mehr und nicht anders, als in den Theilen, die Rente oder Profit bilden. Und überhaupt, wenn wir die Arbeit als werthbildend fixiren, betrachten wir sie nicht in ihrer konkreten Gestalt als Produktionsbedingung, sondern in einer gesellschaftlichen Bestimmtheit, die von Lohnarbeit verschieden ist.

Selbst der Ausdruck: »Kapital – Profit« ist hier inkorrekt. Wenn das Kapital in der einzigen Beziehung gefaßt wird, worin es Mehrwerth producirt, nämlich in seinem Verhältniß zum Arbeiter, worin es Mehrwerth erpreßt durch den Zwang, den es auf die Arbeitskraft, d. h. den Lohnarbeiter ausübt, so umfaßt dieser Mehrwerth außer Profit (Unternehmergewinn plus Zins) auch die Rente, kurz den ganzen ungetheilten Mehrwerth. Hier dagegen, als Quelle von Revenue, wird es nur auf den Theil in Beziehung gesetzt, der dem Kapitalisten anheimfällt. Es ist dies nicht der Mehrwerth, den es überhaupt extrahirt, sondern nur der Theil, den es für den Kapitalisten extrahirt. Noch mehr fällt aller Zusammenhang fort, sobald sich die Formel verwandelt in die: »Kapital – Zins«.

Wenn wir erstens das Disparate der drei Quellen betrachteten, so jetzt zweitens, daß dagegen ihre Produkte, ihre Abkömmlinge, die Revenuen, alle derselben Sphäre, der des Werths angehören. Indeß gleicht sich dies dadurch aus (dies Verhältniß nicht nur zwischen inkommensurablen Größen, sondern zwischen ganz ungleichmäßigen, unter sich beziehungslosen und unvergleichbaren Dingen) daß in der That das Kapital, gleich der Erde und der Arbeit, bloß einer stofflichen Substanz nach, also einfach als producirtes Produktionsmittel genommen wird, wobei sowohl von ihm als Verhältniß zum Arbeiter, wie von ihm als Werth abstrahirt wird.

Drittens. In diesem Sinn also bietet die Formel: Kapital – Zins (Profit), Erde – Rente, Arbeit – Arbeitslohn, gleichmäßige und symmetrische Inkongruität. In der That, indem die Lohnarbeit nicht als eine gesellschaftlich bestimmte Form der Arbeit, sondern alle Arbeit ihrer Natur nach als Lohnarbeit erscheint (sich dem in den kapitalistischen Produktionsverhältnissen Befangnen so vorstellt), fallen auch die bestimmten, specifischen gesellschaftlichen Formen, welche die gegenständlichen Arbeitsbedingungen – die producirten Produktionsmittel und die Erde – der Lohnarbeit gegenüber einnehmen (wie sie umgekehrt ihrerseits die Lohnarbeit voraussetzen), ohne Weiteres zusammen mit dem stofflichen Dasein dieser Arbeitsbedingungen, oder mit der Gestalt, die sie überhaupt im wirklichen Arbeitsproceß besitzen, unabhängig von jeder geschichtlich bestimmten gesellschaftlichen, ja unabhängig von *jeder* gesellschaftlichen Form desselben. Die der Arbeit entfremdete, ihr gegenüber verselbständigte, und somit verwandelte Gestalt der Arbeitsbedingungen, worin also die producirten Produktionsmittel sich in Kapital verwandeln, und die Erde in monopolisirte Erde, in Grundeigenthum, diese einer bestimmten Geschichtsperiode angehörige Gestalt fällt daher zusammen mit dem Dasein und der Funktion der producirten Produktionsmittel und der Erde im Produktionsproceß überhaupt. Jene Produktionsmittel sind an und für sich, von Natur, Kapital; Kapital ist nichts als ein bloßer »ökonomischer Name« für jene Produktionsmittel; und so ist die Erde an und für sich, von Natur, die von einer gewissen Zahl Grundeigenthümer monopolisirte Erde. Wie im Kapital und Kapitalisten – der in der That nichts ist als das personificirte Kapital – die Produkte eine selbständige Macht werden gegenüber den Producenten, so wird im Grundeigenthümer der Grund und Boden personificirt, der sich ebenfalls auf die Hinterfüße stellt, und als selbständige Macht seinen Antheil fordert von dem mit seiner Hülfe erzeugten Produkt; sodaß nicht der Boden den ihm gehörigen Theil des Produkts zu Ersatz und Steigerung seiner Produktivität erhält, sondern statt seiner der Grundeigenthümer einen Antheil dieses Produkts zur Verschacherung und Verschwendung. Es ist klar, daß das Kapital die Arbeit als Lohnarbeit voraussetzt. Es ist aber ebenso klar, daß wenn von der Arbeit als Lohnarbeit ausgegangen wird, sodaß das Zusammenfallen der Arbeit überhaupt mit der Lohnarbeit selbstverständlich scheint, dann auch als natürliche Form der Arbeitsbedingungen, gegenüber der Arbeit überhaupt, das Kapital und die monopolisirte Erde erscheinen müssen. Kapital zu sein, erscheint nun als natürliche Form der Arbeitsmittel, und daher als rein dinglicher und aus ihrer Funktion im Arbeitsproceß überhaupt entspringender Charakter. Kapital und producirtes Produktionsmittel werden so identische Ausdrücke. Ebenso werden Erdboden und durch Privateigenthum monopolisirter Erdboden identische Ausdrücke. Die Arbeitsmittel als solche, die von Natur Kapital sind, werden daher zur Quelle des Profits, wie die Erde als solche zur Quelle der Rente.

Die Arbeit als solche, in ihrer einfachen Bestimmtheit als zweckmäßige produktive Thätigkeit, bezieht sich auf die Produktionsmittel, nicht in deren gesellschaftlicher Formbestimmtheit, sondern in ihrer stofflichen Substanz, als Material und Mittel der Arbeit, die sich ebenfalls nur stofflich, als Gebrauchswerthe von einander unterscheiden, die Erde als unproducirtes, die andren als producirte Arbeitsmittel. Fällt also die Arbeit mit der Lohnarbeit zusammen, so fällt auch die bestimmte gesellschaftliche Form, worin die Arbeitsbedingungen nun der Arbeit gegenüberstehn, zusammen mit ihrem stofflichen Dasein. Die Arbeitsmittel sind dann als solche Kapital, und die

Erde als solche ist Grundeigenthum. Die formale Verselbständigung dieser Arbeitsbedingungen gegenüber der Arbeit, die besondre Form dieser Verselbständigung, die sie gegenüber der Lohnarbeit besitzen, ist dann eine von ihnen als Dingen, als materiellen Produktionsbedingungen untrennbare Eigenschaft, ein ihnen als Produktionselementen nothwendig zukommender, immanent eingewachsener Charakter. Ihr durch eine bestimmte Geschichtsepoche bestimmter socialer Charakter im kapitalistischen Produktionsproceß ist ein ihnen naturgemäß, und sozusagen von Ewigheit her, als Elementen des Produktionsprocesses eingeborner dinglicher Charakter. Der respektive Antheil daher, den die Erde als das ursprüngliche Beschäftigungsfeld der Arbeit, als das Reich der Naturkräfte, als das vorgefundne Arsenal aller Arbeitsgegenstände, und der andre respektive Antheil, den die producirten Produktionsmittel (Instrumente, Rohstoffe etc.) an dem Produktionsproceß überhaupt nehmen, müssen dann sich auszudrücken scheinen in den respektiven Antheilen, die ihnen als Kapital und Grundeigenthum d. h. die ihren socialen Repräsentanten in der Form von Profit (Zins) und Rente zufallen, wie dem Arbeiter im Arbeitslohn der Antheil, den seine Arbeit am Produktionsproceß nimmt. Rente, Profit, Arbeitslohn, scheinen so aus der Rolle herauszuwachsen, die die Erde, die producirten Produktionsmittel, und die Arbeit im einfachen Arbeitsproceß spielen, selbst soweit wir diesen Arbeitsproceß als bloß zwischen dem Menschen und der Natur vorgehend, und abgesehn von jeder geschichtlichen Bestimmtheit betrachten. Es ist nur wieder dieselbe Sache in einer andern Form, wenn gesagt wird: das Produkt, worin sich die Arbeit des Lohnarbeiters für ihn selbst, als sein Ertrag, seine Revenue darstellt, ist nur der Arbeitslohn, der Theil des Werths (und daher des durch diesen Werth gemeßnen socialen Produkts), der seinen Arbeitslohn darstellt. Fällt also die Lohnarbeit mit der Arbeit überhaupt zusammen, so auch der Arbeitslohn mit dem Produkt der Arbeit, und der Werththeil, den der Arbeitslohn darstellt, mit dem durch die Arbeit geschaffnen Werth überhaupt. Dadurch treten aber die andern Werththeile, Profit und Rente, ebenso selbständig dem Arbeitslohn gegenüber, und müssen aus eignen, von der Arbeit specifisch verschiednen unabhängigen Quellen entspringen; sie müssen aus den mitwirkenden Produktionselementen entspringen, deren Besitzern sie zufallen, also der Profit aus den Produktionsmitteln, den stofflichen Elementen des Kapitals, und die Rente aus der vom Grundeigenthümer repräsentirten Erde oder der Natur. (Roscher.)

Grundeigenthum, Kapital und Lohnarbeit verwandeln sich daher aus Quellen der Revenue in dem Sinn, daß das Kapital dem Kapitalisten einen Theil des Mehrwerths, den er aus der Arbeit extrahirt, in der Form des Profits, das Monopol an der Erde dem Grundeigenthümer einen andern Theil in der Form der Rente attrahirt, und die Arbeit dem Arbeiter den letzten noch disponiblen Werttheil in der Form des Arbeitslohns zuschlägt, aus Quellen, vermittelst deren ein Theil des Werths in die Form des Profits, ein zweiter in die Form der Rente, und ein dritter in die Form des Arbeitslohns sich verwandelt – in wirkliche Quellen, aus denen diese Werththeile und die bezüglichen Theile des Produkts, worin sie existiren oder wogegen sie umsetzbar sind, selbst entspringen, und aus denen als letzter Quelle daher der Werth des Produkts selbst entspringt.[50]

Wir haben bereits bei den einfachsten Kategorien der kapitalistischen Produktionsweise, und selbst der Waaren-

50 Wages, profit, and rent are the three original sources of all revenue, as well as of all exchangeable value. (A. Smith.) – C'est ainsi que les causes de la production matérielle sont en même temps les sources des revenus primitifs qui existent. (Storch, I, p. 259.)

produktion, bei der Waare und dem Geld den mystificirenden Charakter nachgewiesen, der die gesellschaftlichen Verhältnisse, denen die stofflichen Elemente des Reichthums bei der Produktion als Träger dienen, in Eigenschaften dieser Dinge selbst verwandelt (Waare) und noch ausgesprochener das Produktionsverhältniß selbst in ein Ding (Geld). Alle Gesellschaftsformen, soweit sie es zur Waarenproduktion und Geldcirkulation bringen, nehmen an dieser Verkehrung Theil. Aber in der kapitalistischen Produktionsweise und beim Kapital, welches ihre herrschende Kategorie, ihr bestimmendes Produktionsverhältniß bildet, entwickelt sich diese verzauberte und verkehrte Welt noch viel weiter. Betrachtet man das Kapital zunächst im unmittelbaren Produktionsproceß – als Auspumper von Mehrarbeit so ist dies Verhältniß noch sehr einfach; und der wirkliche Zusammenhang drängt sich den Trägern dieses Processes, den Kapitalisten selbst auf und ist noch in ihrem Bewußtsein. Der heftige Kampf um die Grenzen des Arbeitstags beweist dies schlagend. Aber selbst innerhalb dieser nicht vermittelten Sphäre, der Sphäre des unmittelbaren Processes zwischen Arbeit und Kapital, bleibt es nicht bei dieser Einfachheit. Mit der Entwicklung des relativen Mehrwerths in der eigentlichen specifisch kapitalistischen Produktionsweise, womit sich die gesellschaftlichen Produktivkräfte der Arbeit entwikkeln, erscheinen diese Produktivkräfte und die gesellschaftlichen Zusammenhänge der Arbeit im unmittelbaren Arbeitsproceß als aus der Arbeit in das Kapital verlegt. Damit wird das Kapital schon ein sehr mystisches Wesen, indem alle gesellschaftlichen Produktivkräfte der Arbeit als ihm, und nicht der Arbeit als solcher, zukommende und aus seinem eignen Schoß hervorsprossende Kräfte erscheinen. Dann kommt der Cirkulationsproceß dazwischen, dessen Stoff- und Formwechsel alle Theile des Kapitals, selbst des agrikolen Kapitals, in demselben Grad anheimfallen, wie sich die specifisch kapitalistische Produktionsweise entwickelt. Es ist dies eine Sphäre, worin die Verhältnisse der ursprünglichen Werthproduktion völlig in den Hintergrund treten. Schon im unmittelbaren Produktionsproceß ist der Kapitalist zugleich als Waarenproducent, als Leiter der Waarenproduktion thätig. Dieser Produktionsproceß stellt sich ihm daher keineswegs einfach als Produktionsproceß von Mehrwerth dar. Welches aber immer der Mehrwerth sei, den das Kapital im unmittelbaren Produktionsproceß ausgepumpt und in Waaren dargestellt hat, der in den Waaren enthaltne Werth und Mehrwerth muß erst im Cirkulationsproceß realisirt werden. Und sowohl die Rückerstattung der in der Produktion vorgeschoßnen Werthe, wie namentlich der in den Waaren enthaltne Mehrwerth scheint nicht in der Cirkulation sich bloß zu realisiren, sondern aus ihr zu entspringen; ein Schein, den namentlich zwei Umstände befestigen: erstens der Profit bei Veräußerung, der von Prellerei, List, Sachkenntniß, Geschick und tausend Marktkonjunkturen abhängt; dann aber der Umstand, daß hier neben der Arbeitszeit ein zweites bestimmendes Element hinzutritt, die Cirkulationszeit. Diese fungirt zwar nur als negative Schranke der Werth- und Mehrwerthbildung, hat aber den Schein, als sei sie ein ebenso positiver Grund wie die Arbeit selbst, und als bringe sie eine, aus der Natur des Kapitals hervorgehende, von der Arbeit unabhängige Bestimmung herein. Wir hatten in Buch II diese Cirkulationssphäre natürlich nur darzustellen in Bezug auf die Formbestimmungen, die sie erzeugt, die Fortentwicklung der Gestalt des Kapitals nachzuweisen, die in ihr vorgeht. In der Wirklichkeit aber ist diese Sphäre die Sphäre der Konkurrenz, die, jeden einzelnen Fall betrachtet, vom Zufall beherrscht ist; wo also das innere Gesetz, das in diesen Zufällen sich durchsetzt und sie regulirt, nur sichtbar wird, sobald diese Zufälle in großen Massen zusammengefaßt werden, wo es also den einzelnen Agenten der Produktion selbst unsichtbar und unverständlich bleibt. Weiter aber: der wirkliche Produktionsproceß, als Einheit des unmittelbaren Produktionsprocesses und des Cirkulationsprocesses, erzeugt neue Gestaltungen, worin mehr und mehr die Ader des innern Zusammenhangs verloren geht, die Produktionsverhältnisse sich gegen einander verselbständigen, und die Werthbestandtheile sich gegen einander in selbständigen Formen verknöchern.

Die Verwandlung des Mehrwerths in Profit ist, wie wir sahen, ebensosehr durch den Cirkulationsproceß wie durch den Produktionsproceß bestimmt. Der Mehrwerth, in der Form des Profits, wird nicht mehr auf den in Arbeit ausgelegten Kapitaltheil, aus dem er entspringt, sondern auf das Gesammtkapital bezogen. Die Profitrate wird durch eigne Gesetze regulirt, die einen Wechsel derselben bei gleichbleibender Rate des Mehrwerths zulassen und selbst bedingen. Alles dies verhüllt mehr und mehr die wahre Natur des Mehrwerths und daher das wirkliche Triebwerk des Kapitals. Noch mehr geschieht dies durch die Verwandlung des Profits in Durchschnittsprofit und der Werthe in Produktionspreise, in die regulirenden Durchschnitte der Marktpreise. Es tritt hier ein komplicirter gesellschaftlicher Proceß dazwischen, der Ausgleichungsproceß der Kapitale, der die relativen Durchschnittspreise der Waaren von ihren Werthen, und die Durchschnittsprofite in den verschiednen Produktionssphären (ganz abgesehn von den individuellen Kapitalanlagen in jeder besondren Produktionssphäre) von der wirklichen Exploitation der Arbeit durch die besondren Kapitale losscheidet. Es scheint nicht nur so, sondern es ist hier in der That der Durchschnittspreis der Waaren verschieden von ihrem Werth, also von der in ihnen realisirten Arbeit und der Durchschnittsprofit eines besondren Kapitals verschieden von dem Mehrwerth, den dies Kapital aus den von ihm beschäftigten Arbeitern extrahirt hat. Der Werth der Waaren erscheint unmittelbar nur noch in dem Einfluß der wechselnden Produktivkraft der Arbeit auf Sinken und Steigen der Produktionspreise, auf ihre Bewegung, nicht auf ihre letzten Grenzen. Der Profit erscheint nur noch accessorisch bestimmt durch die unmittelbare Exploitation der Arbeit, soweit diese nämlich dem Kapitalisten erlaubt, bei den, scheinbar unabhängig von dieser Exploitation vorhandnen, regulirenden Marktpreisen, einen vom Durchschnittsprofit abweichenden Profit zu realisiren. Die normalen Durchschnittsprofite selbst scheinen dem Kapital immanent, unabhängig von der Exploitation; die anormale Exploitation, oder auch die durchschnittliche Exploitation unter günstigen Ausnahmebedingungen, scheint nur die Abweichungen vom Durchschnittsprofit, nicht diesen selbst zu bedingen. Die Spaltung des Profits in Unternehmergewinn und Zins (gar nicht zu sprechen von der Dazwischenkunft des kommerciellen Profits und des Geldhandlungsprofits, die auf der Cirkulation gegründet sind und ganz und gar aus ihr, und nicht aus dem Produktionsproceß selbst zu entspringen scheinen) vollendet die Verselbständigung der Form des Mehrwerths, die Verknöcherung seiner Form gegen seine Substanz, sein Wesen. Ein Theil des Profits, im Gegensatz zu dem andern, löst sich ganz von dem Kapitalverhältniß als solchem los, und stellt sich dar als entspringend, nicht aus der Funktion der Ausbeutung der Lohnarbeit, sondern aus der Lohnarbeit des Kapitalisten selbst. Im Gegensatz dazu scheint dann der Zins als unabhängig, sei es von der Lohnarbeit des Arbeiters, sei es von der eignen Arbeit des Kapitalisten, aus dem Kapital als seiner eignen unabhängigen Quelle zu entspringen. Wenn das Kapital ursprünglich, auf der Oberfläche der Cirkulation, erschien als Kapitalfetisch, wertherzeugender Werth, so stellt es sich jetzt wieder in der Gestalt des zinstragenden Kapitals als in seiner entfremdetsten und eigenthümlichsten Form dar. Weßhalb auch die Form: »Kapital – Zins« als drittes zu »Erde – Rente« und »Arbeit – Arbeitslohn« viel konsequenter ist als »Kapital – Profit«, indem im Profit immer noch eine Erinnerung an seinen Ursprung bleibt, die im Zins nicht nur ausgelöscht, sondern in feste gegensätzliche Form zu diesem Ursprung gestellt ist.

Endlich tritt neben das Kapital als selbständige Quelle von Mehrwerth das Grundeigenthum, als Schranke des Durchschnittsprofits und als einen Theil des Mehrwerths an eine Klasse übertragend, die weder selbst arbeitet, noch Arbeiter direkt exploitirt, noch sich wie das zinstragende Kapital, in moralisch erbaulichen Trostgründen, z. B. dem Risiko und dem Opfer im Wegleihen des Kapitals, ergehn kann. Indem hier ein Theil des Mehrwerths direkt nicht an Gesellschaftsverhältnisse, sondern an ein Naturelement, die Erde gebunden scheint, ist die Form der Entfremdung und Verknöcherung der verschiednen Theile des Mehrwerths gegen einander vollendet, der innere Zusammenhang endgültig zerrissen, und seine Quelle vollständig verschüttet, eben durch die Verselbständigung der, an die verschiednen stofflichen Elemente des Produktionsprocesses gebundnen, Produktionsverhältnisse gegeneinander.

Im Kapital – Profit oder noch besser Kapital – Zins, Boden – Grundrente, Arbeit – Arbeitslohn, in dieser ökonomischen Trinität als dem Zusammenhang der Bestandtheile des Werths und des Reichthums überhaupt mit seinen Quellen, ist die Mystifikation der kapitalistischen Produktionsweise, die Verdinglichung der gesellschaftlichen Verhältnisse, das unmittelbare Zusammenwachsen der stofflichen Produktionsverhältnisse mit ihrer geschichtlich-socialen Bestimmtheit vollendet: die verzauberte, verkehrte und auf den Kopf gestellte Welt, wo Monsieur le Capital und Madame la Terre als sociale Charaktere, und zugleich unmittelbar als bloße Dinge ihren Spuk treiben. Es ist das große Verdienst der klassischen Oekonomie, diesen falschen Schein und Trug, diese Verselbständigung und Verknöcherung der verschiednen gesellschaftlichen Elemente des Reichthums gegen einander, diese

Personificirung der Sachen und Versachlichung der Produktionsverhältnisse, diese Religion des Alltagslebens aufgelöst zu haben, indem sie den Zins auf einen Theil des Profits, und die Rente auf den Ueberschuß über den Durchschnittsprofit reducirt, sodaß beide im Mehrwerth zusammenfallen; indem sie den Cirkulationsproceß als bloße Metamorphose der Formen darstellt, und endlich im unmittelbaren Produktionsproceß Werth und Mehrwerth der Waaren auf die Arbeit reducirt. Dennoch bleiben selbst die besten ihrer Wortführer, wie es vom bürgerlichen Standpunkt nicht anders möglich ist, mehr oder weniger in der von ihnen kritisch aufgelösten Welt des Scheins befangen, und fallen daher alle mehr oder weniger in Inkonsequenzen, Halbheiten und ungelöste Widersprüche. Es ist dagegen andrerseits ebenso natürlich, daß die wirklichen Produktionsagenten in diesen entfremdeten und irrationalen Formen von Kapital – Zins, Boden – Rente, Arbeit – Arbeitslohn, sich völlig zu Hause fühlen, denn es sind eben die Gestaltungen des Scheins, in welchem sie sich bewegen und womit sie täglich zu thun haben. Es ist daher ebenso natürlich, daß die Vulgärökonomie, die nichts als eine didaktische, mehr oder minder doktrinäre Uebersetzung der Alltagsvorstellungen der wirklichen Produktionsagenten ist, und eine gewisse verständige Ordnung unter sie bringt, grade in dieser Trinität, worin der ganze innere Zusammenhang ausgelöscht ist, die naturgemäße und über allen Zweifel erhabene Basis ihrer seichten Wichtigthuerei findet. Diese Formel entspricht zugleich dem Interesse der herrschenden Klassen, indem sie die Naturnothwendigkeit und ewige Berechtigung ihrer Einnahmequellen proklamirt und zu einem Dogma erhebt.

In der Darstellung der Versachlichung der Produktionsverhältnisse und ihrer Verselbständigung gegenüber den Produktionsagenten gehn wir nicht ein auf die Art und Weise, wie die Zusammenhänge durch den Weltmarkt, seine Konjunkturen, die Bewegung der Marktpreise, die Perioden des Kredits, die Cyklen der Industrie und des Handels, die Abwechslung der Prosperität und Krise, ihnen als übermächtige, sie willenlos beherrschende Naturgesetze erscheinen und sich ihnen gegenüber als blinde Nothwendigkeit geltend machen. Deßwegen nicht, weil die wirkliche Bewegung der Konkurrenz außerhalb unsers Plans liegt, und wir nur die innere Organisation der kapitalistischen Produktionsweise, sozusagen in ihrem idealen Durchschnitt, darzustellen haben.

In frühern Gesellschaftsformen tritt diese ökonomische Mystifikation nur ein hauptsächlich in Bezug auf das Geld und das zinstragende Kapital. Sie ist der Natur der Sache nach ausgeschlossen, erstens wo die Produktion für den Gebrauchswerth, für den unmittelbaren Selbstbedarf vorwiegt; zweitens wo, wie in der antiken Zeit und im Mittelalter, Sklaverei oder Leibeigenschaft die breite Basis der gesellschaftlichen Produktion bildet: die Herrschaft der Produktionsbedingungen über die Producenten ist hier versteckt durch die Herrschafts- und Knechtschaftsverhältnisse, die als unmittelbare Triebfedern des Produktionsprocesses erscheinen und sichtbar sind. In den ursprünglichen Gemeinwesen, wo naturwüchsiger Kommunismus herrscht, und selbst in den antiken städtischen Gemeinwesen, ist es dies Gemeinwesen selbst mit seinen Bedingungen, das als Basis der Produktion sich darstellt, wie seine Reproduktion als ihr letzter Zweck. Selbst im mittelalterlichen Zunftwesen erscheint weder das Kapital noch die Arbeit ungebunden, sondern ihre Beziehungen durch das Korporationswesen und mit demselben zusammenhängende Verhältnisse und ihnen entsprechende Vorstellungen von Berufspflicht, Meisterschaft etc. bestimmt. Erst in der kapitalistischen Produktionsweise […]

Zu dieser Ausgabe

Textgrundlage ist in folgenden Fällen die neue *Marx-Engels-Gesamtausgabe* (MEGA):
Erste Abteilung: Werke. Artikel. Entwürfe. Berlin 1972ff.
Zweite Abteilung: »Das Kapital« und Vorarbeiten. Berlin 1976ff.
Dritte Abteilung: Briefwechsel. Berlin 1975ff.
Vierte Abteilung: Exzerpte. Notizen. Marginalien. Berlin 1976ff.
[Zit. als MEGA mit Angabe der Abteilung, des Bandes und der Seite.]

Nur in zwei Fällen, bei der *Deutschen Ideologie* und beim *Manifest*, die noch nicht in der MEGA erschienen sind, dienen andere neue Editionen als Grundlage.

Verwiesen wird auch auf die entsprechenden Bände der *Marx-Engels-Werke* (MEW). Bei Texten, die bisher weder in der MEGA noch in einer neuen Edition erschienen sind, wird ausschließlich auf die MEW verwiesen.
[Zit. als MEW mit Angabe des Bandes und der Seite.]

Verweise ohne den Vorsatz MEGA oder MEW beziehen sich auf den Text- oder Kommentarteil des vorliegenden Bandes.

Textnachweise

Karl Marx: Zur Kritik der Hegel'schen Rechts-Philosophie. Einleitung (1844). In: MEGA I 2,170–183.

Karl Marx: [Ökonomisch-philosophische Manuskripte.] Heft I (1844). In: MEGA I 2,233–247.

Karl Marx: [Thesen über Feuerbach.] 1) ad Feuerbach (1845). In: MEGA IV 3,19–21.

Karl Marx, Friedrich Engels: Die deutsche Ideologie. Artikel, Druckvorlagen, Entwürfe, Reinschriftenfragmente und Notizen zu *I. Feuerbach* und *II. Sankt Bruno* (1845/46). In: Marx-Engels-Jahrbuch 2003. Bearb. von Inge Taubert und Hans Pelger. Unter Mitwirkung von Margret Dietzen, Gerald Hubmann und Claudia Reichel. Berlin: Akademie Verlag, 2004. S. 12–36, 104–117.

Karl Marx, Friedrich Engels: Manifest der Kommunistischen Partei. Abschnitt I: Bourgeois und Proletarier (1848). In: Das Kommunistische Manifest von Karl Marx und Friedrich Engels. Von der Erstausgabe zur Leseausgabe. Mit einem Editionsbericht von Thomas Kuczynski. Trier 1995 (Schriften aus dem Karl-Marx-Haus Trier, 49). S. 3–11.

Karl Marx: Grundrisse der Kritik der politischen Oekonomie. Einleitung (1857/58). In: MEGA II 1.2,35–43.

Karl Marx: Zur Kritik der politischen Oekonomie. Vorwort (1859). In: MEGA II 2,99–103.

Karl Marx: Das Kapital. Erster Band. Kapitel 1, 4, 5 und 7 (1867/1890). In: MEGA II 10,37–82, 134–180, 191–198.

Karl Marx: Das Kapital. Dritter Band. Kapitel 48 (1894). In: MEGA II 15,789–806.

Kommentar

Zur Kritik der Hegel'schen Rechts-Philosophie

1837 begann Marx damit, Hegels Werke intensiv zu studieren: Während eines Erholungsaufenthaltes nahe seinem damaligen Studienort Berlin lernte er »Hegel von Anfang bis Ende, samt den meisten seiner Schüler« kennen (Brief an den Vater, 10. November 1837, MEGA III 1,17; MEW 40,10). Ab 1841, vor allem während des Sommers 1843 las er Hegels *Grundlinien der Philosophie des Rechts oder Naturrecht und Staatswissenschaft im Grundrisse* (1821) erneut kritisch; als Ergebnis entstand das umfassende Manuskript »Zur Kritik der Hegel'schen Rechts-Philosophie«. (MEGA I 2,3–137, MEW 1,201–333) Es besteht aus einer Analyse der Paragraphen 261 bis 313 der *Grundlinien*, also derjenigen Paragraphen, die Hegels Staatstheorie enthalten. Im Gegensatz zu Hegel behauptet Marx, dass der Staat nicht den »objektiven Geist« verwirklicht, sondern dass Familie und Gesellschaft den Staat begründen (MEGA I 2,9; MEW 1,206f.). Die Erkenntnis, dass Rechts- und Staatsformen letztlich in ökonomischen Verhältnissen wurzeln, war ein Grund dafür, dass sich Marx verstärkt dem Studium der politischen Ökonomie zuwandte.

Das Manuskript »Zur Kritik der Hegel'schen Rechts-Philosophie« war als Vorarbeit zu einer umfassenden Kritik der Hegelschen Rechtsphilosophie gedacht, die in den von Marx und Arnold Ruge in Paris herausgegeben *Deutsch-Französischen Jahrbüchern* erscheinen sollte. Es kam jedoch nicht zur Veröffentlichung; die Herausgeber stellten – wegen finanzieller Probleme und politischer Differenzen – nach der ersten Doppellieferung 1844 das Erscheinen der Jahrbücher ein. (Zur ausführlichen Editionsgeschichte der *Deutsch-Französischen Jahrbücher* vgl. MEGA I 2,528–554.)

In der ersten und einzigen Ausgabe erschien lediglich die »Einleitung«, die Marx zwischen Oktober und Dezember 1843 niederschrieb.

Druckvorlage: MEGA I 2,170–183 (vgl. auch MEW 1,378–391)

9,2 f. *der Hegel'schen Rechts-Philosophie*: Georg Wilhelm Friedrich Hegel: *Grundlinien der Philosophie des Rechts oder Naturrecht und Staatswissenschaft im Grundrisse*, hrsg. von Bernhard Lakebring, Stuttgart 1970; Hegel (1770–1831), bedeutender Philosoph des deutschen Idealismus.

9,4 *Für Deutschland ist die Kritik der Religion im Wesentlichen beendigt*: kann als Würdigung insbesondere der Schriften der deutschen Philosophen Ludwig Andreas Feuerbach (1804–1872) und David Friedrich Strauß (1808–1874) gelesen werden. Strauß hatte in *Das Leben Jesu, kritisch betrachtet* (Tübingen 1835) die Wahrheit der Evangelientexte bestritten. Feuerbach hatte in *Das Wesen des Christentums* (Leipzig 1841) Gott als Projektion entlarvt: Gott ist demnach das personifizierte, in den Himmel projizierte und vergötterte Wesen des Menschen selbst.

9,8 *oratio pro aris et focis*: lat.: Rede für Altar und häuslichen Herd.

9,15 *Das Fundament der irreligiösen Kritik*: meint die Religionskritik im Anschluss an Strauß und Feuerbach (vgl. 9,4).

9,22 *Societät*: frz.: Gesellschaft.

9,25 *encyklopädisches Compendium*: nahezu vollständiges und strukturiertes Wissen in umfassenden Nachschlagewerken und Sammlungen.

9,26 f. *Point-d'honneur*: frz.: Ehrenpunkt.

10,4 *Aroma*: Duft, Geschmack.

10,6 *Protestation*: lat.: Protest, Bekundung des Missfallens.

10,17 *die imaginairen Blumen*: die imaginären, erdachten, eingebildeten Blumen.

11,1 *nachfolgende Ausführung*: Diese nachfolgenden Ausführungen sollten unter dem Titel *Zur Kritik der Hegel'schen Rechts-Philosophie* in späteren Ausgaben der *Deutsch-Französischen Jahrbücher* erscheinen. Dazu kam es jedoch nicht, weil nur der erste Jahrgang 1844 erschien (vgl. Einleitung zu diesem Kommentarteil).

11,3 f. *die deutsche Staats- und Rechts-Philosophie*: gemeint ist die Hegels (vgl. 9,2 f.) und die an ihn anknüpfende.

11,6 *status quo*: lat.: bestehender Zustand.

11,8 *Anachronismus*: gegen die Zeit, nicht mehr zeitgemäß.

11,15 *1789*: Frz. Revolution.

11,22 *Contrerevolution*: frz.: Gegenrevolution.

11,32 *Diener Moses*: vgl. *Die Bibel. Das Alte Testament*, 2.–4. Buch Mose; *a posteriori*: lat.: im Nachhinein.
11,33 *die historische Rechtsschule*: Richtung der Rechtswissenschaft, die die historische Gewordenheit des Rechts betont. Sie verteidigt damit die bestehenden Rechtsverhältnisse gegen eine einheitliche, evtl. fortschrittliche Gesetzgebung. Bedeutendster Repräsentant war der deutsche Rechtsgelehrte Friedrich Carl von Savigny (1779–1861). Marx studierte Savignys Schriften zwischen 1836 und 1838.
11,35 ff. *Shylock*: gemeint ist Savigny (vgl. 11,33), dem Marx hier die Rolle des jüdischen Kaufmanns Shylock aus Shakespeares Stück »Der Kaufmann von Venedig« zuweist; dieser verlangt mit dem Schwur auf das bestehende Recht, seinem Schuldner »ein Pfund Fleisch, zunächst am Herzen des Kaufmanns auszuschneiden« (vgl. William Shakespeare: *Der Kaufmann von Venedig*, 4. Aufzug, 1. Szene).
12,11 ff. *Friede … Krieg*: Anspielung auf eine häufig gebrauchte Losung während der Frz. Revolution: »Friede den Hütten! Krieg den Palästen!« (»Guerre aux châteaux! Paix aux chaumières!«) Diese Losung diente Georg Büchner als Motto seiner Flugschrift »Der Hessische Landbote«.
12,28 *Indignation*: frz. und engl.: Entrüstung, Empörung.
12,28 f. *Denuntiation*: lat.: Anschuldigung, Verunglimpfung.
13,2 *Raçen*: eigentümliche Schreibweise für: Rassen.
13,7 f. *koncessionirte Existenzen*: genehmigte, zugestandene Existenzen.
13,10 *Concession*: frz.: Genehmigung, Zugeständnis.
13,23 *partie honteuse*: frz.: beschämender, schändlicher Teil.
13,27 *Courage*: frz. und engl.: Mut, Tapferkeit.
13,32 *bornirten*: bornierten, eingebildeten, dummen, beschränkten, engstirnigen.
13,34 *ancien régime*: frz.: altes Regime, alte Regierungsform; steht allgemein für eine überlebte monarchische Regierungsform; bezieht sich konkret auf die absolutistische Regierung der Bourbonen in Frankreich zwischen 1589 (Thronbesteigung des ersten Bourbonenkönigs Heinrich IV.) und 1789 (Frz. Revolution) bzw. 1792 (Absetzung Ludwigs XVI.).
14,2 *Reminiscenzen*: lat.: Überbleibsel, bedeutungsvolle Erinnerungen.
14,5 *Revenant*: frz.: Rückkehrer.

14,6 *präexistirende*: zuvor bestehende.
14,16 *Axiome*: als wahr anerkannte Grundsätze; unhinterfragbar gültige Wahrheiten.
14,21 f. *Sophisma*: Sophismus, Scheinbeweis, ein mit logischen Mitteln herbeigeführter Trugschluss.
14,28 f. *im gefesselten Prometheus des Aeschylus:* Der griechische Tragödiendichter Aischylos (525–456 v. Chr.) benutzte für sein Theaterstück die Sage um Prometheus, der den Menschen das Feuer brachte, das Zeus ihnen vorenthielt. Aus Rache wurde er an eine Felswand geschmiedet. In ihm wird die Auflehnung gegen die Götter verkörpert.
14,30 *in den Gesprächen Lucians*: Lukian von Samosata (um 120–180 v. Chr.), Satiriker der Antike, setzt in seinen Dialogen (bspw. in *Göttergespräche* und *Meergöttergespräche*) die Götter herab oder leugnet deren Existenz.
14,33 *vindiciren*: lat.: für sich in Anspruch nehmen, sich zusprechen.
15,8 *Schutzzölle*: Abgaben für importierte Waren, die Zölle sollten also als Einfuhrbarrieren wirken.
15,8 *Prohibitivsystem*: Verhinderungssystem: Ein- und Ausfuhrbarrieren durch hohe Zölle oder Steuern.
15,31 *Collision*: Kollision, Zusammenstoß, Widerstreit, Konflikt.
16,7 *Scythen*: iranische Nomaden, die sich in Griechenland als Söldner verdingten.
16,12 *Mythologie*: hier: die Gesamtheit der erdichteten Erzählungen über die Vergangenheit.
16,17 *œuvres incomplètes*: frz.: unvollendete Werke.
16,18 *œuvres posthumes*: frz.: nachgelassene Werke.
16,21 *that is the Question*: das ist hier die Frage; berühmter Satz aus William Shakespeare: *Hamlet*, 3. Akt, 1. Szene bzw. in Hamlets großem Monolog, ob er weiterleben wolle oder nicht (»To be or not to be, that …«).
16,27 *al pari*: ital.: auf gleicher Stufe.
17,4 *praktische politische Parthei*: Die Unterscheidung zwischen praktischer und theoretischer politischer Partei ist typisch für Marx. Sie charakterisiert das jeweilige Verhältnis zwischen Philosophie und Praxis innerhalb verschiedener Bewegungen. Die praktische politische Partei – damit fasst er wahrscheinlich Teile des liberalen Bürgertums sowie Demokraten zusammen – glaubt, die Philosophie um der politischen Praxis willen aufhe-

ben zu können. Die theoretische politische Partei – damit sind vermutlich die Junghegelianer (vgl. *Deutsche Ideologie* 68,30) gemeint – glaubte dem gegenüber, Philosophie verwirklichen zu können, ohne sie praktisch werden zu lassen.

17,12 *Bering*: Ringmauer einer Burg.

17,21 *datirende*: abstammende, stammende.

17,21 f. *theoretische* [...] *politische Parthei*: vgl. 17,4.

18,21 *imaginaire Weise*: erdachte, eingebildete Weise.

19,1 f. *à la hauteur de principes*: frz.: auf der Höhe der Prinzipien.

19,11 *ad hominem*: lat.: auf den Menschen ausgerichtet.

19,19 *categorischer Imperativ*: unbedingtes Gebot; nach Immanuel Kant (deutscher Philosoph, 1724–1804) Bezeichnung für ein sittliches Gesetz, dass unabhängig von der Situation bzw. für alle Situationen gelten soll.

19,24 *projèktirten*: vorgesehenen, geplanten.

19,29 f. *Wie damals der Mönch* [...]: 1517 schickte der Augustiner-Mönch und Theologe Martin Luther (1483–1546) ein Papier mit 95 Thesen als Beifügung zu einem Brief an den Erzbischof von Mainz und Magdeburg, sowie später an einige Bekannte. Diese Thesen stießen Debatten an, welche letztlich die Reformation auslösten.

19,32 *Devotion*: frz. und engl.: Unterwürfigkeit.

19,36 *Pfaffen*: abfällig für: Geistliche überhaupt; üblich seit der Reformation vor allem für katholische Geistliche.

20,11 *Klerisei*: Geistlichkeit, Priesterschaft.

20,12 *den Philistern*: den Spießbürgern.

20,15 f. *Secularisation der Güter bei dem Kirchenraub*: Mit der Reformation wurde in Deutschland mit der Verweltlichung der Kirchengüter begonnen, d. h. ihr Übergang in den Besitz der Fürsten, seltener des niederen Adels und des Bürgertums erzwungen. Dabei konnte Preußen neben verschiedenen süddeutschen Staaten die größten Gewinne an Ländereien verbuchen.

20,18 *Bauernkrieg*: Aufstand der Bauern besonders in Süd- und Mitteldeutschland zwischen 1524 und 1526; zugleich bedeutsame Krise der spätmittelalterlichen feudalen Ordnung. Die Bauern forderten u. a. die Abschaffung der Leibeigenschaft, eine Einschränkung ihrer Lasten und Abgaben. Der Reformator Luther (vgl. 19,29f.) versuchte anfänglich zu vermitteln, wandte sich dann jedoch gegen die Aufständischen, vor allem in seinem

Traktat »Wider die räuberischen und mörderischen Rotten der Bauern« (1525).

20,26 *von Krautjunkern und Philistern*: von niedrigen Adligen und Spießbürgern.

21,9 *salto mortale*: ital.: tödlicher Überschlag.

21,28 *Fetischdiener*: Anhänger, die einen angeblich magischen Gegenstand abergläubig verehren.

22,4 *participiren*: lat.: teilhaben.

22,5 f. *constitutionellen Staatswesens*: Staatswesen, in dem die Rechte und Pflichten der staatlichen Gewalten wie der Bürger in einer Verfassung festgelegt sind.

22,8 *ein deutscher Regierungseinfall*: Marx bezieht sich auf die »Censur-Instruktion« vom Januar 1843, die »Verordnung über die Organisation der Censurbehörden« vom Februar 1843 und die »Verordnung, enthaltend die in Folge der Verordnung vom 23. 2. 1843 nothwendigen Ergänzungen der die Presse und Censur betreffenden Vorschriften« vom Juni 1843. Äußerungen der Presse, die die ständische Monarchie betrafen, mussten nun zensiert werden. In der *Rheinischen Zeitung* veröffentlichte Marx in diesem Zusammenhang den Artikel »Die neue Zensurinstruktion« (vgl. MEGA I 1,412 f.).

22,10 *Septembergesetze, welche die Preßfreiheit voraussetzen*: 1789 wurde durch die Nationalversammlung die Pressefreiheit gesetzlich fixiert; sie wurde jedoch mehrfach wieder aufgehoben und trat dann erneut in Kraft. Mit der Pressegesetzgebung vom September 1835 (Septembergesetze) in Frankreich (»Loi sur les crimes, délits et contraventions de la presse, et des autres moyen de publications«) wurden Angriffe auf die bestehende Regierungs- und Gesellschaftsform als Staatsverbrechen bestraft, nicht wie bis dahin nur Angriffe auf Sitten, Religion und die Person des Königs.

22,11 *im römischen Pantheon*: ein allen Göttern geweihtes Heiligtum in Rom.

22,14 *Eklekticismus*: Auswahl und Verbindung von Elementen aus verschiedenen Strömungen (bspw. in der Kunst, Architektur, Literatur etc.).

22,16 *Gourmanderie*: frz.: Schlemmerei.

22,16 *eines deutschen Königs*: gemeint ist Friedrich Wilhelm IV.

23,8 *fraternisirt*: verbrüdert.

23,26 *Incorporation*: Verkörperung.

23,30 *par excellence*: frz.: in reinster Ausprägung, schlechthin.
24,9f. *Ich bin* […] *alles sein.*: Marx bezieht sich hier auf das 1788 von dem französischen Pfarrer und Staatsmann Emmanuel-Joseph Sieyès (1748–1836) veröffentlichte Pamphlet: *Qu'est ce que le tiers-état? (Was ist der Dritte Stand?).* Dort heißt es: »Der Plan dieser Schrift ist recht einfach. Wir haben drei Fragen zu beantworten. Was ist der Dritte Stand? Alles. Was bedeutete er bisher in der politischen Ordnung? Nichts. Was verlangt er? Etwas darzustellen.« (Emmanuel-Joseph Sieyès: Qu'est ce que le tiers-état?, o. O., [3]1789, S. 3.)
24,23 *philisterhaften*: spießbürgerlichen.
24,25 *mal-à-propos*: frz.: unangebracht, zur Unzeit.
25,13f. *conditio sine qua non*: lat.: Bedingung, ohne die nicht; notwendige Bedingung.
26,19f. *Diese Auflösung der Gesellschaft* […] *ist das Proletariat.*: Marx nimmt in den vorangegangenen und folgenden Zeilen bereits Ausführungen des Kommunistischen Manifests vorweg (vgl. Text 89,21ff.).
27,32f. *das Schmettern des gallischen Hahns*: lat.: *gallus* heißt zugleich »Hahn« und »Gallier«. Wohl deshalb ist der Hahn ein nationales Identifikationssymbol Frankreichs, soll aber zugleich auch Zeichen des revolutionären Kampfgeistes sein.

[Ökonomisch-philosophische Manuskripte]

Etwa gegen 1842 begann Marx mit ersten ökonomischen Studien. Den Anlass gab seine Tätigkeit als Redakteur der liberalen bürgerlichen *Rheinischen Zeitung*, als der er sich genötigt sah, die ökonomischen Forderungen der rheinischen Bourgeoisie, wie auch die sozialen und politischen Verhältnisse in Preußen zu analysieren. Doch auch im Zusammenhang seiner Auseinandersetzung mit Hegels Rechts- und Staatsphilosophie kam er zu dem Ergebnis, »daß […] die Anatomie der bürgerlichen Gesellschaft in der politischen Oekonomie zu suchen sei« (Text 111,2ff.).

Politische Ökonomie betrieb Marx mit Nachdruck aber erst seit dem Frühjahr 1844. Bei der Auswahl der Autoren orientierte er sich vor allem an zwei Bänden des französischen Ökonomen Adolphe Blanqui: *Histoire de l'économie politique en Europe, de-*

puis les anciens jusqu'à nos jours (Geschichte der politischen Ökonomie in Europa, von den Alten, bis in unsere Tage), 2. éd., Paris 1842, das auch eine »Bibliographie der Hauptwerke der politischen Ökonomie« enthielt, sowie später an dem Buch des schottischen Ökonomen John Ramsay MacCulloch: *The literature of political economy: a classified catalogue of select publications in the different departments of that science (Die Literatur der politischen Ökonomie; ein klassifizierter Katalog ausgewählter Publikationen aus den verschiedenen Teilen dieser Wissenschaft)*, London 1845. (Vgl. MEGA IV 3,451.)

Die ersten Exzerpte (vgl. MEGA IV 3,279–579) entstanden in Paris, wohin Marx 1843, nach seinem Ausscheiden aus der Redaktion und dem Verbot der *Rheinischen Zeitung*, übergesiedelt war. Aus diesen Exzerpten entstanden zwischen Juni und August 1844 die insgesamt drei Hefte der *Ökonomisch-philosophischen Manuskripte*, die allerdings erst 1932 im Rahmen der ersten historisch-kritischen Marx-Engels-Gesamtausgabe veröffentlicht wurden und die ihren Titel erst vom Herausgeber erhielten. Der Abschnitt, der hier abgedruckt wird und die *Manuskripte* berühmt gemacht hat, wurde im Zuge dieser ersten Veröffentlichung mit dem redaktionellen Titel »Die entfremdete Arbeit« versehen.

Druckvorlage: MEGA I 2,233–247 (vgl. auch MEW 40,510–522)

28,6 f. *Wir sind ausgegangen von den Voraussetzungen der Nationalökonomie.*: In den vorangegangenen Abschnitten des ersten Manuskripts (vgl. MEGA I 2,189–234) referiert Marx kritisch die Ansichten wichtiger Nationalökonomen zu Arbeitslohn, zum Profit des Kapital und zur Grundrente, insbesondere die des schottischen Ökonomen und Moralphilosophen Adam Smith (1723–1790) und des französischen Ökonomen Jean-Baptiste Say (1767–1832). Das Werk des englischen Ökonomen David Ricardo (1778–1828) hingegen hatte er zu dieser Zeit noch nicht einbezogen. (Zu Ricardo und Marx vgl. 143,17.)

28,9 *Arbeit, Capital und Erde*: der verbreiteten Lehrmeinung der damaligen Nationalökonomie zufolge die drei selbstständigen Einkommensquellen im Kapitalismus. Damit verbunden ist die Überzeugung, dass Arbeit Arbeitslohn, Kapital Profit und Erde Grundrente als verschiedene konkrete Einkommen erzeugt.

28,9f. *Arbeitslohn, Profit des Capitals und Grundrente*: drei Einkommensarten im Kapitalismus; vgl. 28,9.
28,17 *Accumulation*: lat.: Anhäufung.
29,20f. *Corporation*: Vereinigungen, streng hierarchisierte und organisierte Körperschaften, die bereits im Mittelalter und der frühen Neuzeit vorkamen (handwerkliche Zünfte, Kaufmannsgilden, Brüderschaften etc.).
29,36 *Urzustand*: (auch Naturzustand) ist das Ergebnis eines Gedankenexperiments, in dem der Mensch als Naturwesen vorgestellt wird, d. h. vor der Entstehung von Gemeinwesen, Recht, Staat, Arbeitsteilung, Warentausch etc.
30,3 *deduciren*: lat.: ableiten, in der Philosophie und Logik der Schluss vom allgemein Geltenden auf das Besondere.
32,4 *Subsistenz*: lat.: Erhaltung.
32,17 *Subsistenzmittel*: Lebensunterhalt; materielle Lebensgrundlage.
33,7 *Cretinismus*: angeborene Schilddrüsenfehlfunktion, mit der geistige Behinderung und Kleinwuchs einhergehen.
33,26 *Resumé*: frz.: Zusammenfassung, Fazit.
33,31 *resumirt sich*: fasst sich zusammen.
34,3 *abkasteit*: züchtigt, bändigt.
34,12 *als eine Pest*: wie eine Pest.
34,15 *Kasteiung*: Züchtigung, Bändigung.
36,35 *species*: Spezies, Tier- und Pflanzenart, besondere Art einer Gattung.
38,1 *inhärente*: innewohnende.
39,19 *Wir gingen aus* [...]: vgl. Text 29,2ff.
39,19f. *factum*: Tatsache.
42,21 *Collisionen*: Zusammenstöße (vgl. 15,31).
42,25 *Proudhon*: Pierre Joseph Proudhon (1809–1865), französischer Ökonom, Soziologe und Anarchist, kommt in seiner 1840 veröffentlichten Schrift *Qu'est-ce que la propriété?* zu dem Schluss, dass Eigentum (Privateigentum) Diebstahl ist.
43,5 *Anomalie*: Abartigkeit, Ungewöhnlichkeit.
43,6 *Salarirung*: Belohnung, Entsoldung.
43,9 *Salaire*: Lohn, Gehalt.
45,26 An dieser Stelle bricht der Text des 1. Manuskriptes ab.

[Thesen über Feuerbach]

Den Titel »Thesen über Feuerbach« verdanken diese Aufzeichnungen Friedrich Engels. Als solche kündigt er sie in der Vorbemerkung zu seiner Schrift *Ludwig Feuerbach und der Ausgang der klassischen deutschen Philosophie* an, (MEGA I 31,123; MEW 21,264) in dessen Anhang er sie 1888 erstmals publizierte. (Vgl. MEW 21,259–307.) Allerdings hat Engels keine der elf Thesen in der Form stehen lassen, wie Marx sie niederschrieb; er hat sie alle, mehr oder weniger stark, formal oder auch inhaltlich verändert. (Die von Engels revidierte Fassung findet sich in MEW 3,533–535.)

Bei Marx selbst findet man die entsprechenden Aufzeichnungen unter der schlichten Überschrift »1) ad Feuerbach« in einem Notizbuch, das er zwischen 1844 und Anfang 1847 führte. Die berühmten »Feuerbach-Thesen« stehen also neben Aufzeichnungen ganz verschiedener Art, zwischen Bücherlisten mit Titeln, die Marx sich kaufen oder leihen und exzerpieren wollte, neben Adressen, Namen und Entwürfen, aber auch neben anderen Notizen, die von seiner Auseinandersetzung bspw. mit Hegel zeugen. (MEGA IV 3,483) Niedergeschrieben hat er die Thesen vermutlich in Brüssel im Mai oder Juni 1845 (vgl. ebd., 490). Sie gehören damit bereits in den Kontext einer umfassenden Kritik der nachhegelschen deutschen Philosophie durch Marx und Engels, einer Kritik, die dann in der *Deutschen Ideologie* ausformuliert wurde. Doch trotz dieses Zusammenhangs darf nicht übersehen werden, dass es sich um spontan hingeworfene Zeilen handelt, die von Marx weder eine spätere Aus- oder Umarbeitung erfuhren, noch überhaupt je zur Veröffentlichung vorgesehen waren.

Druckvorlage: MEGA IV 3,19–21 (vgl. auch MEW 3,5–7)

46,3 *Feuerbach*: zu Feuerbach vgl. 9,4.

46,5 f. *Hauptmangel alles bisherigen Materialismus (den Feuerbach'schen mit eingerechnet)*: Materialismus: eine philosophische Richtung, in der die Materie als einzige der Wirklichkeit zugrunde liegende Substanz angesehen wird; aus dieser werden die geistigen Vorgänge, Gefühle und Ideen abgeleitet. Marx und Engels wenden sich gegen den »anschauenden Materialismus« von Feuerbach, der von einem empfindenden und damit letztlich passiv aufnehmenden Subjekt ausgeht (vgl. 9,4). Demgegenüber betonen sie die gesellschaftliche Praxis der Menschen und behaupten die Abhängigkeit des kulturellen, politischen und rechtlichen Bereichs (Überbau) von den technischen und ökonomischen Verhältnissen (Basis). (Vgl. auch Text 111,18 ff.)

46,11 *Idealismus*: umfasst die philosophischen Richtungen, die das Geistige, die Ideen, Vernunft etc. als grundlegend für die Erkenntnis und Gestaltung der Wirklichkeit ansehen sowie auch die Materie als Erscheinungsform des Geistes betrachten.

47,4 *scholastische Frage*: hier: eine Frage, die abstrakt-begrifflich, theoretisch gelöst werden muss, und daher nur »Schulmeister« interessiert.

47,10 *sondiren*: sondern, trennen.

47,17 *Verdoppelung der Welt*: Die Wesenseigenschaften des Menschen werden in eine Götterwelt gespiegelt und so verdoppelt (vgl. 9,4).

48,9 *ensemble*: frz.: Zusammenspiel, Gesamtheit.

48,14 *das religiöse Gemüth*: Grundbegriff Feuerbachs in *Das Wesen des Christentums* (Leipzig 1841). *Mysterien*: Geheimkulte, die nur Eingeweihten zugänglich sind.

48,26 *Mysterien:* Geheimkulte, die nur Eingeweihten zugänglich sind; *Mysticism*: Lehre der Mysterien.

49,11 f. *Die Philosophen haben* […] *sie zu verändern.*: Auch diese berühmte 11. These wurde nicht in der Urform belassen, sondern durch Engels ergänzt und dadurch nachhaltig umgedeutet. Bei Engels heißt sie: »Die Philosophen haben die Welt nur verschieden *interpretiert*; es kommt aber darauf an, sie zu *verändern.*« (MEW 3,525) Die Einfügung des ausschließenden »aber« bewirkt, dass die These in der Engelschen Fassung die Forderung einer Aufhebung der Philosophie durch die Praxis nahelegt, eine Stoßrichtung, die sich im Marxschen Originaltext nicht direkt erkennen lässt.

[Entwürfe, Notizen für] Die deutsche Ideologie

Das hier auszugsweise abgedruckte Kapitel »I. Feuerbach« bzw. »Feuerbach und Geschichte« bildet aufgrund der komplizierten Entstehungs- und Publikationsgeschichte den umstrittensten Teil der *Deutschen Ideologie*.

Anlass für die Ausarbeitung dieses Kapitels war nicht der bereits im Frühjahr 1845 von Marx und Engels gefasste Plan, gemeinsam die *Deutsche Ideologie* zu verfassen, sondern eine Abhandlung Bruno Bauers, die im Oktober 1845 in *Wigand's Vierteljahresschrift* erschien: In »Charakteristik Ludwig Feuerbachs« setzt Bauer sich mit der nachhegelschen Philosophie auseinander, explizit auch mit Marx, Engels und Moses Heß, die er als konsequente Vollender der Feuerbachschen Philosophie ansieht (*Marx-Engels-Jahrbuch 2003*, S. 163ff.). Marx und Engels begannen etwa im November 1845 in Brüssel mit der Ausarbeitung eines kritischen Artikels bzw. einer Rezension zu dieser Abhandlung, die allerdings nie veröffentlicht wurde.

Im Frühjahr 1846 teilte Marx diesen Entwurf in die Abschnitte »Feuerbach, Geschichte« und »Bauer« auf, die dann in überarbeiteter und ergänzter Fassung den Kapiteln »I. Feuerbach« bzw. »II. Sankt Bruno« des ersten Bandes der *Deutschen Ideologie* zugrunde liegen sollten (vgl. *Marx-Engels-Jahrbuch 2003*, S. 168).

Allerdings wurde das Feuerbach-Kapitel dann im Juni 1846 nicht, wie die übrigen Kapitel, als Druckvorlage beim Verlag abgegeben. Es blieb unvollendet und wurde erst von den Herausgebern der ersten Marx-Engels-Gesamtausgabe, die die *Deutsche Ideologie* 1932 veröffentlichten, als vollständiger, geschlossener Text konstruiert. Seit dieser Zeit konnte der Text als erste systematische Darlegung des dialektischen und historischen Materialismus bezeichnet werden.

Dem hier abgedruckten Ausschnitt aus der *Deutschen Ideologie* liegt daher nicht eine solche Konstruktion zugrunde, sondern das Hauptmanuskript »Feuerbach und Geschichte«, das Marx selbst paginierte, sowie Manuskripte, die zur Ergänzung bzw. Überarbeitung des Textes verfasst wurden und ebenfalls 1846 entstanden (*Marx-Engels-Jahrbuch 2003*, S. 293).

Druckvorlage: Marx-Engels-Jahrbuch 2003,12–36,104–117 (vgl. auch MEW 3,17–70)

Feuerbach und Geschichte. Entwurf

50,21 f. *beim heiligen Bruno*: ironischer Verweis auf den deutschen Theologen, Philosophen, Religionshistoriker und Junghegelianer Bruno Bauer (1809–1882), dem Marx in den Jahren 1837 bis 1842 freundschaftlich verbunden war. Eine erste Polemik gegen Bauer verfasste Marx 1843 mit dem Artikel *Zur Judenfrage*. Im Herbst 1844 schrieben Marx und Engels dann gemeinsam die Streitschrift *Die Heilige Familie. Kritik der kritischen Kritik gegen Bruno Bauer und Konsorten*, in der sie sich polemisch-kritisch mit den Autoren der von Bruno Bauer und seinen Brüdern 1843/44 herausgegebenen *Allgemeinen Literatur-Zeitung* auseinander setzten, die sie fortan ironisch »kritische Kritiker« nannten.

50,22 f. *auf einen Stock* [...] *reduzirt ist*: auf diese Weise erläutert Bauer (vgl. 50,22) die Sinnlichkeit bei Feuerbach, vgl.: Bruno Bauer: *Charakteristik Ludwig Feuerbachs*, in: *Wigand's Vierteljahresschrift*, Bd. 3, Leipzig 1845, S. 139.

51,4 *in der politischen Ideologie befangen*: Anspielung auf die französischen Ideologen, deren Initiator Destutt de Tracy (vgl. 177,14) 1796 die »Ideologie« als grundlegende Wissenschaft der Ideen einführte. Unter dem Begriff »Ideen« verstanden die französischen Ideologen die aus der sinnlichen Wahrnehmung resultierenden Vorstellungen, nicht die die Wirklichkeit überschreitenden Bewusstseinsinhalte, wie kurze Zeit später Napoleon I. (1769–1821), der den Begriff »Ideologie« damit negativ besetzte.

51,8 f. *Das Zweite ist*: Marx zählt hier die Momente auf, die für die geschichtliche Entwicklung grundlegend sind und deshalb auch den Ausgangspunkt jeder wissenschaftlichen Geschichtsauffassung bilden sollten. Das erste Moment findet sich im Text 50,24 ff.

51,12 f. *ist die erste geschichtliche That*: scheinbar ein Widerspruch zu 50,15, wo die Erzeugung der Mittel zur Befriedigung der Grundbedürfnisse als erste geschichtliche Tat bezeichnet wird. Der Widerspruch lässt sich dann auflösen, wenn man beachtet, dass das Erzeugen der Mittel zur Befriedigung mit der Befriedigung und zugleich der Erzeugung neuer Bedürfnisse einhergeht, dass es sich also um verschiedene Seiten ein und desselben Prozesses handelt.

51,26 f. *Das dritte Verhältniß*: vgl. 51,8 f.

52,17 f. *Produktionsweise oder industrielle Stufe*: meint bestimmte Stufen der Ausdifferenzierung von Arbeitsteilung und Spezialisierung bei der Herstellung von Gütern, die in Zusammenhang stehen mit der Entwicklung der Technik und mit bestimmten Produktionszwecken (Bedarfsdeckung, Gewinnmaximierung etc.).

52,21 ff. *»Productivkraft«*; *Produktivkräfte*: alles das, was Einfluss hat auf die Arbeitsproduktivität, d. h. auf den Aufwand, mit dem in einer bestimmten Zeit eine bestimmte Menge von Gütern hergestellt werden kann; dazu zählen Produktionsmittel (Werkzeuge, Maschinen, Rohstoffe) und die Fähigkeiten und Fertigkeiten der Produkte herstellenden, arbeitenden Menschen.

52,24 *Industrie*: hier allgemein: Gewinnung, Be- und Verarbeitung von Rohstoffen sowie Herstellung von Gütern.

53,3 f. *Jetzt erst, nachdem wir bereits vier Momente*: das vierte Moment findet sich im Text 52,31 ff.

53,19 *bornirten*: eingebildeten, dummen, beschränkten.

54,21 *Produktionskraft*: Synonym für Produktivkraft (vgl. 52,21 ff.).

55,4 *Consumtion*: Konsum, Verbrauch.

55,14 *Verkehrsform*: allgemeiner Begriff für verschiedene Formen der Kommunikation, Interaktion und Kooperation der Menschen miteinander.

56,16 *kritischer Kritiker*: Autoren der *Allgemeinen Literatur-Zeitung*, insbesondere Bruno Bauer (vgl. 50,22).

56,27 *Consolidation*: Festigung.

57,18 ff. *wie ein englischer Ökonom sagt* […] *mit unsichtbarer Hand* […]: Verweis auf Adam Smiths (vgl. 28,6 f.) Lehre von der unsichtbaren Hand als einer selbstregulativen Organisation des Marktes ohne Fremdsteuerung.

58,17 *exploitirt*: ausgebeutet, ausgenutzt.

58,25 *aparten*: hier: gesonderten.

58,27 *»Selbstbewußtsein, Kritik, Einziger«*: bezieht sich auf die »Philosophie des Selbstbewusstseins« Bruno Bauers, der das »unendliche Selbstbewusstsein« als Gestaltungsprozess der Welt und die geschichtliche Entwicklung als Schöpfung des menschlichen Geistes ansieht. (Zur Kritik vgl. u. a.: Karl Marx und Friedrich Engels: *Die heilige Familie*, MEW 2,144 ff.) Für Bauer ist der Kritiker zudem derjenige, der die Dinge durchschaut, und ist die Kritik die Krisis, welche die Menschen wieder zu sich selbst kommen lässt. Der »Einzige« bezieht sich auf den extremen Individualismus des deutschen Philosophen und Junghegelianers Max Stirner (1806–1856), der seinen deutlichsten Ausdruck findet in dessen Schrift *Der Einzige und sein Eigentum* (Leipzig 1844).

59,11 f. *das napoleonische Kontinentalsystem*: 1806 verfügte Napoleon I. (1769–1821) eine Kontinentalsperre, die den neutralen europäischen Staaten und den französischen Alliierten den Handel mit Großbritannien verbot. Dadurch kam es zu einem starken Preisanstieg für Kolonialwaren wie Rohrzucker und Kaffee. Weil Russland sich aufgrund eigener Exportinteressen gegen die Handelssperre auflehnte, führte Napoleon I. den Russlandfeldzug, an den sich wiederum die Befreiungskriege (1813–1815) anschlossen, in denen die Fremdherrschaft Napoleons in Europa beseitigt wurde.

59,16 f. *That des »Selbstbewusstseins« Weltgeistes*: Anspielung vermutlich auf Bauer (vgl. 58,27), kann aber ebenso gut auf Hegel bezogen sein (vgl. 9,2 f.), für den die gesamte historische Wirklichkeit der Prozess des Werdens des Weltgeistes ist (vgl. auch 64,27).

59,17 f. *metaphysisches Gespenst*: hier: abwertend für alle nicht empirisch erfassbaren, »hinter« der physischen Realität vermuteten und gesuchten Wesenheiten.

59,26 *Chicane*: frz.: Schikane, Bosheit.

60,22 *Mysterium*: vgl. 48,26.

60,30 *Verkehrsmittel*: allgemeiner Begriff für verschiedene Mittel der Kommunikation, Interaktion und Kooperation.

61,2 *forcirt*: lat.: gezwungen.

61,17 *Distribution*: Verteilung.

62,22 *»Selbstbewusstsein«*: bezieht sich auf Bauer (vgl. 58,27).

63,10 *apotheosirt*: verherrlicht, vergöttlicht.

64,27 *Hegelsche Geschichtsphilosophie*: Für Hegel besteht die Aufgabe der Geschichtsphilosophie darin, den historischen Prozess als einen vernünftigen Prozess nachzuzeichnen, als Verwirklichung der Freiheit, insbesondere in den von der menschlichen Gemeinschaft konstituierten Institutionen des Rechts, der Moralität und der Sittlichkeit (also in Familie, bürgerlicher Gesellschaft und Staat). Marx bezieht sich insbesondere auf Hegels *Vorlesungen über die Philosophie der Weltgeschichte* (Georg Wilhelm Friedrich Hegel: *Vorlesungen über die Philosophie der Ge-*

schichte, hrsg. von Theodor Litt, Stuttgart 1961) und die §§ 341–358 der *Grundlinien der Philosophie des Rechts* (vgl. 9,2 f.).

65,33 *Deduktionen*: Ableitungen, vgl. 30,3.

66,8 *präsidirt*: vorsitzt.

66,14 *der hallischen & deutschen Jahrbücher*: Die *Hallischen Jahrbücher für deutsche Wissenschaft und Kunst* bildeten das literarische Organ der Junghegelianer um Bruno Bauer. Sie erschienen zwischen 1838 und 1841 und wurden herausgegeben von dem Publizisten Arnold Ruge (1802–1880) sowie dem Schriftsteller Theodor Echtermeyer (1805–1844). Um der preußischen Zensur zu entgehen, nannte man 1841 die *Hallischen Jahrbücher* um in *Deutsche Jahrbücher für Wissenschaft und Kunst*. 1843 wurden auch diese verboten.

66,17 *Theatrum mundi*: lat.: Welttheater.

66,18 ff. *die gegenseitigen Streitigkeiten der »Kritik«, des »Menschen« & des »Einzigen«*: Hinweis auf die Differenzen innerhalb der Junghegelianer, insbesondere zwischen Bauer und Stirner (vgl. auch 58,27). Stirner kritisiert in *Der Einzige und sein Eigentum* (Leipzig 1844) sowohl Feuerbach als auch Bauer.

66,27 f. *Zeit des deutschen Philosophenkampfes von 1840/44*: Zeit des Auseinanderbrechens der junghegelianischen Bewegung (vgl. 68,30).

66,36 ff. *vom heiligen Bruno in seiner nun vergessenen Geschichte des 18ten Jahrhunderts*: gemeint ist Bruno Bauer: *Geschichte der Politik, Cultur und Aufklärung des achtzehnten Jahrhunderts*, 4 Bde., Charlottenburg 1843–1845.

67,5 *Bierphilister*: Spießer.

67,9 *Rheinlied*: Gemeint ist das um 1840 berühmte »Rheinlied« des deutschen Gerichtsschreibers Nicolaus Becker (1809–1845). Jede Strophe beginnt mit den patriotischen, gegen französische Ansprüche gerichteten Zeilen »Sie sollen ihn nicht haben, den freien deutschen Rhein«.

67,13 *Herr Venedey*: Jakob Venedey (1805–1871), deutscher Publizist und Politiker, war an mehreren Aktionen des Vormärz beteiligt (Hambacher Fest und Frankfurter Wachensturm) und kam deshalb in Untersuchungshaft, aus der er 1833 nach Paris floh, wo er den *Deutschen Volksverein* gründete.

67,13 f. *die Heiligen Bruno & Max*: gemeint sind Bruno Bauer und Max Stirner (vgl. 58,27).

Feuerbach

67,18 *Die deutsche Kritik*: gemeint ist hier: die junghegelianische Bewegung (vgl. 68,30), insbesondere Feuerbach (vgl. 9,4), Bauer (vgl. 50,22) und Stirner (vgl. 58,27); *Efforts*: frz.: Anstrengungen, Mühe, Versuche.

67,24 *Mystifikation*: Täuschung.

68,4 f. *profanierte*: vereinfachte.

68,6 *Gattung, der Einzige, der Mensch*: das sind die Kategorien von Feuerbach (vgl. 9,4), Stirner (vgl. 58,27) und Bauer (vgl. 50,22).

68,16 *subsumieren*: unter einem Begriff zusammenfassen.

68,24 *Dogmen*: starre Lehrmeinungen.

68,25 *kanonisirt*: heilig gesprochen.

68,26 *Sankt Max*: ironisch auf Max Stirner (vgl. 58,27); *en bloc*: frz.: im gesamten.

68,28 *Althegelianer*: (auch Rechtshegelianer) konservative Schüler und Anhänger Hegels (vgl. *Zur Kritik der Hegel'schen Rechts-Philosophie* 9,2 f.), die Hegels philosophisches System weiter ausbauen, grundsätzlich aber bewahren wollten, da es ihrer Ansicht nach das vollkommenste System darstellte. Hegels Staatsphilosophie wurde von den Althegelianern so gedeutet, dass sie die Vollendung der historisch-politischen Entwicklung im preußischen Staat behauptete, und dies impliziert dessen Anerkennung. In der Religionsphilosophie galt Hegel für sie als der Vollender einer christlichen Philosophie, die sie in Richtung einer hegelianischen Theologie auszubauen versuchten. Wichtige Vertreter sind Leopold von Henning (1791–1866), Heinrich Gustav Hotho (1802–1873) und Philipp Marheineke (1780–1846).

68,30 *Junghegelianer*: (auch Linkshegelianer) sind direkte oder mittelbare Schüler Hegels (vgl. 9,2 f.), die dessen Philosophie reformieren wollten. Als den wahren Kern der Lehre Hegels hielten sie dessen dialektische Methode der Entwicklung (nicht das System) fest. Diese übertrugen sie auf die Geschichte, die so als beständige Negation des unvernünftig gewordenen Bestehenden gelesen werden konnte. Bedeutende Junghegelianer waren: Strauß (vgl. 9,4), Feuerbach (vgl. 9,4), Bruno Bauer (vgl. 50,22) und dessen Bruder Edgar (1820–1886), Arnold Ruge (1802–1880), Moses Hess (1812–1875), Karl Friedrich Koeppen (1808–1863), Max Stirner (vgl. 58,27) sowie auch Engels und Marx.

Letzterer nahm insbesondere während seines Studiums in Berlin an den Debatten des junghegelianischen Doktorklubs um Bruno Bauer teil.

68,35 f. *Usurpation*: lat.: gewaltsame oder widerrechtliche Besitzergreifung.

69,11 *Postulat*: lat.: Forderung.

70,2 *Wie deutsche Ideologen melden*: hier: die Junghegelianer (vgl. 68,30).

70,4 f. *Der Verwesungsproceß des Hegelschen Systems, der mit Strauß begann*: Mit dem Erscheinen und der Diskussion von Strauß' *Das Leben Jesu, kritisch betrachtet* (Tübingen 1835) (vgl. *Zur Kritik der Hegel'schen Rechts-Philosophie* 9,4) zerfiel die bis dahin einheitliche hegelianische Bewegung in eine linke und eine rechte Fraktion, nämlich die Jung- und Althegelianer (vgl. 68,30 und 68,28), denen Strauß selbst die Namen gab.

70,9 *Heroen*: Helden.

70,13 *Diadochen*: griech.: Nachfolger; ursprünglich Heerführer von Alexander dem Großen, die nach dessen Tod einen erbitterten Kampf um die Macht führten und unter deren Herrschaft das Großreich Alexanders in die so genannten »Diadochenstaaten« zerfiel.

70,20 *Verfaulungsproceß des absoluten Geistes*: Im Hegelschen System bildet der »absolute Geist« die vollendete Stufe des Geistes; er verkörpert sich in Kunst, Religion und Philosophie.

70,21 *dieses Caput mortuums*: dieses unnützen Rückstands, Überrests.

70,25 *Exploitation*: frz.: Ausbeutung.

70,28 f. *obligater*: unerläßlicher, unentbehrlicher.

70,35 *Sophistikation*: hier: Verfälschung.

71,1 *Wechselreiterei*: Tausch von Wechseln (Zahlungsanweisungen eines Gläubigers an einen Schuldner) ohne reales Geschäft.

71,7 *Renommistereien*: Aufschneidereien, Prahlereien.

71,10 *Bornirtheit*: frz.: Beschränktheit.

71,31 f. *oro-hydrographischen*: die Gebirgs- und Wasserläufe beschreibenden.

72,26 *Verkehr*: allgemeiner Begriff für soziale Kommunikationen und Interaktionen.

73,18 *industriellen & commerziellen* [...] *Arbeit*: gewerbliche, Güter herstellende Arbeit (vgl. 52,24) und Handel.

74,32 f. *Association*: lat.: Vergesellschaftung, Vereinigung.

74,35 f. *immobile*: unbewegliche.
75,11 f. *licinisches Ackergesetz*: 367 v. Chr. angenommenes Gesetz, das regelte, dass ein römischer Bürger nicht mehr als 500 Jugera (ca. 125 ha) vom ager publicus (vom staatlichen Grundeigentum) besitzen darf.
76,17 *das korporative Eigenthum*: Eigentum einer Körperschaft (vgl. 29,20 f.).
76,20 f. *der Association gegen den associirten Raubadel*: des Zusammenschlusses gegen den vereinigten Adel.
76,22 *der Industrielle*: hier: der Gewerbetreibende (vgl. 52,24).
76,35 *bornirten*: vgl. 53,19; *Produktionsverhältnisse*: hier: mit Bezug auf die Produktionsweise (vgl. 52,17 f.).
77,9 *parzellirte*: in kleine Grundstücke aufgeteilte.
77,28 *Mystifikation*: hier: Täuschung.
78,12 *Metaphysik*: Lehre oder Überzeugung, es gebe jenseits der physischen Dinge und Erscheinungen sinnlich nicht wahrnehmbare Wesenheiten.
78,21 *Ideologie*: hier: die philosophischen, wissenschaftlichen, religiösen Anschauungen und Überzeugungen der Menschen; *camera obscura*: lichtundurchlässiger Kasten, mit transparenter Rückwand, auf die durch eine vorn befindliche Sammellinse ein kopfstehendes und seitenverkehrtes Bild projiziert wird.
79,1 *Sublimate*: die sich bei chemischen Prozessen niederschlagenden festen Substanzen.
79,26 *abstrakten Empirikern*: hier: wahrscheinlich die Junghegelianer (vgl. 68,30), die auch historische Werke verfassten (vgl. bspw. 66,36 ff.).
79,27 *bei den Idealisten*: bei den Anhängern des Idealismus (vgl. 46,11).

Manifest der Kommunistischen Partei

Das *Manifest der Kommunistischen Partei* oder auch *Das kommunistische Manifest* stellt sicher den politischsten Text der Philosophiegeschichte dar. Genauer offenbart sich Marx mit ihm nicht nur als politischer Denker, sondern als Politiker.

Seine politische Laufbahn begann im Brüsseler Exil 1846: Zusammen mit Engels versuchte Marx ein internationales Netz »Kommunistischer Korrespondenzkomitees« aufzubauen, das vor allem der publizistischen Verbreitung kommunistischer Schriften dienen sollte.

Im August 1847 wurden Marx und Engels dann Mitglieder des geheimen »Bundes der Kommunisten«, der kurz zuvor noch den Namen »Bund der Gerechten« trug. Auf dem zweiten Kongress dieses Bundes, der Ende November bis Anfang Dezember 1847 in London stattfand und an dem auch Marx und Engels teilnahmen, wurden die Leitlinien und der Inhalt des politischen Programms diskutiert. Schließlich erhielt Marx den Auftrag, ein für die Öffentlichkeit bestimmtes, ausführliches theoretisches und praktisches Parteiprogramm zu verfassen. Nach Brüssel zurückgekehrt, beschäftigte er sich aber zunächst mit ökonomischen Studien zum Thema *Lohnarbeit und Kapital* (vgl. MEW 6,397–423).

Ende Januar 1848 erreichte ihn dann eine Mahnung der Zentralbehörde des Bundes in London, das »Manifest der kommunistischen Partei« bis 1. Februar fertig zu stellen. Das muss ihm, in höchster Eile, gelungen sein. Schließlich erreichte die Druckfassung in den ersten Februartagen London und wurde unmittelbar vor oder nach dem Ausbruch der Februarrevolution in Paris (vom 22. Februar) im Verlag der »Bildungsgesellschaft für Arbeiter« gedruckt.

Im hier abgedruckten ersten Abschnitt des *Kommunistischen Manifests* charakterisieren Marx und Engels das Verhältnis zwischen dem Proletariat, d. h. der Klasse der Lohnarbeiter, die ihre Arbeitskraft zu verkaufen gezwungen sind, und der Bourgeoisie, der Klasse der Kapitalisten, der Besitzer der Produktionsmittel, die die Arbeitskraft aufzukaufen und dabei Gewinn zu erwirtschaften genötigt sind.

Druckvorlage: Das Kommunistische Manifest von Karl Marx und Friedrich Engels. Von der Erstausgabe zur Leseausgabe. Mit einem Editionsbericht von Thomas Kuczynski. Trier 1995 (= Schriften aus dem Karl-Marx-Haus Trier 49), S. 3–11 (vgl. auch MEW 4, 462–474)

82,14 *mannichfaltige*: mannigfaltige, vielgestaltige.

82,31 f. *Pfahlbürger*; *Pfahlbürgerschaft*: im frühen Mittelalter vor den Stadtmauern bzw. in den Pfahlbauten des Außenwerks lebende Bürger.

83,9 *feudale oder zünftige Betriebsweise der Industrie*: bezieht sich auf die Handwerker und Gewerbetreibenden, die im Hochmittelalter in den europäischen Städten in Zünften organisiert waren. Nur Mitgliedern der Zünfte war es erlaubt, innerhalb eines bestimmten räumlichen Bereichs ein bestimmtes Handwerk auszuüben, sie hatten also ein gewisses Monopolrecht. Die Zunftordnungen bestimmten zudem bindend die Arbeitszeit, Preise, Regeln und Vorschriften zur Ausbildung und Gesellenzeit usw.

83,14 *Corporationen*: vgl. 29,20 f.

83,20 *moderne große Industrie*: hier: nicht mehr nur Herstellung von Gütern etc. (vgl. 52,24), sondern die Massenherstellung von Konsum- und Produktionsgütern.

83,35 f. *Produktions- und Verkehrsweise*: vgl. 52,17 f. und 55,14.

84,4 *Associationen*: vgl. 74,32 f.

84,5 *in der Commune*: Commune nannten sich die entstehenden Städte Frankreichs, bevor sie sich als dritter Stand lokal selbst verwalteten.

84,5 *hier*: bezieht sich auf Italien und Deutschland.

84,6 *dort*: bezieht sich auf Frankreich.

84,11 f. *Repräsentativstaat*: Staat, in dem Gesetze von gewählten Volksvertretern beschlossen werden.

85,8 *Bärenhäuterei*: Faulenzerei.

85,15 f. *Produktionsinstrumente*: Produktionsmittel, d. h. Werkzeuge und Maschinen, aber auch Rohstoffe.

85,16 *Produktionsverhältnisse*: dazu zählen einerseits die Eigentumsverhältnisse, d. h. die Verteilung des Eigentums an Produktionsmitteln (vgl. 85,15 f.) und an Grund und Boden; andererseits die Produktionsweise (vgl. 52,17 f.).

85,36 *Exploitation*: vgl. 70,25.

87,11 *Produktionsmittel*: vgl. 85,15 f.; *agglomerirt*: zusammengeballt, zusammengedrängt.

87,19 *Douanenlinie*: Zolllinie, einheitliche Zollgrenze.

87,21 f. *Produktionskräfte*: vgl. 54,21.

87,31 f. *Produktions- und Verkehrsmittel*: vgl. 85,15 f. und 60,30.

88,17 f. *seit Dezennien*: seit Jahrzehnten.

88,20 *Produktivkräfte*: vgl. 52,21 ff.

90,6 *Race*: engl./frz.: Rasse.

90,26 *Despotie*: Gewalt-, Willkürherrschaft.

90,30 *erheischt*: erfordert, verlangt.

91,12 *Produktionsweisen*: vgl. 52,17f.
92,24 *Associationen*: vgl. 74,32f.
92,26 *Kampf in Emeuten*: Aufstand bewaffneter Gruppen.
93,3 *Vicinialwegen*: dörfliche Wege, Landwege.
93,12f. *Zehnstundenbill*: Begrenzung des Arbeitstages auf zehn Stunden (englisches Gesetz von 1847); vgl. Friedrich Engels: *Die englische Zehnstundenbill*, MEGA I 10,305–314.
95,15 *Minoritäten*: Minderheiten.
96,9 *Pauper*: Armer, Verelendeter; *Pauperismus*: Verelendung.

Allgemeine Einleitung zu den ökonomischen Schriften

Das ökonomische Hauptwerk von Marx ist *Das Kapital*; es ging aus mehreren Entwürfen hervor, die in diesem Band ebenfalls in Auszügen abgedruckt werden. Es handelt sich dabei um die *Grundrisse* und *Zur Kritik der politischen Oekonomie*.

Die ersten Exzerpte aus Werken der politischen Ökonomie verfasste Marx im Frühjahr 1844; aus diesen Auszügen gingen die *Ökonomisch-philosophischen Manuskripte* hervor (vgl. *[Ökonomisch-philosophischen Manuskripte]* Text).

Im April 1849 erschien dann der Artikel *Lohnarbeit und Kapital* (vgl. MEW 6,397–423) verteilt über mehrere Ausgaben der *Neuen Rheinischen Zeitung*, deren Chefredakteur Marx zu dieser Zeit war.

1848/49 wurden seine ökonomischen Studien durch die Märzrevolution unterbrochen; Marx setzte sie im Sommer 1850, im Londoner Exil, fort. Hier besuchte er fast täglich die Bibliothek des Britischen Museums, wo er die wichtigsten ökonomischen Werke las und exzerpierte (vgl. Abteilung IV der MEGA »Exzerpte, Marginalien, Notizen«, die abgeschlossen etwa 32 Bände umfassen soll). Zwischen 1852 und 1856 war Marx auf publizistische Erwerbsarbeit angewiesen; er verfasste in dieser Zeit hunderte von Artikeln, insbesondere für die *New York Daily Tribune*, *The Peoples Papers*, die *New York Weekly Tribune* und andere amerikanische Zeitungen. Erst ab 1857 fand er wieder Gelegenheit, seine ökonomischen Vorarbeiten zum Kapital zu systematisieren, und zwischen Juli 1857 und März 1858 gelang es ihm schließlich, den so genannten »Rohentwurf« niederzuschreiben, der allerdings erst

1939/41 unter dem Titel *Grundrisse der Kritik der politischen Oekonomie* veröffentlicht wurde. In der Einleitung findet sich ein erster Aufbauplan, den er seinem ökonomischen Hauptwerk zugrunde legen wollte (vgl. Text 107,33 ff.). Bereits im Vorwort der Schrift *Zur Kritik der politischen Oekonomie* (1859) modifizierte er aber diesen Plan. Das Hauptwerk sollte nicht mehr nur fünf, sondern sechs Bücher umfassen: das erste Buch sollte das Kapital, das zweite das Grundeigentum, das dritte die Lohnarbeit, das vierte den Staat, das fünfte den auswärtigen Handel und das sechste den Weltmarkt behandeln (vgl. Text 109,4 ff.). Die Bücher vier bis sechs wurden aber bald aus dem Gesamtplan gestrichen bzw. wurden nur noch als eventuelle Fortsetzungsbände geplant. Zwischen 1863 und 1865 legte Marx schließlich den endgültigen Aufbau seines Hauptwerks fest, das sich nun auf die Analyse des Kapitals im Allgemeinen konzentriert, sich in diesem Zusammenhang aber auch mit der Lohnarbeit (vgl. den sechsten Abschnitt des ersten Bandes des *Kapital*: »Der Arbeitslohn«) und dem Grundeigentum (vgl. den sechsten Abschnitt des dritten Bandes des *Kapital*: »Verwandlung von Surplusprofit in Grundrente«) beschäftigt. Diese Analyse sollte drei Bände umfassen: Der erste sollte sich dem Produktionsprozess des Kapitals, der zweite dem Zirkulationsprozess des Kapitals und der dritte schließlich den Gestaltungen des Gesamtprozesses widmen. (Vgl. etwa Brief Marx an Ludwig Kugelmann, 13. Oktober 1866, MEW 31,533 f.) Marx plante zudem ein viertes, »historisch-literarisches« Buch, welches die Geschichte der ökonomischen Theorie behandeln, jedoch lediglich eine »Repetition in historischer Form« der drei ersten Bände sein sollte. (Vgl. den Brief Marx an Engels, 31. Juli 1865, MEW 31,132.) Diesem geplanten Buch entspricht wohl das Manuskript, das zwischen 1905 und 1910 von Karl Kautsky unter dem Titel »Theorien über den Mehrwerth« veröffentlicht wurde (MEGA II 3.2–3.4; MEW 26.1–26.3).

Grundrisse der Kritik der politischen Oekonomie

Marx hat den ersten Rohentwurf seines Hauptwerkes, die *Grundrisse*, in der Hoffnung auf eine unmittelbar bevorstehende Revolution im Zuge der Wirtschaftskrise 1857 in höchster Eile niedergeschrieben. (Rosdolsky, S. 21) In einem Brief an Engels vom 8. Dezember 1857 schrieb er: »Ich arbeite wie toll die Nächte durch an der Zusammenfassung meiner Oekonomischen Studien, damit ich wenigstens die Grundrisse im klaren habe bevor dem déluge [d. h. der Sintflut, P. H. B.].« (MEGA III 8,210; MEW 29,225)

Die Einleitung, die Gegenstand und Methode der politischen Ökonomie umreißt, verfasste Marx bereits im August 1857. Sie wurde allerdings von ihm selbst weder vollendet noch veröffentlicht, vielmehr hielt er sie aus Vorsicht zurück, wie er im Vorwort der Schrift *Zur Kritik der politischen Oekonomie* anmerkt (vgl. Text 109,21 ff.).

Publiziert wurde die Einleitung zu den *Grundrissen* erstmals 1903 von Karl Kautsky, in der Zeitschrift *Die Neue Zeit*, allerdings mit einigen Entzifferungsfehlern. 1939 erschien sie dann im Rahmen einer ersten vollständigen Ausgabe der *Grundrisse*, herausgegeben vom Marx-Engels-Lenin-Institut des ZK der KPdSU, in: Karl Marx: *Grundrisse der politischen Ökonomie* (Rohentwurf), 1857–1858, Moskau 1939.

Abgedruckt wird hier der dritte Abschnitt der Einleitung mit der Überschrift »Die Methode der politischen Oekonomie«.

Druckvorlage: MEGA II 1.1,35–43 (vgl. auch MEW 42,34–42)

98,25 ff. *Hegel gerieth daher auf die Illusion* […]: vgl. Georg Wilhelm Friedrich Hegel: *Encyklopädie der philosophischen Wissenschaften im Grundrisse. Theil 1: Die Logik*, hrsg. von Leopold von Henning, Berlin 1846, hier: insbesondere die »Einleitung«; zu Hegel vgl. hier: *Zur Kritik der Hegel'schen Rechts-Philosophie* 9,2 f.

99,4 *antediluvianisches Dasein*: vorsintflutliches Dasein.

99,11 *Tautologie*: Wendung, durch die ein Sachverhalt mit sinngleichen Worten, also doppelt wiedergegeben bzw. definiert wird (z. B.: »weißer Schimmel«; »Ein Junggeselle ist ein unverheirateter Mann.«).

99,13 *in fact*: engl.: tatsächlich.

99,30 *Ça dépend*: frz.: das kommt darauf an, je nachdem.

99,30 f. *Hegel fängt die Rechtsphilosophie* […] *mit dem Besitz an*: Hegel: *Grundlinien der Philosophie des Rechts*, §§ 40 ff. (vgl. 9,2 f.).

100,27 *Combinirten*: zusammengestellten, aus Einzelteilen verbundenen.

100,33 *z. B. Peru*: Marx bezieht sich hier auf: William Hickling Prescott: *History of conquest of Peru, with a preliminary view of the civilisation of the Incas*, 4. ed., vol. 1, London 1850, S. 147; Prescott (1796–1859) war ein amerikanischer Historiker.

101,16 *durchwadend*: durchdringend (von engl.: to wade through).

101,18 *Naturalsteuer*: Steuerabgabe, die in Form von Naturalien (Lebensmittel, Naturprodukte, Rohstoffe) geleistet wird; *Naturallieferung*: Lieferung von Naturalien (Naturprodukte, Lebensmittel, Rohstoffe).

101,32 *Monetarsystem*: Lehre, die davon ausgeht, dass das zirkulierende Geld durch bestimmte Gold- oder Silbervorräte gedeckt sein muss; eine solche Lehre vertraten bspw. die Merkantilisten (vgl. 150,33).

102,4 *das physiokratische [System]*: Lehrsystem der Physiokraten (Physiokratie: griech.: Herrschaft der Natur), die die Ansicht vertraten, dass allein die Landwirtschaft *(Agricultur)* Wert und Mehrwert produziert, nicht aber der Handel, wie die Merkantilisten behaupteten (vgl. 150,33); wirtschaftspolitische Forderungen waren entsprechend: Rückzug des Staats aus der Wirtschaft, Freihandel, Abschaffung von Zöllen, Steuern, Monopolrechten und Handelsprivilegien; wichtigster Vertreter war François Quesnay (1694–1774).

102,10 f. *par excellence*: vgl. 23,30.

102,12 *Ad. Smith*: vgl. Adam Smith: *An inquiry into the nature and causes of the wealth of nations*, with a commentary, by the autor of *England and America*, vol. 1–3, London 1835/36; zu Smith vgl. 28,6 f.

103,13 f. *sans phrase*: frz.: ohne Gerede, in ihrem Kern.

104,5 *Productionsverhältnisse*: vgl. 85,16.

104,18 *Tribut*: Abgaben, Steuern, die in der Antike bspw. von Provinzen und Vasallenstaaten gefordert wurden; *Zehnten*: zehnter Teil des Einkommens, der von der Antike bis in die Neuzeit an kirchliche (Kirchenzehnt) und staatliche Institutionen zu entrichten war.

104,23 *travestirt*: umgestaltet, ins Lächerliche gezogen.

104,26 f. *cum grano salis*: lat.: mit Vorsicht zu genießen, nicht ganz wörtlich zu nehmen.

105,1 *Mythologien*: vgl. 16,12.

105,2 δυνάμει: *dynamei*: griech.: der Möglichkeit nach, potenziell.

105,6 *mythologisirend*: Mythologien schreibend.

105,33 *Aether*: besonderes Medium oder Stoff, in der Antike: Himmelsmaterie und zugleich fünftes Element neben Wasser, Feuer, Luft und Erde.
106,8 *Industrie*: vgl. 52,24.
107,6 *»in der Idee« (Proudhon)*: Pierre-Joseph Proudhon: *Système des contradictions économiques, ou philosophie de la misère*, Paris 1846, S. 145f.; zu Proudhon vgl. 42,25.
107,6 *verschwimmelten*: verschwommenen.
107,10 *Phönizier*: semitisches Handels- und Seefahrervolk der Antike; *Carthaginienser*: antike See- und Handelsmacht, Bewohner der phönizischen Kolonie in Nordafrika.
107,15 *Lombarden*: italienische Kaufleute.
107,21 *jointstock-companies*: Aktiengesellschaften.
107,33 *Die Eintheilung offenbar so zu machen* [...]: Es folgt der ursprünglich von Marx geplante Aufbau seines ökonomischen Hauptwerks. (Vgl. *Allgemeine Einleitung zu den ökonomischen Schriften.*)

Zur Kritik der politischen Oekonomie

Nach der Fertigstellung des Manuskripts, das später als *Grundrisse* veröffentlicht wurde, entschloss sich Marx, sein ökonomisches Werk in Form einzelner Hefte herauszugeben. (Vgl. Brief Marx an Lassalle, 22.2.1858, MEGA III 9,72; MEW 29,550.) In Berlin gelang es Ferdinand Lassalle, einen entsprechenden Vertrag mit dem Verlag Duncker auszuhandeln. Aufgrund gesundheitlicher Probleme konnte Marx jedoch erst ab November 1858 mit der Niederschrift des ersten von sieben geplanten Heften beginnen. In einem Brief an Lassalle vom 12. November 1858 betonte er die zentrale Rolle der politischen Ökonomie für die Theorie der Gesellschaft: »ich habe doppelte Ursache, dieser Schrift nicht zu erlauben durch medicinische Gründe verdorben zu werden: 1) Ist sie das Resultat 15jähriger Forschungen, also der besten Zeit meines Lebens. 2) Vertritt sie zum erstenmal eine wichtige Ansicht der gesellschaftlichen Verhältnisse wissenschaftlich. Ich schulde also der Parthei, daß die Sache nicht verunstaltet wird durch solche dumpfe, hölzerne Schreibmanier, wie sie einer kranken Leber eigen.« (MEGA III 9,238; MEW 29,566.)

Ende Januar 1859 konnte die fertige Druckvorlage des ersten Heftes mit dem Titel *Zur Kritik der Politischen Oekonomie. Erstes Heft* an den Verlag geschickt werden; sie erschien im Juni des gleichen Jahres.

Neben dem hier abgedruckten »Vorwort« enthält das Heft zwei Kapitel: »1. Die Waare« und »2. Das Geld oder die einfache Zirkulation« (MEGA II 2,104–245). Beide stehen unter den großen Überschriften: »Erstes Buch. Vom Kapital, Abschnitt I. Das Kapital im Allgemeinen«, ein Hinweis darauf, dass es sich bei diesem ersten Heft um einen Teil des ersten von zunächst einmal sechs geplanten Büchern (vgl. 109,1 f.) handelt.

Es wurde allerdings nur dieses erste Heft veröffentlicht; an Stelle weiterer Hefte verfasste Marx *Das Kapital*, in dessen Vorwort er betont, dass es die Fortsetzung der 1859 unter dem Titel *Zur Kritik der politischen Oekonomie* erschienenen Schrift darstellt.

Genauer aber findet sich deren Inhalt im ersten Kapitel des *Kapital* (bzw. in den späteren Auflagen: im ersten Abschnitt) unter der Überschrift »Waare und Geld« resümiert. (MEGA II 5,11; MEW 23,11.)

Druckvorlage: MEGA II 2,99–103 (vgl. MEW 13,7–11)

109,1 f. *Ich betrachte das System der bürgerlichen Oekonomie in dieser Reihenfolge* [...]: Es folgt ein im Verhältnis zu den *Grundrissen* (vgl. Text 107,33 ff.) modifizierter Aufbauplan.

109,21 f. *Eine allgemeine Einleitung* [...] *unterdrücke ich*: gemeint ist die gesamte *Einleitung zu den »Grundrissen der Kritik der politischen Oekonomie«* (MEGA II 1.1 17–45).

110,2 f. *als Redakteur der »Rheinischen Zeitung«*: Marx war 1842/43 Redakteur dieses Organs der liberalen rheinländischen Bourgeoisie, die der preußischen Regierung gegenüber oppositionell eingestellt war. Die *Rheinische Zeitung* wurde im April 1843 von der preußischen Zensur verboten.

110,5 f. *Verhandlungen des Rheinischen Landtags uber Holzdiebstahl* [...]: vgl. Marx, Karl: *Verhandlungen des 6. Rheinischen Landtages. Dritter Artikel: Debatten über das Holzdiebstahlsgesetz* (*Rheinische Zeitung*, 25. Oktober 1842, Beiblatt) (MEGA I 1,199–236).

110,7 *Herr von Schaper*: Regierungspräsident zu Trier (1837–1842) und Oberpräsident der Rheinprovinz (1842–1845).

110,9 *Zustände der Moselbauern*: vgl. Karl Marx: *Zur Polemik der Augsburger »Allgemeinen Zeitung«* (*Rheinische Zeitung*, 03. Januar 1843); *Ankündigung der »Rechtfertigung des ††-Korrespondenten von der Mosel«* (*Rheinische Zeitung*, 03. Januar 1843) und *Rechtfertigung des ††-Korrespondenten von der Mosel* (*Rheinische Zeitung*, 15. Januar 1843) (MEGA I 1,294–327).

110,9f. *Debatten* [...] *über Freihandel und Schutzzoll*: vgl. [Karl Marx:] *Über Schutzzölle. Fußnote der Redaktion der »Rheinischen Zeitung«* (MEGA I 1,385).

110,16f. *Ich erklärte mich gegen diese Stümperei* [...]: vgl. Redaktion der Rheinischen Zeitung: *Der Kommunismus und die Augsburger »Allgemeine Zeitung«* (*Rheinische Zeitung*, 16. Oktober 1842) (MEGA I 1,237–240); *Allgemeinen Augsburger Zeitung*: konservative Tageszeitung, die von 1810–1882 in Augsburg erschien; vgl. Karl Marx: *Zur Polemik über den Kommunismus* (*Rheinische Zeitung*, 23. Oktober 1842) und *Die polemische Taktik der Augsburger Zeitung* (*Rheinische Zeitung*, 30. November 1842) (MEGA I 1,241–244 und 268–271).

110,22 *Geranten*: Geschäftsführer.

110,22ff. *die durch schwächere Haltung des Blattes, das über es gefällte Todesurteil rückgängig machen zu können glaubten*: Auf einer wegen des Verbots einberufenen Versammlung der Aktionäre versuchte man vergeblich, die *Rheinische Zeitung* durch eine gemäßigte, opportunistische Linie zu retten; Marx schied im März 1843 aus der Redaktion aus.

110,27f. *eine kritische Revision der Hegel'schen Rechts-Philosophie*: bezieht sich auf das Manuskript »Zur Kritik der Hegel'schen Rechts-Philosophie« (MEGA I 2,3–137, MEW 1,201–333), das im Sommer 1843 entstand.

110,28f. *wovon die Einleitung*: vgl. Text, S. 9–27.

111,1f. *unter dem Namen »bürgerliche Gesellschaft« zusammenfaßt*: vgl. Hegel: *Grundlinien der Philosophie des Rechts* [...] vgl. 9,2f., § 157; §§ 181ff.

111,4f. *Die Erforschung* [...] *die ich in Paris begann*: vgl. Einleitung zu den *Ökonomisch-philosophischen Manuskripten* (auch: *Pariser Manuskripte*); *setzte ich fort zu Brüssel*: 1845 aus Paris ausgewiesen, ging Marx nach Brüssel, wo er bis 1848 blieb.

111,5f. *in Folge eines Ausweisungsbefehls des Herrn Guizot:* nicht François-Pierre-Guillaume Guizot (1787–1874), frz. Historiker und Politiker, hat den Ausweisungsbefehl vom 11.1.1845 unterschrieben, sondern der damalige Innenminister Duchâtel.

111,12 *Produktionsverhältnisse*: vgl. 85,16.

111,13 *Produktivkräfte*: vgl. 52,21 ff.

111,18 *Produktionsweise*: vgl. 52,17 f.

112,25 f. *antagonistische*: gegensätzliche, einander widerstreitende.

112,35 f. *seiner genialen Skizze*: gemeint ist Friedrich Engels: *Umrisse zu einer Kritik der Nationalökonomie* (MEGA I 3,467–494), ein Artikel, der zuerst 1844 in den *Deutsch-Französischen Jahrbüchern* erschien (vgl. 11,1).

113,3 f. *Lage der arbeitenden Klassen in England*: Friedrich Engels: *Die Lage der arbeitenden Klasse in England*, Leipzig 1845 (MEW 2,225–506).

113,10 f. *Kritik der nachhegelschen Philosophie*: gemeint ist: Karl Marx und Friedrich Engels: *Die deutsche Ideologie. Kritik der deutschen Philosophie in ihren Repräsentanten Feuerbach, B. Bauer und Stirner, und des deutschen Sozialismus in seinen verschiedenen Propheten*, an der Marx und Engels 1845/46 arbeiteten (vgl. hier: Einleitung zum Kommentarteil *Die Deutsche Ideologie*).

113,20 *»Manifest der Kommunistischen Partei«*: vgl. hier: Einleitung zum Kommentarteil *Manifest der Kommunistischen Partei*.

113,21 f. *Discours sur le libre échange*: gemeint ist: Karl Marx: *Discours sur la question du libre échange, Rede von 1847, gehalten am 9. 1. 1848 in Brüssel* (MEW 4,444–458).

113,25 *Proudhon*: vgl. 42,25.

113,25 f. *Misère de la philosophie etc.*: vgl. Karl Marx: *Misère de la philosophie. Réponse à la Philosophie de la misère de M. Proudhon*, Paris, Brüssel 1847; eine deutsche Übersetzung wurde erst 1884 veröffentlicht (abgedruckt in MEW 4,63–182).

113,26 f. *Abhandlung über die »Lohnarbeit«*: vgl. Karl Marx: *Lohnarbeit und Kapital*, in: *Neue Rheinische Zeitung*, Nr. 264–267 und 269; 5.–8. und 11. April 1849 (MEW 6,397–423). Die Veröffentlichung basiert auf Vorträgen, die Marx in der zweiten Dezemberhälfte 1847 im Deutschen Arbeiterverein in Brüssel gehalten hatte. Marx wollte diese eigentlich bereits Anfang 1848 publizieren, was jedoch an seiner Ausweisung aus Belgien scheiterte.

113,32 *»Neue Rheinische Zeitung«*: Nach der Ausweisung aus Brüssel ging Marx über Paris zurück nach Köln. Dort war er

1848/49 Chefredakteur der *Neuen Rheinischen Zeitung*, bevor er 1849 von der preußischen Regierung als Staatenloser ausgewiesen wurde und ins Londoner Exil ging.

114,12 ff. *Meine nun achtjährige Mitarbeit an der* [...] *»New-York Tribune«*: Zwischen 1852 und 1861 schrieb Marx hunderte Artikel für die *New York Daily Tribune*, eine progressive amerikanische Tageszeitung, in der auch Fragen der Arbeiterbewegung, der Sklaverei, der kolonialen Expansion, nationaler Befreiungsbewegungen und der wirtschaftlichen Entwicklung Europas kritisch diskutiert wurden.

114,31 f. *Qui si convien* [...] *sia morta.*: »Hier sei jeglicher Argwohn weggebannt und alle Feigheit sterb' an diesem Orte.« (Dante Alighieri: *La divina commedia*, Inferno, Canto III.)

Das Kapital. Kritik der politischen Oekonomie Erster Band Buch 1: *Der Produktionsproceß des Kapitals*

Nach der Fertigstellung des ersten Heftes *Zur Kritik der politischen Oekonomie* begann Marx mit der Ausarbeitung des zweiten Heftes. Aus dem Entwurf für dieses Heft wurde jedoch zwischen August 1861 und Juli 1863 ein umfangreiches Forschungsmanuskript (MEGA II 3.1–3.6), das bereits zentrale Fragen des ersten Bandes des *Kapital* behandelt, aber auch zahlreiche Einschübe und Abschweifungen sowie jenen theoriegeschichtlichen Teil enthält, der später unter dem Titel *Theorien über den Mehrwert* erschien und zuweilen als vierter Band des *Kapital* rezipiert wird.

Während der Arbeit an diesem Manuskript entschloss sich Marx gegen eine weitere Veröffentlichung der Hefte *Zur Kritik der politischen Oekonomie* und an Stelle dessen für die Ausarbeitung eines selbstständigen Werkes mit dem Titel *Das Kapital* mit dem Untertitel *Kritik der politischen Oekonomie*.

Zwischen August 1863 und Dezember 1865 entwarf er die ersten drei Bände des *Kapital*; während allerdings die Manuskripte, die dem zweiten und dritten Band zugrunde liegen sollten, erhalten blieben (vgl. MEGA II 4.1 und II 4.2), ist das dem ersten zugrunde liegende (bis auf ein nicht veröffentlichtes, abschließendes

Kapitel) verschollen. Auf der Grundlage dieses bis heute verschollenen Textes ging Marx ab Januar 1867 an die Reinschrift des ersten Bandes. Vom 10. bis 12. April reiste Marx nach Hamburg, um dem Verleger Otto Meißner diese Reinschrift zu übergeben. (Vgl. MEGA II 5,672.) Im September schließlich konnte das Erscheinen des ersten Bandes amtlich bekannt gegeben werden. Bereits 1871 war eine zweite Auflage notwendig, die von Marx selbst besorgt wurde. Diese verbesserte Auflage, die 1872 wieder beim Verlag Otto Meißner in Hamburg erschien, wurde um einige Präzisierungen, ein überarbeitetes erstes Kapitel über die Ware, einige inhaltliche Änderungen sowie viele Fußnoten ergänzt. (Vgl. Marx' Niederschrift der »Ergänzungen und Veränderungen«, Dezember 1871 bis Januar 1872 in MEGA II 6,1–54.)

Marx kümmerte sich zudem noch um die französische Ausgabe, die von 1872 bis 1875 in Paris erschien, in der Übersetzung von Joseph Roy auf der Grundlage der zweiten deutschen Auflage. (Vgl. MEGA II 7.)

Weitere Auflagen und Übersetzungen besorgte Friedrich Engels, etwa die dritte und vierte deutsche Auflage, Hamburg 1883 und 1890 (MEGA II 8 und II 10), sowie die englische Ausgabe, deren Übersetzung durch Samuel Moore und Edward Aveling die dritte deutsche Auflage zugrunde lag und die 1887 in London erschien (MEGA II 9).

Unser Abdruck folgt der vierten, von Engels herausgegebenen deutschen Auflage von 1890, deren Basis wiederum die dritte Auflage von 1883 bildet, die in einigen Passagen mit Änderungen und Ergänzungen der französischen und englischen Ausgaben versehen wurde.

Druckvorlage: MEGA II 10,37–82, 134–180, 191–198 (vgl. MEW 23,49–98, 161–213, 226–234)

Erstes Kapitel. Die Waare

115,21 f. *Karl Marx: »Zur Kritik* [...] *pag. 3«*: vgl. MEGA II 2,107.

115,23 ff. *»Desire implies* [...] *of the mind.«*: »Verlangen enthält Bedürfnis; es ist der Appetit des Geistes, und so natürlich wie der Hunger für den Körper [...] die meisten (Dinge) haben ihren Wert daher, dass sie die Bedürfnisse des Geistes befriedigen.« (Nicholas Barbon: *A discourse concerning coining the new money lighter. In answer to Mr. Locke's considerations about* *raising the value of money*, London 1696); Barbon (etwa 1640–1698), englischer Ökonom, Anhänger der nominalistischen Geldtheorie.

116,22 ff. *»Things have* [...] *to attract iron.«*: »Dinge haben einen intrinsischen Wert bzw. einen Wert an sich, der überall gleich ist; so wie es der des Magneten ist, Eisen anzuziehen.« (Barbon: *A discourse* [...], vgl. 115,23 ff.

116,28 f. *»The natural worth* [...] *of human life.«*: »Der natürliche Wert eines jeden Dinges besteht in seiner Eignung, die notwendigen Bedürfnisse zu befriedigen oder den Annehmlichkeiten des menschlichen Lebens zu dienen.« (John Locke: *Some considerations of the consequences of the lowering of interest, and raising the value of money* (1691), in: *The works*, 8. ed., vol. 2, London 1777); Locke (1632–1704), englischer Philosoph und Ökonom, Begründer des Empirismus.

117,21 f. *contradictio in adjecto*: lat.: Widerspruch in der Beifügung, also zwischen der Bedeutung eines Substantivs und dem näher bestimmenden Adjektiv, hier zwischen »Tauschwert« und »immanent«.

117,25 *fictio juris*: lat.: Rechtsfiktion, die der Wirklichkeit widerspricht.

117,28 ff. *»La valeur consiste* [...] *d'une autre.«*: »Der Wert besteht in dem Tauschverhältnis, das zwischen einem Ding und einem anderen besteht, zwischen der Menge eines Produktes und der eines anderen.« (Guillaume-François Le Trosne: *De l'intérêt social par rapport à la valeur, à la circulation, à l'industrie et au commerce intérieur et extérieur* (1777), in: *Physiocrates*, avec une introd. sur la doctrine des physiocrates, des comm. et des notices historiques, par Eugène Daire, pt. 2, Paris 1846); Le Trosne (1728–1780), französischer Ökonom, Physiokrat (vgl. 102,4).

117,32 *»Nothing* [...] *value.«*: »Nichts kann einen intrinsischen [Tausch-] Wert haben.« (Barbon: *A discourse* [...], vgl. 115,23 ff.).

117,34 f. *»The value* [...] *will bring.«*: »Der Wert eines Dings / beträgt gerade so viel, wie es einbringen wird.« (vgl. Samuel Butler: *Hudibras*, vol. 1, London 1835, p. 259, wo es exakt heißt: »For what is worth in any thing, / But so much money as 'twill bring?«); Butler (1612–1680), englischer satirischer Dichter.

119,30 *Residuum*: lat.: Rest.

119,31 f. *»One sort* [...] *equal value«*: Übersetzung vgl. Text

119,5 ff.; *»One hundred* […] *silver and gold.«*: »Blei oder Eisen im Wert von einhundert Pfund [Sterling] haben einen gleich großen [Tausch-] Wert wie Silber und Gold im Wert von einhundert Pfund [Sterling].« (Barbon: *A discourse* […], vgl. 115,23 ff.).

120,2 *Gallerte*: steif gewordene, gelatineartige Masse.

121,11 *erheischt*: vgl. 90,30.

121,16 *Dampfwebstuhls*: Mit Dampfmaschinen angetriebene Webstühle wurden in den 1820er und 1830er Jahren in England eingeführt.

121,34 f. *»Some Thoughts* […]«: der exakte Titel dieser anonymen Schrift: *Some thoughts on the interest of money in general, and particularly in the publick funds*, London 1738.

122,27 *Jacob*: vgl. William Jacob: *An historical enquiry into the production and consumption of the precious metals*, vol. 2, London 1831, 101; Jacob (etwa 1762–1851), englischer Kaufmann, Verfasser ökonomischer Schriften.

122,32 ff. *»Toutes les productions* […] *particulières.«*: »Alle Produkte der gleichen Art bilden eigentlich nichts als eine Masse, deren Preis sich allgemein und ohne Rücksicht auf die besonderen Umstände bestimmt.« (Le Trosne: *De l'intérêt* […], vgl. 117,28 ff.).

122,35 *K. Marx l. c. p. 6*: Karl Marx: *Zur Kritik der politischen Oekonomie*, in: MEGA II 2,110.

123,2 *Nach Eschwege hatte 1823* […]: vgl. dazu Hermann Merivale: *Lectures on colonization and colonies*, vol. 1, London 1841, 52; Wilhelm Ludwig von Eschwege (1777–1855), deutscher Bergmann, Geologe und Geograph.

123,33 f. *Zinskorn* […] *Zehntkorn*: bestimmte Abgabe an Getreide (anteilig vom Betrag) an den Herrn, die Gemeinde, den Pfarrer.

124,33 *l. c. p. 12,13* […]: Karl Marx: *Zur Kritik der politischen Oekonomie*, in: MEGA II 2,114 ff.

126,8 *Profession*: Gewerbe, Beruf.

126,32 ff. *»Tutti i fenomeni* […] *una ripetizione.«*: »Alle Phänomene des Universums, seien sie hervorgerufen durch Menschenhand oder durch die universalen Gesetze der Physik, sind nicht aktuelle Neuschöpfungen, sondern nur Modifikationen der Materie. Zusammensetzen und Trennen sind die einzigen Elemente, die der menschliche Geist bei der Analyse der Vorstellung der Reproduktion findet; und ebenso verhält es sich bei der Reproduktion des Wertes wie des Reichtums, wenn Erde, Luft und Wasser sich auf den Feldern in Korn verwandeln, wie auch, wenn sich durch Menschenhand die Ausscheidung eines Insekts zu Seide verwandelt, oder wenn einige Metallteilchen sich organisieren, um eine Repetieruhr zu formen.« (Pietro Verri: *Meditazioni sulla economia politica, con annotazioni di Gian-Rinaldo Carli*, in: *Scrittori classici italiani di economia politica*, ed. Pietro Custodi, parte moderna, t. 15, Milano 1804); Verri (1728–1797), italienischer Ökonom, früher Kritiker der Physiokraten (vgl. 102,4).

127,4 *wie William Petty sagt*: vgl. William Petty: *A treatise of taxes, and contributions*, London 1667, 47; Petty (1623–1687), englischer Ökonom und Statistiker, Begründer der »klassischen« politischen Ökonomie.

128,4 *Friction*: lat.: Reibung (frictio).

128,34 f. *Vgl. »Hegel, Philosophie des Rechts«* [...]: Marx bezieht sich hier auf folgende Ausgabe: Georg Wilhelm Friedrich Hegel: *Grundlinien der Philosophie des Rechts, oder Naturrecht und Staatswissenschaft im Grundrisse*, hrsg. von Eduard Gans, 2. Aufl. Berlin 1840; zu Hegel vgl. 9,2 f.

131,31 ff. *sagt A. Smith* [...]: Smith: *An inquiry* [...] vgl. *Grundrisse* 102,12, hier: vol. 1,105; zu Smith vgl. 28,6 f.

132,24 ff. *»One man* [...] *same time.«*: »Ein Mann hat eine Woche für die Herstellung dieses Bedarfsgegenstandes gebraucht [...] und der, der ihm einen anderen zum Tausch gibt, kann nicht besser abschätzen, was wirklich gleichwertig ist, als durch Berechnung, was ihm ebensoviel Arbeit und Zeit kostet: Das bedeutet in der Tat den Austausch der Arbeit, die ein Mann in einer bestimmten Zeit für einen Gegenstand aufgewendet hat, gegen die in der gleichen Zeit für einen anderen Gegenstand aufgewandte Arbeit eines anderen.« (aus: *Some thoughts on the interest* [...], vgl. 121,34 f.).

133,1 *Wittib Hurtig*: Wirtin aus Shakespeares *König Heinrich IV.*, die von sich behauptet, jedermann wisse bei ihr genau, wo sie zu haben ist; vgl. *Teil 1, 3. Akt, 3. Szene.*

135,17 *polarisch*: an entgegengesetzten Polen liegend.

136,1 *kommensurable*: vergleichbare, mit einem Maße messbare.

136,28 *S. Bailey*: Samuel Bailey (1791–1870), englischer Ökonom, Philosoph und Bankier, Gegner der Werttheorie David Ricardos (vgl. 143,17).

136,33 f. *»The command* [...] *value.«*: »Die Verfügung über die Quantität [...] konstituiert den Wert.« (Samuel Bailey: *Money and its vicissitudes in value; as they affect national industry an pecuniary contracts: with a postscript on joint-stock banks*, London 1837); zu Bailey vgl. 136,28.

137,33 ff. *Franklin sagt: »Da der Handel* [...]«: Zitat aus Benjamin Franklin: *A modest inquiry into the nature and necessity of a paper currancy*, in: *The works*, ed. by Jared Sparks, Boston 1836, vol. 2; Franklin (1706–1790) war amerikanischer Staatsmann, Ökonom und Schriftsteller.

138,19 f. *galonirten Rockes*: mit Spitze verlängerter Rock.

140,4 *Paris* [...] *messe!*: »Paris ist schon eine Messe wert!« – Heinrich IV. zugeschriebene Äußerung, die dieser 1593 bei seinem aus nationalem Interesse vollzogenen Übertritt zum Katholizismus, der durch den Besuch einer katholischen Messe demonstriert wurde, vorgebracht haben soll.

140,9 *Materiatur*: Materialisierung, »Verkörperlichung«.

140,28 *Fichtescher Philosoph* [...]: Anspielung auf den Philosophen des deutschen Idealismus, Johann Gottlieb Fichte (1762–1814), dessen erster Grundsatz der Wissenschaftslehre auf den Schluss hinausläuft: »Das Ich setzt ursprünglich schlechthin sein eigenes Seyn.« (Johann Gottlieb Fichte: *Grundlage der gesammten Wissenschaftslehre* (1794), in *Fichtes Werke*, hrsg. von Immanuel Hermann Fichte, Bd. 1, Berlin 1971, S. 98.)

142,4 *sub*: lat.: unter.

143,11 ff. *»Gebt einmal zu* [...] *reguliren.«*: vgl. John Broadhurst: *Political economy*, London 1842; Broadhurst (19. Jahrhundert), englischer Ökonom.

143,17 *Ricardo*: David Ricardo (1772–1823), englischer Börsenmakler und Ökonom, dessen Hauptwerk: *On the principles of political economy, and taxation* (1817) maßgeblichen Einfluss auf wesentliche Prämissen der ökonomischen Theorie von Marx hatte; die einflussreichsten Theoreme in dessen Werk sind die Unterscheidung von Gebrauchs- und Tauschwert der Ware, die er von Adam Smith (vgl. 28,6 f.) übernimmt, und seine Arbeitswertlehre, in der er behauptet, dass der Wert von Gütern durch die Menge der Arbeit bestimmt wird, die zu ihrer Herstellung notwendig ist, ohne dass der Nutzen von Grund und Boden Einfluss auf diesen Wert hat. Auch die Bestimmung des natürlichen Lohnniveaus übernimmt Marx von Ricardo: Das natürliche

Lohnniveau wird bestimmt als Existenzminimum (Mittel für Nahrung, Kleidung, Wohnung, Fortpflanzung), das es dem Arbeiter gerade noch erlaubt, seine Arbeitskraft zu reproduzieren.

145,10 *notabene*: lat.: Aufforderung: Merke gut!

145,10 *quid pro quo*: lat.: »das für das«, Verwechslung einer Sache mit einer anderen.

146,32 *Reflexionsbestimmungen*: vgl. Georg Wilhelm Friedrich Hegel: Wissenschaft der Logik, hrsg. von Leopold von Henning, Berlin 1834, Teil 1: Die objektive Logik, Abt. 2: Die Lehre vom Wesen; zu Hegel vgl. 9,2f.

148,7 *zweite Eigenthümlichkeit*: die erste erklärt Marx im Text 145,6ff.

148,25 *Aristoteles*: (384–322 v. Chr.) wichtiger Philosoph der griechischen Antike, grundlegend sind vor allem seine Logik und Ethik.

148,32 *»5 Polster […] = so und so viel Geld«*: vgl. Aristoteles: *Nikomachische Ethik*, Buch V, 8, 1133b27–28.

149,3ff. *»Der Austausch […] das praktische Bedürfniß.«*: vgl. Aristoteles: *Nikomachische Ethik*, Buch V, 8, 1133b17–20.

149,4f. *Kommensurabilität*: Vergleichbarkeit; Möglichkeit, etwas mit gleicher Maßeinheit zu messen.

149,17 *So etwas kann »in Wahrheit nicht existieren.«*: vgl. Aristoteles: *Nikomachische Ethik*, Buch V, 8, 1133b18–20.

150,27 *Harm*: Betrübnis, Bekümmernis.

150,33 *Merkantilisten*: Anhänger des Merkantilismus, einer zwischen dem 16. und 18. Jahrhundert vorherrschenden ökonomischen Lehre, die mit zahlreichen staatlichen Eingriffen, insbesondere mit der Kontrolle über Außenhandel und Wirtschaftssystem verbunden war. Wirtschaftspolitische Forderungen – wie die Forderung von Anreizen für den Export und nach Schutzzöllen gegen den Import – basierten auf der Überzeugung, dass sich die innerstaatliche Geld- und Kapitalmenge nur durch Überschüsse im Außenhandel, also mit einer positiven Handelsbilanz vermehren lässt.

151,1 *Ferrier, Ganilh*: François-Louis-Auguste Ferrier (1777–1861) war französischer Ökonom; Charles Ganilh (1758–1836) war französischer Politiker und Ökonom; beide gelten als Nachahmer bzw. Epigonen des Merkantilismus (vgl. 150,33).

151,2 *Antipoden*: hier: Theoretiker, die gegensätzliche Standpunkte einnehmen.

151,2 f. *Freihandels-Commis-Voyageurs*: *commis*: frz.: Gehilfe; *voyageur*: frz.: Reisender; Verfechter des Freihandels, die für freien Warenaustausch zwischen den Staaten eintraten, weil dies der Wohlfahrt mehr dient als der Protektionismus der Merkantilisten.

151,3 *Bastiat*: Frédéric Bastiat (1801–1850), französischer Ökonom, Vertreter einer Theorie der Klassenharmonie.

151,12 *Preiskurants*: Kurant: eine Münze, deren Materialwert dem aufgedruckten Geldwert entspricht.

151,12 *MacLeod*: Henry Dunning Macleod (1821–1902), schottischer Ökonom, Kredittheoretiker; Marx reagiert mit dieser Bemerkung auf das Erscheinen der 2. Auflage von Macleods Buch: *The theory and practice of banking: with the elementary principles of currency; prices; credit; and exchanges*, London 1866 (erste Auflage 1855); zur Kritik von Marx an Macleod vgl. auch MEGA II 2,205.

151,13 *Lombardstreet*: Straße im Zentrum Londons, in der sich die bedeutendsten Bank- und Handelsunternehmen Großbritanniens befanden.

151,32 f. *(sous-inspecteur des douanes)*: Unterinspekteur des Zollwesens; *»Du gouvernement* [...]*«*: François-Louis-Auguste Ferrier: *Du gouvernement considéré dans ses rapports avec le commerce*, Paris 1805; zu Ferrier vgl. 151,1.

151,34 f. *Ganilh: »Des systèmes* [...]*«*: Charles Ganilh: *Des systèmes de l'économie politique, de la valeur comparative de leurs doctrines, et de celle qui paraît la plus favorable aux progrès de la richesse*, 2. ed., Paris 1821; zu Ganilh vgl. 151,1.

152,34 f. *Z. B. Bei Homer wird* [...] *ausgedrückt*: vgl. Homer: *Ilias* VII, 472–475.

153,23 ff. *»The value* [...] *equally nominal.«*: »Der Wert jeder Ware bezeichnet ihr Verhältnis im Austausch, wir können ihn bezeichnen als [...] Kornwert, Tuchwert, je nach der Ware, mit der sie verglichen wird; und dann gibt es tausend verschiedene Arten von Werten, so viele, wie Waren existieren, und alle sind gleich real und gleich nominell.« (Samuel Bailey: *A critical dissertation on the nature, measures, and causes of value: chiefly in reference to the writings of Mr. Ricardo and his followers. By the autor of essays on the formation and publication of opinions*, London 1825); zu Bailey vgl. 136,28.

154,31 *Bornirtheit*: Begrenztheit, Dummheit.

154,31 *sondirt*: untersucht, erforscht.

154,32 *Ricardo'sche Schule*: Entwicklung des ökonomischen Denkens im Anschluss an David Ricardo (vgl. 143,17); diese Schule wurde repräsentiert u. a. von Robert Torrens (1780–1864; irischer Ökonom), James Mill (1773–1836; englischer Philosoph, Historiker, Ökonom) und John Stuart Mill (1806–1873; Sohn von James Mill; englischer Ökonom und Philosoph des Positivismus und erklärter Utilitarist; vgl. 223,19); zur ausführlichen Kritik dieser Schule durch Marx vgl. MEGA II 3.2,465–503 und MEGA II 3.4,1260–1370.

154,33 *Westminster Review*: liberale Zeitschrift für Politik, Volkswirtschaft, Religion und Politik; gegründet von Jeremy Bentham (vgl. 223,19) und John Bowring (1792–1872), später geleitet von James und John Stuart Mill (vgl. 154,32), erschien in London zwischen 1824 und 1887 vierteljährlich.

160,22 *polarischen*: in einander gegenüberliegenden Polen angeordneten.

161,23 *nec plus ultra*: lat.: den höchsten Punkt, Gipfel.

161,28 f. *Proudhon's Socialismus*: von Pierre-Joseph Proudhon (vgl. 42,25) initiierter kleinbürgerlich-reformistischer Sozialismus, der in den 1850er und 1860er Jahren in der französischen Arbeiterbewegung großen Einfluss hatte.

161,29 *wie ich anderswo gezeigt*: vgl. Marx: *Misère de la philosophie. Réponse à la Philosophie de la misère de M. Proudhon*, Paris, Brüssel 1847, S. 3–91; eine deutsche Übersetzung wurde erst 1884 veröffentlicht (abgedruckt in MEW 4,63–182); *Gray, Bray und Andern*: Marx erwähnt in diesem Buch Schriften von Thomas Hopkins, William Thompson und Thomas Rowe Edmonds; John Francis Bray: *Labour's wrongs and labour's remedy; or, the age of might and the age of right*, Leeds 1839, zitiert er in: MEGA I 6; John Gray: *The social system: a treatise on the principle of exchange*, Edinburgh 1848, zitiert er in: *Zur Kritik der politischen Oekonomie* (vgl. MEGA II 2,155 ff.).

161,34 *Proudhon'sche Schule*: Anhänger der Lehren und des Sozialismusbegriffs von Proudhon (vgl. 161,28); *»science«*: engl./franz.: Wissenschaft (hier: ironisch gemeint).

161,36 f. *»wo Begriffe fehlen,* [...] *sich ein.«*: abgewandeltes Zitat aus Johann Wolfgang Goethe: *Faust. Der Tragödie erster Teil*, Szene Studierzimmer; Mephistopheles zum Schüler: »Denn eben wo Begriffe fehlen, / Da stellt ein Wort zur rechten Zeit sich ein.«

164,14 *Fetischcharakter*: Fetisch: ein vermeintlich magischer Gegenstand, der abergläubisch verehrt wird.

165,27f. *Man erinnert sich, daß China und die Tische* [...]: Anspielung auf die chinesische Taiping-Revolution, eine antifeudale Bauernerhebung von 1850 bis 1864, die in einer Zeit erfolgte, als sich Europa – nach Niederschlagung der Revolution von 1848/49 – in einer Periode politischer Reaktion befand.

165,28f. *pour* [...] *autres*: um die anderen zu ermutigen.

165,34f. *Georg Ludwig von Maurer*: vgl. Georg Ludwig von Maurer: *Einleitung zur Geschichte der Mark-, Hof-, Dorf- und Stadtverfassung und der öffentlichen Gewalt*, München 1854; Maurer (1790–1872) war deutscher Historiker und Jurist.

166,36 *Fetischismus*: abergläubische Verehrung vermeintlich magischer Gegenstände (vgl. 164,14).

168,7 *toto coelo*: lat. für: ganz, völlig.

168,31f. *«La Riechezza* [...] *tra due persone.«*: »Reichtum ist ein Verhältnis zwischen zwei Personen« (Ferdinando Galiani: *Della moneta*, in: *Scrittori classici italiani di economia politica, parte moderna*, t. 3–4, Milano 1803); Galiani (1728–1787), italienischer Ökonom, Gegner der Physiokraten (vgl. 102,4). Marx übersetzt hier allerdings »Wert« an Stelle von »Reichtum«; es geht aber auch im näheren Umfeld dieser Textstelle, also dem 5. Kapitel des Buches von Galiani, das Marx hier zitiert, um Reichtum als sozialer Relation.

170,24 *post festum*: lat.: im Nachhinein, hinterher.

170,30ff. *»Was soll* [...] *beruht.«*: vgl. auch MEGA I 3,484.

171,29 *Robinsonaden*: Fiktion bzw. Konstruktion eines oder mehrerer isoliert lebender Menschen; nach dem Roman von Daniel Defoe: *The Life and Strange Surprising Adventures of Robinson Crusoe of York, Mariner*, London 1719.

171,34ff. *»Den Urfischer* [...] *bürgerlichen kannte.«*: vgl. auch MEGA II 2,137.

172,21 *Quanta*: Mengen.

172,24f. *Herr M. Wirth*: Max Wirth (1822–1900), deutscher Ökonom und Publizist, Marx bezieht sich hier wahrscheinlich auf den ersten Band seiner *Grundzüge der National-Oekonomie*, Köln 1861, insbesondere S. 218.

172,32f. *Annuitätentabellen*: Tabellen, in denen die jährlichen Zins- und Tilgungsraten zur Angleichung einer Schuld aufgeführt werden.

172,33 *Parallelogramme des Herrn Owen*: Robert Owen (1771–1858) entwarf in seinen utopisch-sozialreformatorischen Plänen die räumlichen Anlagen der Produktionsgenossenschaften in Gestalt von Parallelogrammen; Ricardo (vgl. 143,17) bezieht sich darauf in seiner Schrift: *On protection to agriculture*, 4. ed., London 1822, S. 21.

173,31 ff. *»Es ist* [...] *ableiten.«*: vgl. auch MEGA II 2,113.

175,32 *Deismus*: besonders während der Aufklärung im 17. und 18. Jahrhundert verbreiteter Glaube an Gott aus Vernunftgründen. Diesem Glauben zufolge hat Gott zwar die Welt erschaffen, übt aber seitdem keinen Einfluss mehr auf sie aus.

176,3 *Intermundien*: Zwischenräume zwischen mehreren nebeneinander liegenden Welten; Epikur zufolge leben hier die Götter, die weder auf die Entwicklung der Welt, noch auf das Handeln der Menschen Einfluss haben.

177,14 *Destutt de Tracy*: Antoine-Louise-Claude, Comte de Destutt de Tracy (1754–1836), französischer Ökonom, Philosoph des Sensualismus, Begründer der »Ideologie« (vgl. 51,4).

177,14 ff. *»As it is certain* [...] *which they emanate.«*: »Da es sicher ist, dass unsere körperlichen und geistigen Fähigkeiten allein unser ursprünglicher Reichtum sind, ist der Gebrauch dieser Fähigkeiten, eine gewisse Art Arbeit, unser ursprünglicher Schatz, und es ist immer dieser Gebrauch, der all jene Dinge schafft, die wir Reichtum nennen. [...] Es ist außerdem gewiss, dass alle jene Dinge nur die Arbeit repräsentieren, welche sie geschaffen hat, und wenn sie einen Wert haben oder gar zwei verschiedene Werte, können sie diesen doch nur ableiten von dem (Wert) der Arbeit, aus der sie entspringen.« (David Ricardo: *On the principles of political economy, and taxation*, 3. ed., London 1821); zu Ricardo vgl. 143,17.

177,35 f. *»Value* [...] *Properties«*: »Wert und Reichtum, ihre unterscheidenden Eigenschaften«; Überschrift des 20. Kapitels von Ricardos Hauptwerk: *On the principles of political economy, and taxation* (vgl. 177,14).

177,36 *J. B. Say*: zu Say vgl. 28,6 f.

178,31 *Merkantilsystem*: Lehrsystem des Merkantilismus (vgl. 150,33).

178,36 f. *Vulgärökonomie*: Die Zeilen 10–16 bieten die einzige ausführlichere Bestimmung dessen, was Marx unter Vulgärökonomie versteht. Konkret bezeichnet Marx damit also jene Ökonomen, die die kapitalistische Wirtschaftsordnung nicht als historisch geworden begreifen, die nicht die Arbeit als Quelle aller Wertschöpfung ansehen und die mit ihrer verkehrten Darstellung letztlich den Kapitalismus rechtfertigen, z. B. den französischen Ökonomen Frédéric Bastiat (vgl. 151,3), den englischen Ökonomen Nassau William Senior (1790–1864) und den Belgier Gustave de Molinari (1819–1912). Keine Vulgärökonomen sind für Marx hingegen die Physiokraten (vgl. 102,4), Adam Smith (vgl. 28,6f.) und David Ricardo (vgl. 143,17). (Vgl. Karl Marx: *Theorien über den Mehrwert III*, MEW 26. 3,445).

179,11 *pedantisiren*: übertrieben ordnen.

179,13ff. *»Les économistes* [...] *il n'y en a plus.«*: »Die Ökonomen verfahren auf eine sonderbare Art. Es gibt für sie nur zwei Arten von Institutionen, künstliche und natürliche. Die Institutionen des Feudalismus sind künstliche Institutionen, die der Bourgeoisie natürliche. Sie gleichen darin den Theologen, die auch zwei Arten von Religionen unterscheiden. Jede Religion, die nicht die ihre ist, ist eine Erfindung der Menschen, während ihre eigene Religion eine Offenbarung Gottes ist. – Somit hat es eine Geschichte gegeben, aber es gibt keine mehr.« (Zitat aus Karl Marx: *Misère de la philosophie*, vgl. 161,28ff., hier: S. 139.)

179,23 *Herr Bastiat*: vgl. 151,3; Marx spielt hier wahrscheinlich auf dessen Schrift *Harmonies économiques*, 2. éd., Paris 1851 an, insbesondere S. 329ff.

179,34f. *Aristoteles in seiner Würdigung der Sklavenarbeit*: Aristoteles (vgl. 148,25) verteidigt die Sklavenarbeit in: *Politik*, Buch I, 5,1254a18–1255a2.

179,37ff. *Einwand, der mir beim Erscheinen* [...]: Marx bezieht sich hier wahrscheinlich auf einen Artikel der in Boston herausgegebenen deutschsprachigen Zeitung *Der Pionier*, in deren Ausgabe vom 12. Juli 1859 ein anonymer Artikel mit der Überschrift »Herr Karl Marx« erschienen war. In diesem Artikel wurden längere Passagen aus dem Vorwort *Zur Kritik der politischen Oekonomie* (vgl.: Text, S. 109–114) wiedergegeben und kritisiert.

180,35 *hat schon Don Quixote* [...]: Miguel de Cervantes (1547–1616) parodiert in seinem Roman *Don Quijote de la Mancha* (1605/15) die Begeisterung für das spanische Rittertum, das mit dem Zerfall des Lehensystems und dem Aufkommen der Söldnerheere überflüssig geworden war.

181,2 *Monetarsystems*: des Währungs- bzw. Goldwährungssystems.

181,28f. *»Value is* [...] *do not.«*: Übersetzung vgl. Text 181,20ff.

(Anonym: *Observations on certain verbal disputes in political economy, particularly relating to value, and to demand and supply*, London 1821.)

181,32 *»Riches are* [...] *diamond.«*: Übersetzung vgl. Text 181,23 ff. (Bailey: *Money and its vicissitudes* [...], vgl. 136,33 f.)

182,12 f. *Dogberry, der den Nachtwächter Seacoal belehrt*: vgl. William Shakespeare: *Viel Lärm um nichts*, 3. Akt, 3. Szene. Dogberry (in den deutschen Übersetzungen: Holzapfel) behauptet hier dem Nachtwächter Seacoal (dt.: Steinkohle) gegenüber, gutes Aussehen sei gesellschaftlichen Umständen zuzuschreiben, die (eigentlich doch sozial vermittelten) Fähigkeiten des Lesens und Schreibens hingegen der Natur.

Viertes Kapitel. Verwandlung von Geld in Kapital

183,29 f. *»Nulle* [...] *seigneur.«*: »Keine Erde ohne Grundbesitzer.«

183,30 *»L'argent* [...] *maître.«*: »Geld hat keinen Herrn.«

184,33 f. *»Avec* [...] *de l'argent.«*: »Mit Geld kauft man Waren und mit Waren kauft man Geld.« (Paul-Pierre Mercier de la Rivière: *L'ordre naturel et essentiel des sociétés politiques*, London 1767); Mercier (1720–1793) war französischer Ökonom, Physiokrat (vgl. 102,4).

186,31 ff. *»When* [...] *to be expended.«*: »Wird ein Ding gekauft, um wieder verkauft zu werden, nennt man die hierzu verwendete Summe vorgeschossenes Geld; wird das Ding gekauft, um nicht wieder verkauft zu werden, kann man das Geld als verausgabt bezeichnen.« (James Steuart: *An inquiry into the principles of political oeconomy*, in: *The works, political, metaphisical, and chronological.* Now first collect. by James Steuart, his son, vol. 1, London 1805); Steuart (1712–1780) war als englischer Ökonom einer der letzten Vertreter des Merkantilismus (vgl. 150,33).

187,30 *Konsumtion*: Verbrauch.

188,9 *tautologisch*: vgl. *Grundrisse* 99,11.

188,21 *»On* [...] *l'argent.«*: »Man tauscht nicht Geld gegen Geld aus.« (Mercier de la Rivière: *L'ordre naturel* [...], vgl. 184,33 f.)

188,23 *ex professo*: lat.: berufsmäßig.

188,24 ff. *»Aller Handel* [...] *Geld ist.«*: übersetztes Zitat aus Thomas Corbet: *An inquiry into the causes and modes of the wealth of individuals; or the principles of trade and speculation explain-*

ed, London 1841; Corbet (19. Jahrhundert), englischer Ökonom und Anhänger Ricardos (vgl. 143,17).

189,8 *Inkrement*: lat.: Zuwachs.

189,25 *MacCulloch*: John Ramsay MacCulloch (1789–1864), schottischer Ökonom und Statistiker.

189,27 ff. *»Every transaction* [...] *a speculation.«*: »Jede Transaktion, bei der eine Person ein Produkt kauft, um es wieder zu verkaufen, ist in der Tat eine Spekulation.« (John Ramsay MacCulloch: *A dictionary, practical, theoretical, and historical, of commerce and commercial navigation*, London 1847); zu MacCulloch vgl. 189,25.

189,30 *Pinto*: Isaac de Pinto (1715–1787), niederländischer Großkaufmann und Börsenspekulant; *Pindar*: griechischer Dichter (ca. 522–442 v. Chr.).

189,31 ff. *»Le commerce* [...] *le jeu.«*: »Der Handel ist ein Spiel, und an Bettlern kann man nichts verdienen. Heimste man lange Zeit von allen alles ein, müsste man in gutem Einvernehmen die größten Teile des Gewinns zurückgeben, um das Spiel von neuem zu beginnen.« (Isaac de Pinto: *Traité de la circulation et du crédit*, Amsterdam 1771); zu Pinto vgl. 189,30.

190,34 ff. *»Das Kapital* [...] *Fluß setzt.«*: Zitat aus Friedrich Engels: *Umrisse zu einer Kritik der Nationalökonomie*, Abdruck MEGA I 3, hier: S. 481.

191,19 *Chrematistik*: griech.: Kunst des Gelderwerbs; bei Aristoteles auch: Lehre von der verkehrten Erwerbskunst, die als Streben nach der Anhäufung von Reichtum eine pervertierte Form der natürlichen Erwerbskunst (Teil der Ökonomik) ist.
Oekonomik: griech.: Lehre von der Haushaltsführung, von der Lenkung und Leitung des Personals (Bedienstete, Frauen, Kinder, Sklaven) und Lehre von Erwerb und Bewahrung der Güter, die für den Haushalt und den Staat notwendig und nützlich sind (natürliche Erwerbskunst).

191,22 ff. *»Der wahre* [...] *unbegrenzt.«*: vgl. Aristoteles: *Politik*, Buch I, 8,1256b30–35.

191,25 ff. *Es giebt* [...] *scheint.*: vgl. Aristoteles: *Politik*, Buch I, 9, 1256b40–1257a1.

191,28 ff. *»Der Waarenhandel* [...] *Nöthige.«*: vgl. Aristoteles: *Politik*, Buch I, 9,1257a17–19.

191,33 ff. *Daher,* [...] *zu machen.*: vgl. Aristoteles: *Politik*, Buch I, 9,1257a19–1257b8.

192,10ff. »*Die Chrematistik* [...] *zu betrachten.*«: vgl. Aristoteles: *Politik*, Buch I, 9,1257b19–40.

192,30ff. »*Commodities* [...] *object.*«: »Waren sind nicht der Endzweck des handeltreibenden Kapitalisten [...] Geld ist sein Endzweck.« (Thomas Chalmers: *On political economy in connexion with the moral state and moral prospects of society*, 2. ed., Glasgow 1832); Chalmers (1780–1847), schottischer Theologe und Ökonom.

192,34f. »*Il mercante* [...] *al futuro.*«: »Der Kaufmann schätzt den bereits erzielten Gewinn mitnichten gering, aber sein Blick ist immer auf den zukünftigen Gewinn gerichtet.« (Antonio Genovesi: *Lezioni di economia civile*, in: *Scrittori classici italiani di economia politica*, ed. Pietro Custodi, parte moderna, t. 8, Milano 1803); Genovesi (1712–1769), italienischer Ökonom und Philosoph, war Merkantilist (vgl. 150,33).

193,19f. »*Die unauslöschliche* [...] *den Kapitalisten.*«: Zitat aus: John Ramsay MacCulloch: *The principles of political economy: with a sketch of the rise and progress of the science*, 2. ed., London 1830; zu MacCulloch vgl. 189,25; *auri sacra fames*: lat.: abscheuliche Gier nach Gold.

193,27 *Kattune*: einfache Stoffe aus Baumwollgewebe.

193,29 Σώζειν: *sozein*: griech.: retten, bewahren.

193,32f. »*Questo* [...] *in giro.*«: »Das Unendliche, das die Dinge im Fortschreiten nicht haben, haben sie im Kreislauf.« (Zitat aus Galiani: *Della moneta* [...], vgl. 168,31f., hier: S. 156).

193,34f. »*Ce n'est pas* [...] *ces matières.*«: »Nicht der Stoff bildet das Kapital, sondern der Wert dieser Stoffe.« (Jean-Baptiste Say: *Traité d'économie politique, ou simple exposition de la manière dont se forment, se distribuent et se consomment les richesses*, 3e éd., t. 1–2, Paris 1817); zu Say vgl. 28,6f.

194,11 *okkulte*: geheimnisvolle, übersinnliche.

194,18 *konstatirt*: festgestellt.

194,32 »*Currency* [...] *capital.*«: »Zahlungsmittel, das zu produktiven Zwecken verwendet wird, ist Kapital.« (Macleod: *The theory and practice* [...], vgl. 151,12, hier zitiert Marx allerdings die erste Auflage, London 1855); zu Macleod vgl. 151,12.

194,34 »*Capital is commodities.*«: Kapital ist gleich Waren. (James Mill: *Elements of political economy*, London 1821), zu Mill vgl. 154,32.

195,3 *processirende*: fortschreitende, sich entwickelnde.

195,21 *»money which begets money«*: »Geld, das Geld zeugt«.
195,34 *»Kapital* [...] *Werth.«*: Zitat aus Jean-Charles-Léonard de Simonde: *Nouveaux principes d'économie politique, ou de la richesse dans ses rapports avec la population*, 2. éd., t. 1–2, Paris 1827; Sismondi (1773–1842) war Schweizer Ökonom und Historiker.
198,27 f. *»L'échange* [...] *toujours.«*: Übersetzung vgl. Text 198,6. (Antoine-Louis-Claude Destutt de Tracy: *Éléments d'idéologie*. Pt. 4.5: *Traité de la volonté et de ses effets*, Paris 1826); zu Destutt de Tracy vgl. 177,14.
198,31 *Mercier de la Rivière l. c.*: Mercier de la Rivière: *L'ordre naturel* [...], vgl. 184,33 f.
198,32 ff. *»Que* [...] *en soi.«*: »Dass einer dieser zwei Werte Geld ist, oder dass alle beide gewöhnliche Waren sind, nichts kann an sich gleichgültiger sein.« (Mercier de la Rivière: *L'ordre naturel* [...], vgl. 184,33 f.)
198,35 f. *»Ce* [...] *la convention.«*: »Es sind nicht die Vertragspartner, die über den Wert entscheiden, er steht vor der Übereinkunft fest.« (Le Trosne: *De l'intérêt* [...], vgl. 117,28 ff.)
199,30 *»Dove* [...] *lucro.«*: Übersetzung vgl. Text 199,25 (Galiani: *Della moneta* [...], vgl. 168,31 f.).
199,32 ff. *»L'échange* [...] *l'échange.«*: »Der Austausch wird für eine der beiden Parteien ungünstig, wenn irgendetwas Auswärtiges den Preis vermindert oder erhöht: Dann ist die Gleichheit verletzt, aber diese Verletzung ist durch jene Ursache hervorgerufen und nicht durch den Austausch.« (Le Trosne: *De l'intérêt* [...], vgl. 117,28 ff.)
200,6 *Condillac*: Étienne-Bonnot de Condillac (1715–1780), frz. Philosoph und Ökonom, der die Ansicht vertrat, der Wert einer Ware werde von ihrer Nützlichkeit bestimmt; Condillac begründete den Sensualismus.
200,29 ff. *»L'échange* [...] *l'on reçoit.«*: »Der Austausch ist seiner Natur nach ein Vertrag der Gleichheit, der zwischen zwei gleichen Werten zustande kommt. Er ist also kein Mittel, sich zu bereichern, weil man soviel gibt, wie man erhält.« (Le Trosne: *De l'intérêt* [...], vgl. 117,28 ff.)
200,33 *Condillac: »Le commerce* [...]*«*: Étienne-Bonnot de Condillac: *Le commerce et le gouvernement*, in: *Mélanges d'économie politique*, t. 1, précédés de notices historiques sur chaque auteur, et accompagnés de commentaires et de notes explicatives, par

Eugène Daire et Gustave de Molinari, Paris 1847; zu Condillac vgl. 200,6.

201,2 *Subsistenzmittel*: vgl. 32,17.

201,27 f. *»Dans* [...] *genre.«*: »In der entwickelten Gesellschaft gibt es überhaupt nichts Überflüssiges.« (Le Trosne: *De l'intérêt* [...], vgl. 117,28 ff., hier: S. 907.)

201,28 f. *»wenn* [...] *erhalten«*: Zitat übersetzt aus Le Trosne: *De l'intérêt* [...], vgl. 117,28 ff., hier: S. 904.

201,32 *Herrn Prof. Wilhelm Roscher*: Wilhelm Georg Friedrich Roscher (1817–1894), deutscher Ökonom, Begründer der älteren deutschen historischen Schule der politischen Ökonomie.

201,33 f. *Sieh dessen: »Die Grundlagen* [...]*«*: Wilhelm Georg Friedrich Roscher: *Die Grundlagen der Nationalökonomie*, 3. verm. u. verb. Aufl., Stuttgart, Augsburg 1858, vgl. hier: insbesondere S. 102 f. und S. 190 f.; zu Roscher vgl. 201,32.

201,35 f. *S. P. Newman: »Elements* [...]*«*: Samuel Philips Newman: *Elements of political economy*, Andover, New York 1835; Newman (1797–1842) war amerikanischer Philosoph und Ökonom.

202,32 ff. *»By* [...], *of buyers.«*: »Durch die Heraufsetzung des nominellen Werts des Produkts [...] werden die Verkäufer nicht reicher [...], weil sie genau das, was sie als Verkäufer gewinnen, in ihrer Eigenschaft als Käufer ausgeben.« (John Gray: *The essential principles of the wealth of nations, illustrated, in opposition to some false doctrines of Dr. Adam Smith, and others*, London 1797); Gray (Ende 18. Jahrhundert), englischer Schriftsteller, war Verfasser ökonomischer und politischer Schriften.

203,21 *Oberst Torrens*: zu Torrens vgl. 154,32.

203,24 f. *Ingredienzien*: Bestandteile.

203,26 ff. *»Si l'on* [...] *l'on payait 24.«*: »Wenn man gezwungen ist, für 18 Livres eine Menge eines bestimmten Produkts zu verkaufen, die 24 Livres wert ist, wird man, wenn man das gleiche Geld zum Kauf verwendet, für 18 Livres gleichfalls so viel wie für 24 erhalten.« (Le Trosne: *De l'intérêt* [...], vgl. 117,28 ff.)

203,30 ff. *»Chaque vendeur* [...] *qu'il vend.«*: »Üblicherweise kann folglich kein Verkäufer seine Waren verteuern, ohne ebenfalls die Waren anderer Verkäufer teurer zu bezahlen; und aus dem gleichen Grunde kann normalerweise kein Verbraucher billiger einkaufen, ohne ebenfalls den Preis der Waren, die er verkauft, zu senken.« (Paul-Pierre Mercier de la Rivière: *L'ordre naturel* [...], vgl. 184,33 f.)

204,31 *R. Torrens: »An Essay* [...]«: Robert Torrens: *An essay on the production of wealth; with an app., in which the principles of political economy are applied to the actual circumstances of this country*, London 1821; zu Torrens vgl. 154,32.

204,33 f. *»The idea* [...] *the consumers?«*: »Die Idee, der Profit werde von den Verbrauchern bezahlt, ist sicher völlig absurd. Wer sind die Verbraucher?« (George Ramsay: *An essay on the distribution of wealth*, Edinburgh, London 1836); Ramsay (1800–1871) war englischer Ökonom.

205,28 f. *»When* [...] *his goods?«*: »Wenn es jemandem an Nachfrage mangelt, rät ihm Herr Malthus dann, eine andere Person zu bezahlen, damit diese seine Waren kauft?« (Anonym: *An inquiry into those principles, respecting the nature of demand and the necessity of consumption, lately advocated by Mr. Malthus, from which it is concluded, that taxation and the maintenance of unproductive consumers can be conductive to the progress of wealth*, London 1821).

205,30 *fragt ein entrüsteter Ricardianer den Malthus*: zu Ricardo vgl. 143,17; Thomas Robert Malthus (1766–1834), englischer Geistlicher und Ökonom, war ein Hauptvertreter der Theorie von der Überbevölkerung. Entsprechend dieser Theorie ist es natürlich, dass die Bevölkerung stärker wächst als die Wirtschaft und somit im Kapitalismus ein großer Teil der Arbeiter verelendet.

205,31 *der Pfaffe Chalmers*: zu Chalmers vgl. 192,30 ff.

206,10 *Königin Anna*: gemeint ist hier wohl Anne Stuart (1665–1714).

206,18 *Destutt de Tracy*: zu Destutt de Tracy vgl. 177,14; *Membre de l'Institut*: Das »Institut de France« war die höchste wissenschaftliche Körperschaft Frankreichs. Es bestand aus verschiedenen Akademien; Destutt de Tracy war Mitglied der Akademie für moralische und politische Wissenschaften.

206,20 ff. *»sie alles* [...] *einander«*: Zitat aus Destutt de Tracy: *Éléments d'idéologie* [...], vgl. 198,27 f.

206,23 ff. *»L'échange* [...] *de l'autre.«*: »Der Austausch von zwei gleichen Werten vermehrt weder, noch vermindert er die Masse der in der Gesellschaft vorhandenen Werte. Der Austausch zweier ungleicher Werte [...] ändert ebenfalls nichts an der Summe der gesellschaftlichen Werte, da er dem Vermögen des einen zufügt, was er dem des anderen wegnimmt.« (Say: *Traité d'économie politique* [...], vgl. 193,34 f.)

206,29 f. *Physiokraten*: vgl. 102,4.
206,33 *»On n'achète [...] des produits.«*: »Man kann Produkte nur mit Produkten kaufen.« (Say: *Traité d'économie politique* [...] vgl. 193,34 f.)
206,34 f. *»Les productions [...] des productions.«*: »Produkte lassen sich nur mit Produkten bezahlen.« (Le Trosne: *De l'intérêt social* [...] vgl. 117,28 ff.)
206,36 *»Exchange [...] products.«*: »Der Austausch überträgt keinerlei Wert auf die Produkte.« (Francis Wayland: *The elements of political economy*, Boston 1843); Wayland (1796–1865), amerikanischer Geistlicher, verfasste Schriften über Ethik und politische Ökonomie.
207,4 f. *antediluvianisch*: vgl. 99,4.
207,28 f. *»Under [...] impossible.«*: »Unter der Herrschaft unveränderlicher Äquivalente wäre Handel unmöglich.« (George Opdike: *A treatise on political economy*, New York 1851); Opdyke (1805–1880), amerikanischer Unternehmer, war ein Ökonom und Politiker.
207,30 ff. *»Dem Unterschiede [...] Aequivalent ist.«*: Zitat aus Friedrich Engels: *Umrisse zu einer Kritik der Nationalökonomie* (1844), vgl. auch MEGA I 3, hier: S. 478.
207,35 *Benjamin Franklin: Works*: vgl. Franklin: *A modest inquiry* [...], vgl. 137,33 ff.
208,32 *Arist. l. c.* [...]: vgl. Aristoteles: *Politik*, Buch I, 10, 1258a38–1258b8.
208,33 ff. *»Profit [...] that transaction.«*: »Profit wird – unter den gewöhnlichen Bedingungen des Marktes – nicht durch Austausch gemacht. Wäre er nicht vorher vorhanden gewesen, so könnte er es auch nach dieser Transaktion nicht sein.« (Ramsay: *An essay* [...], vgl. 204,33 f.)
210,6 *Hic Rhodus, hic salta!*: Hier ist Rhodus, hier springe! Gemeint ist: Beweise jetzt und hier, was du kannst!
210,21 *Oscillationen*: schnellen Wechsel, Schwankungen.
211,2 *Petrefakt*: Versteinerung.
211,34 *»In the form [...] no profit.«*: »In der Gestalt von Geld [...] produziert Kapital keinen Profit.« (Ricardo: *On the principles* [...], vgl. 177,14 f.)
212,23 *In Realencyklopädien* [...]: Marx bezieht sich hier sicher auf August Pauly: *Real-Encyklopädie der classischen Alterthumswissenschaft*, 6. Bde., Stuttgart 1839–1852.

212,26 *Auch Herr Mommsen*: vgl. Theodor Mommsen: *Römische Geschichte*, Bd. 1–3, 2. Aufl., Berlin 1856/57; Mommsen (1817–1903), deutscher Historiker und Jurist, gilt als einer der wichtigsten Geschichtsschreiber des 19. Jahrhunderts.

212,33 *Kusa's Umwälzung*: Alexandru Ioan Cusa (1820–1873), von 1859–1866 Hospodar (Lord bzw. Fürst) der Moldau und der Walachei, setzte dort einige bürgerlich-demokratische Reformen durch, so z. B. eine Agrarreform, die die Leibeigenschaft der Bauern abschaffte und die Landzuteilung an sie durch Rückkauf vorsah.

212,35 *Peonage*: System der Entlohnung, bei dem der Arbeiter einen Vorschuss auf künftige Arbeit erhält, für den er jedoch so lange arbeiten muss, bis er abgezahlt ist.

213,23 *Juarez*: Benito Pablo Juárez Garcia (1806–1872), 1861–1863 und 1867–1872 Präsident von Mexiko, der zahlreiche Reformen durchführte.

213,23 f. *Kaiser Maximilian*: Ferdinand Maximilian Joseph (1832–1867), auf Veranlassung von Napoleon III. von 1864 an Kaiser von Mexiko; nachdem Juárez die Tilgung von Auslandsschulden Mexikos u. a. an Frankreich eingestellt hatte, besetzte die französische Armee das Land; nach dem Sieg der mexikanischen Armee wurde Maximilian 1867 hingerichtet.

213,26 *denuncirt*: denunziert, angezeigt, verurteilt.

213,26 ff. *»Von meinen* [...] *Andren machen.«*: Zitat aus Hegel: *Grundlinien der Philosophie des Rechts* (zur von Marx verwendeten Ausgabe vgl. 128,34 f.).

214,27 *Subsistenzmittel*: Mittel zur Lebenserhaltung (Nahrung, Kleidung, Wohnung).

216,7 *Quantum*: Menge.

216,28 ff. *»The value* [...] *his power.«*: »Der Wert eines Mannes ist – wie der aller anderen Dinge – sein Preis: das heißt, so viel, wie für den Gebrauch seiner Kraft bezahlt wird.« (Thomas Hobbes: *Leviathan: or, the matter, form, and power of a commonwealth, ecclesiastical and civil*, in: *Hobbes: The english works*, now first coll. and ed. by Sir William Molesworth, vol. 3, London 1839); Hobbes (1588–1679), englischer Philosoph, Theoretiker des monarchischen Absolutismus und des Gesellschaftsvertrags.

216,34 f. *Th. Mommsen: »Röm. Geschichte 1856«*: Mommsen: Römische Geschichte, Bd. I, vgl. 212,26.

217,31 *Vgl. »Over-population* [...]*«*: William Thomas Thornton:

Over-population and its remedy: or, an inquiry into the extent and causes of the distress prevailing among the labouring classes of the British Islands, and into the means of remedying it, London 1846; Thornton (1813–1880), englischer Ökonom.

217,33 *Petty*: vgl. William Petty: *The political anatomy of Ireland: with the establishment for that kingdom when the late Duke of Ormond was lord lieutenant, taken from the records. To which is added Verbum sapienti, or, An account of the wealth and expences of England, and the method of raising taxes in the most equal manner*, London 1691, S. 64; zu Petty vgl. 127,4.

217,34 ff. *»Its (labour's)* [...] *of labour.«*: »Ihr (der Arbeit) natürlicher Preis besteht in einer solchen Menge von lebensnotwendigen Dingen und Dingen der Bequemlichkeit, wie sie dem Klima und den Gewohnheiten eines Landes entsprechend notwendig sind, um den Arbeiter zu erhalten und es ihm zu ermöglichen, eine solche Familie großzuziehen, die auf dem Markt ein unvermindertes Angebot von Arbeit sichert.« (Robert Torrens: *An essay on the external corn trade; containing an inquiry into the general principles of the important branch of traffic; an examination of the exceptions to which these principles are liable*, London 1815); zu Torrens vgl. 154,32.

218,26 *erheischten:* erforderlichen

219,35 *Rossi: »Cours* [...]*«*: Pellegrino Rossi: *Cours d'économie politique*, Bruxelles 1843; Rossi (1787–1848) war italienischer Ökonom, Jurist und Politiker.

220,28 *Sismondi: »Nouv. Princ.* [...]*«*: Sismondi: *Nouveaux principes* [...], vgl. 195,34.

220,29 *»All labour* [...] *has ceased.«*: »Alle Arbeit wird bezahlt, nachdem sie beendet ist.« (Anonym: *An inquiry into those principles* [...], vgl. Text 220,25 ff.)

220,30 ff. *»Le crédit* [...] *du trimestre etc.«*: »Der Warenkredit musste in dem Moment anfangen, in dem der Arbeiter, der erste Urheber der Produktion, aufgrund seiner Ersparnisse in der Lage war, auf den Lohn seiner Arbeit bis zum Ende einer Woche, zweier Wochen, eines Monats, eines Quartals usw. zu warten.« (Ganilh: *Des systèmes de l'économie politique* [...], vgl. 151,34 f.)

221,16 *»L'ouvrier prête son industrie«*: »Der Arbeiter verleiht sein Geschick«; *»de perdre* [...] *rien de matériel«*: »seinen Lohn zu verlieren [...] der Arbeiter gibt nichts Materielles ab«. (Henri Storch: *Cours d'économie politique, ou exposition des principes qui* *déterminent la prospérité des nations*, t. 2, St-Pétersbourg 1815); (eigentl.) Heinrich Friedrich von Storch (1766–1835), russischer Ökonom, war Historiker und Statistiker deutscher Herkunft.

221,20 ff. *Ein Beispiel* […]: In dieser Fußnote 51 bezieht sich Marx auf zahlreiche Veröffentlichungen des britischen Parlaments, denen Untersuchungen zu den Lebens- und Arbeitsbedingungen der Arbeiter verschiedener Industriezweige und ihrer Familien zugrunde lagen.

222,8 *kontraktlich stipulirt*: vertraglich vereinbart und festgelegt.

223,10 f. *No admittance except on business.*: kein Eintritt außer in Geschäftsangelegenheiten.

223,17 *Eden*: Paradies.

223,19 *Bentham*: Jeremy Bentham (1748–1832), Jurist und Ökonom (vgl. 154,33), Begründer des Utilitarismus, einer »Ethik der Nützlichkeit«, in der das persönliche Interesse als Triebfeder alles Handelns gilt, wobei die persönlichen Interessen aller Einzelnen, wenn sie wohl verstanden werden, im Einklang mit dem der Gesellschaft stehen.

223,30 ff. *»It is* […] *on the other.«*: »Es ist eine gängige Praxis der Herren der Kohlengruben, einmal im Monat auszuzahlen und ihren Arbeitern am Ende jeder dazwischen liegenden Woche Geld vorzuschießen. Dieses Geld wird dem Laden gegeben […]; die Männer nehmen ihn auf der einen Seite in Empfang und geben ihn auf der anderen wieder aus.«

224,14 *prästabilirten Harmonie*: nach Gottfried Wilhelm von Leibniz (1646–1716) die von Gott im Voraus festgelegte harmonische Ordnung der Welt.

224,14 f. *unter den Auspicien*: unter der schützenden Obhut.

224,23 *Physiognomie*: äußere Erscheinung des Körpers, besonders des Gesichts, aus der auf Charaktereigenschaften oder konkrete Gefühle geschlossen wird.

224,23 *dramatis personae*: handelnde Personen.

Fünftes Kapitel. Arbeitsproceß und Verwerthungsproceß

225,8 *actu*: lat.: in Wirklichkeit, tatsächlich.

225,10 *potentia*: lat.: dem Vermögen nach, potentiell.

226,2 *Botmäßigkeit*: Herrschaft, Oberherrschaft, Gewalt.

227,10 *filtrirt*: herausgefiltert.

227,24 ff. *»The earth's [...] his fortune.«*: »Die naturwüchsigen Produkte der Erde, die in geringen Mengen und ganz unabhängig vom Menschen vorkommen, scheinen von der Natur in der gleichen Art gegeben zu sein, wie einem jungen Mann eine geringe Summe gegeben wird, um ihn auf den Weg des Fleißes und des Reichtums zu führen.« (James Steuart: *An inquiry into the principles of political oeconomy: being an essay on the science of domestic policy in free nations*, vol 1.2, Dublin 1770); zu Steuart vgl. 186,31 ff.

228,7 *trotz der Bibel*: vgl. die Bergpredigt: »Seht euch die Vögel des Himmels an: Sie säen nicht, sie ernten nicht und sammeln keine Vorräte in Scheunen; euer himmlischer Vater ernährt sie. Seid ihr nicht viel mehr wert als sie? Wer von euch kann mit all seiner Sorge sein Leben auch nur um eine kleine Zeitspanne verlängern?« (Mt 6,26 f.; vgl. auch Lk 12,24 f.)

228,24 *Franklin*: zu Franklin vgl. 137,33 ff.

228,25 *»a toolmaking animal«*: »ein Werkzeuge herstellendes Tier«; Marx zitiert Franklin hier nach Thomas Bentley: *Letters on the utility and policy of employing machines to shorten labour, occasioned by the late disturbances in Lancashire*, London 1780, p. 2 f.; Bentley (2. Hälfte 18. Jahrhundert) war englischer Keramikfabrikant.

228,29 *»Théorie de l'Écon.* [...]«: Charles Ganilh: *La théorie de l'économie politique, fondée sur les faits résultans des statistiques de la France et de l'Angleterre*, t. 1–2, Paris 1815; zu Ganilh vgl. 151,2.

228,30 *Physiokraten*: vgl. 102,4.

228,33 f. *»Réflexions sur* [...]«: Anne Robert Jaques Turgot: *Réflexions sur la formation et la distribution des richesses*, in: Œuvres, nouv. éd. par Eugène Daire, t. 1, Paris 1844, p. 34; Turgot (1727–1781), frz. Politiker, Finanzminister und Ökonom; die *Réflexions* schrieb er 1766, erschienen sind sie aber erst 1769/70.

230,1 *locus standi*: lat.: Standort.

231,33 f. *Storch unterscheidet* [...]: vgl. Henri Storch: *Cours d'économie politique, ou exposition des principes qui déterminent la prospérité des nations*, t. 1.3, Paris 1823, S. 229–238; zu Storch vgl. 221,16; *»matière«*: frz.: Materie; *»matériaux«*: frz.: Material.

231,34 *Cherbuliez bezeichnet* [...]: vgl. Antoine-Elisée Cherbuliez: *Richesse ou pauvreté. Exposition des causes et des effets de la distribution actuelle des richesses sociales*, Paris 1841, S. 14; Cherbuliez (1797–1869) war ein schweizer Ökonom; *»matières instrumentales«*: frz.: instrumentelle Materialien, Hilfsmittel.

232,2 *Destillateur*: Schnapsbrenner.

233,9f. *Garnwichser*: jemand, der Garn wachst, Garnwachser.

233,22 *begeistet*: lebendig gemacht, mit Geist versehen.

234,31 *Cincinnatus*: Lucius Quinctius Cincinnatus (519–430 v. Chr.), römischer Patrizier, Konsul (460 v. Chr.) und Diktator (458 und 439 v. Chr.), der – wenn er nicht gerade seine Pflicht als Staatsbürger und Staatsmann erfüllte – ein zurückgezogenes Leben als Bauer geführt haben soll (aus diesem Grund galt er als musterhafte Verkörperung republikanischer Tugend).

234,32 *jugera*: Morgen, antikes Flächenmaß, 2523 m².

234,34f. *Oberst Torrens*: zu Torrens vgl. 154,32.

235,1 *in spe*: lat.: in Hoffnung, zukünftig.

236,7 *ernöthigt*: es nötig macht, es erfordert.

236,31ff. *»Die Produkte* [...] *jener Appropriation.«*: übersetztes Zitat aus Cherbuliez: *Richesse ou pauvretè* [...], vgl. 231,34, nicht aus *Riche ou Pouvre* [...] (so der Titel der ersten Auflage dieser Schrift, die 1840 in Genf erschien), wie Marx angibt; *appropriirt*: angeeignet, von appropriieren: sich aneignen.

237,8 *»qu'on aime pour lui-même«*: »was man um seiner selbst willen liebt«.

237,20 *approvisionnement*: frz.: Versorgung, Eindeckung.

237,28f. *James Mill: »Elements* [...]*«*: Mill: *Elements of political economy* [...], vgl. 194,34.

238,12f. *Wir wissen, daß* [...]: vgl. Text 121,24ff.

238,25 *erheischte*: vgl. 90,30.

239,26 *vernutzte*: verbrauchte.

239,32ff. *»Not only* [...] *is assisted.«*: »Nicht nur die auf Waren unmittelbar angewandte Arbeit beeinflusst ihren Wert, sondern auch die Arbeit, die für Geräte, Werkzeuge und Gebäude ausgegeben wird, mit denen diese Arbeit unterstützt wird.« (Ricardo: *On the principles* [...], vgl. 177,14ff.)

241,1 *Materiatur*: vgl. 140,9.

241,16 *gezogenen Kanonen*: Kanonen, in deren Rohr sich innen eine von Anfang bis Ende reichende spiralförmige Rille (Zug) befindet, die die Munition in Rotation versetzt, wodurch deren Flugbahn stabilisiert wird.

242,27 *Quanta*: Mengen.

243,2 [...] *aus dem Bett*: dem Flöz.

244,14 *Vulgärökonomie*: vgl. 178,36 f.
244,16 f. *Der Weg zur Hölle ist* [...] *mit guten Absichten gepflastert.*: englisches Sprichwort (»The road to hell is paved with good intentions.«).
244,20 f. *Physiokraten*: vgl. 102,4.
244,21 *agrikole Arbeit*: Arbeit in der Landwirtschaft.
244,23 ff. *»Cette façon* [...] *n'est pas multiplier.«*: »Diese Art und Weise, einem einzigen Ding den Wert mehrerer anderer zuzuschreiben (bspw. dem Flachs den Lebensunterhalt des Webers), also sozusagen verschiedene Werte Schicht für Schicht auf einen einzigen aufzutragen, bewirkt, dass dieser in gleichem Umfang zunimmt [...] Der Ausdruck Addition bezeichnet sehr gut die Weise, in welcher der Preis der handwerklichen Erzeugnisse gebildet wird; dieser Preis ist nichts anderes als die Gesamtsumme der verschiedenen verbrauchten und zusammengezählten Werte; addieren bedeutet nun aber nicht multiplizieren.« (Mercier de la Rivière: *L'ordre naturel* [...], vgl. 184,33 f.)
245,5 *katechisiert*: griech.: unterweist mündlich, übermittelt die christliche Botschaft.
245,6 *Abstinenz*: Enthaltsamkeit.
245,11 *Ascetik*: griech.: Lehre vom Streben nach religiösen und sittlichen Idealen durch Enthaltsamkeit und Entsagung.
245,11 f. *wo nichts ist, hat der Kaiser sein Recht verloren*: deutsches Sprichwort.
245,22 *MacCulloch*: vgl. 189,25.
245,23 *trutzig*: aufsässig, wehrhaft.
246,12 *overlooker*: Aufseher.
246,12 *manager*: Führungskraft.
246,15 *Litanei*: hier: abwertend: endloses Gerede.
246,17 ff. *»Las du rhümen* [...] *und wolthaten.«*: Zitat aus Martin Luther: *An die Pfarrherrn wider den Wucher zu predigen. Vermanung*, Wittemberg 1540, hier: S. 10 f.
246,34 ff. *Ich bemerke darüber in* [...]: vgl. MEGA II 2,116.
246,36 *J. B. Say*: vgl. 28,6 f.; *F. Bastiat*: vgl. 151,3.
247,22 *conditio sine qua non*: vgl. 25,13 f.
248,9 *Casus, der ihn lachen macht*: abgewandeltes Zitat aus Johann Wolfgang Goethe: *Faust. Der Tragödie erster Teil*, Szene Studierzimmer, Faust zu Mephistopheles: »Das also war des Pudels Kern! / Ein fahrender Scholast? Der Kasus macht mich lachen.«
249,13 f. *»tout* [...] *possibles«*: »alles aufs beste bestellt in der besten

aller möglichen Welten«; Aphorismus aus Voltaires (1694–1778) Roman *Candide oder der Optimismus* (1759), der selbst als bittere Satire auf das optimistische Menschen- und Weltbild des deutschen Philosophen Gottfried Wilhelm Leibniz (1646–1717) verfasst wurde und auf dessen Prinzip der prästibilierten Harmonie abzielt (vgl. 224,14).

249,21 f. *als hätt' es Lieb' im Leibe.*: nach Johann Wolfgang Goethe: *Faust. Der Tragödie erster Teil*, Szene Auerbachs Keller, Lied der lustigen Gesellen über eine Ratte, die Gift gefressen hat, in Panik hin und her springt und stirbt.

251,3 *code pénal*: eigentlich französisches Strafgesetzbuch; es galt als ausgesprochen repressiv, 1811 wurde es von Napoleon in Kraft gesetzt (es regelt bspw. die Anwendung des Halseisens, Brandmarkens, von Verstümmelungen, der Todesstrafe, Deportation, Zwangsarbeit usw.); steht hier allgemein für ein strenges und repressives Strafgesetzbuch.

251,9 *der früher aus der Analyse der Waare gewonnene Unterschied*: vgl. Text 124,6–131,28 und 240,15–242,15.

251,14 ff. *instrumentum vocale* [...] – *semivocale* [...] – *mutum*: sprachbegabtes –; stimmbegabtes –; stummes Werkzeug.

251,19 f. *con amore*: ital.: mit Liebe.

251,29 ff. *»I am here* [...] *in the North.«*: »Mir wurden hier Werkzeuge gezeigt, mit denen bei uns kein vernünftiger Mensch einen Arbeiter belasten würde, dem er Lohn zahlt; ihr außerordentliches Gewicht und ihre Plumpheit machen die Arbeit mit ihnen meiner Ansicht nach um mindestes zehn Prozent schwerer als mit den gewöhnlich bei uns benutzten [Werkzeugen]. Wie man mir versicherte, ist es bei der sorglosen und unbeholfenen Art, mit der sie bei den Sklaven wohl benutzt werden müssen, nicht möglich, ihnen mit gutem Erfolg weniger schwere und plumpe Werkzeuge anzuvertrauen; solche Werkzeuge, wie wir sie beständig unseren Arbeitern geben, und mit gutem Gewinn, würden auf einem Kornfeld in Virginia nicht einen Tag überdauern – obgleich der Boden leichter und steinfreier ist als der unsrige. Gleichfalls wurde mir – als ich fragte, warum auf den Farmen im allgemeinen Pferde durch Maultiere ersetzt werden – als erster und zugegeben ausschlaggebender Grund genannt, dass Pferde die Behandlung nicht ertragen, die sie von den Negern ständig erfahren; Pferde werden von ihnen nach kurzer Zeit lahm gemacht und zu Krüppeln geschlagen, während Maultiere Prügel und ein oder zwei ausgelassene Fütterungen ertragen, ohne körperlich geschädigt zu werden; sie erkälten sich auch nicht und werden nicht krank, wenn sie vernachlässigt oder überarbeitet werden. Aber ich brauche gar nicht weiter als bis zum Fenster des Zimmers zu gehen, in dem ich schreibe, um zu fast jeder Zeit eine Behandlung des Viehs zu beobachten, die bei jedem Farmer im Norden wohl zur sofortigen Entlassung des Treibers führen würde.« (Frederick Law Olmsted: *A journey in the seaboard slave states*, New York; London 1856, zitiert nach: John Elliot Cairnes: *The slave power: its character, career, and probable designs: beeing an attempt to explain the real issues involved in the American contest*, London 1862).

252,8 *Es wurde früher bemerkt*: vgl. Text 250,27ff.

253,12f. *»skilled« und »unskilled labour«*: qualifizierte, gelernte und ungelernte Arbeit.

253,27 *Damastwirkers*: eines Webers, der bunte Streifen, Muster und Figuren in (Seiden-)Stoff einarbeitet.

253,28 *Baumwollsammtscheerers*: eines Barchant-Webers, d. h. des Herstellers von Barchant, eines groben Baumwoll-Flachs-Mischgewebes.

253,33 *Laing*: Samuel Laing (1810–1897), britischer Jurist, Publizist und Parlamentarier.

253,36 *Paupers*: vgl. 96,9.

254,22f. *S. Laing: »National Distress* [...]«: Samuel Laing: *National distress, its causes and remedies*, London 1844.

254,23f. *»The great class* [...] *of the poeple.«*: »Die große Klasse, die für Nahrung nichts zu geben vermag als gewöhnliche Arbeit, ist die große Masse der Menschen.« (James Mill: Art. »Colony«, in: *Supplement to the fourth, fifth and sixth editions of the Encyclopaedia Britannica*, Edinburgh 1824); Marx zitiert diesen Artikel nach Edward Gibbon Wakefield: *England and America*,vol. 2, London 1833, p. 77; zu James Mill vgl. 154,32.

254,27ff. *»Where reference* [...] *easily ascertained.«*: »Wo von Arbeit als Maßstab des Werts gesprochen wird, impliziert man notwendigerweise Arbeit einer bestimmten Art [...] das Verhältnis, in dem die anderen Arten zu ihr stehen, ist leicht zu ermitteln.« (John Cazenove: *Outlines of political economy, being a plain and short view of the laws relating to the production, distribution, and consumption of wealth*, London 1832); Cazenove (1788–1879) war ein englischer Ökonom.

Siebentes Kapitel. **Die Rate des Mehrwerths**

254,7 *Exploitationsgrad*: Grad der Ausbeutung.
255,10 f. *Tautologie*: vgl. 99,11.
256,29 ff. *»If we* [...] *annual returns.«*: »Wenn wir den Wert des angewandten fixen Kapitals als Teil des vorgeschossenen berechnen, müssen wir den am Ende des Jahres verbliebenen Wert dieses Kapitals als einen Teil der jährlichen Einnahme berechnen.« (Thomas Robert Malthus: *Principles of political economy considered with a view to their practical education*, 2nd ed., London 1836), zu Malthus vgl. 205,30.
257,9 *Inkrement*: vgl. 189,8.
258,23 f. *Wir behandeln dieß Verhältniß* [...]: vgl. Marx: *Das Kapital. Kritik der politischen Oekonomie*, Dritter Band, 1. Abschnitt: Die Verwandlung des Mehrwerths in Profit und der Rate des Mehrwerths in Profitrate (vgl. MEGA II 15,29 ff.).
258,31 *Retorten*: Destilliergefäße, die aus Kolben, Destillierhelm und Abflussrohr bestehen und meist aus Glas hergestellt sind.
259,28 f. *»nil posse creari de nihilo«*: »nichts kann aus dem Nichts geschaffen werden« (Lucretius: *De rerum natura I*, 156–159); Lucretius (ca. 99–55 v. Chr.) war ein römischer Dichter und materialistisch orientierter Philosoph.
259,33 f. *»rate of profits«*: Profitrate; *»rate of interest«*: Zinssatz.
259,34 *Man wird aus Buch III* [...]: vgl. 258,23 f.
260,1 *Wir haben gesehn* [...]: vgl. Text 260,1 ff.
260,19 f. *aliquoten Theil*: Teil, der im Ganzen ohne Rest aufgeht.
260,30 *ni l'un, ni l'autre*: frz.: weder das eine, noch das andere.
261,32 *termini technici*: Fachausdrücke, Fachbegriffe.
261,35 *Gottsched'sche Genialität*: Anspielung auf den Literaturkritiker und Schriftsteller Johann Christoph Gottsched (1700–1766), dessen Name zum Synonym wurde für Regelverliebtheit und fehlende literarische Originalität; *Herr Wilhelm Thukydides Roscher*: Anspielung auf die Vorrede zur ersten Auflage des Buches »Die Grundlagen der Nationalökonomie«, in der sich Wilhelm Roscher auf den griechischen Historiker Thukydides (ca. 460–395 v. Chr.) als Lehrer und Vorbild beruft; zu Roscher vgl. 201,32.
262,15 ff. *»Sparsamkeit« des Kapitalisten* [...] *gezwungen werden*: Marx paraphrasiert hier: Wilhelm Roscher: *Die Grundlagen der Nationalökonomie*, 3. verm. u. verb. Aufl., Stuttgart u. Augsburg 1858, S. 77 und 82; zu Roscher vgl. 201,32.

262,20 f. *apologetische Scheu*: Zurückhaltung zugunsten der Verteidigung und Aufrechterhaltung, hier gegenüber der Aneignung des Mehrwerts durch den Kapitalisten.
262,23 *Cons.*: Konsorten, lat.: Genossen.
262,29 *Exploitation*: Ausbeutung.
263,7 f. *Herrn Carey und andre Harmoniker*: Henry Charles Carey (1793–1879), amerikanischer Unternehmer und Ökonom, war ein Begründer der Theorie von der Klassenharmonie in der bürgerlichen Gesellschaft; vgl. bspw. sein Buch *Principles of political economy. Tome 1: Of the laws of the production and distribution of wealth*, Philadelphia 1837, an das auch Frédéric Bastiat (vgl. 151,3) anknüpft, in: *Harmonies économiques*, Paris 1850.
264,5 *einzuexerciren*: einzuüben (militärisch).
264,18 *Indikator*: hier: Vorrichtung zur Aufzeichnung des Arbeitsvorgangs von Dampfmaschinen.

Das Kapital. Kritik der politischen Oekonomie Dritter Band Buch 3: *Der Gesamtproceß der kapitalistischen Produktion*

Nachdem die erste Auflage des ersten Bandes des *Kapital* 1867 erschienen war, ließ die Veröffentlichung der folgenden beiden Bände zwei und drei auf sich warten. Marx bearbeitete die Manuskripte, Exzerpte und Vorstudien, die diesen Bänden zugrunde liegen sollten, nicht mehr. (Vgl. Berger, 11.) Nicht zuletzt deshalb hat der erste Band, der das theoretische Fundament der folgenden enthält, lange Zeit für sich allein gewirkt.

Den zweiten Band konnte Engels 1885 herausgeben; der dritte erschien erst 1894. Besonders die Redaktion dieses dritten Bandes gestaltete sich schwierig: Engels benötigte etwa neun Jahre, um auf Grundlage des Manuskripts von 1864/65 (MEGA II 4.2) eine lesbare und zugleich nachvollziehbare Fassung zu erarbeiten. Dabei nahm er zum Teil starke Umarbeitungen vor: Er griff in die Textanordnung ein, untergliederte anders, modifizierte Überschriften, gewichtete Textstellen um, ließ andere weg, schob Aktualisierungen ein etc. Marx hatte das Manuskript zudem teilweise verwirrend, teilweise auch gar nicht mit Seitenzahlen versehen.

So fanden sich bspw. die Fragmente zum hier abgedruckten 48. Kapitel des siebenten Abschnitts in Marx' Manuskript innerhalb des sechsten Abschnitts, da Marx große Teile der Fragmente bereits während der Niederschrift dieses sechsten Abschnitts verfasste. Aufgrund der fehlenden bzw. irritierenden Paginierung hat Engels die Fragmente letztlich nicht in der Reihenfolge zusammengestellt, wie Marx das geplant hatte. So sollte dieses 48. Kapitel (und damit der siebente Abschnitt) beginnen mit Text 270,18–272,7. (Vgl. MEGA II 4.2,834 und 720–722.) Dann sollte Text 272,8–278,14 vor den Abschnitten folgen, die Engels mit »I.« und »II.« überschrieb, dabei sollte »II.« seine Fortsetzung finden in Text 278,16–290,33 (vgl. ebenda 840–853).

Druckvorlage: MEGA II 15,789–806 (vgl. MEW 25,822–839)

Achtundvierzigstes Kapitel. Die trinitarische Formel

266,8 *trinitarische*: die Lehre von der Dreieinigkeit Gottes (Gott Vater, Sohn und Heiliger Geist) betreffend.
266,14 *wie früher gezeigt*: vgl. Karl Marx: *Das Kapital. Kritik der politischen Oekonomie. Dritter Band: Der Gesamtproceß der kapitalistischen Produktion*, 23. Kapitel: Zins und Unternehmergewinn (MEGA II 15,360–380; MEW 25,383–403).
266,25 *Die folgenden drei Fragmente*: Zusatz von Friedrich Engels; vgl. Einleitung zu diesem Kapitel.
267,1 f. *disponiblen*: zur Verfügung stehenden.
267,30 *rudis indigestaque moles*: lat.: rohe, gestaltlose Masse (Ovid in den *Metamorphoses* I,7, über die Schöpfung der Welt).
268,5 ff. *advantages* [...] *to the landlord.*: »Vorteile von fruchtbarem gegenüber unfruchtbarem Boden [...] übertragen werden vom Bebauer oder Konsumenten auf den Grundeigentümer.« (Ricardo: *On the principles* [...], vgl. 177,14 ff.)
268,25 *Revenue*: Einkommen, Einkünfte.
269,4 *rangirt*: hier: eingeordnet.
269,13 *respektive*: beziehungsweise, oder.
269,36 *Wohlfeilheit*: Billigkeit.
270,2 *agrikole Arbeit*: vgl. 244,21.
270,16 *[Hier bricht das Ms. ab.]*: der Zusatz stammt von Friedrich

Engels. Dieser Abschnitt fährt aber eigentlich fort mit Text 278,16; die Annahme, dass das Manuskript hier abbricht, ist ein Irrtum von Engels (vgl. Einleitung zu diesem Kommentarteil).

270,18 *Vulgärökonomie*: vgl. 178,36f.
270,21 *apologetisieren*: verteidigen.
270,24 *prima facie*: lat.: auf den ersten Blick.
271,6 *inkommensurable*: miteinander nicht vergleichbare.
271,15 *okkulten*: vgl. 194,11.
271,29 *Inkommensurable*: das nicht Vergleichbare.
271,33f. *wie in Buch I nachgewiesen* [...]: vgl. dazu Karl Marx: *Das Kapital. Kritik der politischen Oekonomie. Erster Band: Der Produktionsproceß des Kapitals*, 17. Kapitel: Verwandlung von Wert resp. Preis der Arbeitskraft in Arbeitslohn, in: MEGA II 10,479–485; MEW 23,557–564.
272,2 *gelber Logarithmus*: als abstrakte mathematische Funktion kann ein Logarithmus eigentlich keine Farbe haben!
272,2f. *Vulgärökonom*: vgl. 178,36f.
272,6 *überhebt*: entledigt.
272,8 *Wir haben gesehn* [...]: vgl. Text 171,20ff.
272,31 *Wir sahen ferner* [...]: vgl. Text 191,11ff.
272,32 *fungirt*: dient als.
273,12 *antagonistisch*: vgl. 112,25f.
273,14 *Assekuranz*: Versicherung.
275,7 *Dividende*: jährlicher Gewinn pro Aktie, der aus dem reinen Gewinn des entsprechenden Unternehmens resultiert.
275,8 *Quote*: Anteil, der bei der Aufteilung (hier: des Kapitals) an Einzelne entfällt.
275,21f. *nach früher entwickelten Gesetzen*: vgl. Karl Marx: *Das Kapital. Kritik der politischen Oekonomie. Dritter Band: Der Gesamtproceß der kapitalistischen Produktion*, sechster Abschnitt: Verwandlung von Surplusprofit in Grundrente (in: MEGA II 15,602–788, MEW 25,627–821).
276,33f. *respektiven*: jeweiligen.
276,36 *perennirenden*: beständigen, ausdauernden.
277,10 *wie früher gezeigt*: Marx bezieht sich hier wohl erneut auf das 17. Kapitel des ersten Bandes (vgl. 271,33f.).
278,5f. *werden wir im Fortgang der Untersuchung weiter entwickeln*: vgl. Text 288,21–290,33.
278,15 *[Hier fehlt ein Foliobogen im Ms.]*: der Zusatz stammt von

Engels, der auf einem Irrtum beruht (vgl. Einleitung zu diesem Kapitel). Der nächste, mit »Differentialrente ist gebunden [...]« beginnende Abschnitt sollte eigentlich anschließen an »2)« (Text 270,16).

278,16 *Differentialrente*: eine spezielle Ausprägung der Grundrente (Pacht), die der Grundbesitzer vom Pächter als dem Nutzer des Bodens erhält. Sie entsteht durch einen natürlichen Produktionsvorteil (besondere Fruchtbarkeit des Bodens, Verfügbarkeit einer natürlichen Antriebskraft wie Wasser o. ä.), der bewirkt, dass ein über dem sonstigen Durchschnitt liegender Profit erwirtschaftet wird. Diesen Extraprofit eignet sich der Grundeigentümer an. Marx zeigt, dass diese Differentialrente, wie auch die Grundrente überhaupt, einen Abzug vom kapitalistischen Mehrwert darstellt, dass also durch sie nur scheinbar Reichtum ohne Arbeit einsteht. Im dritten Band des Kapital widmen sich die Kapitel 38–44 der Differentialrente (MEGA II 15,627–724; MEW 25,653–755).

278,34 f. *Es ist überhaupt früher gezeigt worden*: Marx bezieht sich hier wohl erneut auf das 17. Kapitel des ersten Bandes (vgl. 271,33 f.).

279,25 *extrahirt*: herauszieht.

280,5 *Drittens*: »Erstens« findet sich im Text 267,1, »Zweitens« im Text 269,11.

280,7 *Inkongruität*: Nichtübereinstimmung.

283,12 *(Roscher.)*: Vermutlich bezieht sich Marx auf folgende Stelle bei Roscher: »Man darf nie vergessen, daß die Grundrente ein Geschenk der Natur, der Kapitalzins eine fernere, durch Sparsamkeit gewonnene Frucht älterer, bereits vergoltener Arbeit ist.« (Wilhelm Roscher: *System der Volkswirthschaft. Ein Hand- und Lesebuch für Geschäftsmänner und Studierende. 1. Band: Die Grundlagen der Nationalökonomie*, 3. verm. und verb. Aufl., Stuttgart, Augsburg 1858, S. 399); zu Roscher vgl. 201,32.

283,29 *Wir haben bereits bei den einfachsten Kategorien* [...] *nachgewiesen*: vgl. Text 162,10 ff.

283,31 f. *Wages* [...] *value.*: Arbeitslohn, Profit und Rente stellen die drei Urquellen allen Einkommens, wie auch allen tauschbaren Wertes dar. (Smith, Adam: *An inquiry into the nature and causes of the wealth of nations*, in 2 vol., London 1776, p. 63.); zu Smith vgl. 28,6 f.

283,32 ff. *C'est* [...] *qui existent.*: Also sind die Ursachen der materiellen Produktion gleichzeitig die Quellen der ursprünglichen Einkünfte, die es gibt. (Storch: *Cours d'économie politique* [...], vgl. 221,16.)

285,26 *Wir hatten in Buch II* [...]: vgl. Karl Marx: *Das Kapital. Kritik der politischen Oekonomie. Zweiter Band: Der Zirkulationsproceß des Kapitals*, Hamburg 1885 (MEW 24).

286,8 f. *wie wir sahen* [...]: Marx bezieht sich mit der folgenden Zusammenfassung über die Verwandlung des Mehrwerts in Pofit insbesondere auf die Kapitel 3 bis 7 (MEGA II 15,51–143), 9 (MEGA II 15,155–173) und 23 (MEGA II 15,360–380) des dritten Bandes des *Kapital*.

287,4 *Exploitation*: Ausbeutung.

288,23 *Trinität*: Dreieinigkeit Gottes (vgl. 266,7).

288,30 f. *Monsieur le Capital*: Formulierung von Constantin Pecqueur, in: Pecqueur: *Théorie nouvelle d'économie sociale et politique, ou études sur l'organisation des sociétés*, Paris 1842, p. 880; Pecqueur (1801–1887) war ein französischer Ökonom und Frühsozialist.

290,3 *Prosperität*: wirtschaftlicher Aufschwung.

290,28 *mittelalterliches Zunftwesen*: vgl. 83,9.

Peggy H. Breitenstein

Verzeichnis der von Marx verwendeten Abkürzungen und der von ihm erwähnten Gewichte, Maße und Münzen

Abkürzungen

&	für ›und‹
&c; etc; etc.	für ›und so weiter‹
pp	für ›und so fort‹
s. g.	für ›so genannte/r‹
resp.	für ›respektive‹: beziehungsweise, oder

Gewichte

Centner (Ctr.)	für Zentner, also ca. 50 kg
Pfund (℔/Pfd.)	16 Unzen, ca. 453,6 g
Quarter	28 Pfund, ca. 12,7 kg
Stone (stone)	14 Pfund, ca. 6,35 kg
Tonne (ton)	2240 Pfund, ca. 1016,05 kg
Unze	altes Gewicht, entspricht ca. 28,35 g

Längen-, Flächen- und Hohlmaße

Bushel	Hohlmaß, entspricht ca. 36,35 l
Ellen	Längenmaß, eine preußische Elle misst ca. 66,7 cm
Scheffel	deutsches Hohlmaß für trockene Schüttgüter, insbesondere Getreide; regional sehr unterschiedliche Größen

Münzen

Farthing	kleine englische Silber-, später Kupfermünze, deren Benennung sich von fourthling (Viertelstück eines Penny) herleitet
Guinee	britische Goldmünze, 21 Schilling
Livres	französische Silbermünze, 1 Franc

Penny (pence; d.)	4 Farthing
Pfund Sterling (£/Pfd. St.)	20 Schilling
Schilling (shilling; sh.)	12 Penny
Souvereigns	englische Goldmünze, 1 Pfund Sterling
Thaler (Taler)	alte Silbermünze mit verschiedenen Werten, meist ungefähr 3 Schilling

Zeittafel

1818 Karl Marx wird am 5. Mai in Trier geboren.

1835 Abitur in Trier, Jurastudium in Bonn.

1836 Verlobung mit Jenny von Westphalen. Jura- und Philosophiestudium in Berlin; zunehmende Beschäftigung mit Hegel. Umgang mit den Linkshegelianern im »Doktorclub«.

1841 Promotion in Philosophie *(in absentia)* in Jena mit der Arbeit *Die Differenz der demokritischen und epikureischen Naturphilosophie.*

1842 Redakteur der *Rheinischen Zeitung* (das Organ der liberalen rheinländischen Bourgeoisie, die der preußischen Regierung gegenüber oppositionell eingestellt war).

1843 Verbot der *Rheinischen Zeitung*. Heirat mit Jenny von Westphalen. Übersiedelung nach Paris.

1844 Mit Arnold Ruge Herausgabe des ersten und einzigen Bandes der *Deutsch-französischen Jahrbücher.* Die *[Ökonomisch-philosophischen Manuskripte]* (auch: *[Pariser Manuskripte]*) entstehen, die 1932 erstmals veröffentlicht werden. Marx schreibt die Einleitung *Zur Kritik der Hegel'schen Rechts-Philosophie.* Beginn der Freundschaft und Zusammenarbeit mit Friedrich Engels.

1845 Gemeinsam mit Engels veröffentlicht Marx *Die Heilige Familie* (die insbesondere gegen den Linkshegelianer Bruno Bauer gerichtet ist). Ausweisung aus Frankreich, Umzug nach Brüssel. Mit Engels erste Reise nach England. Beginn der gemeinsamen Arbeit an *Die deutsche Ideologie*, die ebenfalls erst 1932 veröffentlicht wird.

1846 Marx und Engels initiieren die Gründung »Kommunistischer Korrespondenzkomitees«, welche die Verbindung zwischen kommunistischen Organisationen verschiedener Länder sichern sollen. Angriffe gegen unterschiedliche Strömungen des Kommunismus, u. a. gegen Wilhelm Weitling.

1847 Marx' gegen den anarchistisch orientierten französischen Ökonomen und Soziologen Pierre-Joseph Proudhon (1809–1865) gerichtete Schrift *Misère de la Philosophie* erscheint (eine deutsche Fassung wird erst 1884 unter dem Titel *Das Elend der Philosophie* veröffentlicht). Marx und Engels treten dem »Bund der Kommunisten« (ehemals »Bund der Gerechten«) bei.

1848 Auf Bitten des »Bundes der Kommunisten« verfassen Marx und Engels das *Manifest der Kommunistischen Partei.* Ausweisung aus Belgien; Marx geht zurück nach Köln, wird Herausgeber und Chefredakteur der *Neuen Rheinische Zeitung*, die allerdings bereits ein knappes Jahr später ihr Erscheinen einstellen muss.

1849 Marx wird von der preußischen Regierung als Staatenloser ausgewiesen. Übersiedelung nach London.

1852 Marx' Schrift *Der 18. Brumaire des Louis Bonaparte* erscheint. Kommunistenprozess in Köln.

1852–61 Marx verfasst hunderte Artikel für amerikanische Zeitungen, insbesondere für die *New York Daily Tribune*, *The Peoples Papers*, die *New York Weekly Tribune* etc.

1853 *Enthüllungen über den Kommunistenproceß zu Köln.*

1857/58 Marx' *Grundrisse der Kritik der politischen Oekonomie*, eine erste Rohfassung des *Kapital*, entstehen (erstmals erschienen 1939–1941).

1859 erscheint *Zur Kritik der politischen Oekonomie. Erstes Heft.*

1861–63 Es entsteht das Forschungsmanuskript *Zur Kritik der politischen Oekonomie* (MEGA II 3.1–3.6), das auch die Texte enthält, die 1905–1910 unter dem Titel *Theorien über den Mehrwerth* veröffentlicht werden.

1863–65 Marx entwirft alle drei Bände des *Kapital* (die Bände MEGA II 4.1 und 4.2 enthalten die Entwürfe für Band II und III).

1864 Gründung der Internationalen Arbeiter-Assoziation (IAA, »Erste Internationale«), für die Marx die *Inauguraladresse* schreibt.

1865 Anlässlich einer Sitzung des Generalrats der IAA in London trägt Marx die Schrift *Lohn, Preis und Profit* vor (erstmals veröffentlicht 1898).

1867 *Das Kapital. Kritik der politischen Oekonomie.* Erster Band. Buch I: *Der Produktionsproceß des Kapitals*, Hamburg: Verlag von Otto Meissner.

1871 Zeit der »Pariser Kommune«, die jedoch niedergeschlagen wird. Marx verfasst dazu *Der Bürgerkrieg in Frankreich.*

1875 In Gotha vereinigen sich die deutschen Arbeiterparteien zur »Sozialistischen Arbeiterpartei«. Marx verfasst *Kritik des Gothaer Programms*, die aber erst 1891 veröffentlicht wird.

1877 Mitarbeit an Engels' *Anti-Dühring* (erschienen 1878).
1881 Tod der Ehefrau Jenny Marx.
1883 Marx stirbt in London.
1885 Engels gibt den zweiten Band des *Kapital* mit dem Untertitel *Der Cirkulationsproceß des Kapitals* heraus.
1894 Engels gibt den dritten Band des *Kapital* mit dem Untertitel *Der Gesamtproceß der kapitalistischen Produktion* heraus.
1895 Engels stirbt in London.

Literaturhinweise

Originaltexte

Karl Marx und Friedrich Engels: Werke (MEW). 39 Bde. Berlin: Dietz, 1956 ff.

Karl Marx und Friedrich Engels: Gesamtausgabe (MEGA). Berlin: Akademie Verlag, 1975 ff.

Karl Marx: Staatstheorie. Materialien zur Rekonstruktion der marxistischen Staatstheorie. Hrsg. und eingel. von Eike Hennig, Joachim Hirsch, Helmut Reichelt und Gert Schäfer. Frankfurt a. M. / Berlin / Wien: Ullstein, 1974.

Texte zur materialistischen Geschichtsauffassung von Ludwig Feuerbach, Karl Marx, Friedrich Engels. Hrsg. und eingel. von Helmut Reichelt. Frankfurt a. M. / Berlin / Wien: Ullstein, 1975.

Karl Marx: Die technologisch-historischen Exzerpte. Transkribiert und hrsg. von Hans-Peter Müller. Frankfurt a. M. / Berlin / Wien: Ullstein, 1981.

Karl Marx: Exzerpte über Arbeitsteilung, Maschinerie und Industrie. Transkribiert und hrsg. von Rainer Winkelmann. Frankfurt a. M. / Berlin / Wien: Ullstein, 1982.

Das Kommunistische Manifest von Karl Marx und Friedrich Engels. Von der Erstausgabe zur Leseausgabe. Mit einem Editionsbericht von Thomas Kuczynski. Trier 1995 (Schriften aus dem Karl-Marx-Haus Trier. 49).

Marx. Ausgew. und vorgestellt von Oskar Negt. München: Dietrichs, 1996.

Marx lesen. Die wichtigsten Texte von Karl Marx für das 21. Jahrhundert. Hrsg. von Robert Kurz. Frankfurt a. M.: Eichborn, 2000.

Karl Marx, Friedrich Engels: Die deutsche Ideologie. Artikel, Druckvorlagen, Entwürfe, Reinschriftenfragmente und Notizen zu I. Feuerbach und II. Sankt Bruno. Bearb. von Inge Taubert und Hans Pelger. Unter Mitw. von Margret Dietzen, Gerald Hubmann und Claudia Reichel. Marx-Engels-Jahrbuch 2003. Berlin: Akademie, 2004.

Karl Marx: Ökonomisch-Philosophische Manuskripte. Mit Komm. hrsg. von Michael Quante. Frankfurt a. M.: Suhrkamp, 2009.

Karl Marx: Das Kapital. Kritik der politischen Ökonomie. Erster

Bd. Mit Einl. und Komm. hrsg. von Michael Quante. Hamburg: Meiner, 2019.

Materialien und Reihen

Kritisches Wörterbuch des Marxismus. Hrsg. von Georges Labica. Berlin: Argument, 1983.

Historisch-kritisches Wörterbuch des Marxismus. Hrsg. von Wolfgang Fritz Haug, Frigga Haug und Peter Jehle. Hamburg: Argument-Verlag, 1994 ff.

Beiträge zur Marx-Engels-Forschung. Neue Folge. Hamburg: Argument, 1991 ff.

Schriften der Marx-Gesellschaft. Freiburg: ça ira, 1997 ff.

Marx-Engels-Jahrbuch. Hrsg. von der Internationalen Marx-Engels-Stiftung. Berlin: Akademie, 2003 ff.

Rewiew of Radical Political Economics. Hrsg. von der Union for Radical Political Economics. Thousend Oaks (CA): Sage Publications, 1968 ff.

Actuel Marx. Hrsg. von Jacques Bidet. Paris: Presses Universitaires de France (PUF), 1987 ff.

De Gruyter Marx Forschung. Hrsg. von Andreas Arndt und Gerald Hubmann. Berlin: De Gruyter, 2020 ff.

Sekundärliteratur

Althusser, Louis: Pour Marx. Paris 1965. – Dt.: Für Marx. Frankfurt a. M.: Suhrkamp, 1968.

Angehrn, Emil / Lohmann, Georg (Hrsg.): Ethik und Marx. Moralkritik und normative Grundlagen der Marxschen Theorie. Königstein: Athenäum, 1987.

Arndt, Andreas: Karl Marx. Versuch über den Zusammenhang seiner Theorie. Bochum: Germinal, 1985.

– Geschichte und Freiheitsbewusstsein. Zur Dialektik der Freiheit bei Hegel und Marx. Berlin: Eule der Minerva, 2015.

– Hegel in Marx. Studien zur dialektischen Kritik und zur Theorie der Befreiung. Berlin: Dietz, 2023.

Backhaus, Hans-Georg: Dialektik der Wertform. Untersuchungen zur Marxschen Ökonomiekritik. Freiburg: ça ira, 1997.

Berger, Michael: Karl Marx: »Das Kapital«. München: Wilhelm Fink, 2003.
Bidet, Jacques: Reconstruire le »Capital« pour reconstruire la théorie de la société moderne. Paris: Presses Universitaires de France, 2004.
Böhm, Andreas: Kritik der Autonomie. Freiheits- und Moralbegriffe im Frühwerk von Karl Marx. Bodenheim: Syndikat, 1998.
Bohlender, Matthias / Schönfelder, Anna-Sophie / Spekker, Matthias: »Kritik im Handgemenge«: Die Marx'sche Gesellschaftskritik als politischer Einsatz. Bielefeld: transcript, 2018.
Bonefeld, Werner / Heinrich, Michael: Kapital & Kritik. Nach der ›neuen‹ Marx-Lektüre. Hamburg: VSA, 2011.
Braun, Eberhard: Aufhebung der Philosophie. Marx und die Folgen. Stuttgart: Metzler, 1992.
Brentel, Helmut: Soziale Form und ökonomisches Objekt. Studien zum Gegenstands- und Methodenverständnis der Kritik der politischen Ökonomie. Opladen: Westdeutscher Verlag, 1989.
Burgio, Alberto: Strutture e catastrofi. Kant – Hegel – Marx. Rom: Editori Riuniti, 2000.
Callinicos, Alex: Die revolutionären Ideen von Karl Marx. Frankfurt a. M.: Neuer ISP Verlag, 2005.
Cohen, Gerald A.: Marx' Theory of History. A Defense. Oxford: Clarendon Press, 1978.
Derrida, Jacques: Spectres de Marx. Paris: Galilée, 1993. – Dt.: Marx' Gespenster. Frankfurt a. M.: Suhrkamp, 1995.
Eagleton, Terry: Marx. New York: Routledge, 1999.
Elbe, Ingo: Marx im Westen. Die neue Marx-Lektüre in der Bundesrepublik seit 1965. Berlin: De Gruyter, 2008.
Fetscher, Iring: Karl Marx und der Marxismus. München: Piper, 1967.
– Marx. Freiburg: Herder, 1999.
Flechtheim, Ossip / Lohmann, Hans-Martin: Marx zur Einführung. Hamburg: Junius, [4]2003.
Fleischer, Helmut: Marxismus und Geschichte. Frankfurt a. M.: Suhrkamp, 1969.
– Marx und Engels. Die philosophischen Grundlinien ihres Denkens. Freiburg/München: Piper, 1970.
Gerhardt, Volker (Hrsg.): Marxismus. Versuch einer Bilanz. Magdeburg: Scriptum, 2001.
Göhler, Gerhard: Die Reduktion der Dialektik durch Marx. Stuttgart: Klett-Cotta, 1980.

Gramsci, Antonio: Lettere dal carcere. Turin 1947. – Dt.: Gefängnishefte. Hrsg. von Klaus Bochmann und Wolfgang Fritz Haug. Hamburg: Argument, 1994 ff.

Greffrath, Mathias (Hrsg.): RE: Das Kapital. Politische Ökonomie im 21. Jahrhundert. München: Kunstmann, 2017.

Hartmann, Klaus: Die Marxsche Theorie. Eine philosophische Untersuchung zu den Hauptschriften. Berlin: Walter de Gruyter, 1970.

Haug, Wolfgang Fritz: Vorlesungen zur Einführung ins »Kapital«. Köln: Pahl Rugenstein, 1974.

– Neue Vorlesungen zur Einführung ins »Kapital«. Hamburg: Argument, 2005.

– Einführung in Marxistisches Philosophieren. Hamburg: Argument, 2006.

– Das »Kapital« lesen – aber wie? Materialien. Hamburg: Argument, 2013.

Heilgendorff, Franz: Kategoriale Kritik. Zur Bedeutung von Kategorie und Begriff in der dialektischen Methode bei Marx. Berlin: Dietz, 2023.

Heinrich, Michael: Die Wissenschaft vom Wert. Die Marxsche Kritik der politischen Ökonomie zwischen wissenschaftlicher Revolution und klassischer Tradition. Münster: VSA, 1999.

– Kritik der politischen Ökonomie. Eine Einführung. Stuttgart: Schmetterling, 2005.

– Wie das Marxsche »Kapital« lesen? Leseanleitung und Komm. zum Anfang des »Kapital«. Tl. 1. Stuttgart: Schmetterling, [2]2009.

– Wie das Marxsche »Kapital« lesen? Leseanleitung und Komm. zum Anfang des »Kapital«. Tl. 2. Stuttgart: Schmetterling, 2013.

Henning, Johann Christoph: Philosophie nach Marx: Bausteine zu einer Kritik der normativen Sozialphilosophie. Bielefeld: transcript, 2005.

Hobsbawm, Eric u. a. (Hrsg.): Das Manifest – heute. 150 Jahre Kapitalismuskritik. Hamburg: Europäische Verlagsanstalt, 1998.

Hoff, Jan: Kritik der klassischen politischen Ökonomie. Zur Rezeption der werttheoretischen Ansätze ökonomischer Klassiker durch Karl Marx. Köln: PapyRossa, 2004.

– Marx global. Zur Entwicklung des internationalen Marx-Diskurses seit 1965. Berlin: De Gruyter, 2009.

– / Petroli, Alexis / Stützle, Ingo / Wolf, Frieder Otto (Hrsg.):

Das Kapital neu lesen. Beiträge zur radikalen Philosophie. Münster: Westfälisches Dampfboot, 2006.

Iber, Christian: Grundzüge der Marx'schen Kapitalismustheorie. Berlin: Parerga, 2005.

Iorio, Marco: Karl Marx – Geschichte, Gesellschaft, Politik. Eine Ein- und Weiterführung. Berlin: De Gruyter, 2003.

– Karl Marx interkulturell gelesen. Nordhausen: Traugott Bautz, 2005.

Jappe, Anselm: Die Abenteuer der Ware. Für eine neue Wertkritik. Münster: Unrast, 2005.

Kirchhoff, Christine u.a. (Hrsg.): Gesellschaft als Verkehrung. Perspektiven einer neuen Marx-Lektüre. Freiburg: ça ira 2004.

Kittsteiner, Heinz Dieter: Mit Marx für Heidegger – mit Heidegger für Marx. München: Wilhelm Fink, 2004.

Kößler, Reinhart / Wienhold, Hanns: Gesellschaft bei Marx. Münster: Westfälisches Dampfboot, 2001.

Korsch, Karl: Karl Marx. Marxistische Theorie und Klassenbewegung (1938). Reinbek: Rowohlt, 1981.

Krahl, Hans-Jürgen: Konstitution und Klassenkampf. Frankfurt a.M.: Neue Kritik, 1971.

Krätke, Michael R.: Kritik der Politischen Ökonomie heute. Zeitgenosse Marx. Hamburg: VSA, 2017.

Kuhne, Frank: Marx und Kant. Die normativen Grundlagen des »Kapitals«. Wellerswist: Velbrück, 2022.

Labica, Georges: Karl Marx – Thesen über Feuerbach. Hamburg: Argument, 1998.

Lenger, Hans-Joachim: Marx zufolge. Die unmögliche Revolution. Bielefeld: transcript, 2004.

Linder, Urs: Marx und die Philosophie. Wissenschaftlicher Realismus, ethischer Perfektionismus und kritische Sozialtheorie. Stuttgart: Schmetterling, 2013.

Lohmann, Georg: Indifferenz und Gesellschaft. Eine kritische Auseinandersetzung mit Marx. Frankfurt a.M.: Suhrkamp, 1991.

Lohmann, Hans-Martin: Marxismus. Frankfurt a.M. / New York: Campus, 2001.

Lukács, Georg: Geschichte und Klassenbewusstsein. In: G.L.: Werke. Bd. 2. Neuwied und Berlin: Luchterhand, 1968.

Lutz-Bachmann, Matthias: Geschichte und Subjekt. Zum Begriff der Geschichtsphilosophie bei Kant und Marx. Freiburg: Alber, 1988.

Mandel, Ernst: Entstehung und Entwicklung der ökonomischen Lehre von Karl Marx. 1843–1863. Frankfurt a. M.: Europäische Verlagsanstalt, 1968.

Mau, Søren: Stummer Zwang. Eine marxistische Analyse der ökonomischen Macht im Kapitalismus. Berlin: Dietz, 2022.

Morf, Otto: Geschichte und Dialektik in der politischen Ökonomie. Frankfurt a. M. / Wien: Europäische Verlagsanstalt, 1970.

Negt, Oskar: Kant und Marx. Ein Epochengespräch. Göttingen: Steidl, 2003.

Pagel, Ulrich: Der Einzige und die Deutsche Ideologie. Transformationen des aufklärerischen Denkens im Vormärz. Berlin: De Gruyter, 2022.

Pies, Ingo / Leschke, Martin (Hrsg.): Karl Marx' kommunistischer Individualismus. Tübingen: Mohr Siebeck, 2005.

Postone, Moishe: Zeit, Arbeit und gesellschaftliche Herrschaft. Eine neue Interpretation der kritischen Theorie von Marx. Freiburg: ça ira, 2003.

Preve, Constanzo: Marx inattuale. Eridità e prospettiva. Torino: Bollati Boringhieri, 2004.

Purschke, Dirk: Der Rechtsgedanke bei Marx. Quellenstudien zu einer entwicklungsgeschichtlichen Rekonstruktion seiner Philosophie des Rechts. Berlin: De Gruyter, 2022.

Quaas, Georg: Die ökonomische Theorie von Karl Marx. Marburg: Metropolis, 2016.

Quante, Michael: Der unversöhnte Marx: die Welt in Aufruhr. Münster: mentis, 2018.

– / Schweikard, David P. (Hrsg.): Marx Handbuch. Leben – Werk – Wirkung. Stuttgart: Metzler, 2016.

Reichelt, Helmut: Zur logischen Struktur des Kapitalbegriffs bei Marx. Frankfurt a. M.: Europäische Verlagsanstalt, 1970. Freiburg: ça ira, 2001.

Rohbeck, Johannes: Marx. Leipzig: Reclam, 2006.

Rorty, Richard: Das kommunistische Manifest 150 Jahre danach. Frankfurt a. M.: Suhrkamp, 1998.

Rosdolsky, Roman: Zur Entstehungsgeschichte des Marxschen »Kapital«. 2 Bde. Frankfurt a. M.: Europäische Verlagsanstalt, 1968.

Ruben, Peter: Dialektik und Arbeit der Philosophie. Köln: Pahl-Rugenstein, 1978.

Saito, Kohei: Natur gegen Kapital. Marx' Ökologie in seiner unvollendeten Kritik des Kapitalismus. Frankfurt a. M.: Campus, 2016.

Saito, Kohei: Systemsturz. Der Sieg der Natur über den Kapitalismus. München: dtv, 2023.

Schäfer, Márcio Egídio: Bürgerliche Gesellschaft und Staat. Zur Rekonstruktion von Marx' Theorie und Kritik des Staates. Würzburg: Königshausen & Neumann, 2018.

Schmied-Kowarzik, Wolfdietrich: Die Dialektik der gesellschaftlichen Praxis. Zur Genesis und Kernstruktur der Marxschen Theorie. Freiburg/München: Alber, 1981.

Schmidt, Alfred: Der Begriff der Natur in der Lehre von Marx. Frankfurt a. M.: Europäische Verlagsanstalt, 1962.

Schwarz, Winfried: Vom »Rohentwurf« zum »Kapital«. Die Strukturgeschichte des Marxschen Hauptwerkes. Berlin: Das Europäische Buch, 1978.

Sohn-Rethel, Alfred: Geistige und körperliche Arbeit. Frankfurt a. M.: Suhrkamp, 1972.

Stapelfeld, Gerhard: Das Problem des Anfangs in der Kritik der Politischen Ökonomie von Karl Marx. Hamburg: Springer, 2009.

Steinvorth, Ulrich: Eine analytische Interpretation der Marxschen Dialektik. Meisenheim am Glan: Verlag Anton Hain, 1977.

Warnke, Camilla / Huber, Gerhard (Hrsg.): Die ökonomische Theorie von Marx – Was bleibt? Reflexionen nach dem Ende des europäischen Kommunismus. Marburg: Metropolis, 1998.

Wolf, Dieter: Der dialektische Widerspruch im Kapital. Ein Beitrag zur Marxschen Werttheorie. Hamburg: VSA, 2002.

Zelený, Jindrich: Die Wissenschaftslogik und »Das Kapital«. Frankfurt a. M. / Wien: Europäische Verlagsanstalt, 1968.

Nachwort

Der vorliegende Band enthält eine Auswahl der philosophischen und ökonomischen Schriften von Karl Marx, von den frühen Manuskripten bis zum späten Hauptwerk. Dahinter steht die Absicht, die Theorie von Marx in ihrem Zusammenhang vorzustellen, statt sich nur auf Teilaspekte zu beschränken. Auch wenn sich dieses Denken in seiner Entwicklung gewandelt hat, bleibt doch das durchgängige Ziel einer kritischen Gesellschaftstheorie erkennbar. Die spätere Konzentration auf die politische Ökonomie ist nicht als Abkehr von der Philosophie zu verstehen, sondern als Versuch, die begonnene Kritik an Philosophie und Gesellschaft auf diesem Themenfeld fortzusetzen.

Mit dieser Ausgabe wird dem Leser ein historisch-kritisch edierter Text zur Verfügung gestellt.[1] Nachdem der staatlich verordnete Marxismus seine institutionelle Basis verloren hat, setzt sich in jüngster Zeit eine »neue Lektüre« der Marxschen Schriften durch,[2] zu der diese Sammlung beitragen möchte. Das Nachwort soll das Verständnis der einzelnen Texte erleichtern; zum Schluss wird versucht, die Gesellschaftstheorie von Marx für das 21. Jahrhundert zu aktualisieren.

Ich danke Herrn Prof. Dr. Manfred Neuhaus, dem Arbeitstellenleiter des Projektes Marx-Engels-Gesamtaus-

1 Grundlage ist die *Marx-Engels-Gesamtausgabe* (MEGA); vgl. dazu: Gerald Hubmann / Herfried Münkler / Manfred Neuhaus, »... es kömmt drauf an sie zu *verändern*«. Zur Wiederaufnahme der Marx-Engels-Gesamtausgabe, in: *Deutsche Zeitschrift für Philosophie* (2001) H. 2, S. 299 ff.; Manfred Neuhaus / Gerald Hubmann, *Marx/Engels. Gesamtausgabe*, Veröffentlichung der Berlin-Brandenburgischen Akademie der Wissenschaften, Berlin 2006.

2 Vgl. Axel Honneth, »Ungleichzeitigkeiten der Marx-Rezeption«, in: *Merkur* 53 (1999) H. 603, S. 643 ff.; Christine Kirchhoff u. a., »Einleitung«, in: Kirchhoff u. a. (Hrsg.) (2004), S. 7 ff.; Michael Quante, »Die fragile Einheit des Marxschen Denkens. Neuere Literatur zur Philosophie von Karl Marx«, in: *Zeitschrift für philosophische Forschung* 60 (2006) H. 4, S. 591 ff.; Rohbeck (2006); Hoff u. a. (Hrsg.) (2006); Haug (2006).

gabe der Berlin-Brandenburgischen Akademie der Wissenschaften, für wertvolle Hinweise und tatkräftige Unterstützung dieser Ausgabe. Bei Peggy H. Breitenstein bedanke ich mich für die sachkundige und sorgfältige Kommentierung.

Kritik an Religion und Entfremdung

In der ersten programmatischen Schrift *Zur Kritik der Hegel'schen Rechts-Philosophie* kritisiert Marx die Philosophie von Georg Wilhelm Friedrich Hegel (1770–1831), dem er mehr verdankte, als er zuzugeben bereit war. In seinen *Grundlinien der Philosophie des Rechts* hatte Hegel eine umfassende praktische Philosophie entworfen, in der Recht und Moral in ein System der »Sittlichkeit« münden, das sich wiederum aus den sozialen Institutionen Familie, bürgerliche Gesellschaft und Staat zusammensetzt.[3] Marx kritisiert die idealistische Methode, nach der diese Institutionen Ausdruck einer »Idee der Freiheit« seien, sowie die daraus folgende inhaltliche Konsequenz, dass Hegel die Gesellschaft auf den Staat gründen lässt. Im Gegensatz dazu behauptet Marx, dass vielmehr die ökonomisch verfasste Gesellschaft die Basis für Recht, Moral, Religion und Politik darstelle. Diese zentrale These prägt auch die Kritik der politischen Ökonomie, der sich Marx zunehmend in den folgenden Schriften und später fast ausschließlich widmete.

Die hier abgedruckte »Einleitung« setzt indessen bei einer Kritik an der Religion an. Marx folgt zunächst Ludwig Feuerbach (1804–1872), der die Religion als eine von den Menschen gemachte Vorstellung und damit als Spie-

3 Georg Wilhelm Friedrich Hegel, *Grundlinien der Philosophie des Rechts oder Naturrecht und Staatswissenschaft im Grundrisse*, hrsg. von Bernhard Lakebrink, Stuttgart 1970.

gelbild des eigenen Wesens kritisiert hatte.[4] Auch bei Marx ist es der Mensch, der die Religion »macht«; sie ist daher nur der »*Wiederschein* seiner selbst«. Dessen ist sich der Mensch aber nicht bewusst, so dass er seine religiösen Vorstellungen als eine ihm fremde Welt erfährt. (Text, S. 9) Doch die Marxsche Religionskritik geht über Feuerbach hinaus, indem sie sich mit der Kritik an Hegels *Rechtsphilosophie* verbindet. Marx beabsichtigt, die »Illusionen« der Religion auf die wirkliche Welt der Menschen zurückzuführen und damit die Religionskritik in eine Kritik der gesellschaftlichen und politischen Verhältnisse zu überführen.

Unter dieser Voraussetzung liefert die Religion nicht nur ein falsches Abbild des menschlichen »Wesens«, sondern ist »verkehrtes Weltbewußtsein«, das Ausdruck und Protest gegen das wirkliche Elend ist. (Text, S. 9f.) Aus dieser These leitet Marx eine neue Aufgabe der Philosophie ab, die darin bestehen soll, die »Kritik des Himmels« in die »Kritik der Erde«, die Kritik der Religion in die Kritik des Rechts und der Politik zu verwandeln. (Text, S. 10) Indem er dabei der Philosophie in Deutschland, namentlich dem hegelschen Idealismus, vorwirft, die moderne politisch-soziale Wirklichkeit ignoriert zu haben, fordert er sogar die »Negation der Philosophie«. (Text, S. 17) Doch fordert er damit nicht deren einfache Abschaffung, sondern die Realisierung der kritischen Inhalte der Philosophie.[5] (Text, S. 18) Dieses Programm wird später in den *[Thesen über Feuerbach]* und in *Die deutsche Ideologie* fortgeschrieben.

In den *[Ökonomisch-philosophischen Manuskripten]* gibt Marx eine frühe Kostprobe seiner Gesellschaftskritik. Im vorliegenden Abschnitt erklärt er die »Entfremdung der Arbeit« zur Grundlage aller übrigen Erfahrungen mit

4 Ludwig Feuerbach, *Das Wesen des Christentums*, Nachwort von Karl Löwith, Stuttgart 1969.

5 Vgl. Braun (1992), S. 70 ff.

entfremdeten gesellschaftlichen Verhältnissen, die sich in der Ware, im Geld und im Kapital manifestieren.

Doch zugleich schließt er ein philosophisches Missverständnis aus: Keineswegs ist hier von menschlicher Arbeit schlechthin die Rede, die seit den Anfängen der Menschheit verausgabt wurde. Vielmehr setzt er die entwickelte bürgerliche Gesellschaft voraus, genauer: den Kapitalismus als eine Gesellschaft mit Arbeitsteilung, Warenmarkt und Konkurrenz sowie mit den typischen Einkommensarten »Arbeitslohn, Profit des Capitals und Grundrente«. Die wesentliche Voraussetzung bildet dabei das kapitalistische »Privateigenthum«, das erst die beiden sozialen Klassen der kapitalistischen Eigentümer und eigentumslosen Arbeiter erzeugt. (Text, S. 28 f.) Unter diesen Bedingungen betrachtet er die Entfremdung als ein spezifisch historisches und gesellschaftliches Phänomen.

Marx entwickelt seine Theorie der Entfremdung in mehreren Stufen, indem er Zweck, Produkt und Tätigkeit der Arbeit voneinander unterscheidet. (Text, S. 30 ff.) Sodann spricht er von der Entfremdung des »Gattungswesens«: Damit ist gemeint, dass sich der Mensch von der eigenen »Natur« und damit »von sich selbst« entfremdet. (Text, S. 33 ff.) Schließlich diagnostiziert Marx die »*Entfremdung des Menschen* von dem Menschen«: Damit bringt er zum Ausdruck, dass er den Menschen als ein soziales Wesen versteht.[6]

Freilich birgt diese Theorie der Entfremdung auch Schwierigkeiten. Problematisch ist vor allem der normative Maßstab, an dem Entfremdung gemessen wird. Die Norm eines nicht entfremdeten Lebens besteht nach Marx im Ideal einer bewussten, freien und selbstzweckhaften Tätigkeit. An dieser Stelle droht die Theorie der Entfremdung jedoch in Sozialromantik umzuschlagen. Gleichwohl

6 Böhm (1998), S. 48 ff.; Hartmann (1970), S. 126 ff.; Lohmann (1991), S. 13 ff.

bleibt das Anliegen bis in die heutige Gegenwart berechtigt, soziale Veränderungen theoretisch zu fordern und praktisch durchzusetzen. Mit der Kritik der politischen Ökonomie hat Marx die Möglichkeitsbedingungen des alternativen Handelns für seine Zeit auszuloten versucht. Auf diese Weise kann er uns daran erinnern, dass eine verändernde Praxis nicht nur dringend geboten, sondern in Grenzen auch möglich ist.

Philosophie der Praxis und Geschichte

In den *[Thesen über Feuerbach]* richtet sich Marx gegen die Philosophie von Ludwig Feuerbach (1804–1872), der schon bei der Religionskritik an Hegel eine Rolle spielte.[7] Zwar verbindet Marx mit Feuerbach und gerade nicht mit Hegel die Position des Materialismus. Aber er wirft Feuerbach vor, dass dieser die äußeren Objekte nur in der passiven Wahrnehmung begreift, nicht jedoch als Gegenstände der menschlichen Tätigkeit. Freilich lässt Marx in diesen Thesen noch offen, welche Tätigkeit er genau meint. Er selbst spricht nur die »revolutionaire Praxis« und das »gesellschaftliche Leben« an. (Text, S. 47f.) Ausarbeitungen zu den natürlichen und gesellschaftlichen Lebensbedingungen durch die menschliche Arbeit fehlen noch und werden erst später nachgeholt.

Gleichwohl wird die Stoßrichtung dieses Materialismus deutlich. Marx ist nicht in erster Linie an einem erkenntnistheoretischen Materialismus interessiert; ebenso wenig interessiert ihn der Materialismus als metaphysisches Problem. Er ersetzt nicht die »Idee« durch »Materie«, was auch nur reine Spekulation wäre. Vielmehr versteht sich Marx als ein Materialist, der seiner Philosophie die Lebenspraxis der Menschen zu Grunde legt.

7 Vgl. Anm. 4.

Wie schon in der »Einleitung« *Zur Kritik der Hegel'schen Rechts-Philosophie* irritiert jedoch, dass Marx in der 11. These von einer »Aufhebung der Philosophie« spricht, als ob er die Philosophie überhaupt abzuschaffen beabsichtigte. (Text, S. 49) Der Begriff »Aufhebung« bedeutet hier jedoch sowohl die Negation als auch die Erhaltung der Philosophie durch ihre Verwirklichung. Aus dem Zusammenhang geht hervor, dass Marx die Philosophie nicht pauschal ablehnt; er setzt sich vielmehr von der traditionellen Art zu philosophieren ab, um im Gegensatz dazu eine kritische Philosophie zu begründen. Er vertritt also eine Philosophie der Praxis, welche die materiellen Lebensbedingungen der Menschen zur Grundlage ihrer Reflexionen macht.

Der Titel *Die deutsche Ideologie* bezieht sich auf die Philosophie des Deutschen Idealismus. Dabei hat sich der Begriff der Ideologie mehrfach gewandelt. Ursprünglich bedeutet Ideologie die »Lehre von den Ideen«. Mit diesem Begriff bezeichneten die Vertreter der späten französischen Aufklärung eine an den Wahrnehmungen orientierte Erkenntnistheorie. In *Die deutsche Ideologie* von Marx und Engels bekommt der Ideologiebegriff eine negative Bedeutung im Sinne von ›falsches Bewusstsein‹. Die Ideologie wird in diesem Text, der hier in Auszügen präsentiert wird, Gegenstand einer kritischen Untersuchung.

Marx kritisiert die »spekulative«, d. h. die nicht auf Erfahrung gegründete Philosophie Hegels, und wendet sich der »empirischen« Betrachtung zu, indem er an die materialistische Historiographie der französischen und englischen Aufklärung anknüpft. (vgl. Text, S. 51) Hinter diesem Ansatz verbirgt sich das wissenschaftliche Programm, die idealisierenden Vorstellungen auf die realen Lebensverhältnisse der Menschen zurückzuführen. Auf diese Weise will Marx die Geschichte auf eine »irdische Basis« stellen. Zu den elementaren »Voraussetzungen« gehören die natürlichen Bedürfnisse der Menschen, die menschliche Arbeit, um diese Bedürfnisse zu befriedigen und zu erweitern, sowie die biologische und gesellschaftliche Reproduktion der Menschen. (Text, S. 71 f.) In der Betrachtung der weiteren Geschichte will Marx dann zeigen, dass die »bürgerliche Gesellschaft« der wahre Schauplatz der Geschichte ist. Damit befreit er die Geschichtsphilosophie von metaphysischen Vorannahmen.

Zunächst kritisiert Marx die Idee vom »Selbstbewußtsein« und von der »Selbsterzeugung der Gattung«. (Text, S. 60) An die Stelle der Gattung setzt er die »wirklichen Individuen« sowie an die Stelle des Bewusstseins die »materiellen Lebensbedingungen«. (Text, S. 71) Auf diese Weise geht er auch gegen die Vorstellung an, dass sich in der Geschichte irgendein »Endzweck« durchsetze und dass die Individuen sogar als »Mittel« für einen solchen Zweck dienen. In diesem Punkt kulminiert die Kritik an der Teleologie, der zufolge die Geschichte von einem Ziel (griech. telos) bestimmt werde bzw. sich auf dieses Ziel hin entwickle. Schließlich kritisiert Marx die Idee des »Weltgeistes«, den er wiederum auf eine »materielle, empirisch nachweisbare Tat« zurückführt. (Text, S. 59) Unter diesem Begriff versteht Marx den expandierenden »Weltmarkt« und die internationale »Teilung der Arbeit«.[8] Indem er den Begriff der Weltgeschichte auf ökonomischen Verkehr gründet, beschreibt er einen geschichtlichen Prozess, den man heute »Globalisierung« nennt.

Auch im *Manifest der Kommunistischen Partei* geht es um ein Thema aus der Weltgeschichte. Im ersten Abschnitt »Bourgeois und Proletarier« behauptet Marx, dass die historische Zeit der Bourgeoisie, d. h. der »Kapitalisten« oder Eigentümer von Kapital, abgelaufen sei. Doch wie bei einer Grabrede versäumt er es nicht, die Verdienste des Todgeweihten und damit die »revolutionäre Rolle« der Bourgeoisie zu würdigen. (Text, S. 84) Philosophisch

8 Vgl. Kittsteiner (2004), S. 41; Rohbeck (2006), S. 85 ff.

interessant ist das dieser Behauptung zu Grunde liegende Geschichtsbild: Marx zählt zunächst die technischen Fortschritte auf, die unter kapitalistischen Bedingungen gemacht worden sind. Aus der Perspektive der ersten Industrialisierung interessieren ihn dabei vor allem die »Umwälzung der Produktion« und die Entstehung des »Weltmarktes«. (Text, S. 85f.) Doch dann kritisiert Marx die negativen Kehrseiten des Kapitalismus, die dessen Ablösung erfordern. Seiner Auffassung nach schlägt die massenhafte Produktion in »Überproduktion« um, die den Absatz der Waren stocken lässt. Der Kapitalismus gerät periodisch in »Krisen«. Das »zuviel Zivilisation« verkehrt sich in »Barbarei«. (Text, S. 88) Heute reden wir in ähnlichen Zusammenhängen von »wirtschaftlichen Depressionen« mit den bekannten Folgen, nämlich weniger Gewinn für die Unternehmer, immer mehr Konkurse von Unternehmen, geringeres Einkommen für die Beschäftigten, wachsende Arbeitslosigkeit sowie Verlagerung der Produktion in Billiglohnländer.

Die Kritik setzt indessen noch tiefer an. Marx entdeckt, dass die bürgerliche Gesellschaft eine Eigendynamik entfaltet, die sich der Steuerung durch Menschen entzieht. Er spricht vom »Hexenmeister«, der die ökonomischen Kräfte nicht mehr zu beherrschen vermag. (Text, S. 88) Damit beklagt er eine gesellschaftliche Entwicklung, die in der späteren Soziologie »Modernisierung« genannt wird. Das bedeutet, dass die persönlichen Beziehungen der Menschen durch sachliche Verhältnisse ersetzt werden. An die Stelle religiöser und moralischer Bindungen treten private Interessen. (Text, S. 84) Das Kapital dringt in jeden Bereich der Gesellschaften und beeinflusst die gesamte Kultur.

Aus dieser Kritik zieht Marx die praktische Konsequenz, dass er sich für die Überwindung des Kapitalismus einsetzt. Dabei ist er sich des Widerspruchs durchaus bewusst, dass er einerseits den Zusammenbruch des kapitalistischen Systems prognostiziert und dass er andererseits den politischen Kampf gegen dieses System propagiert. Im Grunde handelt es sich um den Widerstreit zwischen objektivem Prozess und subjektivem Faktor. Doch hat Marx weder eine ökonomistische Theorie vertreten, der zufolge das kapitalistische System automatisch kollabiere und wie eine reife Frucht in die Hände der Arbeiterklasse falle. Noch hat er eine Revolutionstheorie formuliert, der zufolge es in erster Linie auf die politische Aktion der Arbeiter ankomme, um das ganze System der bürgerlichen Gesellschaft zu stürzen. Stattdessen hat er versucht, die ökonomischen Erkenntnisse mit den strategischen Überlegungen zum politischen Kampf zu verbinden.

Der Grundgedanke besteht darin, die politische Auseinandersetzung auf der Basis der ökonomischen und sozialen Bedingungen zu führen und diese Bedingungen mit zu reflektieren. Diese Bedingungen bestehen einerseits in einer sozialen Lage, die als unerträglich und damit als veränderungsbedürftig bewertet wird. Dabei motiviert die erfahrene Not zur politischen Aktion, ohne dass Moral gepredigt werden muss. Andererseits wird die Erfahrung gemacht, dass die materiellen Verhältnisse eine bessere Lebensweise erlauben. Aus der Erkenntnis solcher Möglichkeiten gehen bestimmte Forderungen hervor, welche die Politik der Arbeiter leiten.

Im »Vorwort« der Schrift *Zur Kritik der Politischen Oekonomie* fasst Marx seine Theorie der Geschichte noch einmal prägnant zusammen. Den Kern der Marxschen Geschichtstheorie bilden zwei Faktoren, nämlich zum einen die Produktivkräfte, welche die technische Seite, und zum andern die Produktionsverhältnisse, welche die soziale Seite von Gesellschaften ausmachen.[9] (Text, S. 111 f.) Aus deren Verhältnis leitet Marx die jeweilige Dynamik der Geschichte ab. Je nachdem, wie sich diese beiden Faktoren wechselseitig »entsprechen« oder in »Widerspruch«

9 Vgl. Iorio (2003), S. 145 ff.; Rohbeck (2006), 86 ff., 97 ff.

zueinander geraten, ist eine Gesellschaft entweder stabil oder so labil, dass sie den Weg für eine neue Gesellschaft öffnet.

Mit dieser Erwartung verbindet Marx eine noch radikalere Zäsur, die auf die Geschichte im Ganzen zielt: Die Zeit bis zum Ende des Kapitalismus bezeichnet er als »Vorgeschichte der menschlichen Gesellschaft«. (Text, S. 112) Doch was soll danach folgen? An dieser Stelle entsteht der nicht unproblematische Eindruck, dass Marx so etwas wie ein »Ende der Geschichte« behauptet habe,[10] so dass er sogar als ›Vorläufer‹ des so genannten »Posthistoire« (franz. für »Nachgeschichte«) gelten könnte.

Im 21. Jahrhundert sehen wir uns jedoch mit einer anderen Situation konfrontiert. Zwar hat sich die Marxsche Prognose nicht erfüllt; im Gegenteil, nach dem Ende der sozialistischen Staaten ist der Kapitalismus im Begriff, sich tatsächlich auf der ganzen Welt auszubreiten. Die Ironie der Geschichte besteht darin, dass erst jetzt, wo der Marxismus tot ist, das globale Kapital so dominiert, wie Marx es vorhergesehen hat. Aber es zeigt sich auch ein Unterschied, den Marx nur am Rande in Erwägung gezogen hat: Der Kapitalismus hat sich im Laufe seiner Geschichte verändert. Schon nach der Wende 1989 und im Zuge der beschleunigten Globalisierung hat sich dieses System gewandelt – gegenwärtig zum ökonomisch entfesselten Kapitalismus, in Zukunft hoffentlich in politisch regulierbaren Bahnen. In jedem Fall ist dabei aber Geschichte als ein offener Prozess zu verstehen. Insofern ist der Umkehrschluss verfehlt, der Kapitalismus bleibe in seiner gegenwärtigen Form »ewig« bestehen. Betont Marx, dass sich dieses gesellschaftliche System historisch herausgebildet hat, so kann uns sein Denken heute darauf hinweisen, dass eine Historisierung des Kapitalismus sowohl wahrscheinlich als auch wünschbar ist.

10 Vgl. Fleischer (1969), S. 19 f.

Kritische Analyse des kapitalistischen Systems

Will Marx das Ende des Kapitalismus befördern, bedarf dieses System einer gründlichen Untersuchung. Doch obwohl die Kritik der politischen Ökonomie von einem geschichtlichen Interesse geleitet wird, legt Marx die Analyse keineswegs historiographisch an, indem er etwa die ökonomischen Kategorien in der Reihenfolge behandelt, in der sie in der Geschichte eine maßgebende Rolle gespielt haben. (Text, S. 106 f.)

Die angemessene »Methode der politischen Ökonomie«, um die es im dritten Abschnitt der »Einleitung« zu den *Grundrissen der Kritik der politischen Oekonomie* geht, sieht er vielmehr darin, diese Kategorien in denjenigen Beziehungen darzustellen, die sie in der »modernen bürgerlichen Gesellschaft« zueinander haben. Erst dann offenbaren sie ihren spezifisch gesellschaftlichen und, so paradox es klingen mag, auch ihren besonderen historischen Charakter als Ergebnis eines geschichtlichen Prozesses. Diesen Zusammenhang erläutert Marx am Beispiel des modernen Begriffs der Arbeit, der erst dann zur »Arbeit überhaupt« (Text, S. 101 ff.) verallgemeinert wird, wenn die Menschen tatsächlich zwischen verschiedenen Arbeitsarten wählen können und wenn die »abstrakte Arbeit« zum allgemeinen Maßstab des Warenwerts geworden ist.[11]

Um das kapitalistische System zu untersuchen und darzustellen, verwendet Marx die Methode der Analyse und Synthese. Analytisch verfährt die Forschung dann, wenn die konkrete Erscheinung auf elementare Kategorien zurückgeführt wird; synthetisch ist die Darstellung dann,

11 In der Sekundärliteratur spricht man in diesem Zusammenhang von »Realabstraktion«; vgl. Sohn-Rethel (1972), S. 123, 186; Haug (1974), S. 87 f.; Heinrich (2004), S. 47; Jappe (2005), S. 31 f.; Iber (2005), S. 39. – Die Theorie des kapitalistischen Systems offenbart damit die Historizität der Arbeit; vgl. Postone (2003), S. 201 ff.

wenn ausgehend von diesen Elementen das konkrete Ganze wieder zusammengesetzt wird. (Text, S. 97 ff.) Im Anschluss an Hegel bezeichnet Marx diese Darstellungsweise als Aufsteigen vom Abstrakten zum Konkreten mit dem Ziel einer konkreten Totalität. Gegen Hegel insistiert er darauf, dass damit keine reale Bewegung gemeint ist, sondern nur eine gedankliche Rekonstruktion vollzogen wird.[12]

Seinem eigenen Verständnis nach verwendet Marx dabei die »dialektische Methode«.[13] Sie unterscheidet sich vom rein synthetischen Verfahren durch das Verfahren der Negation: Aus dem Negativen geht das Positive hervor, das sich wieder in etwas Negatives verwandelt usw. Auch das Prinzip der Negativität hat Marx von Hegel übernommen.[14] Doch während Hegels Konstruktion in eine letztlich positiv bewertete bürgerliche Gesellschaft und in einen entsprechenden Staat gipfelt, offenbart sich in der Marxschen Darstellung das Negative des gesamten Systems. Für Marx bedeutet »Negation der Negation« dann letztlich die Verneinung des Kapitalismus. Dialektik soll »ihrem Wesen nach kritisch und revolutionär« sein.[15]

Im Hauptwerk *Das Kapital* übernimmt Marx die Methode der politischen Ökonomie, die er in der »Einleitung« zu den *Grundrissen* erläutert hat. Soll die Darstellung von elementaren Kategorien ausgehen, stellt sich das Problem, worin die Basisstruktur der bürgerlichen Gesellschaft besteht.

12 Im Nachwort zur zweiten Auflage des ersten Bandes des *Kapital* unterscheidet Marx zwischen »Darstellungsweise« und »Forschungsweise« (MEGA II 8, 55); vgl. hierzu Zelený (1938), S. 19 ff.; Reichelt (2001), S. 139 ff.; Hartmann (1970), S. 249; Haug (1974), S. 27 ff.; Iber (2005), S. 47 ff.; Frieder Otto Wolf: »Marx' Konzept der ›Grenzen der dialektischen Darstellung‹«, in: Hoff u. a. (Hrsg.) (2006), S. 159 ff.

13 Vgl. Nachwort zur zweiten Auflage des ersten Bandes des *Kapital* (MEGA II 8, 55).

14 Georg Wilhelm Friedrich Hegel, »Wissenschaft der Logik«, in: *Werke in zwanzig Bänden*, a. a. O., Bde. 5 und 6.

15 Vgl. Anm. 12.

Im ersten Band des *Kapital* beginnt Marx mit der Ware, die er als »Elementarform« der kapitalistischen Gesellschaft bezeichnet. (Text, S. 115) Für ihn ist diese Lösung des Problems nach der Frage von Basisstrukturen deshalb plausibel, weil er in diesem Punkt einen Grundwiderspruch des Kapitalismus gefunden zu haben glaubt. Bei der Ware besteht er im Widerspruch zwischen dem »Gebrauchswerth«, der den konkreten Nutzen eines Gegenstandes bezeichnet, und dem »Tauschwerth«, der sich im Austausch auf dem Markt herausstellt. (Text, S. 116 f.)

Beim entwickelten Kapital setzt sich dieser Widerspruch in der Diskrepanz zwischen »Arbeitsproceß und Verwerthungsproceß« fort. (Text, S. 225 ff.) Konkret zeigt sich der Widerspruch dann, wenn sich die Waren nicht verkaufen lassen, obwohl sie gebraucht werden, wenn ein kapitalistisches Unternehmen wegen Überproduktion Konkurs erleidet oder wenn das ganze kapitalistische System von solchen Krisen heimgesucht wird.[16] An diese Überlegungen knüpfte Marx seine geschichtstheoretisch formulierte Erwartung, dass der Kapitalismus langfristig zugrunde geht.

Im Verlauf der weiteren Darstellung fügt Marx der Betrachtung über die Elementarform der Ware nacheinander weitere Elemente hinzu, bis am Ende des dritten Bandes des *Kapital* das Erscheinungsbild des konkreten kapitalistischen Systems steht. Besonders im ersten Kapitel des ersten Bandes entwickelt Marx mit großem theoretischen Aufwand eine Formanalyse der Ware, nämlich von der »einfachen Werthform«, in der Waren zufällig ausgetauscht werden, über die »entfaltete Werthform«, in der sich endlos viele Waren ihre Werte wechselseitig spiegeln,

16 In der »Einleitung« zu den *Grundrissen* kündigt Marx ein abschließendes Kapitel über »Der Weltmarkt und die Crisen« an (Text, S. 108); im *Kapital* sieht Marx den »immanenten Widerspruch« bereits im einfachen Warentausch angelegt (MEGA II 10, 106 f.); vgl. Arndt (1985), S. 250 ff.; Schmied-Kowarzik (1981), S. 118 ff.

bis hin zu der »allgemeinen Werthform«, in der eine besondere Ware die Funktion des Wertmaßes übernimmt und aus der das Geld hervorgeht. Dabei zeigt sich auch die Negativität der angewandten Dialektik, wenn Marx komplexere Stufen aus den »Mängeln« der vorhergehenden Formen ableitet. (Text, S. 155 ff.) Wie erwähnt, versteht Marx dieses Auftauchen von Mängeln ausdrücklich nicht als historische, sondern als eine logisch-systematische Entwicklung.

Das inhaltliche Ziel besteht in dem Nachweis, dass sich der Wert einer Ware auf menschliche Arbeit gründet, um dann in einem späteren Schritt nachzuweisen, dass der Profit des Kapitals aus der Aneignung fremder Arbeit hervorgeht, so wie er dies bereits in den *Ökonomisch-philosophischen Manuskripten* kritisiert hatte. Im *Kapital* argumentiert Marx folgendermaßen: Durch den Tausch werden die Waren miteinander verglichen, so dass sich eine gemeinsame Größe herausstellt, die zunächst »Tauschwerth« heißt. Der dabei angewendete Vergleichsmaßstab ist die menschliche Arbeit, die in den Waren jeweils verkörpert ist. (Text, S. 120) In der zeitlich messbaren »abstrakten Arbeit« besteht der eigentliche »Werth« einer Ware, der dann im Austauschverhältnis zum Ausdruck kommt. Die menschliche Arbeit hat daher einen »Doppelcharakter«, den Marx für den »Springpunkt« seiner Gesellschaftstheorie hält.

Freilich wirft diese Theorie des Arbeitswerts Probleme auf, die Marx nicht gelöst hat.[17] Ein Haupteinwand gegen die Theorie lautet, dass der Wert als Arbeitsmenge nicht

17 Vgl. die frühe Kritik von Eugen Böhm-Bawerk (1896), »Zum Abschluß des Marxschen Systems«, in: *Aspekte der Marxschen Theorie* 1, hrsg. von Friedrich Eberle, Frankfurt a. M. 1973, S. 25 ff.; zur aktuellen Diskussion Peter Ruben, »Was bleibt von Marx' ökonomischer Theorie?«, in: Warnke/Huber (Hrsg.) (1998), S. 13 ff.; vgl. auch Backhaus (1997); Heinrich (2004), S. 94 f.; Hoff (2004), S. 15 ff.; Jappe (2005), S. 21 ff.; Iber (2005), S. 44 f.; Ralf Krämer, »Wert-Bedeutung: Thesen zur Werttheorie«, in: Hoff u. a. (Hrsg.) (2006), S. 228 ff.

empirisch nachweisbar ist. Doch hat Marx den Anspruch auf einen empirischen Beweis auch gar nicht erhoben. Mit seiner Kritik der politischen Ökonomie verfolgt Marx hingegen das Ziel einer allgemeinen Theorie der Gesellschaft. Die Kategorie des Werts dient ihm dazu, die ökonomischen Einzelhandlungen der Menschen in einem übergreifenden Zusammenhang zu denken. In diesem Sinn stellt der Wert die verborgene gesellschaftliche Einheit dar, die durch die realen Tauschhandlungen hergestellt wird. Der Wertbegriff steht für die soziale Synthesis.[18]

Marx verleiht seiner Gesellschaftskritik indessen noch zusätzlich eine philosophische Dimension, indem er die Tiefenstruktur der bürgerlichen Gesellschaft analysiert. Er kritisiert diese Gesellschaftsform, weil in ihr die Waren die Vermittlung von Gebrauchsgütern und Bedürfnissen selbstständig regeln. Die Menschen planen die gesellschaftliche Arbeitsteilung nicht, sondern erfahren sie als einen naturwüchsigen Zusammenhang. Der Markt entzieht sich auf diese Weise der Kontrolle der Menschen. Der gesellschaftliche Zusammenhang stellt sich »hinter dem Rücken« der Beteiligten her. (Text, S. 129) Die sozialen Beziehungen der Menschen erscheinen als sachliche Verhältnisse. Marx kritisiert an der Marktgesellschaft also die Verselbstständigung der Ökonomie gegenüber den Menschen. Anstelle von Entfremdung spricht er hier vom »Fetischcharakter der Waare«. (Text, S. 164) Später wurde dieses Phänomen auch als »Verdinglichung« bezeichnet.[19]

18 Marx transformiert hier die Idee einer Transzendentalphilosophie von Kant und des Hegelschen Idealismus auf die Realität des alltäglichen Wirtschaftslebens; vgl. Sohn-Rethel (1972), S. 94 ff.; Hartmann (1970), S. 258 ff.

19 Lukács (1968), S. 257; Max Horkheimer / Theodor Adorno, »Dialektik der Aufklärung«, in: Max Horkheimer, *Gesammelte Schriften*, hrsg. von Alfred Schmidt und Gunzelin Schmid Noerr, Bd. 5, Frankfurt a. M. 1987, S. 227, 235, 266; Joachim Israel, *Der Begriff Entfremdung. Zur Verdinglichung des Menschen in der bürokratischen Gesellschaft*, Reinbek 1972; Rahel Jaeggi, *Entfremdung. Zur Aktualität eines sozialphilosophischen Problems*, Frankfurt a. M. / New York 2005.

Diese Verdinglichung findet nicht ursprünglich im Kopf, sondern in der ökonomischen Praxis statt. Die Grundlage für diese Kritik bilden also Handlungszusammenhänge, die eine komplexe Struktur haben und das Bewusstsein der Menschen prägen. Marx bezeichnet diese Strukturen als »objective Gedankenformen«.[20] (Text, S. 171) In der Philosophie und Soziologie nennt man ein solches Verfahren »Ideologiekritik«.[21]

Im zweiten Kapitel, das in der vorliegenden Auswahl übersprungen wird, behandelt Marx den »Austauschproceß« zwischen den Waren, um im ebenfalls hier ausgelassenen dritten Kapitel aus der Ware »Das Geld« abzuleiten. Für Marx stellt das Geld auch nur eine Ware dar, die allerdings die besonderen Funktionen des allgemeinen Wertmaßes und des Zirkulationsmittels erfüllt. (MEGA II 10,90 ff.) Das Geld beschränkt sich jedoch nicht auf die Funktion eines bloßen Tauschmittels, sondern verselbstständigt sich zum Kapital; es entwickelt sich zum produktiven Kapital, wie Marx im (hier aufgenommenen) vierten Kapitel »Verwandlung von Geld in Kapital« ausführt. (Text, S. 183 ff.)

Um die scheinbare Verabsolutierung des Kapitals als Geld zu charakterisieren, greift Marx zu traditionellen philosophischen Kategorien: Das Geldkapital ist »sich selbst bewegende Substanz«, es ist ein »automatisches Subjekt« oder »Identität«, ein »beseeltes Ungeheuer, das zu ›arbeiten‹ beginnt, als hätt' es Lieb' im Leibe« (Text, S. 249). Natürlich sind diese Begriffe ironisch gemeint, weil genau diese Art von Substantialität, Subjektivität oder Identität kritisiert wird. Das Pathos der philosophischen Begriffe soll diese Kritik zusätzlich noch rhetorisch

20 Vgl. Haug (1974), S. 171.

21 Kurt Lenk, *Marx in der Wissenssoziologie: Studien zur Rezeption der Marxschen Ideologiekritik*, Lüneburg ²1986; Gerhard Hauck, *Einführung in die Ideologiekritik*, Hamburg 1992; Terry Eagleton, *Ideologie. Eine Einführung*, Stuttgart 1993; Iber (2005), S. 70 ff.

unterstreichen. Das, was in der Theologie traditionell als Gott verehrt wird oder in der Philosophie als höchstes Ideal gilt, findet sich nun in der Akkumulation des Kapitals wieder.

Doch worin besteht das Mysterium der wundersamen Geldvermehrung? Es ist zwar einsichtig, dass die menschliche Arbeit Reichtum schafft, aber es stellt sich das Problem, woher das Kapital seinen Gewinn bezieht. Zur Lösung dieses Problems unterscheidet Marx im vierten Kapitel »Arbeitsproceß und Verwertungsproceß« zwischen der Arbeitskraft des Arbeiters und dessen geleisteter Arbeit. (Text, S. 210f.) Der Wert der Arbeitskraft bemisst sich nach den Lebensmitteln im weitesten Sinne, die der Arbeiter zur eigenen und zur Reproduktion seiner Familie braucht. Dieser Wert variiert nach Regionen und Zeiten, vom Existenzminimum bis zum guten Auskommen. Von diesem Wert unterscheidet sich derjenige Wert, der durch die Tätigkeit des Arbeiters geschaffen wird, also das Wertprodukt seiner Arbeit. Unter normalen Bedingungen übersteigt dieses Wertprodukt den Wert der Arbeitskraft.

An dieser Stelle setzt die Erklärung von Marx ein: Der Kapitalist kauft nämlich nicht die Arbeit des Arbeiters, obwohl dies entsprechend dem Arbeitsvertrag im Zusammenhang mit dem Arbeitslohn den Anschein hat. Vielmehr vergütet er mit dem Lohn allein die Arbeitskraft, ersetzt also die Unkosten, die der Arbeiter zum Leben aufwänden muss. Im Gegenzug verfügt er über die Arbeit, die er so umfänglich und intensiv wie möglich nutzt. Diejenige Arbeit, welche dazu dient, die Arbeitskraft zu erhalten, nennt Marx »nothwendige Arbeit« im Unterschied zur »Mehrarbeit«, die sich der Kapitalist aneignet. Das entsprechende Produkt der Arbeit, das über die lebenserhaltende Arbeit hinausgeht, heißt »Mehrprodukt«; die Differenz zwischen dem Wert der Arbeitskraft und dem angeeigneten Wertprodukt der Arbeit bezeichnet Marx schließlich als »Mehrwerth«. (Text, S. 189 u. 253)

Gesteigert werden kann die »Rate des Mehrwerths« (das Thema des siebenten Kapitels; Text, S. 254ff.) zunächst durch Verlängerung des Arbeitstages und durch die Beschleunigung des Arbeitsrhythmus (dieses Phänomen war nicht nur in der Vergangenheit, sondern ist auch heute noch zu beobachten). Aber dieser »absolute Mehrwerth« stößt an die physischen und kulturell bedingten Grenzen der Arbeiter, die nicht länger und intensiver arbeiten können, als es ihre Gesundheit und die Kultur eines Landes erlaubt. (MEGA II 10,281) Als effektiver hat sich hingegen der Faktor der Produktivität erwiesen, der die Lebensmittel verbilligt, die der Arbeiter verbraucht. Die Steigerung eines solchen »relativen Mehrwerths« (MEGA II 10,456) hat zur Folge, dass die Mehrwertrate und der Lebensstandard der Arbeiter gleichzeitig wachsen können. Den Arbeitern kann es also besser gehen, obwohl die relative Ausbeutung zunimmt. Auf der anderen Seite bedeutet jedoch steigender Reallohn keineswegs gerechten Lohn. Immerhin hat dieser Effekt vor allem in der Nachkriegszeit lange Jahrzehnte für sozialen Frieden gesorgt.[22] Bis in die jüngste Gegenwart haben wir gegenläufige Tendenzen erlebt. Ob wirtschaftlicher Aufschwung zu steigenden Löhnen führen wird, muss sich erst noch zeigen.

Bereits in den *Ökonomisch-philosophischen Manuskripten* kritisiert Marx, dass die Nationalökonomen die Einkommensarten der sozialen Klassen zu jeweils eigenen und voneinander unabhängigen Quellen des gesellschaftlichen Reichtums erklären: Der Arbeiter bezieht seinen Lohn aus der Arbeit, der Kapitalist seinen Profit aus dem Kapital, der Grundeigentümer seine Erträge aus dem Boden. (MEGA I 2,327ff.) Marx wendet sich gegen eine solche Trennung und sucht nach einem Gesamtzusammenhang, in dem sich die Arbeit als Quelle aller drei Einkommen erweist.

22 Heinrich (2004), S. 90 ff.

Genau in dieser Kritik gipfelt *Das Kapital* im 48. Kapitel des dritten Bandes, mit dem diese Ausgabe schließt. Unter dem ironischen Titel »Die trinitarische Formel« fasst Marx seine Untersuchung zusammen. Diese Formel enthält »alle Geheimnisse« des kapitalistischen Systems in »mystischer« Gestalt, sie repräsentiert die »Religion des Alltagslebens«. (Text, S. 288 f.)

Mit der Theorie des Mehrwerts hat Marx nachzuweisen versucht, dass Arbeitslohn, Profit und Grundrente keine separaten Einkommensquellen darstellen: Sie speisen sich vielmehr alle drei aus der angeeigneten Arbeit. Damit ist das Rätsel um die Quellen des gesellschaftlichen Reichtums aufgelöst. Es ist der Mehrwert, von dem der Profit des produktiven Kapitals, aber auch der kommerzielle Profit des Handelskapitals, der Zins des reinen Geldkapitals und schließlich die Grundrente abhängen. (MEGA II 15,263 ff.) Der Gesamtzusammenhang besteht also darin, dass alle ökonomischen Formen von der einfachen Ware bis zu komplexen Kreditgeschäften in der Produktion begründet sind. Hinter dieser Ansicht steht die These, dass die kapitalistische Gesellschaft durch Arbeit vermittelt wird.

Doch Marx verabsolutiert die Arbeit keineswegs, sondern postuliert neben der Arbeit als einem »Reich der Nothwendigkeit« im gleichen Kapitel ein von der Arbeit emanzipiertes »Reich der Freiheit«. (Text, S. 274) Für die Gegenwart kann er darauf verweisen, dass die Erwerbsarbeit nicht die einzige Art Arbeit, sondern eine bestimmte ökonomische Form ist, die auch relativiert werden kann. Heute verschiebt sich das Verhältnis von Arbeitszeit zur Lebenszeit; der Sinn des jeweiligen Lebens wird zunehmend außerhalb der Berufsarbeit erfahren. Außerdem verliert die Erwerbsarbeit ihre vorherrschende Stellung, insofern andere Formen der Arbeit in Familie und Gesellschaft wichtig werden. Jenseits der Erwerbsarbeit eröffnet sich ein neuer Horizont von Tätigkeiten, die einerseits bekannt sind und sich nun lediglich auf andere Weise auf die

Menschen, insbesondere auf die Geschlechter, verteilen, und die andererseits vielleicht erst noch entdeckt, erprobt und sozial gewürdigt werden müssen.

Marx im 21. Jahrhundert

Insgesamt zeigen die aufgeführten Texte, dass und wie sich Marx als Philosoph verschiedenen einzelwissenschaftlichen Disziplinen gewidmet hat. So steht er für das Prinzip der Interdisziplinarität. Schon dieser Ansatz beweist die Aktualität von Marx, die in den folgenden Thesen zusammengefasst wird.

Der thematische Schwerpunkt von Marx liegt in der ökonomischen Theorie, ohne in dieser Konzentration den philosophischen Anspruch aufzugeben. Er hat vielmehr Philosophie und Ökonomie auf neuartige Weise miteinander verbunden. Als Philosoph wollte er eine bestimmte Art und Weise des Denkens kritisieren, die er in den gesellschaftlichen und vor allem ökonomischen Verhältnissen begründet sah. Das Bindeglied zwischen Ökonomie und Philosophie besteht für ihn in der Ideologiekritik, in der bestimmte Denkformen auf bestimmte Praxisformen zurückgeführt werden. Dieses Verfahren ist mit der Philosophie des Pragmatismus und mit späteren Positionen der pragmatischen Philosophie vereinbar, weil es Handeln und Denken im Zusammenhang betrachtet. Das Denken ist nicht absolut und hebt sich nicht von der Lebenspraxis ab, sondern wird von bestimmten Handlungsvollzügen strukturiert.

Als Theoretiker der Gesellschaft gehört Marx zu den Vorläufern der erst später entstandenen Soziologie. Er geht zwar von den Handlungen der Individuen aus, betrachtet diese aber in übergreifenden Zusammenhängen. Sein Begriff »gesellschaftliche Verhältnisse« ist durchaus im modernen Sinn sozialer Strukturen und Systeme zu verstehen. Daher konnten der Strukturalismus und die Systemtheorie des 20. Jahrhunderts an die Gesellschaftstheorie von Marx anschließen. Doch zeigt sich dabei ein Unterschied, den es sich aus heutiger Sicht immer wieder in Erinnerung zu rufen lohnt: Für Marx ist die Ökonomie ein wesentlicher Bestandteil der Gesellschaft; mit der Analyse von Ware, Geld und Kapital versucht er, Grundkategorien der kapitalistischen Moderne bereit zu stellen.

Die Zentrierung auf Ökonomie ist jedoch nicht so zu verstehen, als mache die Ökonomie nunmehr die alleinige »Basis« einer Gesellschaft aus. Wohl aber ist festzustellen, dass eine Theorie der Gesellschaft ohne Ökonomie mangelhaft bleibt. In der Gegenwart wird erfahrbar, welche Dynamik Wirtschaft und Technik entfalten. Marx hat dieser Eigendynamik in seinen Überlegungen früh Rechnung getragen. Mit seinen Analysen des Weltmarktes, der internationalen Arbeitsteilung bis hin zu einer globalen Kultur ist er einer der ersten Theoretiker der Globalisierung. Zugleich mahnt Marx die gesellschaftliche Kontrolle über die verselbständigten ökonomischen Verhältnisse an. Heute ist darüber nachzudenken, auf welche Weise das Interesse der Gesamtgesellschaft oder gar »Weltgesellschaft« in Form von Politik wieder verstärkt ins Spiel gebracht werden kann.

In seiner Kritik der politischen Ökonomie entwirft Marx eine Theorie der Gesellschaft, die sich auf die Kategorie der Arbeit gründet. Nach dem »Ende der Industriegesellschaft« wirkt ein solcher Ansatz natürlich veraltet.[23] Doch der Begriff der Arbeit bedeutet ja nicht allein industrielle Herstellung oder nur körperliche Tätigkeit. Auch

23 Daniel Bell, *Die nachindustrielle Gesellschaft*, Frankfurt a. M. / New York 1985; Oskar Negt, *Lebendige Arbeit, enteignete Zeit. Politische und kulturelle Dimensionen des Kampfes um die Arbeitszeit*, Frankfurt a. M. / New York 1984; Jeremy Rifkin, *Das Ende der Arbeit und ihre Zukunft*, Frankfurt a. M. / New York 1997; Ulrich Beck (Hrsg.), *Die Zukunft von Arbeit und Demokratie*, Frankfurt a. M. 2000.

geistige Tätigkeiten sind als »Arbeit« zu bezeichnen, so dass diese Kategorie mit der so genannten »Wissensgesellschaft« durchaus vereinbar ist. Unter »Arbeit« ist allgemein die Erzeugung des gesellschaftlichen Reichtums zu verstehen. Und die These von Marx lautet, dass eine Gesellschaft nicht nur von der Verteilung, sondern vor allem von der Art und Weise der Erzeugung des Reichtums her geprägt wird. Das hat Folgen für das Problem der Gerechtigkeit: Die Marxsche Theorie der Gerechtigkeit betrifft nicht primär die Verteilung der Güter, sondern sowohl deren Erzeugung als auch die Verfügung über die Bedingungen der Erzeugung. Hierbei handelt es sich nicht zuletzt um eine Frage der gesellschaftlichen Macht.

Die Anwendung der Kategorie der Arbeit hat auch philosophische Konsequenzen. Man kann es mit einiger Berechtigung für einen theoretischen Fehler halten, das Produktionsparadigma verabschiedet zu haben und an dessen Stelle das Paradigma der Kommunikation zu stellen.[24] Auf diese Weise ist ein abstrakter Gegensatz entstanden, der mehr Probleme bereitet als löst. Es wird die unselige Spaltung in »Zwei Kulturen« reproduziert: Herstellen – Handeln, Technik – Praxis, instrumentelles und soziales Handeln usw. Die Stärke von Marx' Ansatz besteht hingegen darin, dass sein Begriff der gesellschaftlichen Arbeit sowohl die technische als auch die soziale Seite umfasst. Marx selbst hat in der Entdeckung des gesellschaftlichen Charakters der menschlichen Arbeit seine originäre wissenschaftliche Leistung gesehen. An diese theoretische Grundlegung ist heute wieder anzuknüpfen. Sie bietet die Chance, den Bereich der modernen Zivilisation als eine Kultur zu begreifen – eine Kultur freilich mit positiven und negativen Seiten.

24 Hannah Arendt, *Vita activa oder Vom tätigen Leben*, München 1967, S. 12; Jürgen Habermas, *Der philosophische Diskurs der Moderne*, Frankfurt a. M. 1985, S. 95 ff.; Jean Baudrillard, *Der symbolische Tausch und der Tod*, München 1982, S. 18.

Mit der Ersetzung des Paradigmas der Produktion durch das Paradigma der Kommunikation verbindet sich der Vorwurf, Marx habe mit seinem Arbeitsbegriff die Sphäre des Instrumentellen zugrunde gelegt[25] und dadurch die normative Dimension seiner Gesellschaftstheorie verfehlt.[26] Doch dieser Einwand ist nicht berechtigt. Marx hat mit seiner Kritik an der herrschenden Moral eigene Normen wie Selbstverwirklichung, soziale Gleichheit und Gerechtigkeit formuliert. Dieses Vorgehen lässt sich gegen weite Teile der heutigen Wirtschaftsethik wenden.[27] Darüber hinaus lässt sich dies heute als ein Plädoyer gegen die Engführung auf Ethik zugunsten einer weiter greifenden Philosophie wirtschaftlichen Handelns verstehen.

Ebenso wenig berechtigt ist der Vorwurf, Marx stehe in der Tradition einer teleologischen Geschichtsphilosophie. Im Gegenteil ist es das Verdienst von Marx, im Laufe seiner Schriften mit der Teleologie gebrochen zu haben: Inhaltlich setzt er an die Stelle der Idee eines Gattungssubjekts die Individuen, die unter bestimmten historischen Bedingungen handeln. Methodisch überwindet er die Betrachtung der Geschichte von einem imaginierten Endpunkt aus. Dabei besteht der Kern seiner Geschichtstheorie darin, den Kapitalismus weder als zeitloses System noch als Endziel der Geschichte stilisiert, sondern als eine bestimmte historische Formation analysiert zu haben, die sich auch verändern kann.

Was ist also geblieben von Marx? Die negative Antwort lautet: Stand gehalten haben nicht die Vorhersagen eines

25 Jürgen Habermas, *Technik und Wissenschaft als ›Ideologie‹*, Frankfurt a. M. 1968, S. 62 f.; ders., *Theorie des kommunikativen Handelns*, Frankfurt a. M. 1981, Bd. 1, S. 369 ff.; vgl. Michael Lange, *Das Prinzip Arbeit*, Frankfurt a. M. / Berlin / Wien 1980; Axel Honneth, *Kritik der Macht*, Frankfurt a. M. 1986, S. 314 ff.; Iber (2005), S. 135 f.

26 Vgl. Angehrn/Lohmann (Hrsg.) (1987); Iorio (2003), S. 285; kritisch dazu: Iber (2005), S. 17; Quante (vgl. Anm. 2), S. 607.

27 Vgl. exemplarisch zu dieser Kritik Peter Ulrich, *Integrative Wirtschaftsethik*, Bern [3]2001, S. 131 ff.

Zusammenbruchs des Kapitalismus oder eines Erfolgs des Sozialismus. Dies ist eine bekannte historische Tatsache. Damit ist die Marxsche Utopie schlicht widerlegt. Hier hilft es auch nicht, bei Marx das Prinzip des Utopischen überhaupt zur Beschwichtigung retten zu wollen: Die Vorhersagen seien zwar nicht eingetreten, aber die Hoffnung bleibt. Soziale Utopien mögen zwar illusionär sein, üben jedoch eine wichtige Funktion aus.

Die positive Antwort lautet daher: Die Aktualität von Marx liegt nicht in der von ihm vertretenen Utopie, sondern in der kritischen Analyse des vorhandenen Kapitalismus. Zu diesem Programm einer Kritik der politischen Ökonomie gehören die Analyse der Funktionsweise des kapitalistischen Systems, die Untersuchung der ökonomischen Folgen dieses Systems sowie die kulturellen Auswirkungen auf die Menschen.

Diese Kritik ist bis heute aktuell geblieben. Aus der Tatsache, dass sich die Hoffnungen auf eine sozialistische Gesellschaft nicht erfüllt haben, folgt keineswegs, dass sich die Kritik an der kapitalistischen Gesellschaft erübrigt habe. Das Scheitern des einen Systems bedeutet nicht automatisch die Legitimität des anderen Systems. Der Kapitalismus rechtfertigt sich nicht durch sein bloßes Überleben.

Johannes Rohbeck